四川大学人文社科资助项目

中国孔子基金会项目

国际儒学联合会项目

四川省哲学社会科学重点

研究基地儒学研究中心项目

儒藏论坛

RUZANG LUNTAN

第十五辑

主　　编　舒大刚

执行主编　杜春雷

光明日报出版社

图书在版编目（CIP）数据

儒藏论坛. 第 15 辑 / 舒大刚主编 . -- 北京：光明
日报出版社，2021.12

ISBN 978 - 7 - 5194 - 6424 - 0

Ⅰ.①儒… Ⅱ.①舒… Ⅲ.①儒学—文集 Ⅳ.
①B222.05-53

中国版本图书馆 CIP 数据核字（2021）第 272041 号

儒藏论坛. 第十五辑
RUZANG LUNTAN. DI SHIWU JI

主　　编：舒大刚

责任编辑：李壬杰　　　　　　　　责任校对：张月月
封面设计：光天文化设计工作室　　责任印制：曹　净

出版发行：光明日报出版社

地　　址：北京市西城区永安路 106 号，100050

电　　话：010 - 63169890（咨询），010 - 63131930（邮购）

传　　真：010 - 63131930

网　　址：http://book.gmw.cn

E - mail：gmrbcbs@ gmw.cn

法律顾问：北京市兰台律师事务所龚柳方律师

印　　刷：三河市华东印刷有限公司

装　　订：三河市华东印刷有限公司

本书如有破损、缺页、装订错误，请与本社联系调换，电话：010-63131930

开　　本：170mm×240mm

字　　数：323 千字　　　　　　　印　　张：18

版　　次：2022 年 7 月第 1 版　　印　　次：2022 年 7 月第 1 次印刷

书　　号：ISBN 978 - 7 - 5194 - 6424 - 0

定　　价：89.00 元

《儒藏论坛》编委会

目 录
CONTENTS

儒 学 论 衡

孔子与中原士人的思想交往

代　云（河南省社会科学院哲学与宗教研究所）

摘　要：孔子与中原有很深渊源，他与中原士人的交往是其中重要内容。孔子与子产的思想交往是单向的评论，他许管仲以"仁"，而许子产以"惠"，这些评价背后不仅是孔子思想的表达，还是其政治理想的寄托。子产对孔子最大的影响是让他看到世卿也可以"张公室"。孔子所学于老子的，主要是礼仪知识和生存智慧。这使他增长见闻，提高声望，收敛锋芒，全生避祸。他与蘧伯玉的思想交往主要在修身和处世两方面，对他的影响是日新其德、出处有道。孔子周游列国，与中原地区的隐士群体不期而遇，还见到镇守叶县的叶公子高。作为周文化继承者，他在这里与异己人士和异端思想相遇，思想上受到冲击。这些交往反映孔子政治上的失意，也提高他的个人修养，进入"六十而耳顺"的境界。总之，与中原士人的思想交往，促成孔子在学问与道德方面的成长。中原士人对孔子来说，既有师友，也有论敌。中原地区对孔子而言，既是朝圣地，也是淬炼场。

关键词：孔子；中原士人；思想交往

孔子与中原①有很深渊源，他与中原士人②的交往是其中重要内容。据《史记·仲尼弟子列传》："孔子之所严事：于周则老子；于卫，蘧伯玉；于齐，晏平仲；于楚，老莱子；于郑，子产；于鲁，孟公绰。"这六位士人中，老子③、

---

① 作为地理概念的中原有广义与狭义之分："广义的中原指以河南为核心的黄河中下游地区，即包括山东、河北、山西乃至陕西的一部分；狭义的中原，就是今日的河南。"参看张新斌. 中原文化解读［M］. 郑州：文心出版社，2007：1. 本文取狭义的中原概念，即中原指的是今天的河南省。

② 本文的"中原士人"指与孔子有师友或论敌关系的士人，不包括来自中原地区的孔子弟子。

③ 《史记·老子韩非列传》里老聃与老莱子似乎是两个人，李零考证后认为莱是李的楚系文字写法，老李子与老莱子是同一人。参看李零. 老李子和老莱子——重读《史记·老子韩非列传》［M］//郭店楚简校读记（增订本）. 北京：中国人民大学出版社，2007：252-261. 由于问题较为复杂，尚待学术界取得共识，本文录此备考。

蓬伯玉、子产的主要活动地都在中原地区。另外，孔子周游列国，与中原士人也有过交流。关于孔子与子产、老子、蓬伯玉等中原士人的关系，学术界已有不少研究，但仍有深入探讨的余地。本文以《论语》《左传》《史记》等文献的相关记载为依据，考察孔子与中原士人的思想交往，并说明这种交往的作用与影响。当然，必须说明的是，由于思想的形成是一个复杂的过程，我们的大多数结论都不免有猜测的成分，只求能够"持之有故，言之成理"。

一、孔子与子产

子产卒于鲁昭公二十年，时年孔子三十岁，在鲁国已经小有名气，但尚未登上政治舞台。子产属"七穆"① 之一的国氏家族，自鲁襄公三十一年起担任郑国执政，以当时孔子的地位，不可能与子产有交集。《史记·郑世家》说"孔子尝过郑，与子产如兄弟云"，这一记载不可信。孔子与子产的思想交往是单向的评论，不是双向的交流。孔子评子产在《左传》和《论语》中各三次，我们注意到，不论是对子产的政治能力，还是政治品德的评价，《左传》都高于《论语》。我们先列出相关材料，再探讨对孔子的影响。

（一）孔子评子产

1. 孔子评子产政治能力

《左传》中孔子曾说："子产于是行也，足以为国基矣。"（《左传·昭公十三年》）这是针对子产一次外交胜利的评论，此次外交活动史称平丘之会。当时楚灵王被杀，楚公子弃疾即位，是为楚平王。此前楚灵王灭陈、蔡，引起华夏诸侯的警惕，楚平王刚上位，楚国内部尚待整饬，晋国此时压服齐国，想要重申霸权，就以商讨鲁国侵莒国、邾国为借口，提出在平丘（今河南新乡封丘县）会盟。子产和子大叔辅佐郑定公参与此次会盟。最后立盟约前，子产不同意晋国给郑国设置的贡赋等级，要求降低。子产为此极力争辩，从白天争到晚上（"自日中以争，至于昏"）。子产此举可能也是在弥补子皮失策给郑国造成的损失。鲁昭公十年，晋平公去世，子皮吊丧，带了厚礼想讨好晋国新君，被叔向拒绝，子皮"尽用其币"却无功而返。郑国是小国，承受不起这样的经济压力，所以子产此行对于减轻贡赋志在必得，最终也说服晋人同意他的要求。《左传》中孔子引《诗》"乐只君子，邦家之基"，意思

---

① 指以郑穆公七个儿子为始祖的郑国世袭卿族。

是"君子之所以乐，以其能为国家之根基"①。子产为郑国社稷竭尽心力并取得预期成果，而此次会盟鲁昭公被拒绝参加，鲁国执政季平子（季孙意如）被晋人拘捕，押往晋国，相较之下，子产真的堪为国家栋梁。《左传》借孔子之口给出的评价是很公允的。

《论语》中孔子曾说："为命，裨谌草创之，世叔讨论之，行人子羽修饰之，东里子产润色之。"（《论语·宪问》）这是讲郑国政令出台过程中子产的作用。《左传》也有类似的一则材料可与《论语》互相印证。"子产之从政也，择能而使之。冯简子能断大事，子大叔美秀而文，公孙挥能知四国之为，而辨于其大夫之族姓、班位、贵贱、能否，而又善为辞令，裨谌能谋，谋于野则获，谋于邑则否。郑国将有诸侯之事，子产乃问四国之为于子羽，且使多为辞令，与裨谌乘以适野，使谋可否，以应对宾客。是以鲜有败事，北宫文子所谓礼也。"（《左传·襄公三十一年》）在《论语》中，子产与裨谌、世叔（子大叔）、子羽是各司其职的平等地位，子产负责在最后环节润色辞令，在《左传》中子产则起主导作用（"择能而使之"），郑国与诸侯有外交来往时，子产负责向子羽、裨谌咨询，以发挥他们各自的特长。所以，表面看，这两则材料内容近似，但很明显，《左传》对子产的评价更高也更贴切，还通过北宫文子之口，认为这是"所谓礼也"。

总的来看，《左传》作者对子产政治才能的评价高于《论语》中孔子的评价。

2. 孔子评子产政治品德

《左传》借孔子之口称许子产"仁"，是"古之遗爱"。《论语》中孔子则明确地称子产为"惠人"，不许之以仁。

鲁襄公三十年，罕氏家主子皮授郑国执政之位给子产，子产开始改革郑国内政，次年发生庶人议政于乡校的事件，有人建议子产毁乡校，子产不同意，还讲出一番道理②。孔子听到子产的回答，评价说："以是观之，人谓子产不仁，吾不信也。"这里孔子用了双重否定句式（吾不信子产不仁）许子产以"仁"。子产死后，孔子又说他是"古之遗爱也"（《左传·昭公二十年》），王

① 杨伯峻. 春秋左传注（修订本）[M]. 北京：中华书局，2009：1360.
② "夫人朝夕退而游焉，以议执政之善否。其所善者，吾则行之。其所恶者，吾则改之。是吾师也，若之何毁？我闻忠善以损怨，不闻作威以防怨。岂不遽止，然犹防川，大决所犯，伤人必多，吾不克救也。不如小决使道。不如吾闻而药之也。"（《左传·襄公三十一年》）

念孙云："爱即仁也，谓子产之仁爱，有古人之遗风。"说详王引之《述闻》①。这是《左传》中孔子对子产的盖棺之论，从双重否定式的评价变成肯定式评价，肯定子产之仁。

《论语》中孔子则两次称许子产之"惠"。一次是专论子产："子谓子产：'有君子之道四焉：其行己也恭，其事上也敬，其养民也惠，其使民也义。'"（《论语·公冶长》）另一次是在比较中评论子产："或问子产。子曰：'惠人也。'问子西。曰：'彼哉彼哉！'问管仲。曰：'人（仁）也。夺伯氏骈邑三百，饭疏食，没齿无怨言。'"（《论语·宪问》）值得注意的是，认为子产是惠人在儒家典籍中是通论、共识。孟子评价子产"惠而不知政"（《孟子·离娄下》），荀子说"子产惠人也"（《荀子·大略》），《孔子家语》中孔子说"子产于民为惠主"（《孔子家语·辩政》）所谓惠，《孔子家语》中孔子解释为"爱民而已"，还说"子产者，犹众人之母也。能食之，而不能教也"（《孔子家语·正论解》）。可知这里的"惠"是好处、实惠之意。另外，孔子和荀子都将子产与管仲相提并论，认为子产不如管仲。孔子还较为含蓄，荀子则直接说"子产惠人也，不如管仲"②。

《左传》与《论语》对子产的两种评价，笔者认为《论语》更可信。原因在于《左传》的作者对子产非常赞赏和钦佩，《左传》不仅记载史实，还要传达自己的价值判断，并且习惯将自己的判断隐藏在有公信力的人物之后，借助他们来说自己想说的话。"孔子曰"与"君子曰"一样，都代表着贤大夫的意见，具有权威性③。所以，笔者认为《左传》中孔子对子产的评价，代表的是《左传》作者的意见，而不是孔子本人的看法。这便能够解释《左传》对子产政治才能和政治品德的评价都高于《论语》的原因。

（二）子产对孔子的影响

就上述孔子与子产的思想交往来看，子产对孔子最大的影响是让他看到世卿也可以"张公室"。孔子身在鲁国，对鲁国世卿"三桓"（季氏、孟氏、叔氏）专政的观察与体会尤其深刻。郑国与鲁国同为姬姓诸侯，子产与季氏同为世卿和执政，但是子产却与季氏不同，他心中有社稷，与郑国公室同心同德。

---

① 杨伯峻. 春秋左传注（修订本）[M]. 北京：中华书局，2009：1422.
② 荀子与孔子不同，孔子称许管仲仁，荀子则说管仲"力知不力仁"，评价不及孔子高。
③ 孙董霞. 春秋人物品评的主体及其"君子曰"与"孔子曰"[J]. 青海师范大学学报（哲学社会科学版），2016（3）：76-82.

孔子最钦佩子产的，大概是他能依礼而行，与霸主周旋，向世卿大族展开斗争，维护郑国公室的地位。所谓惠民，恐怕只是其中一项中间措施。子产的政治宣言是"苟利社稷，死生以之"（《左传·昭公四年》），鲁国的季氏则与鲁国公室离心离德，一再瓜分公室，架空国君，排斥下层贵族参政，将鲁国当成自己的私产。因此，可以说子产身上寄托了孔子未能实现的一个理想（"张公室"），而子产不及管仲之处则在于，齐国在管仲的辅佐下"尊王攘夷"，不仅张大齐国公室，还维护周王室，这更是孔子梦寐以求的事。所以他许管仲以"仁"，而许子产以"惠"，这些评价背后不仅是孔子思想的表达，还是其政治理想的寄托。

《论语》是辑录孔子及其弟子言行的语录体子书，与《左传》这类史书相比，很多言论没有首尾，难以确切理解其意义。通过比较《左传》与《论语》中孔子对子产的评价，可以让我们更深入地了解孔子所处的时代及其理想，体会孔子思想的历史情境，更加准确地理解孔子思想。

二、孔子与老子

关于孔子曾师于老子这件事，在战国和汉代人那里是没有疑问的。除《史记·仲尼弟子列传》的记载外，《吕氏春秋·当染》说"孔子学于老聃"，《韩诗外传》卷五说"仲尼学乎老聃"，《潜夫论·赞学第一》说"孔子师老聃"。在《礼记》《孔子家语》等儒家文献和《庄子》这样的道家文献中，记录孔子与老子交往的材料也很多，虽然不可尽信其真，但至少可以肯定两件事：老子年长于孔子，孔子曾向老子请教。以此结论为前提，我们探讨孔子与老子的思想交往及其影响。

（一）思想交往

据陈鼓应、白奚考证，孔子与老子曾在不同时间和地点相见①。我们认为，孔老相见至少两次，分别在孔子十七岁、三十四岁时，地点分别在鲁地、周之洛阳，孔子所学于老子的，主要有两个方面：礼仪知识、生存智慧。

1. 礼仪知识

《史记·老子韩非列传》和《孔子家语·观周》都记载孔子"问礼于老子"，但并未详述问礼的内容。《礼记》和《孔子家语》有较具体的说明。

---

① 陈鼓应，白奚. 孔老相会及其历史意义 [J]. 南京大学学报（哲学人文社会科学），1998
（4）：22-26.

《礼记·曾子问》记录了四则孔子从老子处学到的葬丧礼仪知识。第一，曾子问孔子："古者师行，必以迁庙主行乎？"迁庙主即"新迁庙之主"①，也就是最后迁入太庙之中的神主。曾子问古礼是否在出师时带着迁庙主出行，孔子说古代是这个规矩，现在规矩乱了，带着七庙之主出师，他听老聃讲过三种情况下才会带群庙之主出行，即天子驾崩或国君去世时、国君逃难出奔时、诸侯在太祖庙里合祭群庙的神主时。第二，关于送葬途中出现日食，该如何处理。孔子讲他曾助葬老聃，遇见过这种情况，老聃吩咐停枢于道路右边，停止哭丧，等在那里看日食变化，在日食过后，枢车继续前进。葬毕孔子请教其中的道理，老聃说灵枢不可在天亮前出殡，也不可在日暮后止宿。因为只有罪人和奔父母之丧的人才会披星戴月地赶路，所以在日食出现，天空黑暗，可能出现星星时，要停下来，暂时终止凶礼②，老子在这里不仅讲礼仪，还讲礼意，即君子尊人后己。第三，关于早殇之子（8~11 岁）的葬礼，孔子提到老聃所述史佚的例子，史佚儿子早殇，由于墓地较远，不方便直接下葬，召公就建议他将尸体成殓入棺，史佚认为这不合礼，召公与周公讲了此事，周公说于礼不可，史佚误以为可以，就按召公的建议下葬了③，于是下殇用棺衣棺，就从史佚开始了。第四，子夏问孔子居父母之丧而接受战争的征召是否合于礼，孔子引用老聃的话说，鲁公伯禽曾在卒哭之后兴兵征伐，但那是特殊情况④，现在的人在居父母之丧期间为私利接受征召去打仗。"吾弗知也"，这是委婉地说这不符合礼，因为"君不夺孝子之情"⑤。

《孔子家语》提及老子的地方有四处，分别讲万物生化（《执辔》），五行配五帝（《五帝》）、服丧征召之礼（《曲礼子夏问》）、待客之礼（《曲礼子夏问》）。后两则涉及礼学知识，服丧接受征召同《礼记·曾子问》。关于待客之礼，子夏说孔子曾说过，若客人来了没地方住，就住在主人的馆舍，若死在馆舍，则由主人来办理丧事。子夏想知道这是否符合礼，是否就是有仁心。孔子说老聃曾说，既然让别人住你的馆舍，那么对方身死，无亲人治丧，主人不能

① 十三经注疏整理委员会. 礼记正义 [M]. 北京：北京大学出版社，2000：678.

② 孔疏："就道右者，行相左也"者，就道右者，以道东为右也。按仪礼云：吉事交相左，凶事交相右。此既枢行而交相左者，以其遭日食之变，止哭停枢而不行凶礼，故从右礼行相左。参看十三经注疏整理委员会. 礼记正义 [M]. 北京：北京大学出版社，2000：717.

③ 十三经注疏整理委员会. 礼记正义 [M]. 北京：北京大学出版社，2000：719.

④ 《礼记正义》引郑注："有徐戎作难，丧卒哭而征之，急王事也。"参看十三经注疏整理委员会. 礼记正义 [M]. 北京：北京大学出版社，2000：723.

⑤ 十三经注疏整理委员会. 礼记正义 [M]. 北京：北京大学出版社，2000：723.

不管不问。

孔子从老子那里首先学到的就是礼学知识，老子不仅告诉他具体情况下礼仪的细节，还解释其中的原因和道理。孔子一再说"吾闻诸老聃"，这是把老子视为权威，以增加其言可信性。

2. 生存智慧

孔子青年时代就有远大志向，洛阳问礼时三十四岁，稍有名气但尚未出仕，正是意气风发，踌躇满志之时，老子年长孔子，见此情形，语重心长地向他提出告诫和建议。

《史记·孔子世家》里老子临别对孔子说："聪明深察而近于死者，好议人者也。博辩广大危其身者，发人之恶者也。为人子者毋以有己，为人臣者无以有己。"这是告诉孔子不要随意议论人，要敏感到危险所在，懂得在无道之邦的存身之道。老子这里是针对孔子提出的建议，所以应该不是泛泛而论，那么他说的"好议人"的"人"是谁？在鲁国议论谁会招来杀身之祸？只能是执掌鲁国国政的三桓尤其是其中权力最大的季氏。孔子对季氏僭越礼制的行径深恶痛绝，"是可忍也，孰不可忍也"（《论语·八佾》）就是针对季氏。他对季氏是既蔑视又无奈，老子的劝诫应该是让他不要与季氏公开对立，以保全自己。他还给孔子讲了一个处世原则，即为人子不要坚持自己，为人臣不可不坚持自己，原因在于为人子要孝，所以不需要事事固执己见，君臣以义合，不合适就作罢，所以不能过于坚持己见。孔子早年父母双亡，老子这个建议的重点在后者。

《史记·老子韩非列传》中老子对孔子说："吾闻之，良贾深藏若虚，君子盛德容貌若愚。去子之骄气与多欲，态色与淫志，是皆无益于子之身。"老子知道孔子有救世之心，还非常迫切，但是老子很清楚，当时孔子在鲁国没有出仕的可能，他的理想与抱负都于己有害。老子作为史官，不仅从史册中历见成败兴衰，还亲眼看到春秋时代各国政局变动，无数君权争端，贵族相互倾轧。鲁国自春秋中期以后形成三桓专政的局面，国君被架空，公室土地被瓜分，鲁昭公想"去三桓"，最终失败被迫流亡。所谓从政，其实是为季氏服务。如果孔子只是贪图个人名利，直接投靠季氏即可，但他有理想，想匡扶公室，将鲁国从无道变为有道。这就必然与三桓，尤其是与一家独大的季氏发生冲突，最后不仅动摇不了三桓的势力，还会成为他们的眼中钉，给自己带来危险。

老子对孔子的劝告，既可以做一般性理解，又可以结合春秋时代和鲁国的政治格局，做具体的理解。不管怎样理解，其内容都是老子向孔子传授生存智慧。

（二）老子对孔子的影响

孔子与老子的思想交往对孔子影响很深。首先是增长见闻，提高声望。老子是周王室史官，孔子特意去见他，说明对他神往已久。孔子亲眼见到老子，听到他的言论，除了被其博学所折服，还震撼于其不凡的气度。孔子不知道应该用怎样的言语表达自己的感受，就用龙来打比方："至于龙吾不能知，其乘风云而上天。吾今日见老子，其犹龙邪？"（《史记·老子韩非列传》）孔子以龙比喻对老子的感受，可能是因为龙在上古是巫者通天之具①。孔子见到老子，联想到上古能乘龙上天的巫史，于是有这样的评价。他去东都洛阳见老子，相当于上洛朝圣。回去之后，他个人的学问修养都有进益，弟子们当然也跟着受益。声誉扩大后，求学的人也更多了。《史记·孔子世家》说"孔子自周反于鲁，弟子稍益进焉"，《孔子家语·观周》说"自周反鲁，道弥尊矣。远方弟子之进，盖三千焉"。其次是收敛锋芒，全生避祸。孔子虽出身贵族家庭，但随母亲长大，没有正式的贵族身份，不被贵族阶层接受。直到而立之年，才逐渐受到贵族阶层的重视。他对鲁国当权者是很不屑的（《论语·子路》中称今之从政者为"斗筲之人"）。老子看出他的志向与傲气，出于关爱之情，告诉他全身免祸之道。孔子五十岁后出仕，得罪季氏，被迫流亡，几度险遭不测，老子的告诫似乎都被印证了。晚年的孔子，信念依然坚定，但是学会收敛锋芒，注重自身的修养和保全。当然，与道家不同，自身的保全只是一种手段，并不是目的。纵观孔子一生，不轻言放弃，不轻易赴死，"知其不可而为之"（《论语·宪问》），但又豁达乐观。这种充满智慧的处世之道，应该就有老子的影响在其中。

三、孔子与蘧伯玉

蘧伯玉名瑗，春秋晚期卫国贤大夫。卫国与鲁国同为姬姓诸侯，又是邻国，关系密切（《论语·子路》："鲁卫，兄弟之政也"），因此，孔子很重视卫国。据《史记·孔子世家》，孔子周游列国时曾两次寄居在蘧伯玉家，《孔子家语·曲礼子贡问》还提到蘧伯玉请孔子相礼，可见他与蘧伯玉的关系比较密切。

---

① 据陶磊的研究，"龟与龙是古人想象中的升天工具"，"分别与龟占与蓍占相对应"，"乘龙升天，盖在龟作为升天的工具被禁止后巫者所发明的新思路"。参看陶磊. 从巫术到数术——上古信仰的历史嬗变 [M]. 济南：山东人民出版社，2008：56.

（一）思想交往

1. 修身

孔子在卫国时，蘧伯玉派人看望孔子，孔子问使者蘧伯玉在干什么，使者说他想少犯错误，但是做不到，孔子对这位使者大为赞叹。"欲寡其过"，这是讲修身，使者说蘧伯玉"欲寡其过而未能"（《论语·宪问》），"未能"是谦辞，重点在前者即寡过。孔子曾称赞颜回好学，说他"不迁怒，不贰过"（《论语·雍也》），犯过的错误不会再犯，这是修身中重要而难得的事。蘧伯玉善于自我反省，这在当时是被公认的。《庄子·则阳》说他"行年六十而六十化"，《淮南子·原道训》说他"年五十，而有四十九年非"。勤于修身使蘧伯玉成为真正的君子，"外宽而内直，自设于隐括之中，直己不直人，善废而不悒悒，蘧伯玉之行也"（《韩诗外传》卷二），《列女传》借卫灵公夫人之口，说他"不为昭昭信节，不为冥冥堕行"（《列女传》卷三《仁智传》）。在别人看不见的地方依然守礼，不是做给别人看，而是自我要求，这是极高的道德修养。

2. 处世

蘧伯玉历事卫献公、殇公、亡而复入的献公、襄公、灵公。这一时期围绕卫献公被逐与返国，卫国政坛出现动荡。蘧伯玉被迫卷入却全身而退，这让孔子很是感叹："直哉史鱼！邦有道如矢，邦无道如矢。君子哉蘧伯玉！邦有道则仕，邦无道则可卷而怀之。"（《论语·卫灵公》）"卷而怀之"朱熹注："卷，收也。怀，藏也。"① 卷而怀之即收藏避祸。

据《左传》记载，卫献公一再失礼于孙林父、宁殖，激怒他们。孙林父得知卫献公意图清除他，为防不测，打算抢先下手。他带领子弟臣仆到自己的采邑戚，偶然遇见蘧伯玉②。孙林父说卫献公暴虐，卫国社稷有倾覆的危险，问蘧伯玉的打算。蘧伯玉说君臣有别，臣不敢犯君，况且即使废旧君，立新君，又怎知新君一定胜过旧君？他不愿掺和这种事，就当即决定出逃，为免周折，他选择最近的国门出国（《左传·襄公十四年》）。十二年后宁殖之子宁喜迎卫献公回卫国，又与蘧伯玉商议，他说："瑗不得闻君之出，敢闻其入？"于是又出逃，"从近关出"（《左传·襄公二十六年》）。

卫献公复国，孙、宁二氏决裂，在国内接应的太叔仪受到卫献公责备，

① 朱熹. 四书章句集注［M］. 北京：中华书局，2012：164.
② 杨伯峻认为，此时蘧伯玉年甚少，必不在高位，孙林父不必往见他，故而孙林父入戚见蘧伯玉是偶然遇见，双方猝不及防，孙林父一行人数众多，不得不与蘧伯玉搭话。参看杨伯峻. 春秋左传注（修订本）［M］. 北京：中华书局，2009：1012.

在外替卫献公联络的子鲜终身不回卫国，孙林父叛卫附晋，退出卫国政治舞台，宁氏最后被灭族（"九世之卿族，一举而灭之"，《左传·襄公二十五年》）。相比之下，在这场惨烈的内乱中蘧伯玉两次被拉拢，两次成功脱身，成为明哲保身的典范。吴公子季札游历北方诸国时，与蘧伯玉相善，赞卫国有蘧伯玉这样的君子，可保卫国无患。（"适卫，说蘧瑗、史狗、史鳅，公子荆、公叔发、公子朝，曰：'卫多君子，未有患也。'"《左传·襄公二十九年》）在《庄子·人间世》"颜阖将傅卫灵公大子"一节，蘧伯玉向颜阖讲述臣事君时的全身之道，虽然有寓言性质，也说明他在道家人士那里是具有生存智慧的人物。

孔子对卫国很熟悉，蘧伯玉的经历他肯定都知道。在保证自身安全的前提下从政，这种生存智慧，孔子一早就从老子那里领受了，所以他认可蘧伯玉是很自然的事。

（二）影响

1. 日新其德

蘧伯玉的修养功夫受到孔子赞赏，纵观孔子一生，他在治学修德方面也是勇猛精进，毫不松懈的。他自述"吾十有五而志于学，三十而立，四十而不惑，五十而知天命，六十而耳顺，七十而从心所欲，不逾矩"。（《论语·为政》）在人生的每个阶段都有进步和突破，这是通过日常积累而发生变化的。不断反思和改正自己的不足之处，是重要的方法。他说："德之不修，学之不讲，闻义不能徙，不善不能改，是吾忧也。"（《论语·述而》）"不善不能改"是在修身上麻木懒惰的表现，随波逐流，任本能驱使，放弃成为人的责任。孔子对此感到忧虑。他称赞颜回"不贰过"，还说"过而不改，是谓过矣"。（《论语·卫灵公》）孔子深入钻研易学后说"加我数年，五十以学《易》，可以无大过矣"。（《论语·述而》）可见他始终认为自己还有不足，念念不忘改过迁善。这与蘧伯玉常欲寡过，日新其德的追求不谋而合。孔子以蘧伯玉为师，可以认为在这方面受到蘧伯玉的影响。

2. 出处有道

孔子有志于张公室，但鲁国自春秋中期以后三个世袭贵族（季孙氏、叔孙氏、孟孙氏）把持鲁国政权，孔子这样的低等贵族没有参与国政、施展抱负的机会。直到季氏家臣阳虎（《论语》中称阳货）叛乱，季氏开始考虑抑制"旧式宗法家臣"① 的势力，擢拔非宗法性的才能之士为其所用，正是在这个背景下，孔子才登上鲁国政治舞台②。孟子说孔子的出仕原则有三："孔子有见行可之仕，有际可之仕，有公养之仕也。于季桓子，见行可之仕也；于卫灵公，际可之仕也；于卫孝公，公养之仕也。"（《孟子·万章下》）童书业认为"孔子之仕于鲁，实仕于季孙氏也"③。当他张公室的意图受到季氏的忌惮，再加上齐国插手，孔子被迫离开鲁国。他说"用之则行，舍之则藏"（《论语·述而》），"用""舍"指的都是季氏。也就是说，他能否在鲁国从政，取决于季氏的态度。准确判断和把握国内政治形势变化，来决定自己的出处，在这方面蘧伯玉的警醒与明智对于孔子应该是学习的榜样。

四、孔子与其他中原士人

孔子于鲁定公十三年（前497）离开鲁国，开始长达十四年的流亡生涯。孔子流亡的路线大致是：定公十三年，去鲁奔卫。哀公二年（前493）离开卫国，经曹、宋、郑，南下至陈国。哀公六年（前489），去陈适蔡，由蔡至楚叶县，再自叶返卫。哀公十一年（前484）返回鲁国。主要居留地是卫国和陈国，主要活动地是中原地区。这一路上他与中原地区的隐士群体不期而遇，还见到镇守叶县的叶公子高。

（一）思想交往

1. 叶公

叶县是楚国北方重镇，叶公是叶县首长。当时的叶公叫沈诸梁，字子高。孔子于鲁哀公六年由陈经蔡至楚国叶县，《论语》记录了他与叶公的交往情况。

叶公首先见到的不是孔子，而是孔子弟子子路，他向子路打听孔子。孔子所谓周游列国，实际上是政治流亡。他和一群弟子从鲁国来到中原，寻找实现政治理想的机会。这个搅动鲁国政坛的势力，引起各国统治者的重视。楚国此前接纳过很多来自北方诸国的流亡贵族，孔子一行人来到叶县，叶公一定会高

---

① 关于孔子仕鲁的契机，童书业认为："阳虎于定八、九年间作乱，失败奔齐，次年传遂书夹谷之会'孔丘相'，是孔子及其门徒登用于阳虎失败之后，明是季孙氏等用之，所以抑制有土有民之旧式宗法家臣也。"见童书业. 春秋左传研究［M］. 上海：上海人民出版社，1980：89.

② 李零认为孟懿子是孔子出仕的推手。参看李零. 去圣乃得真孔子：《论语》纵横读［M］. 上海：上海三联书店，2008：249-250.

③ 童书业. 春秋左传研究［M］. 上海：上海人民出版社，1980：89.

度关注。由于我们不知道的原因，子路先见到叶公。叶公向他打听孔子这个人，子路不知如何回答，孔子听说后就教他这样评价自己："发愤忘食，乐以忘忧，不知老之将至。"（《论语·述而》）这里没提到他的政治抱负，而是强调他的好学和乐天精神。这对于打消对方的疑虑，增加好奇心和好感度应该是有用的。

孔子与叶公相见后，两人谈及如何施政的问题，孔子回答："近者说（悦），远者来。"（《论语·子路》）直译是让近处的人高兴，让远方的人依附。孔子回答同样的问题往往因人而异，这次也不例外。《韩非子·难三》记载了子贡的疑惑：齐景公、鲁哀公、叶公都向孔子问政，孔子的答语却各有不同，原因何在？孔子说原因在于齐君奢侈，鲁国大臣结党愚君，楚国地广都狭，民众不安心在此居住。这个解释可以说明孔子回答问题的特点，但具体到对叶公问政的答语，恐怕还有未尽之意。孔子周游列国曾想过到楚国从政，对于叶公来说，他们就是"远人"，所以孔子提醒叶公让远来的人依附，在这里不是泛泛而谈，而应是实有所指，这是借问政之机投石问路。

孔子在叶县期间，关于什么是"直"的问题，叶公与孔子进行了直率的对话，叶公对孔子曰："吾党有直躬者，其父攘羊，而子证之。"孔子曰："吾党之直者异于是：父为子隐，子为父隐。直在其中矣。"（《论语·子路》）据《论语注疏》，"攘"意为"有因而盗"，"攘羊"意为"因羊来入己家，父即取之"①。这属于顺手牵羊，它不同于故意偷盗，而是将错就错，把本不属于自己的东西据为己有，是为欺心，反过来说就是"不直"。为纠正这种不直，儿子向人告发父亲的行为，叶公认为这是"直"。可以设想，如果攘羊者不是亲属，而是陌生人，则此直躬者仍将证之，以使其"直"。这即是说，他是不看行为主体，只看行为本身，因此，他是把"忠"置于"孝"之上。孔子则提出另外一种"直"，即"父为子隐，子为父隐"。"隐"相对于"证"而言，"证"是把父攘羊这一自欺欺人的行为昭告于众，"隐"则是隐而不发，不将其宣扬于外，其中的道理是：父亲欺心是为不直，儿子隐瞒是为直。这不是以事实为准绳，而是以情感为归依，即朱熹所谓"父子相隐，天理人情之至也，故不求为直，而直在其中"②。这是人之常情，体现的是身为人子的不忍之心。这体现两种不同的价值排序：一个孝在忠上，一个忠在孝上。儒家思想的重要原则通过叶公与孔子的思想碰撞而凸显出来，在儒学史上这是一个非常有意义的讨论。

2. 隐士群体

孔子在中原各国流亡时，遇到不少隐士，他们都对孔子有所耳闻，但又不

---

① 十三经注疏整理委员会. 论语注疏［M］. 北京：北京大学出版社，2000：201.

② 朱熹. 四书章句集注［M］. 北京：中华书局，2012：147.

认可他的行为，双方的思想交往表现为思想碰撞。

子路与孔子途中失散，碰到一个荷蓧的丈人，子路问他是否见过自己的老师，这位丈人语带讥讽地说"四体不勤，五谷不分，孰为夫子"（《论语·微子》）。说明他了解孔子，知道孔子看不上体力劳动①，隐士很多都躬耕于垄亩，自食其力，在这方面就跟孔子发生冲突了。孔子听到这番话，没有生气，只是判断对方是隐士。

隐士们跟孔子一样，都认为当时是天下无道的时代，不同的是，孔子想以其道易天下，而他们则认为天下已不可为。

子路问长沮、桀溺怎么渡河，这两位隐士正在耕地，得知他们的身份后，忍不住劝他们与其做辟（避）人之士，不如学他们做辟（避）世之士。这里的避人之士，也是意有所指，因为孔子政治流亡是受季氏迫害所致，他避的人就是鲁国的世卿季氏。但在桀溺看来，孔子并没有因为在鲁国的失败而死心，周游列国是寻找从政机会，他认为孔子的逃避并不彻底，而失败则是注定的，因此，建议他放弃政治追求，做个避世之士。孔子听懂了他的话，也明白对方并无恶意，就怅然若失地说："鸟兽不可与同群，吾非斯人之徒与而谁与？天下有道，丘不与易也。"（《论语·微子》）斯人之徒就是指包括季氏在内的各国当权者。孔子无奈地说："当今天下就是被这些人把持，我不跟他们打交道又跟谁打交道呢？如果天下有道，我也不用想尽办法去改变什么了。"桀溺的劝告让孔子说出内心深处的无奈。

孔子还在楚地碰到楚国有名的隐士接舆。楚狂接舆歌而过孔子，曰："凤兮凤兮，何德之衰！往者不可谏，来者犹可追。已而已而！今之从政者殆而！"孔子下，欲与之言。趋而辟（避）之，不得与之言。（《论语·微子》）这位隐士是楚国有名的佯狂之人，与上述隐士不同，他主动找孔子跟他讲了一番话，以凤喻孔子，朱熹认为，"凤有道则见，无道则隐，接舆以比孔子，而讥其不能隐为德衰也。"② 他的意思是孔子生不逢时，却不知进退之道，劝他及早归隐。这里的未尽之语在《庄子·人间世》中讲得比较详细③，大概意思是天下无道，避祸全生最重要。

---

① 樊迟问种地种菜，孔子说他是小人，见《论语·子路》。

② 朱熹. 四书章句集注［M］. 北京：中华书局，2012：185.

③ 孔子适楚，楚狂接舆游其门曰："凤兮凤兮，何如德之衰也！来世不可待，往世不可追也！天下有道，圣人成焉；天下无道，圣人生焉。方今之时，仅免刑焉；福轻乎羽，莫之知载；祸重乎地，莫之知避。已乎，已乎！临人以德；殆乎，殆乎！画地而趋。迷阳迷阳，无伤吾行！吾行郤曲，无伤吾足。"

（二）影响

与这些中原士人的思想碰撞交流，对孔子影响很大。一是政治上受到挫折。孔子试图张公室，得罪季氏，齐国也不想看到鲁国强大，孔子政治流亡背后是鲁国内部政治斗争和齐国干预的结果。他被迫流亡，带着弟子游走在中原各国，各方都关注着这个新兴政治团体。除了卫、陈这些小国外，大国（齐、晋、楚）都不愿接纳他们，有些势力甚至还试图加害孔子等人，这可能是表达立场的一种方式。从叶公与孔子的交往来看，他对孔子一行人并无恶意，但在从政问题上他也没有给予积极回应，应该是委婉地拒绝了。隐士们虽然不参政，但是对于政治动向非常敏感，他们对孔子的嘲讽、劝谏，既表达了他们的失望，也反映出孔子政治上的失意。二是个人修养提高。孔子从鲁国来到中原地区，除了政治上受到挫折，文化上也遭遇挑战。春秋时代中原地区既是霸主相争的四战之地，还是周、楚两系文化①荟萃之地。孔子作为周文化继承者，在这里与异己人士和异端思想相遇，思想上受到冲击。李零认为"楚道家的原产地是今河南东部（宋、卫、郑、陈、蔡一带）。孔子周游列国，碰到不少狂人，恰好在这一带。河南也是出思想的地方"②。可以说孔子周游列国还是一次文化之旅，儒家创始人来到楚道家原产地，自己原本以为是天经地义的东西，在这里受到质疑，不断听到不同的声音。这不仅没有让他放弃理想，反而使他完成个人修养的又一次提升，即"六十而耳顺"。他在这里应该听过很多刺耳的话，它们没有伤害到他，反而帮助了他③，这也是孔子令人望尘莫及之处。

综上所论，与中原士人的思想交往，促成孔子在学问与道德方面的成长，令他增加见闻，磨砺意志，也更坚定了他的信念。中原士人对孔子来说，既有师友，也有论敌。中原地区对孔子而言，既是朝圣地，也是淬炼场。

---

① 劳思光讲周初政治形势，结论是："周公东征，使周人兼有东夷之故地；'昭王南征而不复'，则使周人势力不能伸张至南方地区。此周初政治形势中最重要之情况，而南北文化传统之形成，亦由此而定局。""所谓南方文化，在周末春秋战国时期，原指楚国所代表之文化而言。"与之相对的就是周人建立的北方文化，或称周文化。参看劳思光. 新编中国哲学史：第 1 卷 [M]. 桂林：广西师范大学出版社，2005：51-54.

② 李零. 人往低处走——《老子》天下第一 [M]. 北京：生活·读书·新知三联书店，2008：6.

③ 涂又光认为："孔子在楚接受再教育，反映他置身于一个不同的文化。孔子是从周文化来到楚文化。孔子已经有自己的一套，根据这一套而对叶公、隐者有所批评。孔子又确实学而不厌，从头学起，从老子的教诲，其他的见闻，学到楚文化的精神。孔子晚年，思想的变化，境界的提高，仅在周文化氛围中是不可能实现的，经过在楚接受再教育方能实现。"参看涂又光. 楚国哲学史 [M]. 武汉：湖北教育出版社，1995：310.

《全蜀艺文志》与蜀学

吴洪泽（四川大学古籍整理研究所）

摘　要：本文论述杨慎为弘扬蜀学而编纂《全蜀艺文志》。依据嘉靖《四川总志》诸序探索《全蜀艺文志》的编纂过程，研究四库馆臣因失察而伪题编者为周复俊的恶劣影响，进而研究该书的编纂体例及其与巴蜀文化的联系，并探讨其流传与影响。

关键字：杨慎；全蜀艺文志；周复俊；蜀学

据《蜀中广记》等书记载，蜀中向来有同时编纂地方志与总集的传统，如唐时编《嘉定志》与岑参编《嘉定诗》，宋代袁说友主持编纂《成都志》与《成都文类》等。但无论《嘉定志》与《嘉定诗》，还是《成都志》与《成都文类》，均没有配套编纂的明确记载，因而作为《四川总志》艺文部分编纂，而在后世单独流传的《全蜀艺文志》，更能说明总集编纂与地方志之间的联系，而《全蜀艺文志》就成了方志艺文的范例。1920 年编纂的《六合县续志稿》卷一五《艺文志·序》云："《汉志·艺文》悉载书目，《唐志·艺文》肇分四类。吾邑旧志，以诗文充之，盖用明周复俊《全蜀艺文志》例，第类萃诗文，则总集也，而非史体。"认为《全蜀艺文志》所创方志艺文体例，属于总集，而不是史学体裁，这点是对的，但将编者指为周复俊，则是受了清代四库馆臣的误导。

一、《全蜀艺文志》的编者

《全蜀艺文志》在明朝有嘉靖、万历两个刻本，都是和《四川总志》一并刊印，并未单刻行世。嘉靖二十四年本为原刻，卷首列嘉靖二十年巡抚刘大谟《重修四川总志序》，有云："予与合川王侍御以升庵于役之便，方洲放免之闲，更征玉垒，共为是书。适侍御谢狷斋至，而尤乐于赞成，乃不两阅月，遂以竣事告。其涣而为萃者，仍托周宪副木泾、崔金宪楼谿重加编集。"次列巡按御史谢瑜《重修四川总志》，有云："于是巡抚留东皋公倡议，而前巡按合川王子和之，乃敦礼升庵杨子、玉垒王子、方洲杨子分职撰述，再阅月而就绪。"（此序亦见嘉靖《四川总志》卷末，而题作《重修四川总志后序》）后列杨慎《全蜀艺文志序》云：

> 先君子在馆阁日，尝取袁说友所著《成都文类》、李光所编《固陵文类》，及成都丙、丁两《记》《舆地纪胜》一书，上下旁搜，左右采获，欲纂为《蜀文献志》，而未果也。悼手泽之如新，怅往志之未绍，罪谪南裔，十有八年。辛丑之春，值捧戎檄，暂过故都。大中丞东阜刘公，礼聘旧史氏玉垒王君舜卿、方洲杨君实卿，编录全志，而谬以艺文一局委之慎。乃捡故麓，探行箧，参之近志，复采诸家。择其菁华，祧其繁重，拾其遗逸，翦彼稂稗。……乃博选而约载之，为卷尚盈七十。……开局于静居寺宋、方二公祠，始事以八月乙卯日，竣事以九月甲申，自角匜胗，廿八日以毕。食时而成，既愧刘安之捷；悬金以市，又乏《吕览》之精。乃属乡进士刘大昌、周逊校正，而付之梓人。……嘉靖辛丑九月十五日，博南山戍成都杨慎序。①

合观以上三序，嘉靖《四川总志》由王元正、杨名、杨慎编纂，而杨慎承担"艺文一局""廿八日以毕""为卷尚盈七十"，则七十余卷之《全蜀艺文志》原本，是为《四川总志》而编，编者为杨慎，毫无疑问。其后所列王元正《全蜀人物志序》，更对嘉靖《四川总志》纂修过程，有详细叙述：

> 乃遣文学，敦聘礼，方洲杨子由遂宁先至，升庵杨子由新都继至，元正则由茂林后至，假居宋祠，分局从事。方洲几一月告完，以先去；升庵几两月告完，而亦去；元正则匜三月始得告成，而后去。……是志也，我东阜公暨合川侍御公创意举之。未几，合川竣事北上，狷斋侍御公代按斯土，而左右成之。兹乃缮录成编，总二十有六卷，立论十有三篇，统冀高明，胹我昏陋。嘉靖二十年十月二十日，玉垒山人蠢屋元正撰。②

所谓"方洲几一月告完""升庵几两月告完"，与杨慎所说"廿八日以毕"不合，可能是王元正将二人的编纂时间记错了，应该说"升庵几一月告完"才恰当。此序所说的也是嘉靖二十年初稿本，未说刊刻情况，明何宇度云："《全蜀艺文志》，杨用修所编也，网罗金石、鼎彝、秦汉之文几尽，可谓博矣。然惜太繁，刻在藩司，已不存。《太平清话》云：'《四川总志》，惟《艺文》一卷乃

---

① 杨慎. 全蜀艺文志序［M］//《全蜀艺文志》卷首. 刘琳，王晓波，点校. 北京：线装书局，2003：11-12.
② 王元正. 全蜀人物志序［M］//嘉靖《四川总志》卷首. 嘉靖二十四年刻本.

用修所选,立例最古。'似殊不然,岂俱未见二书乎?"① 何宇度是明神宗时人,所谓"刻在藩司,已不存"的版本,当指嘉靖二十四年本,而嘉靖本《全蜀艺文志》是《四川总志》的一部分,何来"二书"之说?而嘉靖二十年初稿未经刊刻即转入重编,这点刘大谟序说得很清楚。既然王元正序说初稿"总二十有六卷,立论十有三篇",那么《太平清话》说"惟《艺文》一卷乃用修所选"就没有问题,说明他见过王元正"缮录成编"的初稿本,反而是何氏"未见二书"了。何氏既说"刻在藩司,已不存",说明他所见《全蜀艺文志》不是刻本,而可能是抄本,因而脱离《四川总志》单行也就正常了。

嘉靖《四川总志》卷末载崔廷槐《四川总志后序》云:

> 太史氏升庵杨公、玉垒王公、方洲杨公,分而校之。时则方洲志《藩封》,以官察附;志《建置》,以编户、形胜、风俗、城池、公署、邮驿附;志《山川》,以台榭、古迹、水利、关津、陵墓、祠庙、寺观附;志《赋役》,以课税、征徭附。玉垒志《名宦》,以职名、科第附;志《人物》,以流寓附;志《武弁》,以土官附;志《割据》,以乱臣、盗贼附。升庵志《文艺》。而各为序以见。卷凡百余,皆主通志,标分胪列,视昔盖彬彬矣。②

上列篇目当为嘉靖二十年《四川总志》的初稿,所列篇目与嘉靖二十四年刊本大不相同,"卷凡百余"也与八十卷的嘉靖二十四年刊本不合。因二本明显不同,故一些学者认为有嘉靖二十年刊本存在,也因杨慎序有"乃属乡进士刘大昌、周逊校正,而付之梓人"之语,认为《全蜀艺文志》也有嘉靖二十年刊本。实则,嘉靖二十年王元正、杨名、杨慎所修百余卷只是稿本,并未立即刊行,而是交由周复俊、崔廷槐主持修订。关于此点,嘉靖二十四年刊《四川总志》卷首《编纂职名姓氏》标明:"旧史氏蓥屋王元正、新都杨慎、遂宁杨名编,副使吴郡周复俊、佥事胶东崔廷槐重编。"是为周、崔重编之力证。在杨慎完稿当日即撰《重修四川总志序》的刘大谟明确说:"乃不两阅月,遂以竣事告。其涣而为萃者,仍托周宪副木泾、崔佥宪楼溪重加编集。"是为周、崔重编之一证。崔廷槐《四川总志后序》叙述重编过程,更是周、崔重编之明证:

> 都抚公睹而叹曰:"嗟乎!备矣,未萃也。"谋诸监察侍御狷斋谢公,属公走聘按察宪副周君暨予不肖,会而一之。时则宪副君发凡起例,而义以断焉。《藩封》《监守》《杂志》用通志例,《郡县》用一统志例,例之正

---

① 何宇度. 益部谈资:卷上 [M]. 清抄本.
② 崔廷槐. 四川总志后序 [M]//嘉靖《四川总志》卷末. 嘉靖二十四年刻本.

也；尊崇帝纪，表章后妃，删落年表、官制、财赋，不书户口、田额、兵屯、力役之征，例之变也。予所编次《经略》三卷，亦通志例，例之正也。余唯校删《郡县志》之重庆、叙州、马湖、镇雄及乌撒军民府、嘉定州、石砫宣抚、邑梅洞长官二司，间有笔削，与旧志互异，亦例之变也。而《文艺志》，则悉仍升庵之旧，未之能易焉。大抵台峰体例不一，三太史主通志，宪副主台峰，加取舍尔。予所草创，实三太史之所略也。稿脱，都抚公躬自检阅，更其讹舛，而又叹曰："嗟乎！似矣。"乃又以谋诸监察公而下，令梓人趣刻之。……悉窃附名，实深祗畏，故于志刻之终也，僭述始末异同之故，殿诸群玉，冀览者有考焉。①

崔廷槐"于志刻之终""述始末异同之故"，说明此序写于重编并刊刻完工之后。卷一《监守志·金事》有"戴嘉猷，字献之，绩溪人，进士，嘉靖二十三年任"的记载，也是嘉靖二十年初稿经重编后刻印的证据。百余卷的初稿，除《艺文志》外，均经周、崔大肆刊削改编，从而将王元正《全蜀人物志序》所说的"总二十有六卷"，刊削为除《艺文志》以外的十六卷。"而《艺文志》，则悉仍升庵之旧，未之能易焉"②，大约说的是杨慎所编文稿次序或未改易，只是将"为卷尚盈七十"的原稿分割为六十四卷。由此可见，今本《全蜀艺文志》仍属杨慎编次，周、崔只是分卷，并未重编。或者连校正与重新分卷的工作，都由杨慎所"属乡进士刘大昌、周逊"一手完成，故《全蜀艺文志》中全无二人加工的痕迹。

嘉靖《四川总志·凡例》于"四川总志"题下注云："《凡例》八条及《杂志》，周复俊撰。"而《四川总志》各卷包括《全蜀艺文志》各卷上，均不注编者姓氏。全书最后列周复俊《四川总志后序》，有云："是知蜀不可以无志，犹国不能以无史也。是故首纪《帝后》，而立极配体昭焉；次之以《藩封》，而疏潢锡壤渥焉；次之以《监守》，而分画慎固崇焉；次之以《名宦》，而授钺载其光焉；次之以《郡县》，而分茅禀其责焉。若乃《经略》赞皇王之业，《杂志》慎扬遏之几，《艺文》以参阴阳之秘，而其本末焕然，章纪列矣。"所列篇次，乃与今存嘉靖刻本全合，而不言杨慎等纂修始末，末署"嘉靖壬寅夏四月朔旦，按察司副使周复俊撰"。若从此本单抄《全蜀艺文志》成书，误题编者为周复俊是完全可能的。

明万历四十七年刻《四川总志》，一同校刻了《全蜀艺文志》及《补续全

---

① 崔廷槐. 四川总志后序 [M] //嘉靖《四川总志》卷末. 嘉靖二十四年刻本.
② 崔廷槐. 四川总志后序 [M] //嘉靖《四川总志》卷末. 嘉靖二十四年刻本.

蜀艺文志》。因此，万历本《全蜀艺文志》仍附刻于《四川总志》后，并未单行。可以说，明代单行的《全蜀艺文志》，应该只是抄本。清修《四库全书》，据两淮马裕家藏本，转抄《全蜀艺文志》，不录杨慎等序，并将嘉靖本最末之周复俊《四川总志后序》移置卷首，改题"全蜀艺文志原序"，并于每卷下均题"明周复俊编"，遂将杨慎的著作权转嫁到周复俊头上，铸成冤案。随着《四库全书》特别是《四库全书总目》的影响越来越大，周复俊编《全蜀艺文志》之说渐渐为人接受，即使在目录书著录中，杨慎编和周复俊编也两说并存。当代学者引用《全蜀艺文志》，也有标注周复俊者。近年来，有多位学者撰文加以考辨，拨乱反正，回归了杨慎编纂的本来面目。

杨慎（1488—1559），字用修，号升庵，四川新都人，明东阁大学士廷和长子。正德六年（1511）状元及第，授翰林修撰。世宗即位，改经筵讲官。嘉靖三年（1524），因"大礼议"伏左顺门痛哭，被廷杖，下诏狱，谪戍云南永昌卫（今保山市）。嘉靖二十八年卒于戍所，年七十二。天启中追谥文宪。杨慎是著名的文学家，明代三大才子之首。博学高才，《明史》本传称："明世记诵之博，著作之富，推慎第一。"据记载，其著述多达400余种，流传于世者也有200多种，所编总集多达40余种。

杨慎对巴蜀文化情有独钟，在他37年的流放生涯中曾多次返蜀。嘉靖二十年（1541）二月，因四川巡抚刘大谟拟重修《四川总志》，受聘还蜀，与鳌屋人王元正、遂宁人杨名一起担任编纂工作。开局于成都城东静居寺宋濂、方孝孺祠，杨慎主修《艺文志》，自八月初二至九月初一，历时29日（序称"廿八日"）即告完稿。主修刘大谟对杨慎所修部分极为满意，在他完稿当日即撰写了《重修四川总志序》，宣称"乃不两阅月，遂以竣事告"。实际上当时王元正主修《名宦》《人物》等志尚在编纂中，杨名主修《建置》《山川》则已交稿，刘大谟对二人所修部分并不满意，于是委托按察司副使周复俊、佥事崔廷槐重编。周、崔对王元正、杨名所修部分做了较大调整，包括重订体例，调整门目，增删内容，重编卷次等，"而《艺文志》则悉仍升庵之旧，未之能易焉"（崔廷槐《四川总志后序》）。杨慎所修《全蜀艺文志》六十四卷，编入嘉靖《四川总志》第十七至第八十卷，保存了完整的体例，实际上可直接印行，自成一书。可能当时即有这样形成的刻本或单独的抄本出世，故明人著书，即有单引《全蜀艺文志》，而不称《四川总志》者。《全蜀艺文志》展现了杨慎对乡邦文献的关注，通过对文献的汇集整理与考订，透出其学术功力与思想，在杨氏有关巴蜀文化的诸多著述中，占有重要的地位。

二、《全蜀艺文志》的编纂体例与弘扬蜀学的主旨

杨慎在《全蜀艺文志序》中说："唐宋以下，遗文坠翰，骈出横陈，实繁有眊。乃博选而约载之，为卷尚盈七十。中间凡名宦游士篇咏，关于蜀者载之，若蜀人作仅一篇传者，非关于蜀亦得载焉，用程篁墩《新安文献志》例也；诸家全集，如杜与苏，盛行于世者，只载百一，从吕成公《文鉴》例也；同时年近诸大老之作，皆不敢录，以避去取之嫌，循海虞吴敏德《文章辨体》例也。"《全蜀艺文志》附属《四川总志》，没有专门的凡例，杨慎序中所言，即是《全蜀艺文志》的编纂体例。

其一，"用程篁墩《新安文献志》例"，而录游宦记蜀事诗文及"蜀人作仅一篇传者"，民国《乐山县志》卷一一下云："以名人诗文凡有关邑事者汇辑成编，此仿升庵《全蜀艺文志》与程篁墩《新安志》例也。"① 但《新安文献志》却旨在收录乡贤作品以及外地人记载乡贤行实的诗文，两者采录对象并不相同，《新安文献志》以人为主，而《全蜀艺文志》则以事为主，其编纂体例则与《成都文类》更为接近。那么，杨慎如此强调"用程篁墩《新安文献志》例"，就有深意了。考虑《新安文献志》的编纂目的在"稽古尚贤"，故编"为甲集六十卷，以载其言；乙集四十卷，以列其行"②，实际上是借用朱熹《名臣言行录》的主旨，运用真德秀《文章正宗》的编法，而聚焦于新安一地，实现了先贤言行、文章选集与地方文化的一体化，《新安文献志》借整理乡邦文献而弘扬徽学，并成为区域文化模式总集的典范，受人推崇。显然，杨慎也要借用乡邦文献而弘扬蜀学，因此，才"用程篁墩《新安文献志》例"。

程敏政（篁墩）博学而精于考据，用 30 年时间编成《新安文献志》，以期"诵法程、朱氏以上窥邹鲁，庶几新安之山川所以炳灵毓秀者，不徒重一乡，将可以名天下，不徒荣一时，或可以垂后世"③。他奉行程朱理学，曾将朱熹贬黜苏轼之言编为《苏氏梼杌》。《新安文献志凡例》中也明确标示："甲集悉遵西山先生《文章正宗》例，凡先达时文，务取其平正醇粹，有关世教者，否虽脍炙人口，不在录也。"④ 其选录标准是重义理而轻文学，与宋代的洛学一脉相承。杨慎编《全蜀艺文志》，推尊蜀学，特别是汉代四子（司马相如、严君平、扬雄、王褒），唐代陈子昂、李白，宋代苏轼，元代虞集之文学，旨在借先贤文

① 唐受潘修，黄镕、谢世璜等纂，王畏严补正. 乐山县志［M］. 民国二十三年铅印本.
② 程敏政. 新安文献志序［M］//篁墩集：卷29. 明正德二年刻本.
③ 程敏政. 新安文献志序［M］//篁墩集：卷29. 明正德二年刻本.
④ 程敏政. 新安文献志序凡例［M］//篁墩集：卷59. 明正德二年刻本.

章以展示巴蜀文化历史，所谓"文之传，事之传也"（杨慎《全蜀艺文志序》），其选录标准是既重文学，也重历史文献。宋代洛学与蜀学之争，杨慎不可能不知道，而《新安文献志》标榜的正是"洛学"传承，杨慎"用程篁墩《新安文献志》例"而推尊以苏轼为代表的蜀学，其用意耐人寻味。

其二，从《宋文鉴》例选录名家别集。作为选集，不可能全录别集诗文，从《文选》《唐文粹》等，无非如此。《新安文献志》遵从"《文章正宗》例"，杨慎则"从吕成公《文鉴》例"，四库馆臣所谓"《文选》而下，互有得失，至宋真德秀《文章正宗》，始别出谈理一派，而总集遂判两途，然文质相扶，理无偏废，各明一义，未害同归"①。《新安文献志》也有"朱子诗文，不敢多入，止取有关于新安者及本集所遗阙者"的凡例②，与杨慎所谓"诸家全集，如杜与苏，盛行于世者，只载百一"③的说法相似，实际上就是选集的通例，他为何偏偏拈出《文鉴》呢？只因吕祖谦编《宋文鉴》的宗旨是义理与文采并重，因此，受到张栻、朱熹等人的批评。杨慎显然赞同吕氏的观点，而不像《文章正宗》那样只重义理。

其三，循吴讷《文章辨体》例，不录当代人作品。这也是大多数选集遵从的原则，即《新安文献志凡例》也有"近世闻人已捐馆者，其诗文随所见附入，余俟续编"的条例。吴讷《文章辨体》推崇真德秀《文章正宗》，即便杨慎所从此例，《文章辨体·凡例》亦云："考之《文章正宗》，凡同时及年近诸大老之作，皆不敢录，以避去取之嫌。今循其例，以俟后之君子。"④杨慎不说从《文章正宗》，而说从《文章辨体》，是因为吴讷虽强调明理，但也反对不顾"文辞题意"，与杨慎看重的巴蜀文学传统并不相悖。杨慎在《全蜀艺文志》卷三"诗"序论中，也讲到全书的编纂体例：

> 文王之化，行乎江汉之域。"江有沱"，咏于二《南》之先。征之《禹贡》，则岷山导江，江别为沱。蜀人凡水皆称江，江之慢流皆称沱，至今犹然。原夫滕女之见，不出窥观，此诗之兴，即见而起。未有身在岐山，而远取江沱；家莫鄂鄙，而遥咏岷蜀者也。是"江沱"之篇为蜀诗之首无疑也。岂独《东明》《史邪》之名，见于扬雄之《纪》；《中和》《乐职》之

---

① 永瑢，等. 四库全书总目：卷186，总集类·序［M］. 北京：中华书局，1983：1685.
② 程敏政. 新安文献志序凡例［M］//篁墩集：卷59. 明正德二年刻本.
③ 杨慎. 全蜀艺文志序［M］//《全蜀艺文志》卷首. 刘琳，王晓波点校. 北京：线装书局，2003：12.
④ 吴讷. 文章辨体：卷首，凡例［G］//四库全书存目丛书：集291. 济南：齐鲁书社，1997：7.

诗，始于王褒之作乎？今《志》所取，凡缘蜀而作者载之；其人为蜀产而诗仅存一二者，亦载焉。其类十有九，于类之中又有类焉。其人则以世之先后为序。当轴时栋、表仪里门者，咸不敢载，以附海虞吴先生《文章辨体》之例。①

对蜀诗溯源竟委，显出杨慎研究巴蜀文化的深厚底蕴，并对蜀诗及全书的编纂体例做了进一步的说明。

其四，"其类十有九，于类之中又有类焉"，是指全书按文体分类，共十九类：赋、诗、诗余、诏策赦文敕、表疏状、书笺、书、序、记、檄难牒、箴铭赞颂、碑文、论说辩考述议、杂著（文、教、词、语、吊文、谏、哀辞、祭文、世家、传）、碑目、谱、跋、赤牍、行纪（题名、钤记、简版附），涉及四十七种文体，较《成都文类》的十一类二十九种文体，有所继承，有所增加。而所谓"于类之中又有类焉"，则指既按文体分类编排，同一大类文体之下，按题材内容分若干小类，如"诗"下分为风谣、楚辞、都邑、城郭、楼阁等十九小类，"记"下又按甲至癸分为十小类等。大抵前五十卷与《成都文类》差别不大，而增加了"诗余"，表明杨慎看待巴蜀文化的眼光是高于前人的。后十四卷则增加世家、传、碑目、谱、跋、赤牍、行纪、题名、简版等文体，收文范围更加广泛，所增收的文类，许多与文学性无关，甚至如《宋王象之舆地纪胜碑目》那样如同书目文献的资料也加以收罗，更多的是从方志和地域文化的角度出发的。

其五，"其人则以世之先后为序"，是指全书诗文按文体编排，篇次则依作者的时代先后编次，这是编纂选集较为常用的方式。

《全蜀艺文志》最大的贡献在于创立了艺文总集体例，该书原本是为《四川总志》而编，因此，较之《成都文类》《新安文献志》等，更加具有方志艺文的特色；而相较《会稽掇英总集》那样按山川古迹人物等题材分类汇集诗文的模式，则更接近选集编纂的模式。因此，前人大多认为这种体例创自杨慎："班固作《志》首创《艺文》，后世作史者踵之。晁公武《读书志》、马端临《经籍考》，搜罗赅备，亦不过条其篇目，撮其意旨，非胪列诗古文辞，以为艺文也。至明杨慎，采摭篇什，为《全蜀艺文志》，始变其例。"②"《艺文志》之目，始于班《书》，自后史家，沿以为例，或有或无，或仍称艺文，或改称经籍，要之，所登九流四部，但存其目及撰人姓名、作述

① 杨慎. 全蜀艺文志：卷3 [M]. 刘琳，王晓波，点校. 北京：线装书局，2003：71.
② 经籍志 [M] //嘉庆《四川通志》：卷183.

大旨而已。其鸿篇巨制，或详本纪，或见列传，各有指归，初非为地志起例也，而言志地者宗之。明新都杨文宪撰《全蜀艺文志》，始变其体，杂采名篇，分门别类，创伊古之所无。于是言志地者又宗之，而二体遂并行至今。"①

可以说，《全蜀艺文志》被世人推为地方艺文总集的代表作，实至名归。

三、《全蜀艺文志》的影响及其流传

《全蜀艺文志》收录诗文 1873 篇，有名氏的作者 631 人。所收诗文自两汉以迄明代，而以唐宋居多。收录诗文的标准是与蜀相关，而不管作者是否是蜀人。通过汇辑编选巴蜀文献，从人杰地灵的题材到海纳百川的体裁，展现了巴蜀文学的风貌和巴蜀文化的悠久绵长。如果说《成都文类》是从文选的角度来铨择成都诗文的话，《全蜀艺文志》就是以巴蜀文化为着眼点来鉴裁众作。因此，《成都文类》虽与《成都志》一同编纂，但仍然分为二书，而《全蜀艺文志》则融方志艺文与总集于一炉，开创了艺文总集的新体裁。对传承巴蜀文化精神的这一创制，尽管评说各异，而赞扬者居多。如清初汪士铉便仿效《全蜀艺文志》而编《全秦艺文志》②，有"西南巨儒"之称的学者、诗人郑珍也说："地志之专载篇章，自《全蜀艺文志》始，而作者或以非班氏例仅编目录，撮旨要，其文章则缘事附入，苟末从附者，则虽于山川风土，利弊因革，多借以明，而格于胶鼓，反致缺漏，此杨氏之书，所以称立例最古也。"③ 民国修《绥阳县志》则说："方志之搜辑篇章，发轫于《全蜀艺文志》，而一时之山川风俗，政教人心，无不赖以表见，后遂奉为定例，至今不弛。"④

当然，也有指斥杨氏体例者，如清四库馆臣便认为《粤西诗载》"以视《全蜀艺文志》，虽博赡不及，而体要殆为胜之"⑤，光绪间修《获鹿县志》亦称"刘《略》班《志》为著录艺文之始，而《全蜀艺文志》猥以诗文入选，后世纂修志乘，往往踵其陋习，而于著述目录反缺而不书，识者讥之"⑥，指

---

① 艺文志序［M］//同治《高安县志》：卷 21. 清同治十年刻本.
② 汪士铉. 全秦艺文志序［M］//秋泉居士集：卷 2. 清乾隆刻本.
③ 艺文·序［M］//道光《遵义府志》：卷 42. 清道光二十一年刻本.
④ 艺文志序［M］//民国《绥阳县志》：卷 8. 民国十七年刻本.
⑤ 《粤西诗载》提要［M］//永瑢，等. 四库全书总目：卷 190. 北京：中华书局，1983：1731.
⑥ 艺文志·序［M］//光绪《获鹿县志》：卷 14. 清光绪七年刻本.

斥杨氏舍弃了《汉书·艺文志》创立的"著述目录"体例，也不尽合事实，《全蜀艺文志》卷五二《宋王象之舆地纪胜碑目》，采用的正是著述目录体例。清代李元度曾辨析两种体例说："刘《略》班《志》为艺文著录之始，《关中风俗记》始以地志而兼及艺文，若专录篇章，则自杨慎《全蜀艺文志》始也。后之作者以其非班氏法，遂从目录例，止列书名，撮其旨要。其诗古文，则用范石湖《吴郡志》例，分附各条下，不另立一门，以涤冗滥。法诚善矣，然诗文有无类可附而实关掌故及风土利弊、时事因革者，必尽整置之，不可惜乎！"① 可见两种体例，各有优劣，而从总集类例之，《全蜀艺文志》颇具特色，保留了大量编排有序的原始诗文，有助于多角度展现巴蜀文化风貌，使之成为研究巴蜀文学乃至巴蜀文化的资料宝库，这正是杨慎留给我们的巨大价值。

100 多万字的《全蜀艺文志》，杨慎用 28 天编成，难免使人怀疑其"体要"不精而陷于猥滥。关于此点，杨慎在自序中有所强调："先君子在馆阁日，尝取袁说友所著《成都文类》、李光所编《固陵文类》，及成都丙丁两《记》《舆地纪胜》一书，上下旁搜，左右采获，欲纂为《蜀文献志》，而未果也。"其父杨廷和盖仿《新安文献志》而作《蜀文献志》，已钩稽《成都文类》《固陵文类》《成都丙记》《成都丁记》《舆地纪胜》等五种主要书籍中诗文，并进一步"上下旁搜，左右采获"，已具一定规模，并形成了手稿，所以杨慎才有"悼手泽之如新，怅往志之未绍"的说法。因而继承父志，成此巨编。以杨慎的博学多才，平日有心于此，又在几度往返滇蜀途中，采集了《汉太守樊敏碑》《汉孝廉柳庄敏碑》等珍贵文献。因此，得到参编《四川总志》的良机，闭馆编书，虽不足一月成稿（王元正序谓"几两月告完"），但基础深厚，并非仓促草创者可比，所以才得到刘大谟等的认可。刘琳、王晓波先生总括本书的材料来源说："一是《成都文类》；二是《固陵文类》；三是《文苑英华》；四是唐宋人文集；五是《舆地纪胜》与《方舆胜览》；六是地方志。"② 此外，《锦里耆旧传》之类的书籍，也可供直接采录，清周中孚称"其叙述亦颇简略，唯详于诏敕、章表、书檄之类，仅可以供《全蜀艺文志》所取资耳"③。

由于这些来源书籍中，有许多已经失传，据统计，《全蜀艺文志》所录

---

① 李元度. 平江县志例言［M］//天岳山馆文钞：卷 39. 清光绪六年刻本.

② 杨慎. 全蜀艺文志：前言［M］. 北京：线装书局，2003：3.

③ 周中孚. 郑堂读书记：卷 26［M］//清人书目题跋丛刊（8）. 北京：中华书局，1990：134.

1800 多篇作品中，大约有五分之一全靠此书得以保存，可见其珍贵的文献价值。其大量收录的成都、夔州等地作品，成都部分幸有《成都文类》可资勘校，而据《固陵文献》采入的大量夔州作品，却因《固陵文献》在后世失传，全靠《全蜀艺文志》得以存留，成为研究夔州历史文化的宝贵文献。此外，因选择角度的差异，《全蜀艺文志》并非全录《成都文类》中作品，而是有所删补，清耿文光说："周复俊所编《全蜀艺文志》，凡六十四卷，视《文类》为详，按语亦多所考证。升庵所编，不只以《文类》为蓝本，且搜采有年，故视周书为尤备，若《文类》，则遗漏多矣。"①《全蜀艺文志》收录的费著《氏族谱》《器物谱》《笺纸谱》《蜀锦谱》《钱币谱》《楮币谱》《岁华纪丽谱》七谱，是有关宋代成都风土人情、经济文化的重要史料。由此可见，因为杨慎学识过人，眼光独到，《全蜀艺文志》对巴蜀文献的铨选，是他书难以比拟的。因此，后世编修方志、钱谱，以及撰写有关四川、重庆的政治、军事、经济、文化、历史、文学、哲学等著作，所征引文献多出自《全蜀艺文志》，可见其重要性。而《固陵文献》等书的失传，也与《全蜀艺文志》的备受世人重视直接相关，因此，清朱彝尊才有"自杨氏《志》行，而袁氏之《文类》庋之高阁矣"的感叹②。

当然，《全蜀艺文志》也存在误收、漏收及校勘不精及误题作者等问题，如清仇兆鳌注杜诗，便"窃怪杨升庵修《全蜀艺文志》，而于杜诗寥寥止数首。夫以杜之九钻巴火，三蛰楚雷，其太半所作，岂独为瞿塘、岷峨生色，乃多抑而不载"③。今人魏红翎撰有《〈成都文类〉〈全蜀艺文志〉误收之魏晋南北朝作品考辨》（《蜀学》第八辑，第 45-48 页）一文，认为晋代李雄《答张骏劝称藩书》、梁代江总《别袁昌州》、梁简文帝《琵琶峡》等与蜀无涉，应当删去。清嘉庆重刊本载谭言蔼跋云："升庵职此志，在谪戍暂归时，闻诸先老，凡廿有八日而毕，不携簏，不检籍，取之腹笥，蔚为巨编。其间应不无小舛，矧转相传写，乌马递成，鲁鱼迭出。……中如《破吐蕃露布》，实王应麟所拟，误题韦皋；陆游《牡丹谱》本集实三篇，后两篇误合为一。"

《全蜀艺文志》在明代有嘉靖二十四年、万历四十七年两个刻本，并附刻于《四川总志》后。嘉靖本校勘不精，刻工粗劣，传本稀少；万历本略有校正，也难称精当，传本也不多。清修《四库全书》所据"两淮马裕家藏本"

---

① 耿文光. 万卷精华楼藏书记：卷 47 [G] //清人书目题跋丛刊（9）. 北京：中华书局，1990：415.

② 朱彝尊. 书成都文类后 [M] //曝书亭集：卷 44. 清文渊阁《四库全书》本.

③ 仇兆鳌. 杜诗详注：卷 25 [M]. 清文渊阁《四库全书》本。

是抄本，讹误阙漏较多。至嘉庆初，江陵人朱云焕（字遐塘）购得抄本数种，校勘刊行，是为嘉庆二年（1797）刻本（读月草堂本），仍存在校勘不精的问题。后经谭言蔼等再校，并修补旧版，于嘉庆二十二年（1817）刊行于乐山。光绪年间，安岳邹兰生曾据嘉庆二十二年本两度校勘，分别刊印于光绪十七年（1891）和光绪三十一年（1905），虽自序称"校论精详"，然讹误仍复不少。民国三年（1914），成都昌福公司据读月草堂本铅排，作为"蜀藏"之一，"错字亦多，殊无足取"（参刘琳、王晓波《全蜀艺文志·前言》）。2003 年，线装书局出版刘琳、王晓波点校本，以嘉靖刻本为底本，参校上述诸本及各家文集等，附录《引用书目》及《作者篇名索引》，分上、中、下三册印行，是目前最好的版本。

《怪谈全书》中的林罗山"鬼神观"研究

——以其"神"观念为中心

张蒗（西华师范大学外国语学院）

摘　要：林罗山是日本江户初期的儒学家、汉学家和神道家。他反对平安时期以来的神佛习合，提倡神儒一致，并利用朱子学的理气说创立了"理当心地神道"。本文主要以林罗山编译的中国怪异小说集《怪谈全书》为切入口，对他的鬼神观进行研究。本文以"神"观念为例，以文学文本为视角，探讨其神道理论中提倡的朱子学理气说鬼神观中的"神"与传统神道思想中的"神"的差异性，进一步讨论林罗山对日本传统鬼神思想的继承。

关键词：林罗山；《怪谈全书》；鬼神观；神道

林罗山作为日本江户初期的儒学家、神道家和汉学家，是较早接受朱子学思想的日本学者之一。由其编译的文学作品《怪谈全书》收录了中国各种鬼怪神仙故事，书中多有人格化的鬼和神，这与林罗山所提倡的朱子学理气说的鬼神观存在矛盾，但与日本传统的神道思想有相通之处。作为儒家神道的先驱者，林罗山神道思想的最大特点是开创了神儒习合的"理当心地神道"。

历来研究林罗山"鬼神观"的先行文献，往往着重研究其神道专著《神道传授》《本朝神社考》等，而鲜少涉及其他方面著作。笔者认为，讨论分析其不以宣扬神道思想为直接目的的文学作品，更能客观地反映其理气说的鬼神观和日本神道中传统的人格化鬼神观的关系。由于"鬼神观"包含内容繁杂，本文主要以林罗山的"神"观念为视角，力图通过分析先行研究较少涉及的《怪谈全书》来展开对林罗山鬼神思想的讨论。

一、理气之"神"与神道之"神"

首先，林罗山鬼神思想中关于"神"由来的观点与朱子学理气说中的鬼神观并不相同。

《神道传授》是林罗山宣扬其神儒习合神道思想的理论著作，该书开篇即对"神"做出了一个总的定义："神乃天地之灵也。"①

关于"神"的由来，他借用朱子学理气说中的鬼神观说法，认为"神"产生于"气"，同时也产生于"理"。他在《神之理》一章中写道：

> 神无形却有灵，是因为神是由气所成的。不管是气萌发之前或是萌发以后，理原本就是存在的。此理无声无味，无始无终。产生气和神的都是理。②

在《朱子语类》第三卷《鬼神》篇中，可以看到类似的说法：

> 天道流行，发育万物，有理而后有气。
>
> 往来屈伸者，气也。
>
> 神，伸也；鬼，屈也。
>
> 鬼神只是气。③

从"理在气先""气生神鬼"的观点来看，朱子学的"神"和林罗山的"神"并没有不同，然而仔细分析"理""气""神"的关系，就会发现两者的观点有很大的差异。

在朱子学的理气说中，"理"在"气"之先，具体而言，"理也者，形而上之道也，生物之本也；气也者，形而下之器也，生物之具也"④。也就是说"理"与"气"除了时间上的先后生成关系，进一步强调"理"统领"气"，是凌驾于"气"之上的形而上之道，"理"对由"气"生成的万物的形态法则都做出了规定。

与此相对，在林罗山的理论中，"理"不仅先于"气"，"理"还生成了"气"。"理生成气"就是林罗山赋予理的一个新的功能。朱熹明确地说过，"理"是不会造作的，也不能酝酿凝聚万物，因此，"理"并没有生出"气"。

> 气则能凝结造作，理却无情意，无计度，无造作。……若理，则只是个净洁空阔底世界，无形迹，他却不会造作；气则能酝酿凝聚生物也。⑤

① 林罗山. 神道传授［M］// 近世神道论. 东京：岩波书店，1972：12.

② 原文：神ハ形ナシトイヘドモ、霊アリ。気ノナス故也。一気ノ萌ザル時モ、萌シテ後モ、此理本ヨリ有テ、音モナクニホイモナシ。始モナク終モナシ。キヲ生、神ヲ生ズルイハレハ即是理也. 林罗山. 神道传授［M］// 近世神道论. 东京：岩波书店，1972：28.

③ 黎靖德. 朱子语类：卷3［M］. 北京：中华书局，1986：33-55.

④ 朱熹，等. 朱子全书（23）［M］. 上海：上海古籍出版社，合肥：安徽教育出版社，2010：2755.

⑤ 黎靖德. 朱子语类：卷1［M］. 北京：中华书局，1986：3.

但在林罗山的思想中，"理"不但生出了"气"，也生出了"神"。朱子理气说的鬼神观认为由"气"生"神"。林罗山提出的由"理"产生了"气和神"的观点，不但与朱子理气说的鬼神观相异，该观点自身也有矛盾之处。既然林罗山也说"神"是由"气"生成的，为什么又说"神"和"气"是由"理"生成的呢？"理"和"气"的界限与功能在此显得模糊。

在《神之根本》一章中，林罗山针对"理"和"神"的关系做出如下论述。

> 神乃天地之根，万物之体。……此乃无色无形之神，又乃无始无终之理。从古至今通常的道理认为因为神一直存在，万物才能无始无终。此乃神道奥义。①

从上述叙述中可以明显看到"神"和"理"的概念重合在一起。至此，林罗山明确地提出了"神道即理（神道ハ即理也）"②的观点。将神置于世界之本源的地位。

其次，承认神的人格化也是林罗山的鬼神观不同于朱子理气说鬼神观的一个特点。在《朱子语类》中，朱熹明确地表明了自己反对人格神的态度。他和弟子有这样一段对话：

> 问："祭天地山川，而用牲币酒醴者，只是表吾心之诚耶？抑真有气来格也？"曰："若道无物来享时，自家祭甚底？肃然在上，令人奉承敬畏，是甚物？若道真有云车拥从而来，又妄诞。"③

这说明朱熹承认祭祀时由气生成的"神"来享受供奉，却不承认"云车拥从而来"的人格化神。在论及道教的神仙时，他也认为传说中有名字有生动形象的神仙是"气"，"气久必散。人说神仙，一代说一项。汉世说甚安期生，至唐以来，则不见说了。又说钟离权吕洞宾，而今又不见说了。看得来，他也只是养得分外寿考，然终久亦散了"④。朱熹反对人格神的立场清晰可见。

但是，林罗山不管是在其神道的理论论述中，还是在其他神道著作中，都

---

① 原文：神ハ天地ノ根、万物ノ体也。神ナケレバ天地モ滅、万物不生。人ノミニテハ命也、魂也。五行ヲ具テ不分、万物ヲ含ミートス。此根有故ニ人モ生、物モ生。若根本ナクバ、人モ物モ不可生。空ニヒトシクシテ不空、虚ニシテ霊也。是ヲ無色無形ノ神ト云。又無始無終ノ理トモ云。始終有、古今常ノ道神有、故ニ能万物始ヲナシ、又万物ノ終ヲナス。是神道奥義。林罗山. 神道传授 [M] // 近世神道论. 东京：岩波书店，1972：44.

② 林罗山. 神道传授 [M] // 近世神道论. 东京：岩波书店，1972：45.

③ 黎靖德. 朱子语类：卷 3 [M]. 北京：中华书局，1986：51.

④ 黎靖德. 朱子语类：卷 3 [M]. 北京：中华书局，1986：44.

没有否定人格神。

他在《国常立尊同体异名事》中写道：

国常立尊是一切诸神的根本。……万物之始，皆根源于此神。①

又在《一神即八百神事》中写道：

天地初开时之神，名曰国常立尊，乃天神七代之第一也。此一神分身
为诸神，乃诸神之总体。②

林罗山将与理同地位的泛指之神具象化到日本神道中最初之神国常立尊③。
在《皇孙降临之事》一章中，神的人格化就更加分明了：

神代始于国常立尊，至伊奘诺尊为止乃天神七代；天照大神至彦波瀲
武鸬鹚草葺不合尊④为止乃地神五代。合十二代也。其中第十代乃初降之
天孙，丰秋津洲⑤之主。至今代代天皇均为他的子孙。……怀孕时，一月
聚血，二月凝脂……十月识神聚，此月诞生。以十月怀胎比十代之神，一
气初萌之时一露凝为国常立尊，十月产子如天孙降临之意。⑥

国常立尊是《日本书纪》中天地初生时出现的第一个神。在林罗山的论述
中，由国常立尊产生了诸神，天地万物之始也是源于国常立尊，即国常立尊有
生成世间万物的“气”的功能。“神”也产生于“气”，但同时也产生于“理”，
即国常立尊也同时具有“理”的功能。

至此可知，尽管林罗山遵依朱熹理气说的鬼神观，但其理当心地神道的鬼
神观与朱熹所论有三点不同：

（1）理当心地神道之神具有了造物的功能。

（2）传统神道中记录在天皇家神谱上和记纪神话中的人格化的神被承认。

（3）承认神的造物功能，也就是承认神具有不同于人类的神秘灵力。

由此可以看出，理当心地神道之神，是具有灵力的造物功能的人格化之神，

---

① 林罗山. 神道传授［M］// 近世神道论. 东京：岩波书店，1972：26.

② 林罗山. 神道传授［M］// 近世神道论. 东京：岩波书店，1972：13.

③ 在《古事记》中国常立被认为是造化三神之一，在《日本书纪》国常立尊是最初出
现之神。

④ 彦波瀲武鸬鹚草葺不合尊：日本初代神武天皇之父。

⑤ 丰秋津洲：日本的异称。

⑥ 原文：神代始、国常立ヨリ伊奘诺尊迄ヲ天神七代トス。天照大神ヨリウガヤフキアハ
セズノ尊迄、地神五代トス。合十二代也。此内十代メ皇孙ニニギ尊初天降、秋ツスノ
主ト成玉フ。今二至迄代々帝王ハ其御子孙也。……怀妊时一月二血アツマル。二月二
脂ノ如クニコル。……十月識神具。此月诞生ス。此十月ノ胎内ノ次第ヲ十代ノ神二比
スレバ、一气初テキザシテ一滴ノ露ト成ハ国常立ノ神也。十ヶ月二当リ产スルハ皇孙
天降リ玉フ意也。林罗山. 神道传授［M］// 近世神道论. 东京：岩波书店，1972：25.

这样的神与朱子理气说中由生成万物之气生成的神是不一样的，理当心地神道之神更接近东方传统民间信仰中的神灵，这为身为儒学家的林罗山编译中国神仙鬼怪故事集《怪谈全书》提供了一种解释。

二、"神道即王道"与"君权神授"观

林罗山的神观念在《怪谈全书》中是如何具体表现的呢？

书中反映君权神授思想的故事一共有三篇，均在第一卷。分别是第一篇《望帝》、第二篇《诘汾》和第七篇《偃王》。

其实《神道传授》中的另一个中心观点——"神道即王道"，便是对"君权神授"思想的强调。

在"神道奥义"一章中，他指出：

> 理当心地神道，此神道即王道也。……政行乃神德也。国治乃神力也。①

对于什么是王道，林罗山也在"王之字事"一章里做了进一步说明：

> "王"字之三横"三"，代表了天、地、人，那一竖"｜"表示贯串天、地、人。贯串天、地、人的是神道，即是王道。天下之人的君主便是"王"。②

"神道即理""神道即王道"，王贯串天、地、人，是天下人之君主，王的统治同样是神的意志，亦是支配万物天道的原理——"理"。林罗山就这样把"君权神授"的观点通过朱子学理气观提升到了一个绝对的高度。在当时，日本的实权统治者并非天皇家而是德川幕府，林罗山强调的"王道"即是指顺从德川家的统治。

如果结合当时日本幕府与天皇的关系分析这三篇译文，就会发现这三篇并非林罗山的随意之选。

《望帝》是开卷第一个故事。它讲述了鳖令③死而复生来到蜀国，望帝将自己的王位让给了比自己更有能力的鳖令。全文情节单一，表达的思想只有一个：

---

① 原文：理当心地神道、此神道即王道也。心ノ外ニ別ノ神ナク別ノ理ナシ。心清明ナルハ神ノ光也。行跡正ハ神ノ姿ナリ。政行ルルハ神ノ徳也。国治ハ神力也。林罗山. 近世神道论《神道传授》［M］. 东京：岩波书店，1972：19.

② 原文：王三ハ天地人ノ三也。｜ハ天地人ヲ貫也。天地人ヲ貫モノハ神道也。即王道ニテ其第一ノ人天下ノ君也。林罗山. 近世神道论《神道传授》［M］. 东京：岩波书店，1972：21.

③ 鳖令，在中国的文史著作中一般写作"鳖灵"。

天下当由贤者统治。

在日本，说到让国的故事，人们一般都会想到"记纪神话"里，天孙降临要求大国主神让出大和，交给天照大神的皇孙来统治的让国神话。天孙统治大和国的正统性就在于天孙是天神之孙，统治大和国是神的意志；望帝让贤于鳖令，是因为鳖令的德行优于自己。两个故事反映的思想不一样，然而望帝让贤的故事正是当时德川政权和天皇政权的一种很好的对应。如果德川家比天皇家更有统治日本的才能，那么德川幕府作为天皇家的代言人不也是合理的吗？

第七篇《偃王》与《望帝》相似，故事主人公偃王没有皇家血脉，因其为卵生被弃，后被龙狗鹄仓拾得，后来又因为奇特的出身而被徐国国君收养，长大后因为德行高尚而成为国君。鹄仓死时化为龙身，而龙在中国的古代是天子的象征，由龙所化身的孩童长大后成为一国之君王是符合神的意志的，因此，也符合君权神授思想。

上述故事中的鳖令和偃王有两个共同特点：其一，两人非皇室血脉，但都德行高尚，有治国之才；其二，两人都出身非凡，偃王由龙狗所拾，鳖令有死而复生的神奇经历，两人身上都有浓厚的神话色彩。

林罗山在其神道思想中没有否定天皇家的正统统治地位。《神道传授》中的《皇孙降临之事》《神道血脉》等章节均承认天皇家正统的神道血脉。林罗山选择鳖令和偃王这样的让贤治国故事，而未选择刘邦、赵匡胤等通过"易姓革命"建立新王朝的君主们身上的神话传说。这样的选择，既符合日本的实际国情又延续了其神道思想中天孙及其后代治国的神道信仰。

虽然当时日本的实权统治者是设立江户幕府的德川家，但这个事实却没有违背林罗山的"神道即王道"理论，因为德川家也像故事中的鳖令和偃王一样同神扯上了关系。在林罗山撰写《神道传授》和编译《怪谈全书》之前，已有德川家康被封神的事实。德川家康死后，根据其遗愿被封为东照大权现，并被授予了正一位的神阶，供奉在日光东照宫。

林罗山作为德川家三代将军的侍臣，在德川家康的封神事件中也发挥了重要作用。他在《东照大神君年谱序》中，将德川家康的族谱追溯到神武天皇第五十六世清和天皇的第六皇子桃园亲王之子经基王，即把家康在血统上追溯到天皇家①。使家康被封神以及德川家作为日本的实权统治者更加名正言顺。

此外，从成书动机来看，也能从另一个侧面了解他选择这三篇故事的原因。在其子林鹅峰所编写的《林罗山"编著书目"》中，关于《怪谈全书》有着这

---

① 林罗山. 林罗山文集：下卷卷 48 [M]. 东京：ぺりかん社，1979：557-558.

样的记载：

怪谈　二卷

宽永末年　幕府御不例时应　教献之为被慰御病心也。①

也就是说，这部作品曾经在幕府将军生病时，结集献给将军以"慰御病心"，可见林罗山选择中国的让国异位神话故事，最直接的目的是迎合日本的实际统治者——将军的心意。

三、《伍子胥》与御灵信仰

《伍子胥》收录于《怪谈全书》第一卷中。该故事主要讲述了伍子胥尽忠劝谏，激怒夫差后被赐死，其尸被抛入江水中化为水神，常以"白马素车"的形象出现在大潮潮头的故事。该篇文末标明"见于《吴越春秋》或《方舆胜览》"，但对比原文和译文，可以推断该故事在编译时还参考了《东坡诗集》或《东坡全集》。现将相关内容的原文和译文对比如下：

《方舆胜览》原文：

吴王既赐子胥死，乃取其尸盛以鸱夷之革，浮之江中。子胥因流波依潮来往，荡激堤岸，势不可御。或有见其乘白马素车在潮头者，因为之立庙。每岁仲秋既望，潮水极大。杭人以旗鼓迓之，弄潮之戏盖始乎此。然或有沉溺者。②

《怪谈全书》译文：

吴王イカリテ伍子胥ヲ殺シ、鴟夷卜云フ皮グクロニ入レテ水ニシヅム。其靈果シテ水神トナル。其シヅメラルル処ハ钱塘卜云フ江ニテ、毎年八月、大イナル潮ノサス所ナリ。其時、伍子胥形ヲアラワシ白馬素車ニノリテ、水上ニウカビ出ヅ。コレヲ見ルモノ、皆オドロカスト云フコトナリ。伍子胥出ヅレバ潮甚ダ急ニ、ナミタカウシテ、堤ヲヤブリ、岸ヲクヅスコト多シ。コレヲヨリテ、伍子胥ヲ英烈君卜号ケテ祭ルナリ。其岸ノ上ニ廟ヲ立ツ。（吴王一怒之下杀死伍子胥，将其尸体放入名曰鸱夷的革囊之中沉入水底，他的灵魂最终成为水神。伍子胥被投入的江水叫作钱塘江，每年八月都会起大浪。此时，伍子胥的身影就会乘着白马素车浮于水面。见此状者，无不称奇。伍子胥出现的时候，潮水极大，浪头极高。岸堤多被击溃。因此，便将伍子胥封为英烈君祭祀，在岸边为其立庙。）

---

① 林靖. 行状［M］// 林罗山诗集（下卷）. 东京：ぺりかん社，1979：58.

② 祝穆. 新编方舆胜览：卷1［M］. 北京：北京图书馆出版社，2004.

通过对比译文与原文，并整理其脉络，可以发现林罗山的译文有较大的改动。主要表现在叙事结构上：

原文脉络：赐死—抛尸江中—因流波依潮来往—白马素车者立潮头—立庙—八月大潮—弄潮

译文脉络：赐死—抛尸江中—成为水神—以白马素车形象出现，大潮摧岸—追封为英烈君，祭祀—立庙

林罗山在依照《方舆胜览》为底本翻译时，结合了《吴越春秋》和苏轼的诗，对故事的情节进行了新的组合。然而随着情节的重新组合，故事中所要表达的思想也发生了变化。

首先，人们对钱塘江大潮的态度发生了变化。原文中伍子胥的尸体随着流波依潮来往时，对钱塘江大潮气势的描述是"荡激堤岸，势不可御"，每年仲秋之际，"潮水极大"，《方舆胜览》原文中意在表现"潮水极大"，"荡激堤岸，势不可御"的潮水也许给河堤造成了破坏，但是这些描述都是为了表现潮水的势头大。在译文中，林罗山除了用"潮甚ダ急ニ、ナミタカウシテ"等描述来表现潮急浪高的水势，更是对潮水描写道："堤ヲヤブリ、岸ヲクヅスコト多シ。""破る""崩す"在日语中分别是"破坏""摧毁"之意，译文中大潮明显具有了破坏性。林罗山的这种译法并非没有依据，《吴越春秋》对潮水的描写就用了"荡激崩岸"一词。林罗山在翻译过程中，选择了《吴越春秋》的表达方式，极力想要表现大潮对堤岸造成的破坏。原文和译文中，人们面对潮水的心态也是不同的。原文中"杭人以旗鼓迓之"，作"弄潮之戏"。这说明当地人们以乐观的心态面对钱塘江大潮，在水中竞技并以此为乐，由此形成了"弄潮"的风俗。然而在译文之中，弄潮之戏的风俗被省略；大潮对堤岸造成破坏，人们为了平息伍子胥的怒气，减少大潮对堤岸造成的破坏，将伍子胥追封为英烈君，并立庙对其祭拜，当地人对待伍子胥已然变成了敬畏。

其次，由于译文情节的重新组合，为伍子胥立庙的时间和原因也发生了变化。在原文中，当伍子胥以白马素车的形象立于潮头时，人们为他立庙。

《史记·伍子胥传》记载：

吴王闻之大怒，乃取子胥尸盛以鸱夷革，浮之江中。吴人怜之，为立祠於江上，因命曰胥山。

据北宋范成大《（绍定）吴郡志》记载：

伍员庙在胥口胥山之上。盖自员死后，吴人即立此庙。①

---

① 范成大. 吴郡志 [M]. 南京：江苏古籍出版社，1986：165-166.

在明代田汝成的《西湖游览志》中，对立庙的时间、原因亦有说明。

> ……赐之属镂以死，浮尸江中，吴人怜之，立祠江上，因命日胥山庙。唐景福二年，封广惠侯，宋大中祥符间，赐额曰"忠清"，封英烈王。……①

大量史料记载，在伍子胥死后，吴人就为他立庙了，且立庙的动机更多是对伍子胥的同情与怜悯。

吴越地区多水系，在很早的时候就产生了对水的信仰和崇拜。钱塘江大潮的威力和破坏力众所周知，人们也往往通过立庙祭祀水神以祈求江河平息，保证生产生活的安全与发展。因此，为伍子胥立庙确实有人们希望其保佑风平浪静的意义。在封伍子胥为英烈王的诏书《杭州英烈王可封昭显英烈王制》中，也清楚地交代了追封的原因。

> 朕惟非常之杰。就功烈于一时。不亡者神。示英灵于千载。式褒祀典。爰重王仪。具位某神。智足强吴。力能破楚。顾威名之已著。曾忠谏之弗衰。祠于胥山。肇自战国。岁事必祷。江潮以平。比因海邦贡使之还。能体朝廷绥远之意。有祈辄应。克济且安。既昭显于精诚。用增崇于美号。尚怀助顺。以永孚休。可。②

唐宋以后，伍子胥逐渐由钱塘江的潮神变为保佑天下水域"江潮以平"的水神。③ 人们把伍子胥当作水神祭祀时，对他大都抱有正面的情感。上引诏书也提到了追封伍子胥的原因是感于其智谋及对吴国的忠诚和气节。在中国的多种文献中，伍子胥都是正面形象。他死后，受到人们的同情与怜悯；成为水神后，受到人们的尊重与祭祀。

然而在译文的叙述中，很难感觉到人们对于伍子胥的正面情感。这当然可以解释为《方舆胜览》中本来就没有记载人们对伍子胥的同情，但《怪谈全书》并不是一部忠于原文翻译的作品，林罗山在编译此书时参照了大量中国典籍，如伍子胥这样的历史名人，在《史记》中就有为他立庙的详细记载，熟知中国典籍的林罗山不可能不知道立庙的原委。但是对于汉学背景并不丰富的一般人来说，通读译文，很容易理解为伍子胥死后成为水神，引起了钱塘江大潮，大潮破坏堤岸，对人们的生活带来了破坏。在林罗山的翻译中，伍子胥成为引发大潮摧岸的恶神，人们立庙的心情也变成了对伍子胥的敬畏。而立庙的目的，

---

① 田汝成. 西湖游览志［M］. 上海：上海古籍出版社，1980：151.

② 宋大诏令集［M］. 司义祖，整理. 北京：中华书局，1962：489.

③ 宋人陆游《入蜀记》有"大抵自荆以西，子胥庙至多"的记载。

则是为了镇慰伍子胥冤死的亡魂。吴人面对大潮勇于挑战的乐观心态和译文中想要表现的人们对伍子胥敬畏的心理产生违和感，因此，原文中弄潮的风俗被省略。那么，林罗山为何会按照这样的思维重新组织故事情节呢？笔者认为，这是因为故事中冤死—作祟—追封、祭祀的模式符合日本御灵信仰的模式。

在日本的传统鬼神信仰中，将怀有怨恨的人的灵魂称为怨灵。怨灵可以是生灵，也可以是死灵。人们相信怀有怨恨的灵魂拥有强大的力量，可以对活着的人作祟，会给活着的人带来灾难。日本人为那些使天地异变、病疫流行、人类相继身亡的作祟怨灵举行镇魂仪式，将他们的灵魂祭祀为神，这样的灵魂即被称为"御灵"。① 人们相信将这些怨灵封为神灵祭祀以后，不但可以平息御灵带来的灾难，自己也会得到御灵强大力量的庇护，由此形成了御灵信仰。日本历史上记载的最早的祭祀御灵仪式——"御灵会"发生于 863 年，在《日本三代实录》贞观五年五月二十日条中有详细记载。② 可知在 9 世纪中期，日本修御灵会的风俗已经形成，从宫廷到民间，御灵信仰已经深入人心。

林罗山在《本朝神社考》中也有关于御灵的记载。书中所记的八所御灵包括："吉备圣灵、崇道天皇、伊豫亲王、藤原太夫人、藤大夫、橘大夫、文大夫、火雷天神。"③ 除了吉备圣灵和火雷天神以外，其余六所御灵正是 863 年御灵会中祭祀的御灵④。吉备圣灵是指奈良时期有名的遣唐使吉备真备，火雷天神是指被祭祀在北野天满宫的菅原道真。

在这八所御灵中，最有名的当属平安朝菅原道真（845—903 年）的怨灵。林罗山因为仰慕菅原道真的学识，在其著作中多次提到他，并且专门为他写了祭文以及多篇关于菅神庙的纪行文和诗歌⑤。北野天满宫是日本神道神社中最重要的二十二社之一，林罗山在《本朝神社考》中，不但记载并承认了御灵信仰，还将菅原道真的作祟称为"神祟"。在《本朝神社考》上卷《北野》篇中，

---

① 小松和彦. 妖怪学新考 ［M］. 东京：小学馆，1994：183.

② 该条详细记载为："廿日壬午，於神泉苑修御灵会。……所谓御灵者，崇道天皇、伊郁亲王、藤原夫人及观察使、橘逸势、文室宫田麿是也。并坐事被诛，冤魂成厉。近代以来，疫病繁发，死亡甚众。天下以为，此灾御灵之所生也。始自京畿，爰及外国，每至夏天秋节，修御灵会，往往不断。"藤原时平. 日本三代实录：卷 7 ［M］. 东京：经济杂志社，1897：130-131.

③ 林罗山. 日本思想斗争史料：第一卷《本朝神社考》［M］. 东京：名著刊行会，1969：559.

④ 藤原太夫人即藤原夫人，藤大夫即观察使藤原广嗣，橘大夫即橘逸势，文大夫即文室宫田麿。

⑤ 可见《林罗山文集》中《祭北野菅神文》《祭河越菅神文》《菅神赞》等文章，以及《林罗山诗集》中《菅神庙》《三芳野菅神》《菅神诗》等诗歌。

详细记载了菅原道真因为谗言而被左迁，郁郁而终，死后作祟，之后被追封以及为其建庙祭拜的经由：

> 北野天神者，右大臣菅原朝臣之灵也。……于是左大臣，与光卿朝臣、菅根朝臣等，相谋遂谗之。帝疑之。左大臣妹，为皇后，帝及左大臣相富，而内外谗行。昌泰四年正月二十日左迁太宰权帅。延喜三年二月二十五日，右大臣薨于配所。……延喜八年，藤原朝臣菅根卒，九年左大臣时平薨，十四年京师灾都下皆云，菅灵为祟。延长元年三月，太子保明亲王薨，人金云，菅灵为灾。京都大惧。因焚拾菅丞相左迁宣旨，复本官赠正二位，又改年号。……八年六月，霹雳于清凉殿，藤清贯、平希世震死，天子不豫。承平五年延历寺灾似菅灵为祟也。天庆三年七月，菅灵托右京七条坊婢文子者，欲接右近马场。天历元年，移立祠于北野。九年三月，托近江国比良社祢宜良种日，大内北野，一夜生松千本，其所建社，以可崇天满天神。……依兹畏神怒犹在，而营北野天满宫，其后神祟遂止。……正历四年五月，遣敕使与宰府安乐寺，诏赠太政大臣正一位。时神托诗曰，昔为北阙被悲士，今作西都雪耻尸。生恨死欢其我奈，从今望足护皇基。①

根据《本朝神社考》的记载，菅原道真因谗言被左迁，屈死于左迁之地，死后怨灵作祟，害死了自己的政敌和朝中多人。朝廷为了平息道真之祟，恢复其正二位官阶，敬其为天满天神，并为其修建了北野天满宫，从此菅原道真不再作祟，其冤得以昭雪，之后成为保佑天皇统治的神灵。这正是冤死—作祟—追封—祭祀、立庙的模式。伍子胥与菅原道真的身份背景相似，两人皆为位高权重的高官，都是谗言致死，伍子胥死后与天下闻名的钱塘江大潮所结合的传说，又似乎与菅原道真的传说有共鸣之处。或许正是这些共鸣使林罗山在《怪谈全书》中收录了伍子胥的故事，又在日本御灵信仰思想的影响下，在译文中重组了《伍子胥》的故事结构，使其情节模式体现出日本御灵信仰的思维。

四、《侯元》与日本神仙观

道教神仙故事在中国古代小说中占有相当大的比例，传入日本以后，融入日本传统信仰中，催生了日本本土的神仙信仰。《怪谈全书》中就记载了一些道教神仙的故事，具体包括《姚生》《张遵言》《侯元》《润玉》和《马头娘》等。

---

① 林罗山. 日本思想斗争史料：第一卷《本朝神社考》［M］. 东京：名著刊行会，1969：431-436.

　　林罗山曾在其多篇诗文中描写过神仙和仙境，《本朝神社考》中即记录了关于役小角、久米仙人、浦岛子以及羽衣天女等多个有名的日本神仙的相关传说。

　　关于日本是否有神仙，他叙述道：

　　　　或又问曰：明宋太史，赋日东曲，其中云：青牛不渡，大洋海莫怪，人无识道书，注云：国中无道士。此言如何？余答曰：不然。夫我邦者，天神地祇之所镇，而灵仙异人之所产也。……时时挺生大人才子不可胜数也。神世上古，姑舍是，及人代，天子寿逾一百年者亦不少。且又武内大臣浦岛子，举国人所称也。南山白箸翁，高市久米仙之辈，昭昭乎。世不可诬也。彼宋濂，岂能知我邦之为灵区哉。①

　　从引文可知，林罗山否定了宋濂认为日本国内"无人识道书""国中无道士"的观点，认同日本历史上那些传说中神仙存在的真实性，并且认为日本乃"灵区"，有天神地祇的庇护，产生灵仙异人是自然而然的事。

　　在《怪谈全书》的神仙故事中，有一些神仙要素同时存在于中国和日本的神仙信仰中。其中《侯元》一文最具代表性。《侯元》讲述了村民侯元伐薪入山遇仙人习得法术，却用法术作恶，最后不得善终的故事。笔者认为这篇故事中至少包含三种中日神仙信仰中相通的神仙要素：

　　第一，遇见神仙的地点在山中。

　　　　西北ノ山ニ入リテ薪ヲキリ、谷ノホトリニ休フ。（侯元入西北山中砍柴，在山谷边休息。）

　　在中国的神仙信仰中，深山常常是修仙之处。深山幽谷人迹罕至，充满了神秘性，因此，容易被想象为神仙出没的地方。《列仙传》中的周灵王太子王子乔就被道士浮丘公接上嵩高山，修炼成仙。《神仙传》里的赤松子，最初也是被一名道士带入金华山石室中修炼成仙。

　　日本神仙也常常出没于深山，在山中修炼法术。林罗山在《呈惺窝先生》一文中写道："山者，神仙之窟宅也。"② 都良香弃官入山修炼，百余年后被人发现于大峰山窟中；役小角居住在葛木山，在流放期间夜夜飞至富士山修炼，这些故事被记录在《本朝神社考》中。日本学者松田智弘认为在深山中修炼法术也跟日本原始的山岳信仰有关，古代人们对山充满了畏惧，认为山是神灵栖

---

① 林罗山. 日本思想斗争史料：第一卷《本朝神社考》［M］. 东京：名著刊行会，1969：571.

② 林罗山. 林罗山文集：上卷卷 2［M］. 东京：ぺりかん社，1979：26.

息之地，在山中修行可以得到神灵的庇护，更容易修炼成仙。①

日本神仙在深山修炼，或许是受到了中国神仙故事的影响，或许跟本国的原始信仰有关，但不管怎么样，深山是中日两国神仙常常出现的地点。

第二，中日神仙传说都重视仙境的描写，意在突出仙境和人间的不同。

《风土记》中描写浦岛子跟随神女回到蓬山，看到的仙境景象：

其地如敷玉。阙台暸映、楼堂玲珑。目所不见、耳所不闻。②

在《侯元》的译文中，林罗山保留了对仙境的描写：

数十步許ニテ別ノ世界ノ如ク。珍シキ草木アリ。怪シキ山水アリ。谷ヲ過ギテ門ニ入ル。ウルワシキ家アリ。侯元ヲ引イテ飲食セシム。世間ニテ見ザル所ノ物ナリ。（步行数十步，仿佛置身另一个世界。草木珍奇，山水奇趣。穿过山谷，由门入，到达一处华美屋邸。侍者引侯元进食。所食之物非世间所有。）

这段译文和原文相比省略了横溪、碧湍、长梁、乔松、台榭等具体景物的描写，而将这些景色概括为"稀（珍シ）"和"奇（怪シ）"，他将所食之物翻译为"世間ニテ見ザル所ノ物ナリ（世间未闻之物）"，同《风土记》中对蓬山仙境"目所不见、耳所不闻"的描写有异曲同工之处。

仙境美景不但异于人间，仙界和人间的时间流逝速度往往也不一样。《侯元》入山碰见仙人，入仙境向仙人学习法术，对于侯元来说不过是一会儿的事情，然而等他回到家中时，竟被告知已经过了十天。

浦岛子在蓬山仙境与神女共度三年时光，等到他回到故乡时才发现自己已经离开了三百年。林罗山不但认可了仙境与凡间时间流逝速度不一样的说法，而且根据《日本书纪》《扶桑略记》等史书记载，在《本朝神社考》中将浦岛子居住蓬山的时间考证为三百四十余年。

第三，神仙有着神奇的法术，而且这种法术通过修炼可以掌握。

在《侯元》中，侯元向神君习得的法术能够变幻万物，驱使鬼神，移动草木土石：

万ノ物ヲ変化シ、鬼神ヲヨビ草木土石ヲモ動シ、シダラカシテ騎馬トシ兵具トス。（能够变换万物，使役鬼神，动草木土石为骑兵兵具。）

日本神仙同样也可以通过修炼掌握法术。林罗山在《本朝神社考》《葛城神》一篇中记载了役小角拥有强大的法术："持神咒驾五色云，优游仙府，驱逐

---

① 松田智弘. 古代日本的道教接受和仙人［M］. 东京：岩田书院，1991：436.
② 植垣节也校注. 风土记［M］. 东京：小学馆，1997：480.

鬼神，以为使令。"① 役小角通过念神咒使用法术，侯元则是学会了"数万言秘诀"，可见中日两国的神仙都是通过咒语掌握了法术。值得注意的是，役小角驱使鬼神的传说十分有名，不只是林罗山在《本朝神社考》中记载了这个故事，《续日本纪》中也记载了"小角能役使鬼神，汲水採薪，若不用命，即以咒缚之"②。在《今昔物语集》中对于同样情节的描写为："夜ハ諸ノ鬼神ヲ召駆テ水ヲ汲セ薪ヲ拾ハス。"③ 此处也依旧是使役"鬼神"。实际上，在《侯元》的原文为"役召鬼魅"。笔者认为此处将"鬼魅"译为"鬼神"的一个原因也许是受到流传广泛的役小角传说的影响。

结语

　　通过本文论证，可知林罗山虽然导入朱子学理气说的鬼神观提出了自己的儒家神道理论，然而这种儒家神道与理气说的鬼神观有着本质的不同。基于他侍奉三代德川将军的立场，他借用了朱子学理气说的叙述话语为统治者提供了神道的理论依据，《怪谈全书》中的让国神话则是为德川家统治的正统化提供了中国的先例；而对《伍子胥》《侯元》等故事的选择和翻译上的改编，可见他的神道思想依旧根植于日本传统的神道思想。

　　笔者认为，《怪谈全书》可视为研究林罗山思想，尤其是其鬼神观的一个新的视角。以该书为切入口研究林罗山的鬼神观，可以摆脱先行研究中局限于关注朱子学鬼神观与林罗山神道著作中的鬼神观的相似性，从而重视日本传统神道信仰对林罗山鬼神观的影响，使林罗山鬼神思想的研究更加全面。

① 林罗山. 日本思想斗争史料：第一卷《本朝神社考》［M］. 东京：名著刊行会，1969：485.
② 黑板胜美，国史大系编修会. 续日本纪：卷 1 文武天皇三年［M］. 东京：吉川弘文馆，1966：4.
③ 《今昔物语集》卷十一《役优婆塞诵持咒驱鬼神语第三》里记载了这个故事。

甘泉学派刍议①

姚才刚　彭　涛

（湖北大学哲学学院，湖北省道德与文明研究中心）

摘　要：甘泉学派是明代大儒湛若水创立的一个思想流派，该学派人数众多，流传较广，在中晚明心学发展史上产生了较大的影响。甘泉学派虽兴起于岭南，但其后来的发展却是遍及岭南内外的。学派领袖湛若水以"随处体认天理"说独树一帜，湛门后学中亦不乏能自成一家之言、较具学术声望的弟子或再传弟子。甘泉学派在阐扬、改造陈献章心学以及与阳明学派相互辩难的过程中发展出颇具特色的学说，为明代中叶以来心学走向兴盛、繁荣做出了较大的贡献。

关键词：甘泉学派；中晚明心学；传承脉络；思想特色；学术贡献

明代大儒湛若水（号甘泉）不仅建构了自己独具特色的思想体系，还创立了一个学派，即甘泉学派。该学派人数众多，流传较广，在中晚明心学发展史上产生了较大的影响。甘泉学派虽兴起于岭南，但其后来的发展却是遍及岭南内外的，在时间上则贯穿于中晚明及清初。本文拟对甘泉学派的传承脉络、思想特色与学术贡献略做探讨，以就教于学界。

一

湛若水一生遍修书院，并积极投身于书院教育，广招门徒。湛门后学中不乏能自成一家之言、较具声望的弟子或再传弟子。黄宗羲在《明儒学案·甘泉

① 本文系湖北省教育厅哲学社会科学研究重大项目（18ZD012）、湖北道德与文明中心开放基金项目（202101）阶段性成果。

学案》中除了重点推介湛若水其人其学之外，还编纂了湛门后学吕怀、何迁、洪垣、唐枢、蔡汝楠、许孚远、冯从吾、唐伯元、杨时乔、王道等人的学案，未被黄宗羲列入《明儒学案》的湛门后学庞嵩、李春芳、张潮等人在学问与人品方面也俱佳。

在湛若水的亲炙弟子中，最著名者当属唐枢、洪垣、吕怀、何迁。唐枢，字惟中，号一庵，嘉靖进士，曾任刑部主事，后因上疏直言而被削职为民。此后，他一生大部分时间都在家乡湖州读书、讲学与授徒。嘉靖四年（1525），唐枢拜湛若水为师。他年轻时也十分仰慕王阳明及其心学思想，但因故未能见到阳明。唐枢毕生致力于会通湛、王之说，其思想学说介于湛、王之间。唐枢提出了"讨真心"的三字宗旨。洪垣，字峻之，号觉山，江西婺源人，嘉靖进士。历仕永康知县、御史及温州知府，后居家隐居长达四十六年之久，直至辞世。洪垣是湛若水十分欣赏的一位弟子，被湛氏视为"可传吾钓台风月者"①。为了防止其他学者误解老师的"随处体认天理"之说，以为"随处体认"是"求之于外"，洪垣便极力倡导"不离根之体认"②，"不离根之体认"因而也成为其标志性的学说。吕怀，字汝德，号巾石，广信府永丰人，嘉靖进士，官至南京太仆少卿，曾师事湛若水。不过，吕怀对师说既有继承，也有所突破，只是他以"变化气质"来标明论学要旨，则有偏离师说的倾向。何迁，字益之，号吉阳，江西德安人，嘉靖进士，历任户部主事、九江知府、南京刑部侍郎等职。他是湛若水的入室弟子，同时受到阳明心学的影响，故其学说介乎湛、王之间。何迁主要倡导"知止"说。

蒋信、蔡汝楠、王道等人也是湛若水亲炙弟子中较具声望者。蒋信，字卿实，号道林，湖南武陵人，嘉靖进士，历任户部主事、兵部员外郎、四川水利金事、贵州提学副使。后绝意官场，专事著述、讲学。蒋信曾出入王、湛之间，到了中晚年，他基本上归宗湛门了。黄宗羲一方面认为蒋信"得于甘泉者为多"③，另一方面在编纂《明儒学案》时却把蒋信列入《楚中王门学案》，而没有列入《甘泉学案》。蒋信极力倡导"万物一体""默识"等学说。蔡汝楠，字子木，号白石，浙江德清人，嘉靖进士，官至兵部侍郎，后改任南京工部右侍郎。黄宗羲谓其"师则甘泉，而友则皆阳明之门下也"④，蔡汝楠精于诗学，在学术上则会通湛、王之说。王道，字纯甫，号顺渠，山东武城人，正德进士，

---

①　黄宗羲. 明儒学案：卷 39 [M]. 北京：中华书局，1985：928.
②　黄宗羲. 明儒学案：卷 39 [M]. 北京：中华书局，1985：934.
③　黄宗羲. 明儒学案：卷 28 [M]. 北京：中华书局，1985：628.
④　黄宗羲. 明儒学案：卷 40 [M]. 北京：中华书局，1985：969.

官至南京户、礼、吏三部右侍郎。王道"初学于阳明，阳明以心学语之，故先生从事心体，远有端绪。其后因众说之淆乱，遂疑而不信。……先生又从学于甘泉，其学亦非师门之旨"①，可见，他对阳明心学，开始较为信服，继而加以质疑，后来他转投湛门，不过，他也没有尽守湛学，而是有脱离师门宗旨的倾向。

在湛若水的二传弟子中，许孚远、唐伯元、杨时乔诸人较有影响，在明代思想发展史上占有一定的地位。许孚远，字孟仲（亦称孟中），号敬庵，浙江德清人，嘉靖进士，历任南京工部及吏部主事、陕西提学副使、南京大理寺卿、南京兵部右侍郎等职。许孚远去世后被追授为南京工部尚书，谥号恭简。他曾师事湛若水的入室弟子唐枢，故也可将其纳入甘泉学派之中来加以研究②。许孚远一方面将湛、唐的思想学说发扬光大，并做了新的阐发，其学说"以克己为要"；另一方面，他又积极提携后学，培养了冯从吾、刘宗周等儒学名家。唐伯元，字仁卿，号曙台，广东澄海人，万历进士，曾任江西万年及泰和知县、南京户部主事、礼部仪制司主事、吏部文选司员外郎等职。他为人耿介，刚正不阿，为官期间关注民生疾苦，所仕之处均能造福一方。去世后曾被明熹宗追封为太常寺少卿，并被赐赠"理学名卿"的巨幅横匾。唐伯元之学源自湛门弟子吕怀，他倡导的"修身""崇礼"等主张都深受吕怀"变化气质"说的影响，同时，他亦能通过吕怀继承湛若水的思想学说。唐伯元的学说带有较为浓厚的朱熹理学色彩，他反对侈谈心或心学，曾经强烈抗议王阳明从祀孔庙。不过，他对陈献章及湛若水的心学思想则一直充满好感。杨时乔，字宜迁，号止庵，江西上饶人，嘉靖进士，曾任吏部员外郎、吏部左侍郎等职，因遭人诬陷而被冤杀，后被追认为吏部尚书，谥端洁。杨时乔拜湛门高足吕怀为师，故为湛氏二传弟子。他在学术上倾向于朱熹理学，对阳明心学则持批判态度，认为阳明心学已与佛禅之学无异。不过，黄宗羲不认同杨时乔对阳明心学所作的批评，他为阳明辩护道："阳明固未尝不穷理，第其穷在源头，不向支流摸索耳。至于敛目反观，血气凝聚，此是先生以意测之，于阳明无与也。"③ 黄宗羲认为杨时乔曲解了阳明之意，对阳明心学之批评多为主观臆测之词，并不合理。这样一来，黄宗羲对杨时乔反倒不无微词。

在湛若水的三传弟子中，冯从吾、刘宗周无疑是其中的佼佼者。冯从吾，

---

① 黄宗羲. 明儒学案：卷42，甘泉学案六［M］. 北京：中华书局，1985：1038-1039.
② 当然，许孚远对王阳明及其心学思想也较为赞赏，他在创立学说时对阳明心学多有吸纳。不过，他对阳明心学的工夫教法多有微词。
③ 黄宗羲. 明儒学案：卷42，甘泉学案六［M］. 北京：中华书局，1985：1027.

字仲好，号少墟，陕西西安人，万历进士，曾任河南道监察御史、左佥都御史等职。从师承关系的角度来看，冯从吾受业于湛氏二传弟子许孚远之门，因而他也可被视为湛门后学。从学说宗旨的角度来看，冯从吾作为一位关中大儒，其人其学一方面体现了关学敦本尚实、崇正辟邪、重视躬行的特色，另一方面他又以心学思想为根底，将理学、心学与气学融会贯通。冯从吾去世后，被追赠为太子太保，赠一品文官诰，谥恭定。刘宗周，本名宪章，字宗周，18 岁应童子试时，因考官误以字为名，于是易名为宗周，以起东（一作启东）为字，浙江绍兴人，万历进士。因讲学山阴县城北蕺山，学者们称他为蕺山先生。刘宗周曾任行人司行人、尚宝司少卿、通政司右通政、顺天府尹、工部及吏部左侍郎、都察院左都御史等职，他先后经历了明神宗、熹宗、思宗、福王四朝。不过，刘宗周在官之日甚少，他"通籍四十五年，在仕仅六年有半，实立朝者四年"①，他因为刚正敢言，常不顾个人安危，犯颜直谏，指斥时弊，弹劾奸党，为魏忠贤、温体仁、马士英之流所不容，皇帝也难以忍受刘宗周这种不留情面式的直言相谏，故数次被革职为民。刘宗周素来以清苦、严毅著称，以"宿儒重望"而为晚明清流领袖。在南明大势已去的情况下，他临难仗节，以身殉国。在学术上，刘宗周对宋明诸儒之学多有所吸收、借鉴，同时又自立新说，极力倡导慎独、诚意之说，卓然成一家之言。他虽然较少论及湛若水，但从学术渊源上来看，他与湛氏不无关系。万历三十一年（1603），刘宗周经人介绍，拜湛若水的二传弟子许孚远为师，自此之后，他终生"服膺许师"，他的学说也深受许氏的影响。如此一来，刘宗周亦可被纳入湛若水创立的甘泉学派的脉络之下。

不可否认，甘泉学派内部存在较大的差异，学派的理论衔接也相对薄弱，但不妨碍我们把湛若水及其门人弟子称为一个学派。一般来说，"学派的组成大致应该有三个基本要素：学派领袖、学术主旨以及弟子群。领袖人物是学派的旗号，学术主旨是其核心，弟子群则代表着该学派的势力和影响"②，就甘泉学派而言，这三条应该都是具备的。学派领袖与弟子群自然不必多说，湛若水是学派领袖，而其追随者则遍布大江南北。甘泉学派的学术主旨尚须稍做辨析，湛若水以"随处体认天理"说标宗，此说在湛若水及甘泉学派的学说中均处于核心地位，我们由湛若水与弟子的一段对话中亦可看出此点：

> 盘问"日用切要工夫"。道通曰："先生之教，惟立志、煎销习心、体

---

① 刘宗周. 刘子全书：卷 40，年谱 ［M］. 清康熙年间刊本.
② 何俊，尹晓宁. 刘宗周与蕺山学派 ［M］. 北京：中国人民大学出版社，2009：214.

认天理，之三言者，最为切要，然亦只是一事。每令盘体验而熟察之，久而未得其所以合一之义，敢请明示。"先生曰："此只是一事。天理是一大头脑，千圣千贤，共此头脑，终日终身，只是此一大事，更无别事。立志者，立乎此而已；体认是工夫，以求得乎此者，煎销习心，以去其害此者。……志如草木之根，具生意也；体认天理，如培灌此根；煎销习心，如去草以护此根。贯通只是一事。"①

立志、煎销习心、体认天理是湛若水学说尤其是其修养工夫论的"切要"问题，三者不可截然分开，而是一个有机的整体，它们都指向天理，都是为了能够使人更好地体认、呈现以及践行天理，故三者相较，"体认天理"最为重要，湛若水反复提到的"只是一事"实际上就是指"体认天理"这一事，他还说："此二图乃圣学工夫至切至要、至简至易处，总而言之，不过只是随处体认天理。"② 可见，"随处体认天理"是湛学的主旨，殆无疑义，恰如"致良知"是王阳明晚年的论学主旨一样。两者的不同之处在于，阳明后学无不谈论良知学，湛门后学的情况则略显复杂，既有围绕"随处体认天理"说而做进一步发挥者，比如，湛若水弟子洪垣就认为，"体认天理"应是"不离根之体认"③，也有较少甚或只字不提此说以至于逐渐偏离师门宗旨者，如吕怀等人。甘泉学派内部的理论衔接较之阳明学派无疑显得薄弱一些。不过，明代思想发展史上存在着一个以湛若水为核心的甘泉学派，这是一个不容否定的客观事实。

二

甘泉学派主要代表人物在致思趋向、学说特色方面具有一些相似之处，主要表现为如下几个方面：其一，主张会通诸家，兼容并包。湛若水以及不少湛门后学均表现出此种学术态度。就湛氏而言，他在格物问题即受到了程朱理学的影响，认为格物即"至其理"④；而其所谓的"理"（天理）亦带有程朱理学的痕迹，他除了讲身心性命之理外，也涉及事事物物之理。湛若水还吸取了张

---

① 黄宗羲．明儒学案：卷37［M］．北京：中华书局，1985：888-889.
② 湛若水．四勿总箴［M］//四库全书存目丛书：集部57．济南：齐鲁书社，1997：73.
③ 黄宗羲．明儒学案：卷39［M］．北京：中华书局，1985：934.
④ 湛若水．答阳明王都宪论格物［M］//四库全书存目丛书：集部56．济南：齐鲁书社，1997：572.

载的气学思想，认为"宇宙间一气而已"①，即是说，从实然的或宇宙本原的角度来看，宇宙间乃一气充盈。当然，这并不表明湛氏是一个气本论者，在他看来，气、道、心、性、理均可通而为一。湛门不少后学也倾向于将心学、理学、气学等统摄起来，以湛氏三传弟子冯从吾为例，他首先肯定了儒家圣贤之学即是心学，认为"自古圣贤学问，总只在心上用功，不然即终日孳孳，总属树叶"②。他进而又指出："丢过理说心，便是人心惟危之心。"③ 冯从吾认为，言"心"应与"理"结合起来讲，如此才可防止一味宣扬心之灵明而使人心走作，故他对朱子理学也颇为重视。冯从吾出生于关中，后来又常讲学于关中，其学说受到张载气学思想的影响自不待言。冯从吾的著述中不乏气论以及变化气质等方面的论说，而关学躬行实践、敦本尚实的学风在其身上也得到了很好的体现。可见，冯从吾之学也是力求会通诸家的。正因为湛若水及其后学常能博采诸家之长，而非执守某派之说，所以才使得后世学者在确定他们学说性质的问题上众说纷纭，难以有定论。比如，对于湛若水，大多数学者认为其学说"属于心学，同时对程朱理学又有一定程度的吸收"，也有学者不认同"湛若水的学说属于心学"的观点，而将其归入程朱理学④。笔者认为，湛若水倡导"合内外"之学，他既主张反求内心，突出内在的自我体验，又主张探索、体察一草一木等外物之理，其学说既不同于程朱理学，也有异于陆王心学，从而表现出融摄并试图超越理学、心学的特色。不过，从总体上看，湛若水仍坚持了心学的学术立场，其所言之"心"既包罗天地万物，又贯通于天地万物之中。湛门不少后学同样也是以心学为本，进而又在心学的架构之内，尽可能地吸纳了理学、气学等思想资源。当然，也有例外，湛氏二传弟子唐伯元就对陆、王心学多有贬抑，他尽管称不上是一位正统的朱子学者，但其学说已带有较为浓厚的朱熹理学色彩。

其二，倡导"合一"论。甘泉学派从湛若水开始即倡导理气、性气、心气以及心性、心理、性理的合一，"所谓合一，是说理、气、心、性四者不可分离"⑤。当然，这些范畴在湛若水看来并非同质的、无差别的同一，而是异质

---

① 湛若水．新论［M］//四库全书存目丛书：集部56．济南：齐鲁书社，1997：531．

② 冯从吾．辨学录［M］//冯从吾集·冯少墟集：卷1［G］．西安：西北大学出版社，2015：32．

③ 黄宗羲．明儒学案：卷41［M］．北京：中华书局，1985：985．

④ 黎业明．近百年来国内湛若水思想研究回顾［M］//蔡德麟，景海峰主编．全球化时代的儒家伦理．北京：清华大学出版社，2007：242．

⑤ 朱伯崑．序［M］//乔清举．湛若水哲学思想研究．台北：文津出版社，1993：1．

的、有差别的统一。以心气合一为例，湛若水言道："人者，天地之心也。天地与人同一气，气之精灵中正处即心。"① 在他看来，心、气相通。人（心）与天地万物都是禀气而生，但人（心）所秉承的乃是一种精灵、中正之气。如此一来，人（心）在宇宙间便担负着一种重要职责，即一方面要不断塑造自我，创造新的人类文化，另一方面又要将自己置身于宇宙间，以便能与天地合德、与万物同体。再看心理合一，湛若水对心与理关系的处理既不同于朱熹的"心具众理"说，也与陆九渊、王阳明的"心即理"说有所区别，他主张心理不贰或心理合一。"心理合一"与"心即理"这两种说法看似一致，但实际上还是有一些细微的差别。也就是说，湛若水倡导的"心理合一"说较为重视心、理合一的条件性，他认为，只有心处于中正的状态时，心、理才是合一的；若心有所偏差，陷入"过"与"不及"之中，那么，心与理便不再合一了，故湛氏不会轻言"心即理"。而陆、王的"心即理"说则较为突出本心（或良知）的当下即是，认为本心（或良知）即是理。湛门后学中亦不乏倡导"合一"论者。比如，洪垣就主张内外合一，认为"内外兼该，是贯处，盖一则内外兼该也"②。内、外关系在一定程度上也即心、物关系。在洪垣看来，内（心）、外（物）是一体的，"逐外而忘内"与"求内而遗外"都割裂了内、外之间的有机联系。

其三，凸显修养工夫的重要性。甘泉学派的成员多为躬行践履之儒，致谨于一言一行，笃行自律。此点既表现于他们的日用常行中，又在他们的学说中展露无遗。湛若水的学说将修养工夫论摆在十分突出的位置，他既注重吸收、借鉴陆王心学中反求诸己、端正心意的修养方法，又保留了程朱理学中强调格物穷理、虔敬笃实的工夫论特色。以其倡导的"煎销习心"的工夫为例，他说："煎销习心，便是体认天理工夫。……如煎销铅铜，便是炼金，然必须就炉锤，乃得炼之之功。"③ 湛氏认为，"煎销习心"如同"煎销铅铜"，后者通过千锤百炼，始可获得无比珍贵的纯粹金银；而"煎销习心"则意味着，人须做持续不断的修养工夫，除去"习心"之弊，方可体认天理。湛门后学许孚远径直以"克己"标宗，其学术兴趣不在于体悟天道性命之类的超越之理上，而更多地关注了"下学"或者说是儒家道德的践行问题。许孚远的弟子刘宗周更是以工夫严苛而著称，他倡导的"改过"说就主张"将个人的行卧起坐、言谈举止、思

---

① 湛若水. 泗州两学讲章［M］//《儒藏》精华编：第253册. 北京：北京大学出版社，2009：65.

② 黄宗羲. 明儒学案：卷39［M］. 北京：中华书局，1985：929.

③ 黄宗羲. 明儒学案：卷37［M］. 北京：中华书局，1985：893.

虑意念乃至潜意识状态都纳入改过的范围之内。他的工夫论显得敬畏有余而洒脱不足，甚至表现出一定程度的自惩、苦行等倾向"①。

三

湛若水及其创立的甘泉学派在阐扬、改造陈献章心学以及与阳明学派相互辩难的过程中发展出颇具特色的学说，在明代心学发展史上具有重要的地位。该学派的学术贡献可概括为如下方面：

首先，重新诠释和改造陈献章学说，为明代岭南心学注入了新的活力。陈献章是岭南心学的奠基人，湛若水的学说则直接源于陈献章心学，其本人亦是陈献章创立的江门学派的重要成员之一。湛氏在继承陈献章心学精神的基础上，又从以下数方面做了重新诠释和改造：扬弃其师"静中养出端倪"说，主张"动静一体"；在接受其师"自得""以自然为宗"等思想的基础上，提出了"体认于心，即心学也""随处体认天理"等主张；矫正其师学说过于倾向于内省等缺失，倡导合内外之道，等等。湛门后学亦能通过湛若水而消化、发挥陈献章之说，比如，被湛氏视为衣钵传人的洪垣对陈献章宣扬的"自然""自得"说就颇能心领神会，他说："道在求自得尔。静体浑融，虚通无间，原不在喧寂上。……道以自然为至，知其自然，动不以我，斯无事矣。"② 洪垣这里对"自得""自然"都有所阐发，若再结合他的其他相关论说，则可以看出，他对陈献章的"自得"说尤有善解，认为各种外在的规矩、律条、知识等虽然可以通过言传身教的方式获得，可是对"道体"本身却需要学者"自得"，也即自我体认。可以说，正是有了湛氏及其后学的竭力弘扬，以及通过创造性地诠释而不断赋予其新义，才使得陈献章创立的岭南心学绽放异彩，并逐渐蔚为大观。

其次，湛学的广泛传播促进了整个明代心学的发展与繁荣。湛若水出生于岭南，且受学于岭南心学开创者陈献章，但湛氏后来的足迹却踏遍岭南内外，其学说的影响力也远远超出岭南地区。湛氏曾任明代"三部"尚书，为官三十余年。同时，湛氏亦热衷于讲学与创办书院，去世之前仍讲学不辍，而他平生在全国各地创办的书院有近四十所，弟子多达数千人，且遍布大江南北。因此，

---

① 姚才刚. 刘宗周的"改过"说及其伦理启示 [J]. 哲学研究，2014（7）：57—62.
② 洪垣. 觉山先生绪言：卷 1 ［G］//续修四库全书：子部第 1124 册. 上海：上海古籍出版社，2002：68.

以湛若水为代表的甘泉学派不但为岭南心学注入了新的活力，而且对整个明代心学的发展产生了积极的影响。湛若水固然以"随处体认天理"说而在明代心学发展史上独树一帜，而湛门部分后学既能在学术上与湛学相呼应，又能别开新义，因而极大地丰富了明代心学的内容。比如，唐枢在会通湛、王两家学说的基础上，标举出"讨真心"说；洪垣主张"体认天理"乃是"不离根之体认"；吕怀注重阐发"变化气质"说；何迁倡导"知止"说；许孚远之学"以克己为要"；冯从吾强调从"本源处透彻"，等等。笔者认为，明代中叶以来心学能够走向兴盛、繁荣，固然有赖于王阳明的创发以及王门后学的传播、推广，但不可否认的是，以湛若水为代表的甘泉学派也有较大的功劳，此学派是明代心学发展史上一个不可缺少的环节，殆无疑义。

再次，湛、王之辩开启了明代心学发展的不同面向。湛、王之辩是明代心学发展史上的一件大事。湛若水于正德元年（1506）与王阳明结识、定交。正德五年（1510），他与王阳明在京师比邻而居，因此得以经常相见，并会讲于大兴隆寺。后来，两人又多次相会或互致书信讨论学问。湛、王尽管都归宗心学，也都为明代中叶以来心学的发展做出了各自较大的贡献，但他们在格物、良知、"勿忘勿助"等问题上却不无争论。大体说来，湛、王之间最根本的歧异在于致思方式的不同。王阳明主张向内自省、反躬自求，在他看来，如果不返求内心，向外追逐，则愈求愈远，反而不利于成就道德。这种突出本心、良知的做法虽然简约易行，可是却容易产生漠视事物存在、忽略客观知识的弊病，因而遭到湛若水的批评。湛若水在彰显心学的同时，部分地保留了朱熹学说重"智"的思想以及对外部世界的探索精神，倡导"合内外"之学。当然，湛、王之间的差异仍属心学内部的差异。两人不同的思想倾向也影响他们各自的后学，湛门后学多倡导"合一"论，主张兼顾内外；而王门后学则多突出本心、良知的主宰功能。正是有这些不同面向的存在，才使得明代心学思想发展异彩纷呈。

最后，湛门部分后学纠弹王学末流之弊，有利于明末王学的健康、理性发展。王阳明意气风发，敢创新论，其掀起的思想解放潮流在当时具有"震霆启寐，烈耀破迷"的作用。可是，王阳明心学在促进思想解放运动的同时，也埋下了后来王学末流弊病丛生的祸根。一些王学末流逐渐突破了阳明心学的藩篱，滋生流弊。这种状况引起了晚明时期不少学者的不满，其中包括部分湛门后学，他们起而批评、矫正王学末流之弊，以扭转盛行于明末王学中的玄虚之风。甘泉学派对于明代心学发展产生的积极影响，亦可由此略窥一斑。比如，湛氏二传弟子许孚远与王门后学周汝登就"无善无恶"问题展开过激烈辩论。周汝登对王畿的"四无"之说赞誉有加，被当时学者视为"今之龙溪"。许孚远则以

"无善无恶不可为宗"①，作《九谛》以辩难之，周汝登则作《九解》，对《九谛》一一加以响应。许孚远与周汝登关于"无善无恶"问题的辩论，在明代心学发展史上产生了较大的影响。许孚远辩难王门"无善无恶"说，旨在端正学风，进而重振世道人心。其他湛门后学亦致力于纠弹王学末流之弊。应该说，湛门后学此举有积极正面的价值，它对明末王学中的玄虚之风有所抑制。当然，有的湛门后学（如唐伯元、杨时乔等）对王学的辩难、斥责则不完全合理，带有意气之争②。

四

由以上论述可以看出，甘泉学派的兴起及广泛传播不但改变了当时岭南思想文化相对落后的局面，使岭南地区思想文化的发展迈上了一个新台阶，也促进了整个中晚明时期心学的发展与繁荣。

甘泉学派与阳明学派均是中晚明时期心学阵营中的重要派别。不过，明末清初以及近现代的一些学者在论及中晚明心学时，往往多留意王阳明及阳明学派，对于湛若水及甘泉学派则未能给予足够的重视，甚或将其排除在明代心学之外，这是不够确切的。甘泉学派与阳明学派之间的确具有千丝万缕的联系，从师承角度来看，湛门弟子转投王门者有之，王门弟子转投湛门或受湛学影响而对王学之弊加以修正者亦有之；从学术见解上来看，两个学派也有一定的相似之处。不过，甘泉学派并未为阳明学派完全同化，我们可将其视为异于阳明学派的一个独立学派。应当承认，阳明学派在中晚明心学发展史上发挥了主导性的作用，甘泉学派的影响力远不及阳明学派。但不可否认的是，在明代中叶以来的心学发展历程中，并非只有阳明学派的一枝独秀，以湛若水为代表的甘泉学派同样是该时期心学发展史上一支不容忽视的力量。

①　此语是黄宗羲在评价许孚远与周汝登关于"无善无恶"之争时提到的，参见黄宗羲．明儒学案：卷36［M］．北京：中华书局，1985：854．
②　姚才刚．甘泉学派的思想特色及其对中晚明心学发展的影响［J］．哲学动态，2013（6）：37–41．

百泉书院讲学考论①

唐　燕（成都理工大学马克思主义学院）

　　摘　要：目前关于百泉书院讲学的既有研究存在诸多错误以及疏漏之处，本文结合现存三种《百泉书院志》以及其他相关史料，对百泉书院讲学问题进行了探讨。文章认为现存史料不足以证明周敦颐、二程及赵复曾讲学苏门，孙奇逢讲学百泉书院长达二十五年之久的说法亦存在错误。此外，在明代书院官学化的背景下，百泉书院的讲学也日益举业化，即讲学为科举考试服务，同时，百泉书院是作为官学的补充而出现的，因此讲学同样也讲求明理修身，重视道德修养，故明代百泉书院讲学具有力求"德业""举业"二者兼顾的特点。

　　关键词：百泉书院；讲学；辉县；孙奇逢

　　百泉书院位于河南卫辉府辉县百泉之滨，由提学御史吴伯通倡建于明成化十八年（1482），百泉书院在明清两代历经几度兴废，清末书院改制后，亦相继被改为学堂、学校，至此退出历史舞台。百泉书院是河南书院中创建时间较早、存在时间较长且功能较为齐备的一所书院，对于辉县以至卫辉府的人才培养起到了重要作用，故其历史地位不容忽视。目前学界关于百泉书院的研究较多，最早涉及百泉书院的著作可以追溯到 20 世纪 80 年代崔墨林、周到的《百泉》，该书是关于河南辉县名胜古迹的介绍性读本，书中对百泉书院的始建年代略有提及："太极书院又名百泉书院，创建于宋代，为邵雍讲学的地方。"② 但对于该观点，作者并未有更深入的论证。20 世纪 90 年代以来，尤其是步入 21 世纪后，有关百泉书院或是以百泉书院为主要研究对象的论著逐渐增多，其中百泉书院的讲学问题是学者们关注的重点之一，笔者通过爬梳既有研究发现，目前

---

①　本文为 2021 年度成都理工大学哲学社会科学研究基金项目"古代书院文化助推乡村振兴研究"（YJ2021-QN025）阶段性成果。
②　崔墨林，周到 . 百泉 [M]. 郑州：中州书画社，1980：19.

学界关于百泉书院讲学问题多论及宋元大儒以及清代孙奇逢讲学事宜，而对于明代百泉书院讲学情况则鲜有讨论，且既有研究存在诸多错误、疏漏之处，故本文拟结合现存三种《百泉书院志》以及其他相关史料，对百泉书院讲学情况作一考论。

一、宋元大儒讲学苏门考

历代书院多择址于先贤过化之地，故而明代百泉书院的创建，实际上与宋元时期诸大儒讲学苏门一地息息相关。因此，有必要对宋元时期苏门百泉的讲学情况进行探讨。目前既有研究，多论及周敦颐、二程、邵雍、姚枢、许衡、窦默以及赵复等宋元大儒讲学苏门，其中邵雍、姚枢、许衡、窦默讲道苏门未有争议，但关于周敦颐、二程以及赵复是否讲学苏门记载则存在差异，本文将对此进行辨析。

嘉靖本书院志所收刘健《百泉书院记》中提道："书院之建，欲使学者究极本源，上泝尧舜以来相传之正脉，岂可以周、程、张、朱数子未尝至其地，而不之祀也？"① 可知，该文认为周敦颐和二程未曾到苏门一地。然乾隆本志书所收孙淴《苏门山孔庙两庑配享议》中则说道："传濂溪游苏门，与康节阐先天之学，两程洛阳人，常往来辉。"② 该文认为周敦颐、二程曾到过苏门，然句首的"传"字表明了其不确定性。但此后受乾隆本书院志影响的道光《辉县志》则"坐实"了周敦颐、二程曾到过苏门，并都在苏门与邵雍有交往。如关于周敦颐就记载："周敦颐，字茂叔，号濂溪，湖南道州人。尝游苏门，与康节先生阐先天、剖太极。"③ 为了使周敦颐曾游苏门看起来更为可信，道光《辉县志》还收录了其《书窗夜雨》一诗，但将其诗题改为"苏门夜雨"。而《书窗夜雨》则很有可能是周敦颐在濂溪书堂所作。关于二程记载："程颢，字伯淳，号明道，洛阳人。尝游苏门，每见康节，退辄叹息，以为内圣外王之学。程颐，字正叔，号伊川。尝游苏门，问道者辐辏而至。县西程村即其讲学之处。一日问尧夫疾，曰从此永诀，更有见告乎？尧夫举两手示之，曰面前路径须令宽，路窄则自无

---

① 马书林，石砥等 . 百泉书院志：卷 2 "文志"，嘉靖三十二年增刻本 ［G］//邓洪波主编 . 中国书院文献丛刊：第一辑（72）. 北京：国家图书馆出版社，2018：38.
② 孙用正 . 重修百泉书院志：卷 2 "文志"［M］. 乾隆十三年稿本，傅斯年图书馆藏.
③ 周际华修，戴铭纂 . （道光）辉县志：卷 11 ［G］//中国地方志集成·河南府县志辑（17）. 上海：上海书店，2013：643.

着身处，况能使人行也?"① 受道光《辉县志》影响，现有关于百泉书院研究的论文多持此说法。如赵国权《略论百泉书院的学术文化活动及兴衰》《北方理学薪火的传承地——百泉书院探微》两篇文章都提道："周敦颐曾游学苏门，与邵雍阐先天、剖太极。程颢游学苏门，与邵雍切磋学问，理学家程颐于哲宗元祐、绍圣年间游学苏门，并结庐而居，潜心讲学，问道者辐辏而至。"② 李景旺则在《谈百泉书院与宋明理学的传播》中说道，"周敦颐、程颢、程颐相继来到百泉书院访学，和邵雍切磋学问，讲学授受"③。

现有史料并不能证明周敦颐及二程在苏门讲学，一方面是由于上述史料存在漏洞，除了将周敦颐《书窗夜雨》改作《苏门夜雨》外，关于二程的记载也存在疑问。《宋史》记载："河南程颢初侍其父识雍，论议终日，退而叹曰：'尧夫内圣外王之学也。'"④ 再据邵雍之子邵伯温所著《邵氏闻见录》记载："一日，二程先生侍太中公访康节于天津之居。康节携酒饮月陂上，欢甚，语其平生学术出处之大。明日，怅然谓门生周纯明曰：'昨日从尧夫先生游，听其论议，振古之豪杰也，惜其老矣，无所用于世。'纯明曰：'所言何如?'明道曰：'内圣外王之道也。'"⑤ 文中的"天津"，指河南洛阳的天津桥。可知，此事发生在邵雍迁居洛阳之后。而道光《辉县志》记载的程颐与邵雍的对话则发生在熙宁十年（1077），即邵雍去世前不久。故这两则史料并未能证明二程在苏门即与邵雍交往。另一方面，依据其他史料也可以推测其记载存在问题，程颢、程颐出生时间分别为明道元年（1032），明道二年（1033），邵雍迁洛之时，二程年仅十六七岁，且刚受学于周敦颐不久，故在此之前不太可能在苏门讲学。考察皇祐元年（1049）以前周敦颐的行迹，也未发现其在苏门山与邵雍交游，周敦颐于宋真宗天禧元年（1017）出生于道州营道县，且十五岁以前一直居住此地。仁宗天圣九年（1031），其父卒，故随其母迁居开封，投靠舅舅郑向，郑向当时为知制诰。景祐二年（1035），郑向知杭州，周敦颐与其母一同前往，三年（1036），郑向卒于任上，遂葬于润州丹徒县，四年（1037），其母郑氏卒，亦葬于丹徒，周敦颐故于润州守丧。康定元年（1040），周敦颐守丧期满，调洪州分

① 周际华修，戴铭纂．（道光）辉县志：卷11［G］//中国地方志集成·河南府县志辑（17）．上海：上海书店，2013：643.
② 赵国权.北方理学薪火的传承地——百泉书院探微［J］.江西教育学院学报，2011（4），32（4）：168-173.
③ 李景旺.谈百泉书院与宋明理学的传播［J］.教育与职业，2006（21）：67-68.
④ 脱脱．宋史：卷427［M］.北京：中华书局，1977：12728.
⑤ 邵伯温．邵氏闻见录：卷15［M］.清抄本，国家图书馆藏.

宁县主簿。庆历四年（1044），调南安军任司理参军，七年（1047）移郴县令。皇祐二年（1050）改任郴州桂阳令。① 以上可知，皇祐元年（1049）以前，仅有天圣九年（1031）至景祐元年（1049）间，周敦颐与邵雍同在河南，但此时周敦颐正处于居丧期间，似亦无相晤之机。此外，有论者也称"尚未发现邵雍与周敦颐直接交往的史料"②，且其考证二程与邵雍的交往时间应在皇祐元年后不久，即邵雍迁洛以后③。

与此同时，现有史料也并不能证明赵复曾讲学苏门。最早提出赵复在苏门讲学的是孙奇逢的《太极书院考》一文，孙氏在文中提及："枢于苏门山建太极书院，立周子祠，以二程、张、杨、游、朱六子者配食，日夕礼焉。刻诸经授学者，求遗书至八千卷，请仁甫讲授其中。"④ 此后这种观点影响了孙用正，故乾隆本书院志多处提及赵复在苏门讲学，在志书序文以及"建革志"中均提及此观点，"名贤志"关于姚枢的记载提及："先是，公至德安，得江汉赵仁甫复，闻濂洛关闽之学，偕至苏门，辟太极书院，相与讲学其中。"⑤ 关于许衡的记载也提到"适卫，友窦默，至苏门，友姚枢，兼交赵复"⑥，关于赵复则记载"元赵江汉先生讳复，字仁甫，德安人，笃行好学。宋理宗时，蒙古据德安城，获复，复力求死，姚枢力止之，与共寝食，譬说百端，乃偕至苏门，与窦默、许衡诸公讲明正学，复乃以所记程朱性理诸书钞录刊刻，江北知有濂洛关闽之学实自此始。杨惟中与姚枢于百泉建太极书院及周子祠，以二程张杨游朱六子配，请复为师，教授其中"⑦。关于窦默，记载说："元学士窦先生讳默，字子声，肥乡县人。幼好读书，毅然有立志。金末避乱德安，交赵复，得伊洛性理之学以归，与姚枢、许衡讲学苏门，倡明斯道。"⑧ 然据《元史》记载"……又走德安，孝感令谢宪子以伊洛性理之书授之，默自以为昔未尝学，而学自此始"⑨。可知，窦默在德安并未交赵复。实际上，乾隆本书院志关于姚枢、许衡、赵复以及窦默的记载，其意均在于强调赵复与姚枢、许衡以及窦默等人交好，且赵

① 许毓峰. 宋周濂溪先生敦颐年谱 [M]. 台北：台湾商务印书馆，1986.
② 邵明华. 话题与传播：邵雍交游圈的深度考察 [J]. 西北师大学报（社会科学版），2012（3）：101.
③ 邵明华. 邵雍研究——关于北宋士人交游的个案研究 [D]. 济南：山东大学，2009.
④ 孙用正. 重修百泉书院志：卷 2 [M]. 乾隆十三年稿本，傅斯年图书馆藏.
⑤ 孙用正. 重修百泉书院志：卷 1 [M]. 乾隆十三年稿本，傅斯年图书馆藏.
⑥ 孙用正. 重修百泉书院志：卷 1 [M]. 乾隆十三年稿本，傅斯年图书馆藏.
⑦ 孙用正. 重修百泉书院志：卷 1 [M]. 乾隆十三年稿本，傅斯年图书馆藏.
⑧ 孙用正. 重修百泉书院志：卷 1 [M]. 乾隆十三年稿本，傅斯年图书馆藏.
⑨ 宋濂撰. 元史：卷 158 [M]. 北京：中华书局，1976：3730.

复曾在苏门讲学。受乾隆本书院志影响，道光《辉县志》也认为赵复曾讲学苏门："赵复，字仁甫，江西德安人，以身明道。姚枢拔德安，多方劝与俱北，乃出程朱性理之书传枢，由是北方始知经学。及枢居苏门，建太极书院，仁甫讲授其中，风俗为之丕变，学者称江汉先生。"① 然据考证可知，赵复讲学之地实则为燕京太极书院，孙奇逢实属误识。故现有相关研究也存在错误，如梁建功《元初北方理学传布——以元代苏门山的文化地理为中心》一文就引用了孙奇逢以及道光《辉县志》的说法，认为赵复曾在苏门讲学。此外，作者还引用了赵复的两首诗歌，证明其在苏门山居住过一段时间，即《蓟门闻笛》《蓟门杂兴》，然作者误将"蓟"认作"蘇"，故以此为证据，关键证据无效，观点自然也就不成立。

据元儒郝经《太极书院记》记载："庚子、辛丑间，中令杨公当国，议所以传继道学之绪，必求人而为之师，聚书以求其学，如岳麓、白鹿，建为书院，以为天下标准，使学者归往，相与讲明，庶乎其可，乃于燕都筑院，贮江淮书，立周子祠，刻《太极图》及《通书》《西铭》等于壁，请云梦赵复为师儒，右北平王粹佐之，选俊秀之有识度者为道学生。推本谨始，以太极为名。"② 由此可知，太极书院的筹建时间在太宗十二年（1240）、太宗十三年（1241）间。同时据郝经《哀王子正》一诗记载："鹿去中州道不行，先生今日死犹生。长鲸万里朔风急，独鹤一天秋月明。拟见斯文还太极（时方作太极书院未毕），遽收浩气反元精。世无程邵知音少，云黯燕山恨不平。"③ 其中王子正，正是《太极书院记》中提及的王粹，据《中州集》记载："年四十余，癸卯九月病卒。"④ 可知，其去世时间在真后二年（1243），太极书院还未完全建成，故赵复不可能无缘无故跟随姚枢去往苏门山，姚枢辞官归隐苏门的时间在太宗十三年（1241）。

此外，有论者对赵复的理学活动进行了考述，认为赵复至迟到真后二年（1243）已经在部分建成的太极书院讲学，直至定宗二年（1247）载经南游为止。1247 赵复载经南游，行经白沟，于定宗二年（1247）十一月到达保定，后又经赵州、魏县、东平，于定宗三年（1248）十一月到达济南。后从济南返回

---

① 周际华修，戴铭纂.（道光）辉县志：卷 11［G］//中国地方志集成·河南府县志辑（17），上海：上海书店，2013：644.

② 郝经.陵川集：卷26［G］//摛藻堂景印四库全书荟要：集部（52），台北：世界书局，1985：399-463.

③ 郝经.陵川集：卷13［G］//摛藻堂景印四库全书荟要：集部（52），台北：世界书局，1985：399-299.

④ 元好问.中州集：卷7［G］//景印文渊阁四库全书（1365），台北：台湾商务印书馆，1986：254.

燕京，大致在失后元年（1249）再次途经保定、白沟，宪宗元年（1251）赵复已在燕京，具体到达燕京的时间不可知。自宪宗二年（1252）起，赵复去向不明。① 而姚枢则在宪宗元年（1251）受征召，由此离开苏门。故此后赵复亦不可能独身前往苏门。

综上所述，现有资料不足以证明周敦颐、二程及赵复曾在苏门讲学。

二、孙奇逢讲学百泉书院考

目前关于孙奇逢是否讲学百泉书院，主流观点是孙奇逢曾在百泉书院讲学达二十五年之久。然张佐良《孙奇逢讲学百泉书院子虚乌有考》首先从遗民心态、力辟讲学、师法孔子以及清初书院政策几方面分析了孙奇逢未在百泉书院讲学的主要原因。其次分析了孙奇逢在百泉的活动，主要有游览名胜、赋诗作文、结交友朋、重修遗迹、结十老社以及筑彭了凡墓。最后，对记载孙奇逢与百泉书院关系的文献进行了梳理。从而论证孙氏未曾讲学百泉书院。② 赵伟、邓洪波《2016 年书院研究综述》首先肯定了该文在论证时充分利用了孙奇逢的文集、墓志以及方志等史料，但进而又说道："该文没有注意到记载百泉书院自身史事的《百泉书院志》，是其遗憾。"③ 故笔者拟结合乾隆本《重修百泉书院志》及其他史料，对孙奇逢未曾讲学百泉书院的观点作一补充论证。乾隆本志书的作者孙用正是孙奇逢的曾孙，故他的记载应该较为可信。孙用正在"名贤志"中对于其曾祖父记载道：

> 本朝孙征君先生讳奇逢，字启泰，号钟元，直隶容城县人。十七岁举于乡，即与定兴鹿忠节订交，以圣人为必可学而至。六载庐墓，不慕仕进，两朝十一次征聘终不起。晚年流寓苏门，与其徒李崶、张果中、高镐、魏一鳌、马尔楹、耿极辈讲学夏峰，一时闻风兴起。汤斌来自睢阳，耿介来自嵩阳，张沐来自上蔡，相与考道迪德，使洛学之传，与姚、许诸公前辉后映。当是时，百泉书院废坠已久，公太极书院有考，思亲亭有考，贡院有议，维风有议，无时无事不以化民成俗为念，谓兴学之功，直与苏门山水并永可也。康熙乙卯卒，配享书院先贤祠，百泉另有专祠。④

由上可知，孙用正仅提到孙奇逢讲学夏峰，而非百泉书院，夏峰即辉县苏

---

① 魏崇武. 赵复理学活动述考 ［J］. 信阳师范学院学报（哲学社会科学版），1995（1）：81.

② 张佐良. 孙奇逢讲学百泉书院子虚乌有考 ［J］. 河南科技学院学报，2016（11）：8-11.

③ 赵伟，邓洪波. 2016 年书院研究综述 ［J］. 南昌师范学院学报，2018（1）：116.

④ 孙用正. 重修百泉书院志：卷 1 ［M］. 乾隆十三年稿本，傅斯年图书馆藏.

门山下的夏峰村，孙奇逢在夏峰的讲学之所名为"兼山堂"，孙奇逢曾说："兼山堂，予数年来与诸子聚会之所也。"① 通过查阅《孙征君日谱录存》，发现许多孙奇逢在兼山堂讲学的史料，通常以"兼山堂会语""兼山堂讲语""兼山堂语诸子""兼山堂语诸同人""兼山堂语录"等形式出现。且孙用正关于孙奇逢诸弟子的记载中，也未曾提及孙奇逢讲学百泉书院，如关于汤斌的记载，仅说到"孙征君倡道苏门"。与此同时，孙用正在文中还提及了当时书院废弃已久。据史料记载，崇祯十五年（1642），由于"汴梁遭寇决水没城，遂移乡试于河北，改百泉书院作贡院"②。入清以后，书院仍沿作贡院，至顺治十六年（1659），贡院迁于汴，百泉书院闲置。康熙二十三年（1684），百泉书院又改为学使考棚。乾隆八年（1743）改为各宪驻节之所。乾隆十五年（1750）改为翠华行宫，书院至此废止。而孙奇逢移家至辉县苏门的时间在顺治七年（1650），卒年为康熙十四年（1675），结合百泉书院在清代的发展历程可知，在此期间，百泉书院一直未做书院之用，故孙奇逢不可能在百泉书院讲学达二十五年之久。

前文提及书院在顺治十六年（1659）至康熙二十三（1684）年间处于闲置状态，故其虽然未做书院之用，但仍不失为一个聚众讲学的好场所。据《征君孙先生年谱》记载："又七十八岁四月，卫河督水田华石檄郡县诸生会于百泉书院，就余讲学，余辞之。"③ 可知，顺治十八年（1661），卫河督水田华石曾请孙奇逢去百泉书院给郡县诸生讲学，但孙奇逢予以拒绝。张佐良在《孙奇逢讲学百泉书院子虚乌有考》一文中也引用了此条史料，但孙奇逢此后解释了为何拒绝讲学，该文却忽略了这两条重要史料。

据《孙征君日谱录存》记载，同年四月二十三日，孙奇逢曾给田华石写了一封信，其中说道："弟自覃怀归来，读先生所刻示诸生文，感先生虚怀过甚，鼓舞后学之意切。弟虽荒废，愧非其人，然亦不敢自外。第有所见其不可者，不敢不告。道丧学荒之后，此事从不经人讲说。忽闻此言，人便惊诧，转相传语，波浪易生。程朱不免于伪学，况其下焉者乎？弟谓此事求同志共学之人不可得，即平其情，和其气，而不作危言激论者，亦难其人也。昨以问病入城，因病不能支，遂不及趋晤。先生果不见弃，相隔非遥，旬月之间，可以一会。

① 孙奇逢. 孙征君日谱录存：卷12［M］//张显清主编. 孙奇逢集（下）. 郑州：中州古籍出版社，2003：641.

② 周际华修，戴铭纂.（道光）辉县志：卷17［G］//中国地方志集成·河南府县志辑（17）. 上海：上海书店，2013：727.

③ 汤斌. 征君孙先生年谱：卷下［M］//张显清主编. 孙奇逢集（中）. 郑州：中州古籍出版社，2003：1417.

实有志于此道，其听其自来。先生亦勿太痴心也。"① 并且在同月二十九日，孙奇逢又给范射虚写了一封信谈及此事："覃怀归来，见督水公告多士文一幅，弟窃自愧，而督水公亦未免多此一番讲说也。从来学禁，正病在多讲，孝弟力田，人人具足，只躬行二字，终身不能尽。多一讲说，便生支节，支节生，而伪学起矣。程朱且不免，况其下焉者乎？弟已向督水公嘱其收拾此念。老社翁亦不必向人多此一番话头也。"② 其中督水公即田华石。

通过上述史料可知，孙奇逢拒绝讲学的原因在于，他认为讲学容易引起争端分歧，伪学妄说也会由此兴起。且相对于可能流于空疏地讲学，孙奇逢更主张身体力行。但文中也透露出孙奇逢只是反对聚众登堂讲学，对于志同道合者来求教于他，他是不排斥的。

此外，《征君孙先生年谱》还记载："（康熙）五年丙午，八十三岁……（内黄邑令）张仲诚与绅士讲学于明伦堂，请先生登讲，先生辞不往。"③ 再次证明，孙奇逢反对聚众登堂讲学。

综上所述，结合乾隆本书院志关于孙奇逢的记载、书院的发展历程以及孙征君年谱、日谱史料，可以得知，孙奇逢在百泉书院登堂讲学，且长达二十五年之久的观点难以成立，偶尔与人讨论学问或许才是实情。

三、明代百泉书院讲学考

明代百泉书院讲学具有力求"德业""举业"二者兼顾的特点。一方面，百泉书院在明代书院官学化程度日益加深的背景之下，其讲学一定程度上带有官学化特征，主要体现为讲学为科举考试服务，日益举业化。另一方面，百泉书院是作为官学的补充而出现的，故其讲学并非仅仅为了举业，同样也强调要重视"德业"，即道德修养。

关于百泉书院讲学为科举考试服务这一特点，通过百泉书院的藏书可以略知一二，嘉靖本以及万历本志书均记载了书院的藏书情况。百泉书院收藏了《五经大全》《四书大全》以及《性理大全》，这三部大全均成书于明永乐十三年（1415），据史料记载"明永乐十五年四月丁巳，颁《五经四书性理大全》

① 孙奇逢. 孙征君日谱录存：卷 16 [M] //张显清主编. 孙奇逢集（下）. 郑州：中州古籍出版社，2003：641.
② 孙奇逢. 孙征君日谱录存：卷 16 [M] //张显清主编. 孙奇逢集（下）. 郑州：中州古籍出版社，2003：643.
③ 汤斌. 征君孙先生年谱：卷下 [M] //张显清主编：孙奇逢集（中）. 郑州：中州古籍出版社，2003：1425.

于两京六部、国子监及天下府州县学。谕礼部曰：此书，学者之根本。圣贤精蕴，悉具于是。其以朕意晓天下学者，令尽心讲明，无徒视为具文也"①，可知这三部大全是当时士人为学以及科举考试的必修内容。

明中后期，政府也曾诏令天下，进一步肯定了《五经四书性理大全》的主导地位。万历三年给提学官敕谕中提道："一国家明经取士，说书者以宋儒传注为宗，行文者以典实纯正为尚。今后将颁降《四书五经性理大全》《资治通鉴纲目》《大学衍义》《历代名臣奏议》《文章正宗》及当代诰律典制等书，课令生员诵习讲解，俾其通晓古今，适于世用。其有剽窃异端邪说、炫奇立异者，文虽工，弗录。"② 明末高攀龙在其《崇正学辟异说疏》一文中更是提道："我成祖文皇帝……命儒臣辑《五经四书大全》……别以诸儒之书，类为《性理全书》，同颁布天下……迨今二百余年以来，庠序之所教，制科之所取，一禀于是。"③ 可见，三部大全可视为有明代科举考试的教科书。同时，前述史料中提及的《资治通鉴纲目》《大学衍义》《文章正宗》等亦为百泉书院所收藏之书目。可知，百泉书院所藏书籍多为官方政府所要求的，且与科举考试相关的书籍。故从所藏图书可以推知，百泉讲学一定程度上为科举服务。

再者，万历本志书聂良杞所作《学约六条》同样体现了这一特点，其内容分为立志、虚心、励勤、辨文、刻期、饬行六部分。

通过"饬行"条中的记载，"前数条以举业相告勉，盖以此会本为举业也"④，可知百泉书院讲会主要为科举考试服务。再如"辨文"条提到"欲学为吏，视已成事，近科元魁试卷，非时义之已成事耶？诸友宜潜心焉，毋俟不文者赘也"。⑤ 意即让书院诸生将状元的试卷作为自己学习的榜样，学习应试、作文之道。而"刻期"条谈及"今与诸友约，月为会者三。会之日，以五人授课本一册，每会录完，本学类送，以凭品第"⑥，可知当时百泉书院还实行考课制度，考课制度的推行，是受到科举制度的影响。

① 龙文彬. 明会要：卷26 [M]. 北京：中华书局，1956：419.

② 王圻. 续文献通考：卷60 [M]. 明万历三十年松江府刻本.

③ 高攀龙. 高子遗书：卷7 [G] //景印文渊阁四库全书（1292），台北：台湾商务印馆，1986：441.

④ 聂良杞. 百泉书院志：卷1 "学约志"，万历六年刻本 [G] //赵所生，薛正兴主编. 中国历代书院志（6）. 南京：江苏教育出版社，1995：117.

⑤ 聂良杞. 百泉书院志：卷1 "学约志"，万历六年刻本 [G] //赵所生，薛正兴主编. 中国历代书院志（6）. 南京：江苏教育出版社，1995：116.

⑥ 聂良杞. 百泉书院志：卷1 "学约志"，万历六年刻本 [G] //赵所生，薛正兴主编. 中国历代书院志（6）. 南京：江苏教育出版社，1995：117.

明代中后期，官学日益腐败，书院作为官方儒学的补充得以迅速发展。百泉书院亦是作为官学的补充而出现的。如嘉靖本书院志吕颙所作序文中就提到"夫书院，学校之翼"①，嘉靖《辉县志》也将百泉书院附于"学校"之目。故百泉书院讲学虽然为科举考试服务，但并不仅仅只为举业。书院志"学约志"记载的《白鹿洞书院揭示》就是一个重要的例证。

《白鹿洞书院揭示》是朱熹为江西白鹿洞书院所制定的学规，分为五教之目，为学之序，修身、处事、接物之要。此学规为朱熹选取儒家经典汇集而成，在学规之后，朱熹进一步阐释了其制定的目的："熹窃观古昔圣贤所以教人为学之意，莫非使之讲明义理，以修其身，然后推以及人，非徒欲其务记览，为词章，以钓声名，取利禄而已也。"② 显然，朱熹认为教人或为学的目的在于明理修身，然后推己及人，并非单纯为了功名利禄。嘉靖本志书"学约志"后按语提及："按此即朱子白鹿洞书院教规也，凡师之所以教，学者之所以学，胥不出此。翟守尝选所属学官五经各一人，揭之于屏，以教卫士。"③ 可知，百泉书院讲学的内容同样要求明理修身，并非单纯为了举业。

万历本书院志所收录太仆寺卿舒化所作序文也提到，为学不能仅为举业，文中提道："未谙句窦者遽望之一成名，方在童蒙者即强之使操管，未遍诵乎经书，先博记乎时义，积心动念，惟窃取乎功名，父教师严，尽期攘夫富贵，不知心性为何物，坟典为何因，纵皓首穷窗，不识所学何事。及其得一命也，率举其平生所期，满其囊橐而后已。学也如斯，真可泣也。"④ 此后，舒化进一步谈及了他对万历本书院志作者，即知县聂良杞的期许："令固有教养责者，愿相与扩充之无失。"⑤ 可以说，为百泉书院的讲学指明了方向，即讲学不能单为举业。

此外，明中叶阳明心学的兴起与书院形成新的一体化。百泉书院的讲学同样受到了心学的影响。万历本"文志"所收录陈庆《聚讲图说》中提道，

① 马书林，石砥，等修. 百泉书院志：序，嘉靖三十二年增刻本［G］//邓洪波主编. 中国书院文献丛刊：第一辑（72）. 北京：国家图书馆出版社，2018：5.
② 朱熹. 晦庵集：卷 74［G］//景印文渊阁四库全书（1145）. 台北：台湾商务印书馆，1986：527.
③ 马书林，石砥，等修. 百泉书院志：卷 1"学约志"，嘉靖三十二年增刻本［G］//邓洪波主编. 中国书院文献丛刊：第一辑（72）. 北京：国家图书馆出版社，2018：30.
④ 聂良杞. 百泉书院志：序文，万历六年刻本［G］//赵所生，薛正兴主编. 中国历代书院志（6）. 南京：江苏教育出版社，1995：108.
⑤ 聂良杞. 百泉书院志：序文，万历六年刻本［G］//赵所生，薛正兴主编. 中国历代书院志（6）. 南京：江苏教育出版社，1995：108.

"以行险则不失其信也，以说润万物而不以为德也，其即吾心之良知乎？……使不遇风与日月，则水固自若也，其在于良知也。遇父子而慈孝，遇君臣而忠礼，遇夫妇、长幼、朋友而为别序信，千变万化孰得而揣摩之，使不触数者之物，则良知固自若也"①，体现了心学"致良知"的核心观点。乾隆本书院志也记载："明卫太守陈庆，字履旋，江西永丰人。……所学以姚江为宗。……每聚诸生讲学百泉书院，有《聚讲图说》。"② 可知，当时为百泉书院诸生讲学的卫辉知府陈庆，所学以阳明心学为宗，而心学同样重视道德修养，并且对于举业与德业的关系，王阳明言道："但能立志坚定……则虽勉习举业，亦自无妨圣贤之学"③，"谓学举业与圣人之学相戾者，非也"④。可见，王阳明认为在求为圣贤之志坚定的前提下，举业、德业二者之间并不矛盾，可以同时兼顾。

综上所述，明代百泉书院讲学日益官学化，即讲学一定程度上为科举考试服务。但百泉书院讲学并非单纯为了举业，同时也强调了要明理修身，重视道德修养，故而具有力求"德业""举业"两兼顾的特点。

四、余论

通过上述讨论可知，现存史料并不能证明周敦颐、二程及赵复曾讲学苏门，孙奇逢讲学百泉书院长达二十五年之久的说法亦存在错误。此外，在明代书院官学化的背景下，百泉书院的讲学也日益举业化，即讲学为科举考试服务，同时，百泉书院是作为官学的补充而出现的，故讲学同样也讲求明理修身，重视道德修养，因此明代百泉书院讲学具有力求"德业""举业"二者兼顾的特点。

有关百泉书院讲学问题的既有研究之所以出现如此多错误、疏漏处，其背后的原因值得探究。一方面是由于人们对于历史文献的记载，尤其是对于名人的记载，不加考证，轻信所致，如文中提及的孙奇逢《太极书院考》就出现了诸多错误，且该文对后世影响极大。另一方面则是历史名人与地方文化关系的思维惯性所致，将周敦颐、二程、赵复以及孙奇逢等人与百泉书院联系起来的重要原因之一，便是大儒与书院必然相关的思维惯性。地方文化与先贤大儒相得益彰的想法可谓"情有可原"，但史学研究必须建立在客观史实的基础之上。

---

① 聂良杞.百泉书院志：卷2，万历六年刻本［G］//赵所生，薛正兴主编.中国历代书院志（6）.南京：江苏教育出版社，1995：123.
② 孙用正.重修百泉书院志：卷1［M］//乾隆十三年稿本，傅斯年图书馆藏。
③ 吴光，等编校.王阳明全集：上册［M］.上海：上海古籍出版社，1992：168.
④ 吴光，等编校.王阳明全集：上册［M］.上海：上海古籍出版社，1992：169.

李光地《春秋》学思想考述

王　寅（内蒙古工业大学人文学院）

摘　要：李光地围绕"《春秋》因鲁史"说，构建了以史书、史法、史例为主要内容的《春秋》思想，其经说呈现出经史融合的特征。他融今古文为一家，把《春秋》经的性质理解成官方断代史。他从史学的角度，把"一字褒贬""笔削""义例"定义为史法、史例。以《左传》为中心，融汇《公羊传》《谷梁传》经说。李光地的《春秋》学呈现了史学与经学汇通的特点，反映了从清初至乾嘉时期，《春秋》学以史证经潮流，是经学逐渐蜕变成史学的先声。

关键词：李光地；《春秋》；学史学

　　李光地，字晋卿，号厚庵，别号榕村，福建安溪人，生于明崇祯十五年（1642），卒于清康熙五十七年（1718），谥文贞。李光地《春秋》学研究始于康熙二十五年（1686），于康熙四十一年（1702），著有《春秋稿》①。学界对李光地的研究主要集于理学②，还缺少全面考察李光地《春秋》学的成果。本文尝试在经学史的视域下，通过爬梳李光地《春秋》学说，探究其以"《春秋》因鲁史"说为核心，以史传经的学术理路，探讨其把经学与史学相联系的治经特点。

一、"《春秋》因鲁史说"

　　李光地《春秋》学首先围绕孔子作《春秋》说展开。《孟子·滕文公下》

---

① 《春秋稿》，李光地著，后因火损毁，由李清植编辑。"谨掇拾毁余稿之犹可读者，纂辑成编。"李维迪．敬书春秋毁余后［M］//榕村全书（3）．福州：福建人民出版社，2013：594.

② 李光地一直被认为是程朱理学的代表，学者较少关注其经学研究，现有研究成果多集中于易学。赵伯雄师在其《春秋学史》中曾讨论过李光地对于清初官方《春秋》学的影响。

载："世道衰微，邪说暴行有作，臣弑其君者有之，子弑其父者有之。孔子惧，作《春秋》。"其后司马迁祖述其说，《史记·孔子世家》："乃因史记作《春秋》，上至隐公，下讫哀公十四年，十二公。"之后杜预提出"仲尼因鲁史策书成文"。这些说法皆肯定了孔子作《春秋》的观点。李光地主张"《春秋》因鲁史"，认为《春秋》是孔子根据鲁史抄录、删节而成，孔子对《春秋》并非创作，而是客观记述。他说："《春秋》因旧史……有所损而不能益也。"① "夫子当初，止因鲁史之旧。"② "圣人不别作一书，即用现成鲁史，为之笔削。"③ 如昭公十二年，经："春，齐高偃帅师纳北燕伯于阳。"《公羊传》认为"伯于阳"为"公子阳生"。他认为这恰好反映了孔子没有笔削，即便非常明显的错误，孔子也是原文抄录。他说："《春秋》未经笔削，想亦是如此。"④

李光地主张孔子作《春秋》除取材于鲁史外，还广泛参考各国史书。"因诸侯之史而作《春秋》"⑤ 但孔子作《春秋》的核心还是依据周制，他说："《春秋》本诸侯之史。其时列邦僭乱，名分混淆，而史体乖舛，夫子因而修之。其名秩则一裁以武、成班爵之旧。其行事则一律以周公制礼之初。"⑥ 他认为《春秋》用周正，"正月者，周建子之月也"⑦。《春秋》作为周代史书，用周正起到了宣示正统的作用。他说："行周者，以改正朔示革命。故书时事，颁列国则用之。"又说："用周制焉，所以示革命而一正朔也。"⑧

李光地从史学角度对"笔削说"进行了阐释，他认为"笔削"是"笔其旧""削其繁"，没有微言大义，只是夫子为让词句更有条理，进行的文字修辞。"夫子修辞，不过使其言之顺理。"如果事实不合理，语言不通顺，孔子才会笔削。他说："惟以事实推之而不通者，然后可以议笔削之意。"⑨ 李光地对"笔削"的理解，其实把孔子作《春秋》的行为看作单纯的史书编纂活

---

① 李光地. 榕村全集：第24卷［G］//榕村全书（9）. 福州：福建人民出版社，2013：71.
② 李光地. 榕村续语录［G］//榕村全书（7）. 福州：福建人民出版社，2013：105.
③ 李光地. 经学总论［M］//榕村全书（5）. 福州：福建人民出版社，2013：9.
④ 李光地. 经学总论［M］//榕村全书（5）. 福州：福建人民出版社，2013：10.
⑤ 李光地. 春秋天子之事解［M］//榕村全书（9）. 福州：福建人民出版社，2013：510.
⑥ 李光地. 春秋大义［M］//榕村全书（8）. 福州：福建人民出版社，2013：67.
⑦ 李光地. 榕村全集：第3卷［G］//榕村全书（8）. 福州：福建人民出版社，2013：68.
⑧ 李光地. 春王正月辨［M］//榕村全书（8）. 福州：福建人民出版社，2013：436.
⑨ 李光地. 春秋大义［M］//榕村全书（8）. 福州：福建人民出版社，2013：78.

动。在李光地那里，"笔削"没有了哲学内涵，成为一种纯技术性活动。通过否认"笔削"的"微言大义"，他以史学家的眼光，把《春秋》由经学还原为史学。

如隐公元年，经："三月，公及邾仪父盟于蔑。"《春秋》没有书日，《谷梁传》说："不日，其盟渝也。"范宁注："日者，所以谨信，盟变故不日。"杨士勋疏："无日者，仲尼略之，见褒贬尔。"无论是《谷梁传》还是范宁、杨士勋皆认为《春秋》"不书日"是孔子"笔削"的结果，蕴含了孔子对鲁隐公不遵守盟约的批评。但李光地理解为"史之失也""史者不知其为重而略之，圣人仍其旧而著之也"。① 他认为《春秋》不书日，是史书记载有详略，史官认为会盟并不需要记日，孔子按史文抄录。李光地这样解释，否定了《春秋》中的褒贬。又如僖公六年，《春秋》书"楚人围许"，《左传》书"楚子围许以救郑"。明人汪克宽就认为"楚人之救郑也，圣人笔削"②，是贬楚国围许之罪。但李光地却认为鲁史记原本就是如此："旧史如此，非义理所系，因而不改也。"③

二、以史解经的治经理路

第一，"书法"即"史法"。《春秋》记事书人方式称为"书法"。李光地认为书法是史法。他说："凡会外大夫不书'公'，非讳也。存内外君臣之体，盖史法也。"④ 由此，他反对"褒贬"说。他强调《春秋》记载事实的真实性。他认为《春秋》对史实的客观呈现，实质上已经具有对事实的价值判断，他说："《春秋》不必言言皆褒贬。"⑤

李光地常从史实角度去解读书法，如哀公十二年，《春秋》经记载："夏五月甲辰，孟子卒。"《公羊传》《谷梁传》都认为不称孟子为"夫人"是"讳"，因为春秋同姓不婚，鲁昭公娶吴孟子不合礼制。李光地引《礼记·杂记》证明孟子不称夫人是因为没有受周天子的册命，所以《春秋》是"据实

① 李光地.春秋毁余：第 1 卷 [G] //榕村全书（3）.福州：福建人民出版社，2013：308-309.
② 胡广.春秋大全 [M].台北：台湾商务印书馆.1986：343.
③ 李光地.榕村语录：第 16 卷 [G] //榕村全书（6）.福州：福建人民出版社，2013：43.
④ 李光地.榕村语录：第 16 卷 [G] //榕村全书（6）.福州：福建人民出版社，2013：39.
⑤ 李光地.榕村语录：第 15 卷 [G] //榕村全书（6）.福州：福建人民出版社，2013：11.

书"。他说："'孟子卒'，《杂记》明明说'夫人之不命于天子，自鲁昭公始也'。可见《春秋》据实书，而纷纷以为贬，以为讳，皆未必然。"① 李光地从史书的记事特点入手，对《春秋》"书法"重新进行了定义，剔除了"书法"中的神秘色彩，还原了"书法"的本来面目，他对"书法"的认识，既来源于他对《春秋》是史书而非经书的整体定位，也来源于他继承古文经学及受清初实学之风的影响。

第二，史承赴告。他说："其事不告，则亦不书，旧史所无故也。""夫子修经，旧史是据，无告无赴，虽知亦阙。"② "当时赴告有便书，无便不书，夫子岂得增减?"③ 他说："有赴告而后有书，旧史有书而后《春秋》有笔。"④ "史承赴告"说成为李光地解经文的重要方法。如庄公十二年，经："冬十月，宋万出奔陈。"《左传》书宋人"请南宫万于陈"，"醢之"。他解释道："闵弑、万奔，书，宋来告也。杀万、葬闵，不书，宋不告，鲁不会也。"⑤ 又如僖公二年，经："虞师、晋师灭下阳。"僖公五年，经："冬，晋人执虞公。"他说："'灭夏阳''执虞公'，晋人必将有辞以告于诸侯，故得而书之也。灭虢、灭虞，晋人讳其事而不告，故不得而书之也。"又说："虞、虢之灭，晋人盖修其祀而不以灭告诸侯也。《春秋》之作，'其文则史'，不告灭，故不书灭。"⑥ 李光地对"史承赴告"的认同，更主要是基于对《春秋》为史的这一基本理念的贯彻，他在解释经文时也对"不告"的原因进行了分析，比如他认为晋国违反信义，为了掩盖本国的恶行而不告诸侯。

第三，"义例"解经。李光地往往从史书记事的角度去分析义例。如他认为国君称名或不称名是因为史官无法准确考证君主的名。他说："齐灭谭，楚灭弦，狄灭温，君奔皆不名。……其君之名盖不可考也。"⑦ 他认为"日月时例""亦史法之旧"。他又指出"日或不日"也遵循史书记事原则，"事之大且要者，则谨而日之，私家记录犹然，况国乘乎。是故郊祀宗庙则日，崩薨卒葬则日，天灾地变物异则日，以至会不日而盟则日，侵伐不日而战灭则

---

① 李光地. 榕村语录：第16卷［G］//榕村全书（6）. 福州：福建人民出版社，2013：56.

② 李光地. 春秋大义［M］//榕村全书（8）. 福州：福建人民出版社，2013：78.

③ 李光地. 春秋［M］//榕村全书（7）. 福州：福建人民出版社，2013：105.

④ 李光地. 春秋［M］//榕村全书（6）. 福州：福建人民出版社，2013：9.

⑤ 李光地. 春秋［M］//榕村全书（6）. 福州：福建人民出版社，2013：23.

⑥ 李光地. 春秋［M］//榕村全书（6）. 福州：福建人民出版社，2013：25.

⑦ 李光地. 春秋［M］//榕村全书（6）. 福州：福建人民出版社，2013：49.

日"。又说："应日而不日者旧史失之也。"①

第四，《春秋》记事遵守史例。他说："凡史例有详略，古史虽不可见，班、马以后，皆以人之贤否繁杀其词也。伯姬有贤行，旧史盖录之独详，故圣人因之。"② 史书常对无法断定真伪的各家之说均加以记录。李光地认为《春秋》也常见此种史学笔法。如襄公二十一年，经："九月庚戌朔，日有食之。冬十月庚辰朔，日有食之。"《春秋》记载了两个日期，李光地认为这是"谨所疑"，他说："史官互也。简策所书非一人，有曰九月者，有曰十月者，有一误焉。而《春秋》谨所疑也，两书之尔。"③

李光地的解经方法，没有采用《公羊传》《谷梁传》等穿凿附会、曲意解经的方法，没有去探求《春秋》中的深意，也没有单纯走宋学舍传求理的解经之路，他更多受到清初学者的影响，从史学的角度去解经。他的《春秋》学虽没有惊人之论，但多数论说比较平实，去除了许多前人虚妄的论说。在《春秋》学史上，书法、义例等问题，被各派学者所演绎，可以说是众说纷呈，但愈说愈远离本来的面目，李光地从史学的角度去研究，更加符合常理。

三、治《左传》学以史传经

《春秋》三传，李光地皆有吸收，但对《左传》更加青睐。他说："《春秋》周三家：左氏、公羊、谷梁；唐三家：啖助、赵匡、陆淳；宋三家：孙明复、胡安国、张洽。""治《春秋》者，某偿谓宋三家不如唐三家，唐三家不如汉三家，汉三家不如周三家。其实左、公、谷好。"④ 又说："胡康侯传不如啖助、赵匡等粗粗的讲，倒有著处。啖、赵等又不如三传有来历。"⑤ 比较各家学说之后，他提出《左传》在各家之中应当居首。他评价道："《左传》不可不读，其中有许多三代典礼，及二百四十年事迹。"⑥

李光地对《左传》作者为左丘明提出了质疑。他认为《左传》作者是子

---

① 李光地. 春秋大义 [M] //榕村全书（8）. 福州：福建人民出版社，2013：74.
② 李光地. 榕村语录：第 16 卷 [G] //榕村全书（6）. 福州：福建人民出版社，2013：40.
③ 李光地. 榕村语录：第 16 卷 [G] //榕村全书（6）. 福州：福建人民出版社，2013：44.
④ 李光地. 榕村语录：第 16 卷 [G] //榕村全书（6）. 福州：福建人民出版社，2013：57.
⑤ 李光地. 春秋 [M] //榕村全书（7）. 福州：福建人民出版社，2013：105.
⑥ 李光地. 榕村语录：第 16 卷 [G] //榕村全书（6）. 福州：福建人民出版社，2013：59.

夏后学，他说："左氏非丘明也。左氏若是孔子同时，如何所记六卿分晋，已是孔子卒后事？"① 他说："《左传》左氏，自是子夏门徒。"② 至于《左传》作者的身份与所处时代，他提出："左氏者，七十子之后人也，与公、谷肩出，而习于列国之记，故虽依经释义，而载事为详。"③ 又说："古者左史记言，或者以官为氏耶？盖因传《春秋》而附以己之见闻。"④ "左氏之生最后，故纪事终于智伯之亡，盖与公、谷相先后而同业是经者尔。左氏长于蒐采，文备列邦，不专鲁史。"⑤

李光地努力纠正孔子以《左传》为底本修《春秋》的看法，他说："以《左氏传》为鲁之春秋原本，夫子因而作之也者，非也。左氏传盖注《春秋》，而附益以所闻者。"⑥ "据《左氏传》以议论笔削之意者，是以东海为昆仑，失之远矣。"他对经传间关系的认识是比较准确的，他说："传之作在经后，而经所因非传也。"⑦ 又说："说《春秋》者，每据《左氏传》以发难，曰是旧史有之，而经何以不书。是直以《左氏传》为旧史也，而可乎？"他指出胡安国在此问题上的错误，他说："《春秋胡传》动引《左传》，有此事经何以书？"又说："胡文定于春秋时事不见于经者……说此事《左传》有之，经何故不书？倒似《左传》即鲁之春秋原本，为夫子所据以修者。"

李光地非常赞赏《左传》以史解经的方法，他说："左释经极有洁净者，叙事不费辞而义见。"对这种方法，他常常加以借鉴。如桓公二年，经："冬，公至自唐。"李光地以《左传》反驳胡安国特笔之说，认为"《左氏》谓'告于庙也'，其说是也。"⑧ 又如庄公四年，经："纪侯大去其国。"李光地说：

① 李光地. 榕村语录：第16卷［G］//榕村全书（6）. 福州：福建人民出版社，2013：58.
② 李光地. 春秋［M］//榕村全书（7）. 福州：福建人民出版社，2013：106.
③ 李光地. 春秋毁余：第1卷［G］//榕村全书（3）. 福州：福建人民出版社，2013：368.
④ 李光地. 榕村语录：第16卷［G］//榕村全书（6）. 福州：福建人民出版社，2013：58.
⑤ 李光地. 春秋大义［M］//榕村全书（8）. 福州：福建人民出版社，2013：78.
⑥ 李光地. 榕村续语录［G］//榕村全书（7）. 福州：福建人民出版社，2013：105.
⑦ 李光地. 春秋毁余：第1卷［G］//榕村全书（3）. 福州：福建人民出版社，2013：357-358.
⑧ 李光地. 春秋毁余：第1卷［G］//榕村全书（3）. 福州：福建人民出版社，2013：330.

"《左氏》曰纪侯不能下齐，以与纪季。大去其国，违齐难也。其得实矣。"①
李光地直接引《左传》原文，指出纪侯离开自己的国家，是为了躲避齐国的
征伐。

李光地又常以《左传》纠正《公羊传》《谷梁传》之失，如隐公十一年，
经："冬，十有一月，壬辰，公薨。"《公羊传》："《春秋》君弑贼不讨，不书
葬，以为无臣子也。"《谷梁传》："君弑贼不讨，不书葬，以罪下也。"李光
地认为："公、谷皆曰：'春秋之法，君弑贼不讨，不书葬，罪臣下也。'此理
甚精。然求之全经，多不合者。左氏曰：'不书葬，不成丧也。'盖有乱臣贼
子，贬其君父而不成丧者。有国乱，略于礼而不成丧者，贬其君父而不成
丧。"② 公羊、谷梁以《春秋》不书葬，是因为羽父弑隐公，无人讨伐，这是
对臣子的批评。而李光地引《左传》认为，当时因为鲁国发生了内乱，没有
举行葬礼的条件，因而不书葬。

李光地把《左传》作为《春秋》的传来研究，注重《左传》中记载的史
实，常以《左传》纠正他传，李光地以《左传》的史实来解经虽未必准确，
但还算平实。对于《春秋》与《左传》的关系，他批评胡安国以《左传》为
鲁春秋，把《左传》的位置提得过高，他认为《左传》还是要从属于《春
秋》。李光地认为《左传》的作者，更可能比孔子的生活时代要晚得多，其身
份属于朝廷的史官。李光地的这个推测比较接近事实。

清初《春秋》学有着深厚的古文经学背景，他们莫不把《春秋》视为
史，而把孔子视为史学家看待。李光地的《春秋》学，继承了古文经学派及
后来杜预等人的衣钵，同时受到清初《春秋》学的影响，开始以史学的视角
去研究《春秋》。他的《春秋》学表现出很强的史学特点，他从"《春秋》因
鲁史"出发，构建了一套以史学、史法、史例为主要内容的《春秋》学观念。
在李光地看来：《春秋》不单纯是一部国别史，在更高的意义上是一部记载周
代制度、事实的断代史，它具备广阔的时间与空间范围。《春秋》的价值不仅
在于它的义理价值，更重要的是它的史学价值、事实价值。他反对所谓"笔
削""书法""义例"中蕴含的褒贬。他认为"笔削""书法"不过就是史
法，史学家孔子在承袭鲁史的过程中，所采用的记事方法；义例就是史例，
是《春秋》记事、用时的方法。李光地谈书法与义例时，从没有过多探究其

---

① 李光地. 春秋毁余：第 1 卷［G］//榕村全书（3）. 福州：福建人民出版社，2013：
351.

② 李光地. 春秋［M］//榕村全书（6）. 福州：福建人民出版社，2013：20.

中的褒贬与微言大义。李光地重视《左传》，他以《左传》的史实来纠正《公羊传》与《谷梁传》，但他反对把《左传》作为鲁史旧文，而认为《左传》的性质是"传"。李光地的《春秋》学在一定程度上代表了清初《春秋》学所呈现的史学与经学互相促进、互相融合的特点，而以史学研究《春秋》学的这一学术取向，又成为后来乾嘉学派以考史为考经的先声，其中学术的脉络清晰可见。

秋风候鸟乎？经学革命乎？

——从钱穆对廖平经学思想的评价谈起

王雯雯（四川大学古籍整理研究所）

摘　要：钱穆在《中国近三百年学术史》中，将康有为与廖平合在一起进行评议。从学术史的角度看，钱穆并未对廖平为学界所重的"平分今古"说加以重视，却将注意力放在对廖平"尊今抑古"说与康氏学说的比较上。在廖平的"今古学""小大学""天人学"的思想嬗变过程中，钱穆更多的是站在思想史的立场上，撷取了廖氏"今古学"中的一朵浪花。这种思想对学术的渗透与影响，在钱穆的"学术史"书写中并不多见，这也说明廖平所建构的孔经哲学体系具有较为丰富的内涵。本文拟从钱穆对廖平经学思想的评价与对廖、康二人思想的比较入手，展现在激荡的时代环境下，中学内部基于不同的学术背景所碰撞出来的思想浪花。

关键词：钱穆；廖平；新陆王学；康有为

廖平被称为"最后一个儒家学派的最后一位思想家"[1] 及"中国最后一位经学大师"[2]，其毕生研究都是以传统经学为根基。作为一名身处"圈内"影响力却能达至"圈外"的经学家，廖平的经学理论也受到了包括刘师培、章太炎、梁启超、钱穆等人的关注和评论。本文希望通过梳理钱穆在《中国近三百年学术史》中对廖平经学的评价，探赜其经学中所蕴藏的思想价值，为研究廖平经学提供另一个观察视角。

一、钱穆对廖平经学思想的评价

对于廖平经学思想的评价，钱穆主要着眼于廖平在治学上不能专守一言，

---

① 列文森. 儒教中国及其现代命运 [M]. 北京：中国社会科学出版社，2000：274.

② 冯友兰. 中国哲学史：下卷 [M]. 上海：华东师范大学出版社，2001：343.

与乾嘉汉学精神背道而驰①的一面：

> 是则积二十余年之攻驳，而一旦尽变其故说，此固三百年来考证诸家所未有。季平不自惭恧，转以为伍胥能覆，申胥能兴，覆兴之能事萃于一身，自诧为数千年来未有之奇，是何奇与乾嘉以来所谓"实事求是"之意相异耶！②

> 不幸而季平享高寿，说乃屡变无已，既为《五变记》，又复有六变。及其死，而生平所持说，亦为秋风候鸟，时过则已。使读其书者，回皇炫惑，迁转流变，渺不得真是之所在。盖学人之以戏论自玄为实见，未有如季平之尤也。③

众所周知，乾嘉汉学一直以"实事求是"为治学要义，这需要治学者拥有扎实的小学功底。对此，廖平并不陌生，青年时期他就曾凭借此类文章在尊经书院所编撰的《蜀秀集》中独领风骚。钱穆依据乾嘉汉学的标准来评价廖平在"今古学"上屡变其说，前后相悖，确实与张之洞评价廖平所谓"风疾马良，去道愈远"颇为相近。但钱穆所论又不止于此，他不能理解廖平为何能就学说的归属问题与康氏争论多年后，又以"伍子胥""申包胥"自比，轻易放弃之前所主张的立场，推倒前言，另起炉灶，从"古今学"转入"小大学"和"天人学"的研究中来④。

不过，可能钱穆自己都没有意识到，当他既力证廖平为学说原创者，却又将其附着于康氏之后，就已经不是在学术史层面上来讨论廖平的经学贡献了。综观钱著《中国近三百年学术史》，如果是多人列为一章，或是师生同门，如"颜习斋李恕谷"；或为渊流相近，如"曾涤生章附罗泽南"；或是按照学说影响力大小排列，如"戴东原附江慎修、惠定宇、程易田"。如廖平这种本为学说"首创者"却被附列于"剽窃者"之后的排序，确实不多见。首先，康廖之间并非师徒关系，两人的所争大于所同；其次，以传统经学目光观之，廖平经学为世所重者在"平分今古说"而非"尊今抑古说"，可是钱穆对前者几乎略而不谈，只是以"尊今抑古"说与康氏之学反复进行比较，以辨康说之伪。种种迹象都流露出，在钱穆心里，他并非以学术流变，而是以学说在思想界的影响力为参照来完成对康、廖次序的排列。由此，我们也可看到，清末民初以来思

---

① 钱穆评价这种屡变其说的行为是"是何其与乾、嘉以来所谓实事求是之意异耶！"见钱穆. 中国近三百年学术史（下）［M］. 北京：九州出版社，2016：725.
② 钱穆. 中国近三百年学术史：下卷［M］. 北京：九州出版社，2016：724-725.
③ 钱穆. 中国近三百年学术史：下卷［M］. 北京：九州出版社，2016：725.
④ 杨世文. 至圣前知：廖平的大统世界［J］. 孔学堂，2018，5（4）：17-26，122-131.

想史的"潜流"对学术史阵地的渗透与影响。

若我们暂且放下前文的"背面敷粉"式的探究方法，而是重新回到字面上来体察，就会发现钱穆对廖平屡变其说的不满，还与钱穆对学术史价值的坚守有关。如果没有廖平，康有为是否能够写出《新学伪经考》与《孔子改制考》，我们不得而知，但是可以知道的是，当时学界确实视廖平的《尊孔篇》与《辟刘篇》为引导康氏变法实现从 0 到 1 这一艰难的跨越过程中不可缺少的"异电子"。钱穆对廖平"不争"的不满，并非因为钱穆认可廖平的"尊今抑古"说，也不是因为钱穆不能接受学者们疑古疑经，而是因为廖平所谓"十年一大变，三年一小变"的治经理路让他对廖平的治经动机有所怀疑。换句话说，廖平到底是在从事学术研究还是在从事思想创建？既然"疑古"不是重点，那疑古的重点是什么呢？关于此点，余英时曾记录钱穆所言：

> 他自己便说道，他的疑古有时甚至还过于顾颉刚。但是他不承认怀疑本身即最高价值。他强调："疑"是不得已，是起于两信不能决。一味怀疑则必然流于能破而不能立，而他的目的则是重建可信的历史。①

从上可见，正因钱穆将"疑古"界定在学术史意义上的"破而能立"，所以他无法认同康有为那种只知破而不知立的做法，而作为康氏变法思想的"引信"，廖平受到质疑自然也无可避免：

> 定制必先以精义，而行法尤待乎美俗；非美俗则法不行。当时治公羊言改制者昧之，流弊迄于今兹。习俗相沿，莫不以改制变法未急，惟易复古为崇外耳。②

这不禁会让我们联想到欧洲学界在对第二次世界大战进行反思时，出于各种动机最后将矛头指向了尼采，认为正是他的学说影响了希特勒，却忘记了这并非尼采思想的全部内核，而只是经过尼采妹妹涂抹解读后的断简残章。如果说钱穆是因廖平混淆了学术史与思想史之间的界限而对其不满，那么列文森对廖平不满的理由则刚好相反，他认为，与康有为相比，廖平只是一个平庸的学者，只致力于对儒家思想层面的建构，并没有如康有为那般将之引入到政治变革中：

> 廖平的空想超过了康有为，他在康有为之前和康有为之后的著述表明，他是中国历史上把阐述儒学作为首先任务的最后一人。在阐述儒学中，他

---

① 余英时. 钱穆与现代中国学术 [M]. 桂林：广西师范大学出版社，2006：21.
② 钱穆. 中国近三百年学术史：下卷 [M]. 北京：九州出版社，2016：736.

度过了平庸的一生，提出了纯粹空想的儒学。①

钱穆站在学术史的立场上，认为廖平的学术与现实结合得过于紧密，有"越界"之嫌，列文森则站在思想史的角度，认为廖平还没有将理论包装成"思想的武器"。可见，对廖平的评价，不能固守一端。作为两千多年儒学发展的殿军，又恰逢"三千年未有之变局"，廖平亦不能自安于传统学人的身份。他的经学思想中不仅沉淀着既往儒学留下的痕迹，而且还在有意无意中暗合着时代的脉搏，而这种对时代"脉搏"的呼应，正是清初汉学的一大特色。

清代汉学发轫于"清初三先生"，形成于矫正"阳明后学"空谈心性流弊的过程中。其中被乾嘉汉学奉为高标的顾炎武，为后学确立了治学的路径和气魄，一是"经学即理学"；二是"行己有耻，博学于闻"。可见，清代儒学从创立伊始，就已有通过学术来实现修齐治平的政治目的。只因后来的乾嘉学者们在治学精神上已渐露疲态，加之又饱受时文与统治者的压制，学者们不唯对"经学即理学"这种以考据推求义理的治学方法敬而远之，甚至将顾炎武这种通经致用的治学精神也束之高阁。在钱穆看来，顾、黄"皆承朱子，乃求道、术兼尽者"。② 可是，到了乾嘉时期，学者们却走入了重"术"轻"道"的窄途：

> 但此下则终不免偏重于一边。讲方法，尚博文，忽约礼。其流弊成为书本纸片上学问，有术而无道。③

这种"重术轻道"的乾嘉汉学固然有保存文献、考镜源流之功，但因其对经学字句的斟酌重于对经学旨意的究心，使得乾嘉汉学在后来的发展中愈发趋于保守，只知埋首于训诂考证，对借助学术来提振世道人心表现出疏离和淡漠。当这种情况行至清代晚期时，汉学阵营中的部分学人竟至于出现"不肯读一部书，只知涉猎小节，寻其碎意"的现象，忘记了清初汉学的气魄和宗旨，步入了王学末流束书不观的后尘。

因此，若从治学精神上看，廖平似乎更近于清初汉学：他在三变之前致力于今古学的研究，不斤斤于"碎辞小辨"，转求经学中之大纲宏旨，此为"通经"；三变之后则竖起"尊经""尊孔"的旗帜来提振士气，以打通四部之间的脉络，整合中学内部的思想资源为己任，此为"致用"。对于廖平与清学之间的关系，其弟子蒙文通曾这样评价：

> 故廖氏所为经疏，皆推经义，本其大纲，而贯其全体，不漫为征引、

---

① 列文森. 儒教中国及其现代命运 [M]. 北京：中国社会科学出版社，2000：283.
② 钱穆. 中国学术通义 [M]. 北京：九州出版社，2011：231.
③ 钱穆. 中国学术通义 [M]. 北京：九州出版社，2011：231-232.

核名物训故以陈粚简牍。故其书之体制，求之清儒，已不相类。①

在廖平提出"经学六变"之前，清代汉学内部就已经出现了较为明显的学术分化②，廖平并非孤明先发，此前已有学人意识到学术与心术之间的关系③。廖平的治学路径和治学精神（尤其是经学三变之后）虽不合于乾嘉汉学的实事求是精神，却在无形中深契于清初汉学究心经义，提振世道人心的宗旨。正因如此，虽然廖平在治学路径上还带有鲜明的乾嘉汉学的印记，但是在治学精神上却已与当时的乾嘉汉学显得颇为格格不入。钱穆站在传统经学的立场上，评价廖平的经学思想为"秋风候鸟，过时则已"，可是却忽略了廖平以经学为根底，构建出来的"孔经哲学体系"中所蕴含的另一种潜在的学术生命力：

> 先生在中国经学史上，既具相当地位；而在晚清思想史上，亦握有严重转捩之革命力量。由先生而康南海，而梁新会，而崔觯甫，迄至今日，如疑古玄同、马幼渔、顾颉刚诸先生，均能昌言古文学之作伪，更扩大而为辨伪之新运动。近日《辨伪丛刊》照耀人目，凡中国向来今文学家未做完未说完之余沥，一跃而为新史界所啧啧鼓吹之新问题；前喁后于，当者披靡。回忆四十年来之中国思想界，类似霹雳一声者，为康南海之《孔子改制考》《新学伪经考》等等，而廖先生则此霹雳前之特异的电力。自是以后，变法维新，思想革命，清政告终，社会改造，吾人于今日审查中国学术思想之进步如何，除东西洋舶来物品而外，要不能不归功于贞下起元、曙光焕发之廖先生！④

正如侯墀所言，廖平不仅在经学史上具有"相当地位"，同时在思想史上也有"严重转捩之革命力量"。他的"平分今古"说与"尊今抑古"说，一个解决了学术史上的今古学的归属问题，一个动摇了经学的权威性，下开疑古之风，并间接影响了康有为的"改制说"，从而在中国思想界掀起了一阵飓风。钱穆只看到了廖平经学（尤其是"尊今抑古"说）与康氏之说的密切联系，看到了廖平后来兀兀穷年于"小大学"与"天人学"，因而认为廖平经学惟重"求变"，

---

① 蒙文通 . 蒙文通全集 ［M］. 成都：巴蜀书社，2015：287.
② 余英时 . 戴震与章学诚 ［M］. 北京：生活·读书·新知三联书店，2012：150-152.
③ 见钱穆在《中国近三百年学术史》中，在阐述龚自珍、曾国藩学术思想时所引述的资料，试举一例，如曾国藩在论及当时学人只知既往而不知开来时所言："百年以来，学者讲求形声故训，专治说文，多宗许、郑，少谈杜、马。吾以许郑考先王之制作之源，杜、马辨后世因革之要，其于实事求是，一也"；又如曾国藩所言风俗厚薄与人心所向之间的关系："风俗之厚薄奚自乎？自乎一二人之心之所向而已. 此一二人者之心向利，则众人与之赴义。"
④ 侯墀 . 廖季平先生评传 ［N］. 大公报·文学副刊，1932-08-01.

难以获得持久的学术生命力，却忽略了廖平是在传统经学的基础上，以变为立，逐级发展。其一二变中的"今古学"具有学术史价值与思想史价值，而三变之后的经学则不再囿于传统经学的范畴，转而具有哲学的特质①。

总之，钱穆论廖学的重点在于分析其学说中"善变"的一面，却忽略了廖平经学所蕴藏的丰富内容和通经致用的精神，正是凭借这种丰厚的经学积淀与"命世之儒"② 的使命感，廖平才会在促成清代经学瓦解的同时，无意中完成了一场经学的革命。

二、貌合神离：廖平与康有为学术思想的同与异

在《中国近三百年学术史》中，钱穆将廖平附于康有为之后，同列于一章。从中可见，钱穆认为廖、康二人的经学思想在大端上确有相近之处，且康氏正是在"剽窃"廖平学说并加以发明后，才能在当时的思想界刮起一阵"飓风"③。但读者若细读此章，就会发现钱穆将二人归于一章的用意，并不止于强调廖、康思想的相近之处，他更想通过对二人学说的比较，让我们看到廖、康之间貌相似而神相离的地方。

此种"貌相似"而"神相离"的特点主要体现在以下两个方面：一是两者治学路径的似而不同；二是两者治学宗旨的似而不同。

首先，在治学路径上，钱穆先将两者同列于考证学中的"陆王"一派：

> 方植之有言："考证学衰，陆王将兴。"若康、廖之治经，皆先立一见，然后搅扰群书以就我，不啻"六经皆我注脚"矣，此可谓之考证学中之陆王。④

所谓"考证学中之陆王"，表明钱穆一方面承认廖、康二人在治学方法上确实借用了乾嘉汉学的考据之法，但是在具体治学过程中则有师心自用之嫌。因此，钱穆又针对两人之学做了进一步阐发：

> 自公羊家专以一经之义说群经，而通诸经以通一经之意失。又主口说

---

① 刘雨涛. 廖季平"天人学"探原 [J]. 社会科学研究，1984（2）：103-109.

② 蒙文通曾言"命世之儒，固问世而或有，若廖师之剖析今古而示其指归，辨两汉师法而明其异同分合，俾世之学者不至欲萃多量不同世之骨化石以求一备形之骸，此廖师之所以为魏晋以来所未有者也"，参见蒙文通. 蒙文通全集 [M]. 成都：巴蜀书社，2015：287.

③ 对于康有为学说在当时的影响及康有为对廖平学说的剽窃可参见梁启超《清代学术概论》一书，钱穆对康有为这一学术不端的行为也在《中国近三百年学术史》中也进行了多方论证.

④ 钱穆. 中国近三百年学术史：下卷 [M]. 北京：九州出版社，2016：727.

家法为微言大义所在，而以经通经以悟传注之误之意亦失，而后说经者皆为小夏侯之"左右采获，具文饰说"焉。①

在钱穆看来，以廖、康为代表的清代公羊学在治经过程中，重演绎而轻归纳，即他们不是在博观、精思群经后总结出了经书的大义，而是反其道而行之，用公羊学一家的经义来包举其他经书。换言之，其他经书之于公羊经而言，只是充当了论据的角色，他们存在的意义就是为以廖、康为代表的公羊学派的"素王改制说"提供理论支持。这一行为在钱穆看来，不惟不足取，更会使"考证遂陷绝境，不得不坠地而尽矣"②。

称廖、康二人为"考据学中之陆王"，是钱穆对二人治学特点的概括，此为二者的相似之处。钱穆虽宗宋学，但所宗在朱子，而非陆王，原因就在于朱子治学道术兼备，示人以治学的向上法门，而陆王心学则有向壁虚构、束书不观的潜在危险③。因此，对于"新陆王学"，钱穆大抵是持否定态度的。不过，既然是"新陆王"，这就说明两人在治学路径上有迥异于前人的新特点。在钱穆看来，这个"新"就在于两者借鉴了乾嘉学派以训诂、音韵为特点的治经方法。正因康、廖曾在此处用力颇多，所以较之陆王之学，更易于在清季以来成为预流，炫惑世人。以廖平为例，钱穆认为：

盖廖平必求所以尊孔者而不得其说，乃屡变其书以求一当。其学非考据，非义理，非汉，非宋，近于逞臆，终于说怪，使读者迷惘不得其要领。④

这种风气流布至近代，转而成为近代学术的一大病症：

今再试略论近代之学术界。若就本讲思路，则可谓最近学术乃是重于明道，而疏于辨术。即如五四以来之"打倒孔家店""以科学方法整理国故""中国本位文化"，即"全盘西化"等意见，所争皆在宗旨与目标上，所提出的尽是些理论，亦可说其所争者乃是"道"。但大家并不曾有一套方法来亲切指导人，使人注意到落实用力之一面，因此只是图争门面，绝少内容。竟可说尽是提出意见，却无真实的学问成绩。即所谓"科学方法"，亦只是一句口号。换言之，科学方法四字亦成为一"道"。凡他所不喜欢的，都可说是不合科学方法，犹如昔人言"离经叛道"。凭此来打倒人，却

① 钱穆. 中国近三百年学术史：下卷［M］. 北京：九州出版社，2016：727.
② 钱穆. 中国近三百年学术史：下卷［M］. 北京：九州出版社，2016：727.
③ 钱穆本人并不排斥"陆王"，反而视"陆王"为"别出儒中之尤别出者"，认为其学可观，见余英时. 钱穆与现代中国学术［M］. 桂林：广西师范大学出版社，2006：56.
④ 钱穆. 中国近三百年学术史：下卷［M］. 北京：九州出版社，2016：726.

很少真在此方面落实用力的。记得我在旧著《中国近三百年学术史》一书中，曾有过一段预言，说晚清以下中国学术界将会走上"新陆王学"。即是说，讲学者将只标宗旨，不用真工夫，目标纵高，却不指点人道路。甚至连自己也并无道路可循。那是近代学术界一大病。①

对于钱穆而言，他固然无法详列在廖、康二人之后出现在学界上的形形色色的流派，但凭着他在治学上的颖悟，他已可洞见到"新陆王学"这种兼具实证考据与理论构想特点的治学方法定会在后世成为一时的治学风尚。不过，即使二人均被归列为"新陆王学"，钱穆还是指出，廖平治经更为圆融，而康氏之说则穿凿矛盾之处颇多②。钱穆认为，廖平作为学说"首倡者"的深造自得处，正映衬出了康有为作为"剽窃者"的生吞活剥以及欲盖弥彰的心态。比如钱穆发现，为了标榜自己是"揭发"刘歆作伪的第一人，康有为早年在其《伪经考》一书中曾提出"（两千年来）亦无一人敢违者，亦无一人敢疑者"，自己是"雪千圣之沉冤，出诸儒于云雾"。等到民国六年（1917）的时候，为了消弭学界对他窃书的议论，他又在《伪经考后续》中开始大谈自己的治学历程，这回他不再标榜自己是千古第一人，而是说自己"向亦受古文经说，然自刘申受、魏默深、龚定庵以来，疑攻刘歆之作伪多矣，吾蓄疑心久矣"。前面称自己的见解是穿越了千年迷雾的巨眼独识，后面又说这一见解是转益多师而来，若不是未曾深造自得于心，康氏何至于会让自己的学术创见出现这种前后相悖的情况呢？类似之处还有很多，难怪钱穆会说康有为之学是"左右牵引，知其于两家所涉皆浅"③。

钱穆对待廖、康二者的"分别心"，体现了他在潜意识中对廖平三变之前考据功底的某种肯定，这是钱穆对以朱熹、黄宗羲、顾炎武（也包括章学诚）为代表的传统学术阵营的坚守。可以说，虽同为"陆王心学"，但在钱穆心中，廖平尚有平实的一面，而康有为则完全将考据作为工具，这种以目的为手段的考据，无疑会从根本上动摇学术史的独立地位，导致思想史对学术史阵地的全面入侵。

其次，廖、康二人治学宗旨的不同。

关于廖、康二人治学宗旨的不同，廖平自己就做过比较。1896 年，他在《经话甲编》中曾言及：

---

① 钱穆. 中国学术通义［M］. 北京：九州出版社，2011：232-233.

② 黄开国. 廖平评传［M］. 南昌：百花洲文艺出版社，2015：203-222.

③ 钱穆. 中国近三百年学术史：下卷［M］. 北京：九州出版社，2016：716.

> 外间所述之《改制考》，即祖述《知圣篇》；《伪经考》即祖述《辟刘篇》，而多失其宗旨。

廖平所谈到的"失其宗旨"，指的是他与康氏在各自的著作中，在恢复学术传统与阐发政治思想上的不同。概言之，即两人著书是否以恢复通经致用的学术传统及推崇孔子改制为旨归。

（一）对通经致用的理解不同

关于通经致用，廖平在《经话甲编》中有过一段详细的论述：

> 古人言通经致用，旧以为将经中所言施于政事，非也。无论古今时势不同，泥经败绩，试问古来经生，何曾有以功业见者？不流于迂疏，则入于庸懦。……经如陶范，心如金土，以经范心，心与经化。然后其心耐劳知几，包大含细，原始要终，举天下之大不足以乱其神，举事物之繁不足以扰其虑。

由上可知，廖平对通经致用含义的理解，并不只局限于将经学施之于政治这一层面①，而是从一个更为宏观的角度来看待其"用"。在廖平看来，读经自有其非功利的目的和意义，这一过程类似于将"金土之心"放置于"陶范之经"中加以涵养。久之，二者自然能够通过互化而达圆融之境。对于学者而言亦是如此，先以无用之心来读经，慢慢自然能够让此心与经书同化，最后此心就能达到通明透彻且临事不乱的境界，而一旦此心能够"耐劳知几"，那就能够"不流于迂疏"，做到随势而动。观廖平生平行迹，就是在以此心来为当时的清朝问诊开方，虽然他的"方剂"在我们今人看来不免有"迂阔"之嫌，但是他始终以"通经致用为儒林之标准"来对传统的经学思想进行改造。这不仅让廖平的经学思想跳出了清代"汉宋之争"的藩篱，而且在治学宗旨上也高于其所

---

① 廖平解经十分重视经书的通经致用性，他认为"通经致用为儒林之标准""通经致用于政事为近"等，这说明廖平十分看重经学思想的政治效果，但通经致用之于廖平这样的大经学家而言，实是兼具修身与治国两方面的内涵，我们不能因为他的经学思想和时代联系密切，就忽略了他本人在经学研究中浸渍多年后体悟到的修身养性的一面，这也是我们研究廖平思想中不可偏废的一点.

承接的常州公羊学派①。我们评价廖平其人其学，只有将这两方面结合起来，才能看到一个身在书斋但心系天下的完整的学人形象。

与廖平相比，康有为对通经致用的理解显然更具功利性。不论是让他声名鹊起的《新学伪经考》和《孔子改制考》，还是更能体现其个人学术思想的《长兴学记》和政治理想的《大同书》②，无不具有强烈的事功色彩，兹以《长兴学记》为例。康说：

> 刘歆挟校书之权，伪造古文，杂乱诸经。……于是两千年皆为歆学。……可谓之新学，不可谓之汉学。……则大其言曰：欲知圣人之道，在通圣人之经；欲通圣人之经，在识诸经之字。……以此求道，何异磨砖作镜，蒸沙成饭？西汉之学，以禹贡行河，以三百五篇谏，以洪范说灾异，皆实可施行。自歆始尚训诂，以变异博士之学，段、王辈扇之，乃标树汉学，耸动后生，沉溺天下，相率无用。可为太息。③

由上可见，康有为为了推重西汉经学，一方面以西汉公羊学的"通经致用"来反衬清学末流的无用，另一方面以"两千年皆为歆学"这一论断将清代汉学钉在了伪学的耻辱柱上，这种解读其实是以主观臆断混淆了经学发展的客观历史。

西汉今文经学在成为"利禄之途"后，在多方因素的作用下不可避免地走向烦琐化和谶纬化④，削弱了今文经学对现实政治的影响力。而以刘歆为代表的东汉古文经学则以"缘饰经术，施之政事"的治学宗旨承担了早期公羊学派通经致用的使命。康有为因刘歆"伪撰古文，杂乱诸经"，就将其彻底否定，这一方面固然将康氏"未深晓汉代学术真相"⑤ 的一面显示出来，另一方面也将康氏强以经学就我的"新陆王学"的特质显露无遗。

---

① 钱穆对常州学派有一个总评，他认为此派是在"考据既陷绝境，一时无大智承其弊而导致变，彷徨回惑之际，乃凑而偶泊焉。其始则为公羊、又转而为今文……而常州之学，乃足以掩胁晚清百年来之风气而震荡摇撼之。卒之学术、治道，同趋渐灭，无救厄运，则由乎其先之非有深心巨眼、宏旨大端以导夫先路，而特任其自为波激风靡以极乎其所自至故也。"在钱穆看来，常州学派的出现其实是一种学术上的机缘凑泊，他们在创派之初就没有立下高远的为学之志，这导致这一学派最终也没能承担起自身的历史使命。

② 梁启超曾在《清代学术概论》里言："《伪经考》《改制考》皆有为整理旧学之作，其自身创作则《大同书》也"。

③ 康有为. 长兴学记 [M]. 楼宇烈，整理. 北京：中华书局，1988：19.

④ 寿佳琦. 简论两汉经学的发展演变 [J]. 文史博览，2013 (2)：35-38.

⑤ 钱穆. 中国近三百年学术史：下卷 [M]，北京：九州出版社，2016：716.

（二）在政治理想上的不同

廖平的《知圣篇》中提出了"孔子改制"，这是廖平针对当时清代学术中备受争议的古今问题提出的一种解决方案，是对西汉公羊学家"素王改制"说的发展。廖平将改制一事委之于孔子，在廖平的孔经哲学体系中，孔子不仅是中国制度的创设者，而且还是世界秩序的规划者。为了完成对孔子圣人形象的设定，廖平还将诸子划归于孔门，以四科统摄百家。这样一来，孔子不惟参与了人间政治秩序的建构，而且还成为经学与诸子学思想的源头。对传统学术较为了解的人皆知，四部中的史部与集部本就是从经部与子部中衍生出来的。总之，在廖平构建的"孔经哲学体系"中，孔子不仅是"一个提纲挈领的纲宗"①，更是可以领袖群伦，率领中学抵御西学入侵，规划人类秩序的"千古一圣"。

可见，廖平治学也并非如钱穆所言"迁转流变，渺不得真是之所在"，只不过他所坚持的"真是"并非某种学说的精神，而是冥心孤往溯源至圣人所制作的经典之中。与廖平不同，在治学理路上，钱穆更为推崇朱子"旧学商量加邃密，新知涵养转深沉"这一平实的治学路径：

> 他（钱穆）自己也十分推重陆王，尤其是王阳明，但是别出儒虽然特呈精彩，却无法代替儒学的整体。钱先生充分承认别出儒的特殊贡献，但是他要继承的则尤在北宋以来综汇经史文学的儒学传统。他之所以在宋代理学家中独尊朱子，还不仅因为朱子"集理学之大成"，更重要的是朱子同时也继承和发展了欧阳修以来的经史文学。所以他曾形容朱子是"欲以综汇之功而完成其别出之大业"。②

钱穆与廖平在治学上的不同，其实是各自所择之途的不同，而非旨归的不同。廖平自号"六译"，以"圣作贤述"中的贤人自比，以"翻译"的方式来传递圣人湮没千年的"微言"，使"千溪百壑皆欲纳之孔氏"③；而钱穆则更有"为往圣继绝学"的使命感，当国人以"专制""黑暗"形容古代中国时，他却建议大家能以"温情与敬意"来了解本国历史，并且在当时撰写了一系列影响深远的史学书籍。这种以学风影响时风，进而关心世道人心的做法，正是传统学术中"士"的担当意识的体现。只不过，廖平所重在经学（尤重今文经学），

---

① 王汎森. 近代中国的史家与史学［M］. 上海：复旦大学出版社，2010：73.

② 余英时. 钱穆与现代中国学术［M］. 桂林：广西师范大学出版社，2006：56.

③ 蒙文通. 廖平先生传［M］//蒙文通文集（第 3 卷）. 成都：巴蜀书社，1995：144.

兼治子史；钱穆则以史为重，兼研经子。这种不同的学术趋向也决定了钱穆的治学风格趋于"平易笃实"，而廖平的学术风格则更具"冥心玄想"色彩。

与廖平一直坚持"尊孔""尊经"不同，康有为将孔子与经典作为治学的手段，而非治学的目的。他在廖平"孔子改制"说的基础上，进一步提出"诸子改制"说，作为维新变法的理论依据。梁启超在总结康有为"所及于思想界之影响"时就曾罗列此条。不同于廖平吸收诸子为孔学张目，康有为夷孔子于诸子，此举无疑已经昭示着经学气数的终结，正如学者景海峰所言："今古文之争虽已越轨，后来所谈已不纯是经学，但至少还保留了一些经学的形式；而经子之争则名实全无，实质上与传统经学了不相涉，已是经学圈外的事情。所谓经学，直沦落为被客观研究、对比、审视，乃至于批判的对象。清学终结，经学亦随之气数全尽了。"①

因此，钱穆评价康有为，认为他的学说里充满了各种无法调和的矛盾，如"盛尊公羊而力诋莽、歆，高谈改制而坚主保皇"②。在钱穆看来，康有为之所以会出现这种"低级"的学术矛盾，是因为他对公羊家的精神"非真能知"③，这也使得康有为在著作中洋洋洒洒，所言若出自肺腑，但"言公羊改制，终不脱廖季平牢笼"④。实际上，我们发现，不管康有为是否真的了解公羊家的精神，其学说都会出现这类问题，一方面这固然与他剽窃廖平学说，"非由寝馈之深而自得之也"⑤ 有关，另一方面也和他借学术之名行变法之实有关，此处正如黄开国先生所言："依廖平的说法，唯孔子受命于天，有权改制。……依康有为的说法，诸子与孔子皆可言改制，则改制不过是普通人的权利，人人皆可得而言之。"⑥ 关于此处，我们如果借用康有为自己的话来概括似乎更具代表性与说服力，康氏自言："知我罪我，惟义所在，固非曲士夏虫所能知之矣。"⑦

观廖平之学与康有为之学，确实貌相似而神相离，二者虽同为"新陆王学"的代表人物，都在以中学的"旧瓶"装西学的"新酒"，但无论是治学理路还是治学宗旨都有所不同。对于钱穆来说，廖平之学因耽于玄想，不求一是，故"一人之学，如四时之代谢"⑧，这是他对廖平治学中"善变"的不满。但是，

① 景海峰. 儒学的现代转化 [M]. 贵阳：孔学堂书局，2016：8.
② 钱穆. 中国近三百年学术史：下卷 [M]. 北京：九州出版社，2016：735.
③ 钱穆. 中国近三百年学术史：下卷 [M]. 北京：九州出版社，2016：735.
④ 钱穆. 中国近三百年学术史：下卷 [M]. 北京：九州出版社，2016：779.
⑤ 钱穆. 中国近三百年学术史：下卷 [M]. 北京：九州出版社，2016：716.
⑥ 黄开国. 廖平评传 [M]. 南昌：百花洲文艺出版社，2016：212.
⑦ 康有为. 孔子改制考·诸子创教改制考 [M]. 北京：人民大学出版社，2010：35.
⑧ 钱穆. 中国近三百年学术史：下卷 [M]. 北京：九州出版社，2016：725.

廖平在治学上又能凭借其较为深厚的训诂功底来"主考核，蔑宋伸汉"①，不让学术沦为政治宣传的手段，这不禁又会引起钱穆的同调之感，故而在评议廖、康二人时，隐然流露出扬廖抑康的倾向。

三、总结

钱穆曾说："盖清初学术所以胜乾、嘉者，正以其犹有宋学之精神。"② 这一评价可视为钱穆对清代经学的基本评价标准，在钱穆看来，"清初三先生"在治学态度上虽然各有侧重，但是其内在的精神意蕴仍是以宋学作为根底，而所谓宋学的根底就是对世道人心的关切。虽然清初学者遭逢家国巨变，在治学路径的选择上表现为"自性理转向经史"③，但究其学术本质，仍未曾离道而言术。

正因如此，钱穆在对廖平经学思想进行评价时，才会带有某种略微复杂的心理，他一面站在乾嘉汉学严谨的考据立场上，认为廖平那令人"惶惑"的经学思想简直一无可取④，一面又站在清初汉学的入世精神上肯定了廖平对通经致用精神的恢复。归根结底，钱穆并非反对学问的经世作用，也并非认为治学不能疑，他所担心的是在主观成见的指导下，这种先预设论点，再寻材料的做法，最终会销蚀学术的独立性，让学术沦为政治思想的附庸。

廖平为了使经学适用于当世，以"新陆王学"的方式完成对传统学术资源的现代转化，钱穆治学则主张道术兼备，文质相符。二人治学一有陆、王之风，一得朱、章之实。虽然钱穆站在学术史的角度上，未能体察廖平所建构的孔经哲学体系在思想与哲学层面上的意义。但正因如此，后学才得以看到不同学术背景的学人在思想动荡的大时代背景下所碰撞出的天风海涛。时至今日，廖平经学的学术价值不仅没有消失，而且其经学体系中的思想价值还愈加引来海内外学人的注目，影响犹然未已，这也从侧面体现了廖平经学思想内涵的丰富性与开放性。

---

① 钱穆. 中国近三百年学术史：下卷［M］. 北京：九州出版社，2016：716.
② 钱穆. 中国近三百年学术史：下卷［M］. 北京：九州出版社，2016：699.
③ 钱穆曾言"窃谓清初学风，乃自性理转向经史"，见钱穆. 中国学术思想史论丛（第8册）［M］. 北京：生活·读书·新知三联书店，2009：52.
④ 钱穆认为："夫考证之事，贵乎有确，所据苟确，则积证益富，历年益信。未有前据必摇，后说必移，一人之学，若四时之代谢，以能变为出奇者也。"钱穆. 中国近三百年学术史：下卷［M］. 北京：九州出版社，2016：725.

情感徘徊与学术坚守

——《孙培吉日记》中的蜀中书院

尤潇潇（人民教育出版社历史编辑室）

摘　要：《孙培吉日记》近年由孙氏后人披露、四川大学古籍所校点整理，是研究近代蜀学学术史难能可贵的文献。主要记载了晚清成都士绅孙培吉从十八岁到七十四岁，共五十七年的人生经历，涵盖知识分子交游、参加科举和工作情形、读书情况、时政评论等内容。本文梳理了孙培吉与锦江书院山长伍肇龄的日常交往、请托办事、刻书赠书等交游往来，揭示了以锦江书院、尊经书院为代表的蜀中书院的时代面貌。从日记记载看，近代以来诸多蜀地学人传承学术传统，开创新风，书院的发展则促使蜀中学风在深厚的传统文化根基上融贯中西，使四川一跃成为近代学术重镇。

关键词：孙培吉；《孙氏日记》；伍肇龄；书院；蜀学

近代四川的社会变迁与蜀学转型，是中国地方史、学术思想史的重要论题。清末民初的四川，经学大家龚道耕、槐轩学派代表人物刘沅、刘桢文、刘咸焌、刘咸荥、锦江书院山长伍肇龄等学术名家云集。相比他们，成都的没落士绅孙培吉名气不大，但孙家与他们皆交游密切，孙培吉留下的九十四册日记更是铺展了一幅真切生动的岁月长卷，值得我们关注。《孙培吉日记》（以下简称"孙氏日记"）近年由孙氏后人披露、四川大学古籍所校点整理，共九十四册，体量庞大，凝注了孙培吉从十八岁到七十四岁，五十七年间的生命点滴。

孙培吉（1868—1942），字抱和，清末举人、士绅。其祖父孙治（1811—1876）是孙氏家族由浙江迁入四川的奠基之祖，字理亭，号琴泉，少年即随"以砚田刑名为业"的父兄入川，道光丁酉（1837）年举人，戊戌（1838）年二甲第二十名进士，与曾国藩同年，官至三品直隶按察使，以二品光禄大夫、阿克苏布政使衔卒于贵州督办捐粮的任上。孙家的显赫家世传至孙培吉时已趋没落，但他依然继承了家族丰厚的学养传统，见证了经济转型、军阀割据、思想激荡的时代剧变，时代洪流也推就他经历了多重身份的转变，他对社会现实和知识分子命运走向的思考悉数落于纸端。

一、《孙氏日记》与蜀中学术流变

清代的蜀学发展呈阶段性特征。明末清初的四川因战乱不断，往日的繁华富庶、安逸平静不再，学术界也是万马齐喑的景象，是时四川没有产生在较大范围有影响的学人。至康熙时期，在文翁石室旧址上重建锦江书院，蜀中学术才开始有所起色。此时"仅有彭（端淑）、张（问陶）、费氏（经虞、密、锡璜、锡琮）、李氏（化楠、调元、鼎元）诸家。彭端淑功名诗文俱佳；张问陶'诗书画三绝'；费氏祖孙三世传经；三李父子举皆博学，为文献故家。其中李调元尤拔乎其萃，所刻《函海》为当时巴蜀文献整理之冠。"① 然而因无人在清人擅长的考据、义理方面有显著成就，蜀学发展并不显扬。

到了晚清时期，蜀学重振，学人涌现、学院兴盛、学风嬗变。张之洞以"绍先哲，起蜀学"为号召，王闿运以经学、辞章为主要教学内容在蜀中建立了尊经书院，晚清蜀学得以继承汉宋之长、通经致用。沿着张之洞启示的"自小学而入经学""自经学而入史学""自经学史学而入辞章""自经学史学而兼经济"② 的道路前行，蜀地学人才在考据、义理、辞章、政事、德行诸方面皆能卓然振起，焕然成章，使蜀学成为比肩湘学的又一学术流派。从各大书院培养人才在学术界占有一席之地，到廖平提出整理十八经扩充儒学经典体系，再到新的经学、史学研究方法涌现，蜀学为近代中国的文化面貌带来了新气象。

近代蜀学的重要特征是摒弃陈腐的"八股"时文，注重儒家原典传习和研究。在动荡多变的时局中，"通经致用""中体西用"成为蜀学的突出表现。晚清蜀学曾以出思想、出人才而著称全国，仅尊经书院就培养和聚集了许多时代精英，例如"戊戌六君子"中的杨锐和刘光第、力主新学的四川维新派核心人物宋育仁、博综古今的经学大师廖平、蜀学大师吴之英、清代四川仅有的状元骆成骧、一代大儒张澜、革命家吴玉章等等。③ 当时的成都还聚集了如谢无量、刘师培、李源澄、蒙文通等学术大家。晚清时期可谓是蜀学群英荟萃的发展时代，将其与湘学比肩作为中国近代学术重镇，诚非虚誉。从日记记载看，晚清后一些学人的著作传承、学术传统又开创新风，为近代蜀学发展注入了新鲜血

①　参照舒大刚，李冬梅编写的巴蜀文献要览，尚未公开出版.

②　张之洞，张之洞全集：第 12 册书目答问 [M].苑书义，等.石家庄：河北人民出版社，1998：9976.

③　舒大刚.晚清"蜀学"的影响与地位 [J].社会科学研究，2007（3）：166-167.

液，如廖平《今古学考》体现的改制思想、张森楷《史记新校注》的新史学观念、槐轩学派著作中儒释道三家并包的阐释等。在社会动荡、政治变革的时代背景下，蜀学发展体现出强大的传承性与包容性，构建了一套系统完整、内涵精深、影响深远的学术体系。

《孙氏日记》记载的大量藏书赠书书目①，直接体现了当时蜀学学风与学人观念的流变。以其中书籍为代表，可以看出晚清以前学人们关注的书籍多集中于经学、史学和各类文集，如《周易》《诗经》《尚书》《论语》《孟子》等各种注疏版本的经学著作；《史记》《汉书》《通志》《资治通鉴》等史学著作；廖平、李调元等蜀学名家的文集类著作；还有《佩文韵府》《渊鉴类函》《初学记》《四部丛刊》等卷帙浩繁的类书。读书人的目的性明显，出现了许多科举考试的参考书，在政治形势相对稳定时，学人们潜心学习。以孙培吉为例，他早年因为在芙蓉书院参加科举备考，一直集中于四书五经的学习。在此期间，孙培吉撰写了多部学术著作，据《孙抱和遗书目录》记录有《论语注疏与朱注异义记》《大学脉络》《尚书存亡大略》《孟子讲录》四部。而刘沅、伍肇龄、龚道耕等学人对传统学术的志趣更加浓厚，著述流传也更加广泛。

到了晚清至民国时期，佛经、道经类著作多了起来。尤其是孙培吉十分热衷阅读占卜、六壬类相关书籍，如"《六壬视斯》《六壬经纬》《六壬指南》各二本、《六壬金口决》《六壬银河棹》《神峰通考》《奇门五总鬼》《一贯堪舆》"等皆有收集②，在心绪混乱或遇重大事件之时非常喜欢占卜以求慰藉。随着清帝退位，四川逐渐进入军阀混战时期，成都枪炮声不断，人们的生活长期不稳定。因此在日记后期的记载中，学人们对传统文化的关怀和学术的思考已经比较少见，孙培吉本人也荒离了学术研究。后来槐轩学派的第三代掌门人刘咸荥在成都各处设坛作法，信众颇多，孙培吉与刘家关系密切，亦"入道槐轩"，读书旨趣向佛经和道经倾斜，日常诵经也记入日记，多日不辍。日记中几乎不见了对其他书籍的阅读和借还，孙培吉只在家中小辈来学习时讲讲最基础的《左传》《诗经》《大学》《中庸》《论语》等课程。从中可以看出知识分子面对动荡时局和前途迷失的逃避心态。

日记中所列书目有的是孙培吉家中已有藏书，有的是新购书籍，还有当时学人赠送的书籍。其中，文集类最多，诗词、小说集不在少数，以孙培吉为代表的成都士绅喜作诗，喜相互赠联题诗，日记中多有记载。此外，历代儒学名

---

① 据笔者统计，日记中所列书籍共 775 种。

② 孙氏日记 [M]．第 57 册噩梦余影，卷 27，2 月 22 日．

家所撰文集也较多，如《东坡全集》《王阳明全集》《曾文正公全集》等。经学类书籍中各家的注疏都有所收藏，并将儒家典籍用于教学之中，《说文部首》《孝经》《弟子职》《孟子》《大学》《论语》《诗经》《礼记》《易经》《书经》十部经典都曾作为孙培吉教学所用，家中女眷还要增加学习《列女传》《女四书》等。孙培吉对当时新式学校儒家教育缺失和批判孔孟之学的状况无法认同，"诵经僧多系年少，较之近日学校少年，觉儒弟子不及佛弟子多矣。然如今校内并未诵法孔孟，亦无足怪也。"① "闻近来邪说愈横，甚至有孔孟戮尸之语，令人发指。"② 可见教育上孙氏一直坚持传统的理念。

总之，当时学人大多有从主学儒家传统经典向增加佛教、道教经典研读的学风转变。但没有改变的是学人们对子女或学校教育的重视，对后生晚辈仍坚持传统的儒家教育，体现了当时学人对传统学术传承的使命感和对传统文化能代代相传、星火不绝的期望。

二、孙培吉与伍肇龄之交游

《孙氏日记》记载伍肇龄和锦江书院事迹颇多。伍肇龄地位崇高，很受孙培吉敬重，每逢重要的日子，孙培吉都会前往锦江书院拜见伍肇龄。

伍肇龄，字崧生，四川大邑人。同治十三年（1874）担任锦江书院山长，光绪十三年（1887）王闿运调离尊经书院后，伍肇龄又同时兼任尊经书院山长，主理蜀中最著名的两家书院，倍受尊重。"初四日。伍纯四祖姑，先祖同母胞妹，祖姑丈伍崧生，名肇龄，时为锦江山长。"③ 据日记记载，伍肇龄是孙培吉的伍祖姑丈，伍肇龄的相关研究多见于锦江书院和尊经书院的相关论著中，日记的内容可对研究其日常生活和学术观念进行很好地补充。

伍肇龄作为孙培吉长辈，与其父亲交好，孙氏也常常前往伍家拜见行礼，"初十日。日前伍尊姑夫以知单来，请今日午酌，以为请大人与，而称与畴昔异，以为请予欤？而书列伯勃叔之右，当是请予而书者误也。"④ "是月初九日，尊姑丈伍山长，请大人午酌，大人去，未待酌而归，于其处遇徐子棠者，其父与先祖同年，十四日来拜，并送会试朱卷一本，十六日大人往谢，今日请之，并请韩稚湘、镜连族叔，其三姨丈、五表叔皆陪客也。"⑤ 在与伍肇龄的交往

---

① 孙氏日记 [M].第 57 册噩梦余影，卷 25，8 月 17 日.
② 孙氏日记 [M].第 57 册噩梦余影，卷 29，11 月 6 日.
③ 孙氏日记 [M].第 1 册默室日记，卷 1，7 月 4 日.
④ 孙氏日记 [M].第 3 册默室日记，卷 3，1 月 10 日.
⑤ 孙氏日记 [M].第 3 册默室日记，卷 3，4 月 20 日.

中，孙培吉跟随其父前往拜礼或饮酒畅叙，认识了许多有声望的人物。每逢伍肇龄生辰寿诞，孙家都隆重以待，携礼前往。"晨大人到伍祖姑丈处补拜生，带《无量寿佛经》为赠，不遇。"① "马太亲翁处送知单来，为伍祖姑丈公祝八旬也。将为屏联彩觥，俟伍崧老病痊补祝。首事者：马及罗云坞、周保臣、舒铁生、刘豫波也。大人书具贰元外，仍别与龚姑丈同送寿礼也。"② 马家与孙家联合庆贺伍肇龄八十大寿，马家也是当时成都重要的士绅大家，马太亲翁便是成都近代主事修建望江楼建筑群的马绍相，为后世所重。

此外，学人之间流行相互庆贺科考之喜，如孙家与马家共同到伍肇龄处贺入学六十周年的重游泮水之礼，"十二日。到马正泰号，余太亲翁为杨善征欲搭钱请伍山长也。山长今年重游泮水，其孙又入学。十九日，晴。到延庆寺贺伍山长重游泮水，城中亲友绅缙齐集，山长有五律二首。"③ 重游泮水，是对曾考中秀才且高寿之人的一种庆贺。光绪二十年（1894），孙家、刘家等士绅名门都前往伍肇龄家贺喜其科考中举六十周年，"到刘仲韬处，贺中举喜，惟见其兄豫波到伍祖姑丈处，贺重宴鹿鸣喜。"④ 光绪三十二（1906）孙培吉又前去贺伍肇龄中进士六十周年，"到伍祖姑丈处，贺重宴琼林。"⑤ 在当时的成都士绅群体中，互相拜礼的风俗十分常见，关系密切的几大家族间更为频繁。

伍肇龄常年担任锦江书院山长，后又兼任尊经书院山长，常受人委托办事。孙家便多次求其帮忙，如曾为家中兄弟请求其帮忙入学："二十九日。是日摆供又饮，大人命饮也。监生遗才榜发，止十七名，东荪无名，以书来托代求伍祖姑丈为之说。"⑥ "初八日，大晴。毛东荪来。夜姜夫子来，前月廿九，姜夫子曾来言已托六叔祖转托，伍祖姑丈所说圣谕嘱予兄，山长时再一言之，即日山长便来，予遂提交。"⑦ 锦江书院、尊经书院作为蜀中最著名的两家书院，学子们都争相考入其中学习，也不免有人托伍肇龄的关系走后门，请求在入学考试成绩不理想的情况下能进入书院学习。

除了书院中事，因伍肇龄人脉关系较广，其他工作事宜孙家族人对其也多有请托。例如，"十六日，晴。早饭后到大舅处拜生，吃早面，方半而归。大人

---

① 孙氏日记［M］.第9册大梦琐录，卷5，8月17日.
② 孙氏日记［M］.第21册大梦琐录，卷17，8月16日.
③ 孙氏日记［M］.第13册大梦琐录，卷9，5月12日，19日.
④ 孙氏日记［M］.第15册大梦琐录，卷11，9月9日. 重宴鹿鸣，是清代科举制度中对考中举人满六十周年者的庆贺仪式.
⑤ 孙氏日记［M］.第21册大梦琐录，卷17，9月25日.
⑥ 孙氏日记［M］.第6册大梦琐录，卷2，7月29日.
⑦ 孙氏日记［M］.第6册大梦琐录，卷2，12月8日.

到六叔祖及伍祖姑丈处商托电局事，不行。"① "大人亦到伍山长处，顺便托山长代说曹恒夫代理事。山长果以虽有积案为辞，予又寄曹字，告以务须将此层解开，始可邀允也。言学宪明知是劣衿诬控也。"② 伍肇龄为别人办事考虑周全，步步斟酌，小心翼翼，"大人不欲令予去，今日到六叔祖处商署理如何办法。初本欲到府后再托养初叔，后思不如迳在省做妥为是。遂为予拟一禀稿，请叔祖署，托伍祖姑丈转致藩宪。"③ "大人到伍祖姑丈处及杨瑞亭处，杨因崇庆州城内犹畏掠，故移入省也。伯勃、叔荫两叔皆托伍祖姑丈荐新方伯书启，祖姑丈今日为伯荐未成，然语又未决，究不知有望否。"④ 上述各事伍肇龄受托后，有的爽快办理，有的则会拒绝。在动荡的时局中有伍肇龄作为依靠，孙家得到了许多照拂。

学术方面，孙氏更是多受伍肇龄滋养。伍肇龄刻书有十多种，《孙氏日记》中记载有《资治通鉴》，"理《通鉴》伍刻本。"⑤ 还刊刻有儒家各类经典，伍肇龄宗宋学，刻书中保留宋元注，而少古注，孙氏将伍氏刻本与其他善本相合而看，颇有收获：

> 予各经皆有善本可读矣，惟吴刻《书传音释》不可得，深悔二月一言之失也。二月所见系连泗纸，将来得遇此书已幸矣，未必能得好纸也。昔年家中旧藏，又以寸朽弃连抱，亦予一时之误也。宋儒书近少善本，望三益斋往往刻之，如《易经传义音训》《书传音释》皆绝无仅有之善本。《近思录》《小学》，刻亦最精，予家亦有之，惜已破损也。予观尚志堂原刻凡例，盖十三经并刻四书《易》《书》《诗》《礼》用宋元注，《左传》用钦定读本，余六经皆古注也。昔曾闻张夫子论此书，云伍山长刻八经，惟《易》《诗》不善，以其非古注也，呜呼！近世学者直欲书灭宋儒诸书而后快，不知是何居心也。予以为可惜，未曾全行翻刻。尊经局有岳本五经系古注，若全行翻刻，则十一经古注与宋元注成都皆有善本矣。今惟古注齐也，尚欠宋元注《书》《礼》二种，喜烁旧用胡传，今用左，故至四经也。⑥

伍肇龄刻书很多，孙培吉向他求清代文学家、理学家陈广敷的各类书籍，

---

① 孙氏日记 [M].第 7 册大梦琐录，卷 3，6 月 15 日，16 日.
② 孙氏日记 [M].第 14 册大梦琐录，卷 10，8 月 4 日.
③ 孙氏日记 [M].第 11 册大梦琐录，卷 7，8 月 18 日.
④ 孙氏日记 [M].第 1 册大梦琐录，卷 7，11 月 22 日.
⑤ 孙氏日记 [M].第 7 册大梦琐录，卷 3，8 月 25 日.
⑥ 孙氏日记 [M].第 9 册大梦琐录，卷 5，12 月 11 日.

伍肇龄欣然应允。"伍山长所刊陈广敷书及佛道之书甚多，予久欲之而不得，日前在卫经堂见数种，买未成，予因欲向山长要之。今日出门时已立意欲要，及见，而客厅茶桌上适有数本，予遂请他日暇时将凡所刊者各捡一种赐予，祖姑丈欣然允诺，云有三十余种也。"① 伍肇龄刻书涉及经史子集各方面，还兼及佛道，十分丰富。② 这为当时学人提供了不少方便，拓宽了后学的视野。

伍肇龄对孙家晚辈也十分关心，常常给他们送书、荐书阅读。这些阅读不仅为了应付科考，也为了加强自身性情的修养。据记载，伍肇龄曾向孙家众人推荐过《孟子外篇》《争座位帖》《无量寿经》《养真集》《姚氏药言》《船山遗书》《道藏辑要》等多部书，涉及经学、书法、佛学、道学、家训等多方面，其中以佛道养心类居多。伍肇龄常常训示诸生，戒除浮躁，平心静气，这也影响了孙培吉人生信仰的选择。孙培吉评价伍肇龄"根器甚厚，不受尘扰，清虚之气未散，将来可千余年不灭者也。此理难为浅见者道。"③

伍肇龄晚年回到大邑老家，于1915年去世，"十七日，晴。晨，伍家来报祖姑丈于昨夜戌刻仙逝，今午大殓。"④ "二十一日，晴。到南门外唐家庄，送伍祖姑丈葬，亦径到坟地也。在坟地遇者，何绍渔太姻丈、骆公骈、周紫廷（凤翔）、族幼如、赵孔伯、周海涵诸人也。周原名室镛，字韶九，今改室容，字海涵，予同案入学者。过圆通桥文昌宫，道士方设供点香，以待灵辎，予遂入庙内小憩，问其姓字，陈信禾也。"⑤ 伍肇龄去世后，许多名士前往吊唁，缅怀这位为书院和传统文化事业一生奔忙的蜀中大儒。

三、锦江书院与书局刻书

康熙四十三年（1704），四川按察使刘德芳在文翁石室旧址复学旁，重建讲堂斋舍，成立锦江书院。其职能是为全省培养人才、参加科举，书院注重经史课程，鼓励学生读书，在每月考试中仍设八股为主要内容。锦江书院颇受地方政府的重视，聘请了彭端淑等蜀中通儒在书院教学。

锦江书院的考试几乎隔月一次，孙培吉早年一直有志于科举，不断参加考取书院的考试。书院的教师常设置课程供学生考试，如臬宪黄泽臣："书院老典送课银单来，十月臬宪黄泽臣先生课也。在超等第三名。和初先生及外舅均来

---

① 孙氏日记 [M]. 第24册大梦琐录，卷10，12月10日.
② 刘平中，锦江书院山长考 [D]. 成都：四川大学，2007.
③ 孙氏日记 [M]. 第14册大梦琐录，卷10，9月18日.
④ 孙氏日记 [M]. 第37册噩梦余影，卷7，4月17日.
⑤ 孙氏日记 [M]. 第38册噩梦余影，卷8，12月21日.

一次。往年伯、仲两叔信，余多存书斋护书内，因觅洪师与大人开课银单，又取观之，甚有感也。"① "考锦江书院臬宪黄泽臣先生月课，夜始入，卧后口占一绝云：'宵深月傍女墙过，课卷方成蜡炬残。一种凄凉人不觉，归来独自抱衾眠。'"② 孙培吉本在芙蓉书院读书，后一直想考入锦江书院，但并不顺利，考督宪课程焦急等待发榜："十七日。考锦江书院，未拜生而卷已归，方欲食而仲叔来，及予入，人已食毕，以菁草与仲海叔观。"③ "十三日。考锦江督宪三月课。菊叔卷送来同交。"④ "初三日。菊叔来，为达舟族叔祖请大人书对，又借洪估之画册，尚未挈去。锦江督宪榜发，予在特等。"⑤ 不仅是孙培吉，家中叔辈同龄人也同与孙培吉参加考试，如孙培吉的菊叔，"名引之，长予三岁，四叔祖四子，丙戌二月同予入学"⑥。两人同入学校学习，同参加各种书院考试，"十二日。考锦江藩宪德公课，菊叔卷同领同交。"⑦

据日记内容，孙培吉屡次参加书院考试："十一日。今年尚未作文，惟日前续去年一中比，近数日。因明日考书院，恐其不熟，故看文时多，未能完课也。十二日。考锦江甄别，九点二刻完卷。"⑧ "今日考锦江，未作，其事一切不详记。"⑨ "昨日作文今尚未就，是月六日考锦江，及打听得已考过矣，是日换凉帽。"⑩ "考锦江成绵道课，仍二弟四月所投卷也。题为'天下有道则庶人不议'，予近来全未看八股，不复成文作三大段而已。"⑪ "府宪考锦江，本不欲作，因题末二句曾作过，遂录之，作一诗而已。"⑫ 考试题目中，有的是对时政的议论，有的是作诗。虽然锦江书院重视对学生思想的启发和读书的引导，然而作为旧时学堂仍不免八股之类的教导，"今日赖方伯考锦江，仍出八股试帖诗题，陈鼎卿闻人言有复用八股之说，或然，再数日即可得确信矣。"⑬ 孙培吉虽然历经多场考试未能考入锦江书院，但因伍肇龄的关系，常听书院的各类课程，

---

① 孙氏日记 [M]. 第 1 册默室日记，卷 1，12 月 17 日.
② 孙氏日记 [M]. 第 2 册默室日记，卷 2，5 月 11，12 日.
③ 孙氏日记 [M]. 第 2 册默室日记，卷 2，2 月 7 日.
④ 孙氏日记 [M]. 第 2 册默室日记，卷 2，3 月 13 日.
⑤ 孙氏日记 [M]. 第 2 册默室日记，卷 2，4 月 3 日.
⑥ 孙氏日记 [M]. 第 1 册默室日记，卷 1，12 月 29 日.
⑦ 孙氏日记 [M]. 第 2 册默室日记，卷 2，4 月 12 日.
⑧ 孙氏日记 [M]. 第 3 册默室日记，卷 3，2 月 11，12 日.
⑨ 孙氏日记 [M]. 第 2 册默室日记，卷 2，3 月 18 日.
⑩ 孙氏日记 [M]. 第 2 册默室日记，卷 2，4 月 19 日.
⑪ 孙氏日记 [M]. 第 8 册大梦琐录，卷 4，6 月 9 日.
⑫ 孙氏日记 [M]. 第 8 册大梦琐录，卷 4，7 月 11 日.
⑬ 孙氏日记 [M]. 第 10 册大梦琐录，卷 6，9 月 4 日.

也可以说是深受锦江书院学术熏陶的晚清士子。

锦江书院专门设有书局刻书，以儒家经典加历代注解的形式刊行于世。孙培吉曾仔细比对过所刻八经之版本与注解，并一直意欲购买。"锦江书局所刻八经，《诗》《易》系朱注，予欲买之，合予坊刻《书经蔡注》等，则宋元五经俱有大本者矣，其六经系古注，合《相台五经》，则十一经单注本齐矣。久有此志，以无钱未果，又以江宁本五经，独有《程子懿传》欲购得之。"① "宋元注五经合刻者，若江宁本及各本，此处均不可得。又以书院本只有朱子易本义，而无程传，书体皆系坊本。去年得他省刻《礼记》，虽坊本亦好。又得吴氏望三益《易经》合刻《传义音训》者，甚喜。惟《书传音释》尚未得。而宋元注近人不取，除此外亦罕闻有单刻善本者。今日在志古堂，书贾云兹有《书传音释》，纸系连泗，甚好。彼初意不过谓纸好可售耳，予忽讶曰'此书犹有乎？'书贾闻此语，遂二千钱不卖矣。"② "十余年前，锦江书院新刻八经时，予即欲买，以钱不便，至今未果。此次阅卷回，决意买此书，乃负债即多，又不足用，复不能买矣！二两余之书如此艰难，亦可哀矣。《诗》《易》系朱注，余六经皆古注。数年前偶成一绝云'合今若古味醇醇，玉轴牙笺岂饰观。士本常贫何足叹，一生惟恨购书难'"。③ "此时锦江局新用山东尚志堂本翻刻八经，予见张夫子校对，即欲购，今日始偿此愿，较前又减价矣。昨日以旧存竹桥齐《公羊传》《谷梁传》《左》《孝》《尔》《仪》六经与三弟，疑先叔未读毕者也。"④ 由上可见孙培吉对锦江书局经书的重视。

日记所记的锦江书局刻书有《诗》《书》《易》《公羊传》《谷梁传》《左传》《孝经》《尔雅》《仪礼》等，都是传统儒家十三经的组成部分。旧时重视儒学、注重经典学习的求学经验，奠定了孙培吉一生坚守儒学的学术基调。由于晚清时局动荡，学生中也不乏进步革命的士子，"言书院有众士子日内于军门处递禀请自集义兵，一切用费俱由自备，上不与。"⑤ 常有学生请兵起义之事。光绪二十四（1898），"锦江改名时中学堂。"⑥ 随着清政府废书院、兴学堂的政令，锦江书院也结束了近二百年的历史使命，改为新式学堂。

---

① 孙氏日记［M］. 第7册大梦琐录，卷3，11月24日.

② 孙氏日记［M］. 第9册大梦琐录，卷5，2月24日.

③ 孙氏日记［M］. 第9册大梦琐录，卷5，11月25日.

④ 毅孙氏日记［M］. 第9册大梦琐录，卷5，12月11日.

⑤ 孙氏日记［M］. 第12册大梦琐录，卷8，5月27日.

⑥ 孙氏日记［M］. 第10册大梦琐录，卷6，8月15日.

四、尊经书院与书院鼎盛

尊经书院，在成都府城南门石犀寺附近（南较场），光绪元年（1875）丁忧在籍的工部侍郎、兴文县人薛焕等人申请，经四川总督吴棠和学政张之洞批准建立。其实际主事是张之洞。光绪二十七年（1901）与锦江书院合并。① 张之洞所作《书目答问》和为尊经书院所提《𫐐轩语》在当时学生中影响深远，世代有人诵读，日记载："到存古书局买《书目问答》二部，与瑜儿、庚年各一部。并欲买《𫐐轩语》亦无矣。"② 《书目答问》是张之洞为学生所列的读书指南，以期助学生找到读书的门径，而《𫐐轩语》则针对学生读经学、子学的困惑而作，并在书中谈及了他对于尊经书院学员在道德方面的具体要求。

尊经书院作为蜀中最有名的学府，素为学人景仰，孙培吉虽然不是尊经书院的学生，但他常关注尊经书院的考试课程，并在日常学习中参考书院的考题，"二十四日，晴，是日颇热。日前周壁卿考尊经题有'王朗论'，予亦拟作一首。"③ 可知其私下曾练习考题习作。书院改名学堂后，引发讨论，考试科目对此有所涉及，"赵子蕃持李伯威、昂清考尊经藩宪课卷来，题为'书院改设学堂得失论'，与予等平日之论意同。"④ 孙培吉也积极参加了这次讨论，日记中有翔实记载，可见清末废书院、兴学堂的风气在士子中掀起的轩然大波。

同时，孙培吉还常参考尊经书院用书来买书借书，以求思想与学识和书院中的学生保持一致，"六舅以书来借《朱子全集》为考尊经课也，答以无。"⑤"毛东荪、洪育三来拜先母忌日也，因考尊经将予《禹贡指南》及外舅《四川通志》带数本去。"⑥ 尊经书院设有书局，孙培吉多次在书局买书，例如："昨日买李相台《春秋》一部，今日遣人在尊经买《春秋经》《春秋例表》《白石道人诗曲》《王沂孙花外集》《陈元平日湖渔唱》《周密苏州渔笛谱》各一部，四种词皆宋人，而四库目唯有《白石道人》而已。若蔚亭来，未入。"⑦ "二弟为奎侄在尊经局买书，予亦买《五经》《小学述》《春秋比略》一本，买《经学初程》未得。"⑧ "为三四五弟买《相台左传》，遣人到尊经，予因代买《蜀典》

① 胡昭曦. 四川书院史 [M]. 成都：四川大学出版社，2005：135.
② 孙氏日记 [M]. 第 66 册噩梦余影，卷 36，3 月 29 日.
③ 孙氏日记 [M]. 第 6 册大梦琐录，卷 2，3 月 24 日.
④ 孙氏日记 [M]. 第 10 册大梦琐录，卷 6，8 月 28 日.
⑤ 孙氏日记 [M]. 第 7 册大梦琐录，卷 3，4 月 17 日.
⑥ 孙氏日记 [M]. 第 10 册大梦琐录，卷 6，9 月 10 日.
⑦ 孙氏日记 [M]. 第 6 册大梦琐录，卷 2，12 月 16 日.
⑧ 孙氏日记 [M]. 第 7 册大梦琐录，卷 3，4 月 20 日.

一部，《经学初程》一本，此廖季平之书，所言亦有可取，然究有私意存焉，非深知近学之弊者不能察也。《左传》独未得。"① "昨日予到会府东街李雨三铺中见有《骈文钞》一部，尊经本也。予久欲此书，因雨三他出未买成，今日遣人往乎之来。"② 尊经书局刻书涉及的范围比锦江书局更加广泛，除传统儒家经典外，还有诗集、散文等，无论数量还是内容丰富程度都可谓当时书院刻书的佼佼者。

日记中还记载了一则尊经书院老师之间学术意见不合的趣事：

> 毛东荪谈及张式卿夫子，云夫子今年到雅州后，以信与宋芸子约千余言，缘宋芸子去年托张夫子作书，一部成后不谢，张夫子问之，则云未作好，可复将去，故夫子寄信骂之也。又言夫子往年在尊经，王壬秋斥其经学，夫子不服，遂索退受业帖，因思王之经学词章终难胜之，故属意史学欲以胜王也。③

王壬秋即尊经书院山长王闿运，长于经学和文学研究。而张式卿夫子是近代著名的史学家张森楷，因受到王闿运斥责，又觉在经学上实难与之抗衡，于是他便属意史学，潜心研究，终成《史记新校注》，令人耳目一新。另有一事，史料都记载光绪二十四年（1898）担任尊经书院山长的是宋育仁，而日记中却记载"罗云亭山长，什方翰林，今年初掌尊经也。"④ 罗云亭是何许人，尚未能考证，暂存疑窦。1898 年，"尊经书院改名经政"⑤，1901 年与锦江书院合并，由伍肇龄兼任山长。次年两书院与中西学堂合并，成为后来的四川省城高等学堂。

晚清以来，四川书院文化达到鼎盛之势。除锦江、尊经两大书院外，日记中还有诸多关于其他蜀中书院的记载。例如芙蓉书院："芙蓉书院，在成都县（今成都市）北暑袜街拐枣树，嘉庆六年（1801）成都县令张人龙和邑绅粮建。咸丰三年（1853）改置于青龙街墨池书院间壁内。"⑥ 报考芙蓉书院的人非常多："昨闻锦生言，芙蓉书院大收，未取上者即不得再报。问以姜师，诚然。"⑦ "取芙蓉书院卷，见上谕言高爕当奏日讲事，历引列圣谕旨，以见其不必行，则

---

① 孙氏日记［M］.第 8 册大梦琐录，卷 4，12 月 20 日.
② 孙氏日记［M］.第 11 册大梦琐录，卷 7，11 月 10 日.
③ 孙氏日记［M］.第 10 册大梦琐录，卷 6，3 月 28 日.
④ 孙氏日记［M］.第 11 册大梦琐录，卷 7，2 月 14 日.
⑤ 孙氏日记［M］.第 10 册大梦琐录，卷 6，8 月 15 日.
⑥ 胡昭曦.四川书院史［M］.成都：四川大学出版社，2005：134.
⑦ 孙氏日记［M］.第 2 册默室日记，卷 2，2 月 18 日.

毋庸议。"① 孙培吉也将芙蓉书院定为自己的入学目标，于光绪十七年（1891）考入学习，"考芙蓉书院，收录。"② 芙蓉书院后期改为成都小学堂，"予于魁神处求一签。魁神自芙蓉书院移出，为修学堂也。"③ "到成都学堂午酌，刘心甫请也。自芙蓉书院改学堂后，予今日始到，共四桌。"④

再如繁江书院。书院在今新都区新繁镇，是新繁县立中学的前身。日记记载"是日东人请午酌，同座者前任之刑席姚、繁江书院山长周克生，壬午举人，团练局绅陈，亦举人而知县者也，杨旭初亦局绅及黄荜堂也。"⑤ 整个日记所载书院不仅有四川境内的，还有云南、陕西的书院，书院间颇有交流，例如位于今云南师宗县的丹凤书院，"丹凤书院王立三山长（名政、丙子举人）来复拜，请之。"⑥ 又如位于今云南石屏县的玉屏书院，"黄昏时玉屏书院山长来复拜，请之。张为霖字树滋，乙酉举人也。"⑦ 还有清代陕西最高学府关中书院，"仲海叔来，话及陕西柏子后名景伟事。柏系举人，先祖为长安县时所取案首也，其时阅卷即伍祖姑丈也，后署长安关中书院，名望甚重，正直能知人，门下士多上达者，前后大吏皆惮之，地方事每取决焉。"⑧ 这些书院山长有的与孙培吉相识于朋友聚会，有的曾到孙家登门拜访，有的则与孙培吉共同受业于伍肇龄，他们的互动交流促进了个人学问的长进和书院间优秀学风的发扬。

尽管书院最终大多改为新式学堂，但其教学改变了蜀中学风是不争的事实。晚清的蜀中书院一改往日虚浮的学风，主张认真读书，钻研学问，触类旁通，自小学入经学，自经学入史学，自小学、经学入理学，再以经学、史学兼辞章、兼经济；又兼顾张之洞教导的学习方法，中西结合，学以致用，促使蜀中学风在深厚的根基上融贯中西，使四川一跃成为近代学术重镇。

五、结语

历史日记作为一种常用的叙事型文本，不仅能反映作者日常经历和所感所想，更能从中窥探当时的时代风貌。与其他文献相互佐证参考，可为历史研究提供有益帮助。从古至今尤其是近代以来，《湘绮楼日记》《曾文正公日记》

---

① 孙氏日记［M］. 第 2 册默室日记，卷 2，2 月 19 日.
② 孙氏日记［M］. 第 2 册默室日记，卷 2，2 月 25 日.
③ 孙氏日记［M］. 第 19 册大梦琐录，卷 15，9 月 16 日.
④ 孙氏日记［M］. 第 22 册大梦琐录，卷 18，1 月 9 日.
⑤ 孙氏日记［M］. 第 11 册大梦琐录，卷 7，11 月 28 日.
⑥ 孙氏日记［M］. 第 11 册大梦琐录，卷 7，10 月 12 日.
⑦ 孙氏日记［M］. 第 11 册大梦琐录，卷 7，4 月 15 日.
⑧ 孙氏日记［M］. 第 12 册大梦琐录，卷 8，9 月 24 日.

《翁文恭公日记》《越缦堂日记》《蒋介石日记》等诸多较完整、有价值的日记已经有丰富的研究成果问世。孔祥吉认为，一般文人日记的作者，"大多是地位低下的文人或京官，或者外放为县令、道府官员、外交使臣等。这类日记数量庞大，人物众多，有的已刊印，有的则仍为稿本，对于研究晚清时代的政治、经济、文化等都有重要作用。"① 相比上述日记，《孙氏日记》这类小人物日记的真实性可能更强，可避免一些大人物日记出现的刻意修改和主观掩盖事实的情况，《孙氏日记》并非写给他人阅读，其文本是作者对每日见闻的真实记录，很少有文过饰非的问题，这也是其史料价值较大的基础。

虽然家道中落，但作为家学显赫的晚清士绅，孙家仍维持着较高的门风和品第，孙培吉与当时成都的上层社会的接触仍然很多，并未脱离与若干世家大族的联系。这就使《孙氏日记》不止于个人琐事，可以较多地反映晚清民国蜀地上层社会和知识分子的时代境遇，"更具有真实性与人文亲情的立体感，于不经意间就较详尽地记录了一个宦官士绅豪门之家，百余年来由中兴、鼎盛到分崩离析、寂寥的全过程。"② 根据日记所勾勒的社会情状，孙培吉先生与成都其他士绅、知识分子的交游关系得以清晰凸显。上层知识分子在复杂政治局势下对保持传统文化和兼收西学之间的挣扎和摇摆，也反映了近代蜀学发展的复杂性和多元性。日记中大量有关学术交游的内容对研究近代蜀学学人、学风转向等学术史问题大有裨益，科学系统地挖掘、保存更多如《孙氏日记》一类的蜀学文献，将为立体审视蜀学的时代特征和当代价值提供新思路。

---

① 孔祥吉. 清人日记研究［M］. 广州：广东人民出版社，2008：3-4.
② 曲博. 从《默室日记》到《大梦琐录》——清末民初蜀中家族、人文史话磁场透视［J］. 巴蜀文献，2014（1）：293.

儒 学 文 献

释 "巫"

马明宗（浙江大学艺术与考古学院；芝加哥大学东亚语言文明系）

摘 要：筮，《说文解字》云"易用著也"，金文写作为"筮"，从"竹"，像"艹（廾）"把"巫"，意为易用之著。"巫"即"巫"字，为两"工（工）"交错；"矩"字作"矩"，像人持"工"形，"工"像画矩之器，直形条状；"筭"字，从"竹"，像"艹"把"王"，"筭"字中"王"又有作"工"者，意为计历数之竹筹。综合考察古文字字形、字义，"工"的本义是像条状竹木；"筭"字所从之"王"与"筮"字所从之"巫"像木条、竹筹交错之状；"巫"是巫师器具，其造字本义应该就是象征卜筮所用著草、算筹之类的长条木质器具纵横交错之状。

关键词：巫；筮；筭；著草

筮，为易卦所用的著草，《说文解字》云："易卦用著也，从竹，从巫，巫，古文巫字。"① 史懋壶"筮"字作"筮"（《集成》9714），② 从"竹"，像"艹（廾）"持"巫"。"巫"即"巫"字，诅楚文"巫咸"的"巫"写作"巫"，是其明证。"筮""巫"本义相同，《周礼》："九筮之名，一曰巫更，二曰巫咸，三曰巫式，四曰巫目，五曰巫易，六曰巫比，七曰巫祠，八曰巫参，九曰巫环。"③《周礼》中九筮皆以"巫"为名。史懋壶铭文"巫咸"作"筮咸"，《周礼》称"巫咸"，此"筮""巫"义同之明证。《说文解字》云："巫，祝也。女能事无形，以舞降神者也。象人两褎舞形。"④ 但《说文解字》的说法，后世学者多认为是根据篆书字形来分析解说的，并不能反映文字的本义。李孝定先

① 许慎.说文解字［M］.北京：中华书局，2013：91.
② 中国社会科学院考古研究所.殷周金文集成［M］.北京：中华书局，2007：5100.
③ 周礼注疏［M］.郑玄，注.贾公彦，疏.清嘉庆二十年南昌府学刻本.
④ 许慎.说文解字［M］.北京：中华书局，2013：95.

生说"畁"形或许是当时巫人所用道具之形，① 虽然没有加以有力证明，但李孝定先生的说法确实有可参考之处。从字形字义来分析，"筮""巫"义同，"筮"为易卦用蓍，"巫"也应该是易卦用之蓍，那么"畁"很可能是象征蓍草的形状。

至于"畁"是否是蓍草之意，还需要深入讨论。《说文解字》云"工"与"巫"意义相同，② 若要讨论"巫"字，则应当先明白"工"字的含义。

《说文解字》云："工，巧饰也，像人有规榘也，与巫同意。"③ "工"之所以像人有规矩，是因为"工"为矩器之象形。矩，金文中皆作"㚇"，像手持矩器。矩器作"㠯"或"丄"，为矩器之象形。直观上来看，矩器实为长条状量器，颇类今之直尺。

关于"矩"，《周髀算经》记载：

> 数之法出于圆方，圆出于方，方出于矩，矩出于九九八十一。故折矩，以为勾广三，股修四，径隅五。既方之，外半其一矩，环而共盘，得成三四五。两矩共长二十有五，是谓积矩。故禹之所以治天下者，此数之所生也。④

方出于矩，《周髀算经》注曰："以矩矩广长也。"⑤ 《周礼·考工记》云："凡斩毂之道，必矩其阴阳。"注曰："矩，谓刻识之也，故书'矩'为'距'。"⑥ 段玉裁《说文解字注》曰："凡识其广长曰矩，故凡有所刻识，皆谓之矩。"⑦ 从各家注疏来看，矩是带有刻度测量广长的量器，测量广长则必为直形。《说文解字》云："巨或从木矢，矢者其中正也。"⑧ "矢"和"中正"是说矩器形体之直，从"木"则是说其材质。另外，从"折矩"二字分析，矩器或能从中弯曲，颇类今之曲尺，以画直角之用，但是矩的本身是直形。

通过上面的推论，可以说明"工"为直形木质器具的象形。这一观点从其他的字，如"弄""塞"等字的造字本义中也能证明。

------

① 李孝定. 甲骨文字集释 ［M］. 台北："中央研究院"历史语言研究所，1970：1595-1600.
② 许慎. 说文解字 ［M］. 北京：中华书局，2013：95.
③ 许慎. 说文解字 ［M］. 北京：中华书局，2013：95.
④ 周髀算经 ［M］. 赵爽，注. 甄鸾，述. 李淳风，注释. 四部丛刊景明本.
⑤ 周髀算经 ［M］. 赵爽，注. 甄鸾，述. 李淳风，注释. 四部丛刊景明本.
⑥ 周礼注疏 ［M］. 郑玄，注. 贾公彦，疏. 清嘉庆二十年南昌府学刻本.
⑦ 段玉裁. 说文解字注 ［M］. 上海：上海古籍出版社，1981：201.
⑧ 许慎. 说文解字 ［M］. 北京：中华书局，2013：95.

《说文解字》云："弄，玩也，从廾持玉。"① 甲骨文、金文中"弄"字作
"𡚽"。甲骨文中另有"𡚽"字，罗振玉先生认为是"巫"字，② 汤余惠先生认为
也是"弄"字，《古文四声韵》引《义云章》作"𡚽"，《六书通》引《摭古遗
文》作"𡚽"，汉代金文也有作"𡚽"者，汤余惠先生认为几字所从之"工"是
"玉"之省，"𡚽"字也应该是"弄"字。③ 其说颇有说服力。筭，《说文解字》
云："筭，长六寸，计历数者，从竹，从弄，言常弄乃不误也。"④ 许慎言"常
弄乃不误"，若"弄"释为"玩"之意，理解为从"廾"持"玉"，则《说文解
字》所言"常弄乃不误"无法讲通。其实，"弄"当读若"筭"，为"筭"之
本字，则"常弄乃不误"其理自通。那么，"弄"所从之"王"，也不是像
"廾"持"玉"，而应当是像双手（廾）把持算具之形。"𡚽""𡚽""𡚽"是
"筭"字，"工"也就是筭具。先秦时期使用算筹计算和计数，个位用纵式，十
位用横式，百位、千位及其以上横纵交替，所谓的纵式与横式都是用横纵的线
条表示，这也就是算筹的形状。王莽复古时期，布币铭文计数"六""七"
"八""九"也写作"𝕋""𝕋""𝕋""𝕋"，都是用算筹计数，可以看出算筹计数
模仿算筹的长条形。"筭"所从的"工"和"王"即像算筹，也必然是长条形
木棒。

另外，甲骨文"塞"字作"𡚽"，金文"塞"作"𡚽"，《说文解字》云：
"塞，窒也，从𡨄，从廾，窒穴中，𡨄犹齐也。"⑤ "𡚽"字，林义光云像手推物窒
穴中形。⑥ 甲骨文中还有"𡚽""𡚽""𡚽"之字，罗振玉释为"巫"，⑦ 孙诒让释
为"塞"，认为是"塞"字之省。⑧ 细观之，"𡚽""𡚽"等字像双手持物塞窒山
下洞穴，"○""工""王"皆象物之形，"𡚽"形中，双手所持之"○"为圆
形，"𡚽"形中，双手所持之"工"为条形，圆者应该是山中之土石，长条者应
该是薪木之物。"工"本身就是齐洁直条状物品，"𡨄"为四"工"齐整并列，

① 许慎．说文解字［M］．北京：中华书局，2013：53.
② 罗振玉等学者，认为此字为"巫"字。又参见鲁实先，王永诚. 文字析义注［M］．台
　北：台湾商务印书馆，2015：366-367.
③ 汤余惠．略论战国文字形体研究中的几个问题［M］//中国古文字研究会. 古文字研究
　（第十五辑）．北京：中华书局，1986：16.
④ 许慎．说文解字［M］．北京：中华书局，2013：94.
⑤ 许慎．说文解字［M］．北京：中华书局，2013：95.
⑥ 林义光．文源［M］．上海：中西书局，2012：246.
⑦ 罗振玉．殷虚书契考释三种［M］．北京：中华书局，2006：150.
⑧ 孙诒让．契文举例［M］．北京：中华书局，1993：111.

更突出其整齐的特性，因此《说文解字》言"丗"为整齐之物。这是"工"为木质条状物的又一证据。

在卜筮的语境下，"工"所象征的木质条状物即是竹木筹策之类的器物。《说文解字》言筮为"易卦用蓍也"。① 蓍，《说文解字》云："蒿属，生十岁百茎，易以为数，天子蓍九尺，诸侯七尺，大夫五尺，士三尺。"② 易卦所用筮为蓍草之茎，"九尺""七尺""五尺""三尺"则说明是长条状。《系辞》说《易》用"策"。③ 北京大学藏汉代竹简有《荆决》一篇，是不晚于汉代的筮书，其中记载卜筮方法是"卅筭以卜"，④ 是用"筭"（算筹）。《说文解字》段玉裁注曰："策犹筹，筹犹算，等所以记历数……故曰筭曰筹曰策，一也。"⑤ 蓍、策、筹、筭，这些都是木质长条状器物。在出土资料中，筹、筭器具常见，王家台秦墓就曾经与先秦筮书一同出土卜筮器具，其中就有 60 支圆形算筹，算筹一端为骨制，另一端为竹制，外涂红漆，长约 62.5 厘米。⑥ 这足以让我们知晓先秦筮具的模样。

《说文解字》说"工"与"巫"义同，"工"的本义是木质条状物，那么"巫"的字义也当与木质条状物相近。并且，从字形上来讲，"巫"字又是两"工"相合而来。还有，"巫"字是义为"易卦用蓍"的"筮"字所从的义旁，其本身就有"易卦用蓍"的涵义。那么，"巫"字就是象征蓍草一类木条状物交错之状。《系辞》言卜筮的过程，"参伍以变，错综其数"，其此之谓也。

从民族学的角度，在社会发展较为原始的阶段，木条和竹条常作为巫师的器具。新中国成立前，我国西南地区许多少数民族就利用条状的木棒、竹棒进行卜筮活动。

独龙族利用竹签卜筮，称为"莫若里孟"，卜者将竹子削成两根长 50 厘米的竹签，一根代表卜者，一根代表被问事项。将每根竹签折成长度相等的三份，共六根，两两配对，在火上烧烤，观察其移动情形，来进行吉凶判断。

傈僳族人盛行"酒申"的竹卜法，又称为"塞萨"，卜筮时用 27 根竹签，随意分成 3 份，1 份名"枯娃"（代表卜问者），1 份名"尼玛"（代表中间），1

---

① 许慎. 说文解字［M］. 北京：中华书局，2013：95.
② 许慎. 说文解字［M］. 北京：中华书局，2013：14.
③ 《周易·系辞》云："《乾》之策二百一十有六，《坤》之策百四十有四……二篇之策，万有一千五百二十。"可见，《系辞》言《易》卦的运算是用策.
④ 北京大学出土文献研究所. 北京大学藏西汉竹书（五）［M］. 上海：上海古籍出版社，2014：154.
⑤ 段玉裁. 说文解字注［M］. 上海：上海古籍出版社，1981：196.
⑥ 荆州地区博物馆. 江陵王家台 15 号秦墓［J］. 文物，1995（1）：37-43.

份名"尼划"（代表问卜对象），然后以 2 根取数握在手中，将不足 2 根或 2 根的竹签留下，再将手中竹签分为 3 份，取数相同，反复三次，最后以各份出现的"枯娃""尼玛""尼划"的数量来判断吉凶。碧江的怒族人、滇桂交界的彝族人也用类似的竹质卜筮工具进行卜筮活动。

与中原地区先秦时期的卜筮方法最为相似的还要数凉山彝族地区的"雷夫孜"，"毕摩"（巫师）取一束细竹或草秆握于左手中，右手随便分去一部分，看左手所余之数是奇数还是偶数，如此进行三次，即可得三个数字。然后"毕摩"根据这三个数字的奇、偶排列来判断行事。①

我国西南地区多个少数民族都使用竹签、木棒一类的卜筮器具与中原地区先秦时期卜筮时使用蓍草、算筹等工具有很多相似之处。这证明使用木棒、竹筹一类的器物进行卜筮确实是我国各地区发展早期阶段卜筮活动的共性。在卜筮活动中，这些木棒、竹筹往往重新分组，交错取舍，甚至三两配对，得到最后结果。这也能为"筮"字所从"丗"的造字本义是"卜筮工具（竹木筹策）相交错"的观点提供一些民族学的旁证。

2009 年，中国社会科学院考古研究所安阳工作队在殷墟发掘了一处家族墓地。② 有学者认为应是殷代贞人家族墓地，并且论证这些随葬器与卜骨整治、文字契刻及筮卦之间的关系。③ 在这个墓葬中出土青铜器的铭文中，存在"工"形构件的文字或者家族符号。墓葬青铜器铭文多次出现"𠙶"字，隶定为"玨"。此字应当值得注意，其实早在 20 世纪出土的安阳殷墟甲骨中，此字就有出现，学者隶定为"玨"，认为是贞人名。④ 饶宗颐先生释"工"为玉，认为"玨"字象置二玉于器中，当释为"珏"字。⑤ 这次又发现有"𠵔"的字形，右为巫师之象形，左为巫师之器具，颇怀疑"⌣"乃是龟甲之象形，是占卜之器具，而"工"为筮具。"工"为筮，"⌣"为卜，正合商周时期卜筮并盛的社会情况。两"工"并排之"ΙΙ"形，与"丗"形内涵相似，都由"工"形组成，只不过"丗"字将"工"并排改为两"工"交叉之状，但两者在意义表达上都是一样的，则"丗"为巫师之器具无疑，"𠙶"字或亦可以释为从"巫"从"口"之字。

① 汪宁生 . 民族考古学论集 [M]. 北京：文物出版社，1989：146-147.
② 中国社会科学院考古研究所安阳工作队 . 河南安阳市殷墟王裕口村南地 2009 年发掘简报 [J]. 考古，2012（12）：3-25.
③ 何毓灵 . 论殷墟新发现的两座"甲骨贞人"墓 [M] //宋镇豪 . 甲骨文与殷商史（第三辑）. 上海：上海古籍出版社，2013：329-340. 亦参见何毓灵 . 殷墟时期巫卜器具初探 [J]. 考古学报，2018（2）：165-182.
④ 董作宾 . 商代龟卜之推测 [J]. 安阳发掘报告，1929（1）：59-130.
⑤ 饶宗颐 . 殷代贞卜人物通考 [M]. 香港：香港大学出版社，1959：533.

综上，先秦时期卜筮并重，卜筮用具或用蓍草，或用算筹。"巫"作"田"，即为巫师所用器具之象形，像两"工"交错，而"工"为木质长条形物，即卜筮中所用的筹算，"田"是像蓍草、算筹之类的卜筮器具错综之状。后来"田"字中横向的"⊢"逐渐讹变为两人形，写作"巫"，汉代许慎根据后出讹变的写法来解释"巫"字，因此认为其造字本义是"女能事无形，以舞降神者也，象人两褒舞形"，① 其说已去本义远矣。

---

① 许慎. 说文解字［M］. 北京：中华书局，2013：95.

朱熹诗文六篇伪讹考

郭 齐 尹 波（四川大学古籍整理研究所）

摘 要：诸书所载朱熹诗文六篇，或为后人伪作，或为今人误题。本文逐一进行了考辨，证其非真，指其讹误，以正视听。

关键词：朱熹；诗文；伪讹考

林氏世系总纪

林氏出自子姓，黄帝之裔，历虞夏商三十三代而生比干，为纣少师。因直谏，纣剖其心而死。夫人有妫氏娠三月，而逃于长林石室之间，已而生男。周武王克商，未下车而封比干之墓，征其所生男，赐姓林氏，命名曰坚，仍诞育地食采于博陵，世为大夫。自周讫东晋以至今，豪生杰出，代不乏人。春秋时，有林回、林放、林雍、林楚、林不狃，或以忠孝，或以文德。秦末子孙居齐郡，后改济南郡，林尊为郡人，以《尚书》论石渠，官至太傅。林氏之望于济南者，自尊公始也。阅西汉、新室、东汉、曹魏至西晋，有林礼者，徙籍于下邳。礼生颖、显。颖生二子，曰懋，曰禄。懋为下邳太守，子孙婚宦皆下邳，遂为徐之冠族。其弟禄，晋永嘉五年诏同陶侃讨杜弢之乱，屡建奇勋，除招远将军，迁合浦太守。后奉敕守晋安，未几卒于官，葬于郡之涂岭。林姓入闽居晋安，自禄公始。禄之夫人孔氏生二子，曰景，曰暹。斯时中州板荡，衣冠卿相士族徙居闽者，林、黄、陈、郑、詹、邱、何、胡八族是也。唐定天下，氏族推晋安之林为甲。景生二子，长曰缓，封南平侯。至七世而生孝宝。孝宝为泉州刺史，由晋安温陵迁居莆阳北螺村。又三世而生玄泰，为号南北二村。万宠生三子，曰韬，曰披，曰昌。韬生尊，尊生三子，季子横居丧庐墓，有白乌甘露之祥。唐德宗立双阙，以旌其孝，时号阙下林。披生九子，曰苇，曰藻，曰著，曰荐，曰晔，曰蕴，曰蒙，曰迈，曰蔇。藻廷试《合浦还珠》称，擢进士及第，为闽中破天荒。蕴辟蜀推官，值刘□之乱，捐躯不屈，忠义凛然。

兄弟九人俱拜官州牧，此九牧之所由名也。举闽州凡称林氏，皆禄公后也。世远支分，播满海内，北自玉融、长乐以通吴夏，南自晋安以至梁化、潮阳，无不聚斯。今十三代沣走谒，请记于余，因谱其右以归之。宋淳熙六年己亥岁吉日，知建康新安朱熹题。

此文见闽林始祖文物古迹重修董事会编《闽林开族千年谱》，又收入林树丹主编《海内外林姓源流》，由林振礼《朱熹谱序发微》（《中国哲学史》2001 年第 1 期）一文发表，并考定为真。细读此文，全篇历叙林氏世系源流而外，无一语议论，为人题序，哪有此种写法，更何况出自一代大儒文豪耶？就以文中所述论，也不无漏洞。其一，所谓"万宠"者上文绝无交代，突兀而现，使人不得要领。其二，"韬生尊"，上文已述"秦末子孙居齐郡，后改济南郡，林尊为郡人，以《尚书》论石渠，官至太傅。林氏之望于济南者，自尊公始也"，此后人起名，竟敢与祖宗同而不避，实为罕见。其三，"兄弟九人俱拜官州牧"，恐为中国历史上绝无仅有，令人不敢相信。其四，署衔也有问题。首先，朱熹署衔年月之上罕见冠以"宋"者。其次，吉日即朔日，为农历每月首日。此不署月，怎知是哪一月呢？无异于署"2020 年 1 号"，岂不甚为可笑！最后，"知建康"也误，朱熹只知过南康军，未曾官建康。据此，本文应属伪作。

胡氏族谱序

自宗子法废，而族无统。唐人重世族，故谱谍家有之。唐以后不能然，苟非世之贵富多文儒，族氏派系往往湮沦而莫考矣。胡氏之先，自周武王封舜后胡公满于陈，子孙以谥为姓。历汉文恭广公以讫晋关内侯质公，为立谱之鼻祖。相传廿五世，中间叙昭穆别疏戚，因流溯源，由本达枝，作谱以传，庶几不忘本也。胡氏子孙继此能自振于时，则斯谱之传愈久愈光，一世以及千万世，莫可量也。

此序见康熙《文安县志》卷四，题下署"宣教郎、直□（徽）猷间（阁）、主管台州崇道观事新安晦菴朱□□"。又见《古今图书集成·氏族典》卷八六，署"宋朱熹"。按，此乃改篡元人吴澄《庐陵王氏世谱序》而伪作。吴序见于《吴文正集》卷三二，其首"自宗子法废"至"湮沦而莫考矣"、其尾"庶几不忘本者。胡（王）氏子孙继此能自修以振于时，则此谱之传将愈久而愈光"与此序文字基本全同，作伪者仅将中间"庐陵王氏自河东迁江南，至今廿有余世，名隶选举者众矣。中行述世谱以传"一段改为叙述胡氏世系，即大功告成，亦太省事矣。其署衔"主管台州崇道观事"之"事"字也属不伦，足见作伪者之无知。

凤山诗

门前寒水青钢阅，林外晴峰紫帽弧。

记得南坨通柳浪，依稀全是辋川图。

林振礼《朱熹佚诗文辑存（续）》云："余阅道光版《晋江县志》，又有所发现，兹续辑之，以资研究。卷之四《山川志》第七十三页：凤山北接大旗，由北山迤逦而来，势如飞凤，故名。"① 按，此并非佚诗，见于朱熹文集卷八，题为《至凤凰山再作》。且群籍引用甚多，不止道光《晋江县志》一种。何况该志也是转引自崇祯《闽书》卷七，辑录者偶误。

朱考亭昼寒书卷卷首有崐山王绹理之篆书

仙洲几千仞，下有云一谷。道人何年来，借他结茆屋。想应厌尘网，寄此媚幽独。架梁俯清湍，开径玩飞瀑。交游得名胜，还往有篇牍。杖屦或鼎来，共此岩下宿。夜灯照奇语，晓策散游目。茗椀共甘寒，兰皋荐清馥。至今壁间字，来者必三读。再拜仰高山，怅然心神肃。我生虽已后，久此寄斋粥。孤兴屡呻吟，群游几追逐。十年落尘土，尚幸不远复。新凉有佳期，几日戒征轴。宵兴出门去，急雨过原陆。入谷尚轻埃，解装上银烛。虚空一瞻望，远思翻感恧。袒跣巫跻扳，冠巾如膏沐。云泉增旧观，怒响震寒木。深寻得新赏，一篑且再覆。同来况才彦，行酒屡更仆。从容出妙句，珠贝烂盈掬。往生叟叟叟，后语非碌碌。吾缨不复洗，已失尘万斛。所恨老无奇，千毫真浪秃。右《游昼寒以茂林修竹清流激湍分韵赋诗得竹字》，乾道七年岁次辛卯（四）月朔后二日，新安考亭朱熹书于昼寒方丈。

此诗见《珊瑚网》卷七《法书题跋》，又见《式古堂书画汇考》卷一四，《六艺之一录》卷三八二。后有明吴钺跋云："成化丙午仲夏之望，集惟谦年丈廨中，积雨新霁，出晦翁手墨见示，展读之，二十余韵亮节清词，一洗尘俗，而笔法尤遒劲端重，目所罕睹。"又有明王世贞跋云："观晦翁书笔势迅疾，曾无意于求工，而点画波磔，无一不合书家矩矱。……今此诗帖，真有汉魏风骨，视唐宋以下自别。"《潜研堂集·文集》卷三二也有《跋朱文公帖》云："右朱文公游昼寒亭诗廿六韵，后题乾道七年三月朔后二日，以本传考之，盖丁太夫人忧，甫免丧时也。……世传公书学曹孟德，此帖笔意在东坡、山谷之间，骨

① 林振礼. 朱熹佚诗文辑存（续）[J]. 泉州师专学报（社会科学版），1992（1）.

力险劲，精采奕奕，良可爱玩。"

按，该篇已见于朱熹文集卷六，特无落款"乾道七年岁次辛卯（三）月朔后二日，新安考亭朱熹书于昼寒方丈"。而正是这一落款，足证此所谓朱熹亲书之帖为后人伪造。朱熹文集卷八四有《游密庵记》云：

> 淳熙辛丑秋七月癸未，朱仲晦父、刘彦集、敬父、平父、黄德远、方伯休、陈彦忠来游密庵，仲晦父之子塾、在、彦集之子瑾、平父子侄学雅、学文、学古、学博、学裘侍。向夕，冒大雨，涉重涧，登昼寒亭，观瀑布壮甚。明日，仲晦父复与彦集、平父步自野鹤亭，下寻涧底，得水石佳处三四，规筑亭以临之。而陈力就深父继至见之，欣然许相其役。遂复登昼寒。会雨小霁，日光璀璨，尤觉雄丽。归饮清湍，以"崇山峻岭，茂林修竹，清流激湍，映带左右"分韵赋诗。明日，复循涧疏理泉石，饮罢而还。道人宗慧、宗归有约不至。

将二篇对读，可确知诗与记皆此次游历所作。盖朱熹淳熙八年闰三月离南康任还家，秋七月即偕诸人往游密庵昼寒，岂有乾道七年手书此诗之理？且其时朱熹并未居建阳，又何来考亭之称？文集卷八又有《晚雨凉甚偶得小诗请问游山之日并请刘平父作主人二首》云：

> 几年不踏仙洲路，梦入青藤古木间。好趁新秋一番雨，昼寒亭下弄潺湲。

> 庐阜归来祗短筇，解包茶茗粗能供。若须载酒邀宾客，付与屏山七者翁。

显为此行前规划出游之诗。作跋诸贤盛赞其书法而不察其为伪造，亦误矣。

无题四首

> 鹊噪未为吉，鸦啼岂是凶。人间凶与吉，不在鸟音中。
> 耕牛无宿草，仓鼠有余粮。万事分已定，浮生空自忙。
> 翠死因毛贵，龟亡为壳灵。不如无用物，安乐过平生。
> 雀啄复四顾，燕寝无二心。量大福亦大，机深祸亦深。

此篇为明敖英《绿雪亭杂言》所录，云"予在湖南，一日山行，午饭农家，见其壁上有诗四绝，意甚警策，第不知作者为谁，或曰晦翁诗"云云。其后明陈全之《蓬窗日录》卷七，宋岳《昼永编》上集，高鸣凤《今献汇言》，窦文照《窦子纪闻类编》卷二，王可大《国献家猷》卷一四，吴昭明《五车霏玉》卷三三，清褚人获《坚瓠集》卷二，郑方坤《全闽诗话》卷四，（朝鲜）朴世采《朱子大全拾遗》卷五，（朝鲜）洪启禧《朱子大全·遗集》卷一等多种文献均予收录。按，此四诗格调平庸，器局低下，与朱熹思想气度风马牛不相及，无足置辨。如"人间凶与吉，不在鸟音中""万事分已定，浮生空自忙""不如无用物，安乐过平生""量大福亦大，机深祸亦深"等语，拘于一己之吉凶祸福，苟且度日，言辞僻俚，只能是街头巷尾落魄秀才之酸谈，绝非一代大儒所作。

七夕

织女牵牛双扇开，年年一度渡河来。莫言天上稀相见，犹胜人间去不回。

此诗见宋蔡正孙《联珠诗格》，（朝鲜）朴世采《朱子大全拾遗》卷五，（朝鲜）洪启禧《朱子大全·遗集》卷一引录。其实此并非朱熹之诗，而是唐人赵璜所作。原诗云："乌鹊桥头双扇开，年年一度过河来。莫嫌天上稀相见，犹胜人间去不回。欲减烟花饶俗世，暂烦烟月掩妆台。别时旧路长清浅，岂肯离心似死灰。"见《全唐诗》卷五四二，宋计有功《唐诗纪事》卷五八，《岁时杂咏》卷二六等。《全唐诗》卷五九〇又作李郢诗，但不管是赵璜还是李郢所作，总之与朱熹无涉，应从其佚诗中剔除。

明代《孝经》学著述叙录（一）[①]

田　君（四川大学古籍整理研究所）

摘　要： 明初项霦《孝经述注》，实以尊经为旨，与宋朱熹《孝经刊误》、元吴澄《孝经定本》疑经思路有别。吕维祺《孝经大全》，为明代《孝经》学殿军之作，晚明《孝经》研究，蔚成学术风潮，皆欲明道救世，拳拳之心，可概见矣。姚舜牧《孝经疑问》，试图辨别何为孔子之语、何为曾子之语，更从中寻找治国方略。朱鸿《孝经总类》搜揽所及，如沈淮《孝经会通》、罗汝芳《孝经宗旨》及鸿自撰《孝经质疑》诸书，多无单行本传世，堪称辑佚之渊薮。胡时化《孝经批注》，其"引蒙"如话本小说，意在通俗易懂，教化实用，非研究经义者也。黄道周《孝经集传》，别出心裁，不拘泥经典原本，重加厘定，其于《孝经》经文，难免有割裂之嫌，而其推阐详洽，体例精密，灌注思想，自为义例，诚可称《孝经》黄氏学矣。罗汝芳《孝经宗旨》，以阐述"孝"之哲学观念为主，自与依文诠释者有别，宏观把握，结合体验，洵是心学特色也。杨起元《孝经引证》，承罗汝芳《孝经宗旨》体例，较其师则愈近佛学，且于道教文献，亦所引证，其推尊孝道，洵三教合一者也。

关键词：《孝经》学；明代学术史；明道救世；三教合一；叙录

一、《孝经述注》一卷，（明）项霦撰，文渊阁《四库全书》本

项霦，生卒年不详，元末明初台州府临海县（治今浙江临海市）人。项氏家学，世代业儒，元末隐居十有余载，洪武二年（1369），出仕江西按察使司佥事，生平事迹始末，史传失载阙如，《四库全书总目》提要曰"惟《江西志》

---

① 本文为国家社科基金项目"先秦乐道思想体系与文献研究"（15XZX010）、贵州省哲学社会科学规划国学单列课题"周秦儒学文献史稿"（17GZGX29）、四川大学创新火花项目库项目"隋唐五代巴蜀诗词文辑考"（2018hhs-17）、四川大学中国语言文学与中华文化全球传播学科群建设专项经费项目"儒学文献溯源：旧史经典化与经典儒学化"（XKQZQN010）阶段性成果。

载'项霩，浙江临海人，洪武间为按察司佥事'，与黄昭《原序》所言合，当即其人也"①。所为著述甚多，今可见者惟《孝经述注》。黄昭《孝经述注原序》可参。

是编原为辑佚本，按之《明史·艺文志》、朱彝尊《经义考》，皆无著录，清人丁晏有《孝经述注》一卷，见于《书目答问·经部》，则同名而异书也。至《清史稿·艺文志》，方有相关著录，曰"明项霩《孝经述注》一卷。乾隆三十八年，王际华等奉敕辑"②，此本从《永乐大典》辑出，然编次佚脱，第七章注文入于第六章经文下，后文渊阁《四库全书》抄录，第七章所佚经文，补以古文《孝经》，第六章所佚注文，世间仅存此本，唯有阙如矣。是编卷首有黄昭《孝经述注原序》，曰"项君家世业儒，隐居十有余载，克承父志，著书立言，其经济之资，盖可想见矣"③，"他日，宪从事刘君鼎承宪副之意而致辞曰：'项君之述作固多，难以悉举，今姑取其集书内《孝经》注一编，将广其传，盖乐有关于治道也，敢祈一言以冠之。'"黄氏又曰"安君又将锓梓以播之，使江西之民家有是书，人有是德，悖慢之俗除，礼乐之习兴，所谓振风纪者，将于是乎在"，黄昭系元末明初抚州府临川县（治今江西抚州市）人，曾官宪副（提刑按察使副使）之职，以盲病告老归里，新任江西宪副安智来及佥事项霩、郭永锡，甫及下车，即行拜访咨询，以是编有关于治道，安氏为项书索序付梓，遂得刊行于世，永乐朝纂《永乐大典》收入，原书久佚，并其人亦无闻，四库馆臣曰"以其沈埋蠹简之内三百余年，世无能举其名者，今幸际昌期，发其光耀，亦万世一时之遭际。故特采掇出之，俾闻于后，不以残阙而废焉"④，是编原委，盖如此也。观项氏是编识语，曰"此书孔子传道与曾子本旨，初言孝之纲领始终，及天子、诸侯、卿大夫、士、庶人之孝；中复次第申言，以绅绎其义；末言臣子及天下之通孝以终焉。曾子门人记录，尊之曰经，凡十有八章，旧本颇有错简，今从古文，更加次第订正，略为训诂，以便初学"，借此可见，是编本为诱导初学而作，取古文《孝经》，其所诠释，循文衍义，词意简明，犹说经之不支蔓者也。黄《序》曰"近草庐吴公以《孝经》分经传、正讹阙为是书之旨，粲然明白，今项君又为之注，正与吴公互相发明，其亦可谓勤已。君以观风行部，所以发其所用之学，迨将信而有征"，黄氏与元儒吴澄为临川同

---

① 永瑢等．四库全书总目［M］．北京：中华书局，1965：265．
② 赵尔巽等．清史稿（15）［M］．北京：中华书局，1977：4248．
③ 笔者按：关于《孝经》著述十种，已详列本书所据古籍版本，则每条引用本书者，为简明计，皆不出注．
④ 永瑢等．四库全书总目［M］．北京：中华书局，1965：265．

乡，《新元史·吴澄传》"又订《孝经定本》，合古今文，分经一章，传十二章"①，吴氏于朱熹《孝经刊误》不甚满意，重新移易以成《孝经定本》，似乎立异，按其思路，仍循朱子疑经，而明初项氏是编，虽名"述注"，实以尊经为旨，两者泾渭有别，黄序似是而非矣。

有文渊阁《四库全书》本，据《永乐大典》辑出抄录。

二、《孝经大全》二十八卷、《卷首》一卷，（明）吕维祺笺次，清康熙二年吕兆璜、吕兆琳校刻本

吕维祺（1587-1641），字介孺，号豫石，世称明德先生，明河南府新安县（治今河南新安县）人。父为河南府名儒吕孔学，事母孝，捐粟赈饥，朝廷两旌孝义。维祺于万历四十一年（1613）登进士第，历任兖州推官、吏部主事、南京兵部尚书等。崇祯十四年（1641），李自成攻洛阳，吕氏尽出私廪，设局饷士赈济，城陷被俘，慷慨赴死，年五十五，谥号忠节。主要著述有《孝经本义》《孝经大全》《孝经或问》《音韵日月灯》《节孝义忠集》等。《明史》卷二六四、《钦定胜朝殉节诸臣录》卷一有传。

吕氏为晚明理学名家，学行见于《明儒学案》，治学以《孝经》为宗，一生精神，结聚《孝经》，积二十年心力，潜玩躬行，未尝少怠。是书卷首有自序，曰"慨秦焰既灰，诸儒羽翼《孝经》者殆数百家，而今古分垒，争胜如雠。尝考今古所异，不过隶书蝌蚪字句多寡，于大义奚损？且夫正缘互异，愈征真传，苟能体认，皆存至理。而诸儒多以其意见自为家，卑者袭伪舛，高者执胸臆，如长孙、江翁、韦昭、王肃、虞翻、刘炫之流，论著蜂起，互有出入。孔传既亡，郑说无征，唐注浮谛，邢疏繁芜，学士摇摇，莫知所宗。迨夫涑水《指解》、紫阳《刊误》，庶几学者之津筏，而疑非定笔；他如董广川、程伊川、刘屏山、范蜀公、真西山、陆象山、钓仓子、宋景濂、罗近溪诸君子，亦各有所发明，而或鲜诠释；又如吴临川、董鄱阳、虞长孺、蔡弘甫、朱申、周翰、孙本、朱鸿诸家，各有诠注行于世，亦似有功阐翼，然或是古非今，分经列传，牵强附会，改易增减，亦失厥旨"，穷原竟委，点评得失，不啻《孝经》研究史略。按是编体例，仿效《永乐大典》，卷之首为"《孝经》节略"，以旧说为纲，后附按语，述《孝经》源流及赞论之辞。卷一至卷十三为经文笺释，内容相当于《孝经本义》，仍分十八章，不改动经文，诚如其子吕兆琳《刻孝经大全后

① 柯劭忞. 新元史：列传第六十七 ［M］. 上海：上海古籍出版社，上海书店，元史二种本. 第 1 册，1989：705.

跋》曰"苦心二十余年，其于经文奉之如神明师保，一字不敢增减移易"，而于《开宗明义》诸章名以为非经文原貌，尽皆刊去，笺释融会旧注，删取诸说作为夹注。卷十四为"孔曾论孝"，卷十五为"曾子孝言"，卷十六为"曾子孝行"，卷十七为"曾子论赞"，皆辑佚事也，汇集至圣宗圣之言行，与朱鸿所辑《五经孝语》《四书孝语》相近。卷十八至卷二八为"表章通考"，分为五门，曰宸翰、入告、述文、纪事、识余，各又依类编排，尤其卷二六，复包括序、跋、论、说、解、考、辨、别传、衍义、心法，搜集汇聚，资料甚是丰富。书末附有"《孝经》诗"十首，皆吕氏自撰也。综观其书，十三卷以上纯粹居多，十四卷以下搜罗亦备，其于目录之前，编纂有《古今羽翼孝经姓氏》，列举历代研述者及其著述，如数家珍，尤见功力。观吕氏是书，目的在于统一思想，建议官方，规范经文，其于《补陈表章孝经四翼疏》曰"坊刻非无《孝经》，但舛讹不一，有伪古文加题名者、有傅会分传者、有增减字句改移章次段落者，士子学习安所适从，故颁发诚不可一日缓也"。对于朱熹强分经传，以理改经，吕氏持反对态度，如经文"子曰'君子之教以孝也'"至"非至德，其孰能顺民如此其大者乎"，本属《广至德》章，朱熹认为，其内容与"至德"语意疏离，吕氏曰"盖此章旧文为'广至德'，非释之也，故但可言'广'，不可言'释'，则谓之传非也"，一针见血，言简意赅，其尊经之旨，显而易见。是编为明代《孝经》研究殿军之作，同时期尚有江元祚辑《孝经大全》，系历代《孝经》学文献之丛书，两书名同而实异，一北一南，适可互补，堪称晚明《孝经》学之双璧，另有毕懋康编次《孝经大全》，著录于朱彝尊《经义考》，惜已不传。晚明《孝经》研究，蔚成学术风潮，皆欲明道救世，拳拳之心，可概见矣。

有清康熙二年（1663）其子吕兆璜、吕兆琳刻本。是刻有两版，一曰梦月岩藏版，字迹疏朗，眉目清晰，藏于哈佛大学哈佛燕京图书馆；一曰修业堂藏版，多破缺漫漶，藏于天津图书馆，上海古籍出版社《续修四库全书》据之影印。

三、《孝经或问》三卷，（明）吕维祺撰，清康熙二年吕兆璜、吕兆琳校刻本

是书三卷，附于吕氏《孝经大全》之后，自设问答，申明经文笺释，补充未尽之说，维祺于《或问》颇自信，曰"有前所未言而订补者，有前所已言而重申者，言之不足而再言之、而详言之、而屡言重言之"，其间论述"孝"之问题，如"论孔子作《孝经》大义""论《孝经》今古文之异""论《孝经》宜从今文"等，皆有见地。比较《论语》《孝经》之异同，曰"《孝经》言孝之始、孝之中、孝之终则孝之全体大用备矣。且《论语》论孝，大抵在事观上说，

《孝经》论孝，大抵在立身、行道德、教治化上说，此论孝之大者也，非徒为曾子言，为天下后世之君天下者言也"，此处读来，颇有今文经学味道；又分析《孝经》引《诗经》《尚书》，曰"本经所引，又未尝不亲切，如论孝之始终，引《诗》曰'无念尔祖，聿修厥德'，益立孝在修德，当以立身行道为重也。论天子之孝，引《书》曰'一人有庆，兆民赖之'，益言孝感之机系于天子一人也；诸侯之孝谓'战战兢兢'者，益言诸侯思社稷民人之重，故不敢骄溢败度而后为孝也；卿大夫为'夙夜匪懈，以事一人'者，益言卿大夫出而事君，则当致谨言行而无时敢忘君也；士谓'夙兴夜寐，无忝所生'者，益言士当早夜不敢即安，而后可以事上显亲也。诸如此类，皆有奥义，即如《大学》《中庸》《孟子》，亦多引《诗》《书》相证，何尝分断间隔"，所论精微，非涵泳数十年者不能道也。

有清康熙二年（1663）其子吕兆璜、吕兆琳刻本，藏于天津图书馆，上海古籍出版社《续修四库全书》据之影印。

四、《孝经翼》一卷，（明）吕维祜撰，清康熙二年吕兆璜、吕兆琳校刻本

吕维祜，生卒年不详，字泰孺，明河南府新安县（治今河南新安县）人。吕维祺之弟，晚明选贡生，曾官乐平知县。后解职归乡，城陷被俘，追随维祺殉难，亦抗节赴死，时称"吕氏二烈"，卒赠按察使司佥事。跟随维祺治学，订次诠解其兄著作，主要著述有《孝经翼》等。《明史》卷二六四有传。

是书一卷，附于维祺《孝经大全》之后，辑录《大全》《或问》之义，皆羽翼其兄《孝经》之说，故名之曰《孝经翼》。虽篇幅短小，亦多精切之解，如释"终于立身"，维祜认为"'身'，动物也，见异而迁，故曰'立'；'道'，定理也，待人而行，故曰'行'；'行道'，所以'立身'也，故下文止曰'终于立身'"，颇合乎经典之义，《论语·卫灵公》孔子曰"人能弘道，非道弘人"①，洵"道不徒行"之谓也；又如维祜曰"何谓'事亲'，曰'致敬'五句，事亲之目也，'安亲'二字，事亲之纲也。何谓'立身'，曰'言思'六句，立身之目也，'慎行'二字，立身之纲也"，所论精到，阐幽表微，皆有助于理解经义。

有清康熙二年（1663）其侄吕兆璜、吕兆琳刻本，藏于天津图书馆，上海古籍出版社《续修四库全书》据之影印。

---

① 杨伯峻.论语译注［M］.北京：中华书局，1980：168.

五、《孝经疑问》一卷，（明）姚舜牧撰

姚舜牧（1543－1662），字虞佐，明湖州府乌程县（治今浙江湖州市）人。万历元年（1573）举人，曾官新兴知县、广昌知县。《四库全书总目·易经疑问》提要曰"考舜牧生于嘉靖癸卯，其《五经疑问》，皆年过六十所撰，迨年过八十，又重订《诗》《礼》二经及此书，其《序》并载所著《来恩堂集》中，岁月先后，一一可考，计其一生精力，殚于穷经"①，又朱彝尊《静志居诗话》谓姚氏"以厚德闻乡里，事难悉书，诗不专工，然颇自喜"②。主要著述有《五经疑问》《四书疑问》《性理指归》《来恩堂集》等。

是书颇具新意，姚氏认为《孝经》本无分章篇名，按语曰"何等亲切有味，自后天子、诸侯、卿大夫、士、庶人，总共一章，故结语云'自天子以至于庶人，孝无终始而患不及者，未之有也'。今分为数章，各引《诗》《书》语为结，似为割裂，且各更端，必非夫子一时之言，今必强联为一，而曰此'广要道'也、此'广至德'也，至德要道，可分割也乎哉？无已，则各为一章可也，篇名似不宜立，若首章之'开宗明义'、七章之'三才'、十七章之'事君'，不知何所见而立此名也，一削而去之可矣"，"引《诗》'恺悌君子'二句，与上文不相蒙，非'至德'，孰能顺民如此其大者乎"，"说者乃因'至德'二字，曰'广至德'以名章，大非大误"，所论为是；又试图辨别何为孔子之语、何为曾子之语，更从中寻找治国方略，如论及《谏争》，姚氏曰"此章语意极佳，是孔子之言。曾子因慈爱恭敬之说，问子从父之令，语意亦是，但父母小小过差，人子可以委曲者，从之亦是，而曰令，则有乱有治，如何可以从得。故夫子再说'是何言欤'，因以争臣争友，明父之有争子，决当如臣之争于君者，始为得之。若当不义，而一以恭顺承之，曰事亲有隐而无犯，则过矣，又焉得为孝乎，此是正论"，其间以"语意极佳"，归之"孔子之言"，不免失于武断，然贵乎论述推广，亦可供读经之参考云尔。

有明来恩堂刻、清乾隆二十年（1755）重修本，上海图书馆有藏本，《四库全书存目丛书》据之影印。

六、《孝经总类》十二卷，（明）朱鸿编，明万历钞本

朱鸿，生卒年不详，字子渐，明杭州府仁和县（治今浙江杭州市）人。万

---

① 永瑢等. 四库全书总目［M］. 北京：中华书局，1965：59.
② 永瑢等. 四库全书总目［M］. 北京：中华书局，1965：1612.

历年间诸生，据郭子章跋语，万历十八年（1590），朱氏年八十，生平极敬慎，治学以《孝经》为宗，主要著述有《孝经质疑》《孝经集灵》《孝经总类》《经书孝语》等。《孝经总类》诸序跋，可供参考。

是编总为十二集，以十二地支分卷，子集内容为明代张瀚《重刻孝经序》，陶承学《孝经序》，温纯《孝经序》，吴自新《孝经序》，苏浚《孝经序》，袁福征《孝经广序》，沈淮《孝经总序》，朱鸿自撰《古文羽翼孝经姓氏》，虞淳熙《古文羽翼孝经姓氏跋》，朱鸿总辑，冯子京总阅《孝经目录》，唐本《孝经》及唐玄宗御制序并注、金钟《刻石台孝经跋》，丑集为明代郭子章《孝经二家章句》，寅集为朱鸿重刻《朱文公定古文孝经原本》，卯集为宋末元初董鼎《孝经大义》，辰集为元代吴澄校定《孝经古今文》，巳集为朱鸿集解《家塾孝经》、褚相《孝经本文一说》、朱鸿《孝经质疑》《孝经臆说》并附《孝经今文古文解》《读忠经辨》、钱正志《家塾孝经后序》，午集为孙本《古文孝经说》《古文孝经解意》，未集为沈淮《孝经古文直解》、朱鸿《纂辑孝经记》《古孝经一篇大旨》《文公刊误孝经旨意》、郭孝《刻孝经跋》，申集为虞淳熙《孝经迩言》《从今文孝经说》，酉集为沈淮《孝经会通》，戌集为朱鸿《五经孝语》（又名《经书孝语》）并附《曾子孝实》，亥集为虞淳熙《孝经集灵》。按是编体例，浑不分类，近于杂纂，可谓文献资料汇编，皆朱氏治《孝经》所读，编排殊为失次，盖钞本未及校订付梓也。朱氏喜事钞辑纂录，其戌集所收《经书孝语》一书，著录于《四库全书总目·子部·儒家类存目》，提要曰"是书撷五经、四书中言'孝'之语为一帙，而各为之发明，附录'曾子孝实'于末，文既饾饤，论亦凡近，殊无可取。鸿尝刻《孝经》而以此附之，今既别本单行，不可复溷于经部，姑置之儒家类焉"①。又其未集所收《文公刊误孝经旨意》一篇，为朱鸿自撰之文，曰"鸿笃志《孝经》有年，未尝一日不屑诸怀，故搜揽唐宋以来诸名家，汇已成帙"云云，即是编成书原委也。观朱氏搜揽所及，如沈淮《孝经会通》、罗汝芳《孝经宗旨》及鸿自撰《孝经质疑》诸书，多无单行本传世，堪称辑佚之渊薮，如今梳理是编，庶几可充观览之资焉。

有明万历钞本，藏于国家图书馆，上海古籍出版社《续修四库全书》据之影印。

七、《孝经批注》一卷，（明）胡时化撰，明万历刻本

胡时化，生卒年不详，字龙江，明绍兴府余姚县（治今浙江余姚市）人。

---

① 永瑢等．四库全书总目［M］．北京：中华书局，1965：817.

隆庆五年（1571）进士，万历间曾官岭东道守备。主要著述有《孝经批注》《名世文宗》等。

是书又名《孝经本义》，系《孝经》通俗读本也。卷首有《孝经批注引蒙》，胡氏曰"凡诵孔子《孝经》，先考孔子出处，载《论语》者不具述"云云，讲述孔子生平事迹，采用《孝经》通行本，正文称作《孝经本义》，分十八章，依次批注，以口语释之，如通行本前有《唐明皇御制序》，胡氏批注曰"唐，是唐朝国名；明皇，即唐玄宗也；御制，皇帝亲自为之辞也；序者，集也，总序其十八章之意而作此序文也"，又如"开宗明义章第一"，胡氏批注曰"这是《孝经》第一章，开说《孝经》的宗本，发明《孝经》的义理"，经文"仲尼居"，胡氏批注曰"仲尼是孔夫子表德，孔子姓孔名丘，表字仲尼，居是闲居时节"云云，皆行文浅近，有如话本小说，诚所谓"引蒙"，卷末胡氏曰"人常诵此经，则念念皆孝、个个是尧舜，所谓'人皆可为尧舜'者以此"，盖所撰童蒙读物，意在通俗易懂，教化实用，非研究经义者也。

有明万历刻本，藏于国家图书馆，上海古籍出版社《续修四库全书》据之影印。

八、《孝经集传》四卷，（明）黄道周，撰清道光王氏日省吾斋《今古文孝经汇刻十六种》刻本

黄道周（1585-1646），字幼平，一作幼玄，号石斋，明漳州府漳浦县（治今福建漳浦县）人。天启二年（1622）进士，历官翰林院编修、詹事府少詹事兼侍讲学士，后于福州拥立南明隆武帝，出任首辅、武英殿大学士，募兵抗清，被俘殉国，年六十二。通经术，擅长诗文书画，尤精于天文历数之学，主要著述有《易象正》《三易洞玑》《黄漳浦集》等。《明史》卷二五五有传。

是书又称《孝经集解》，黄氏尝手钞《孝经》百二十本，精熟涵泳经文，遂仿效朱熹《孝经刊误》之法，对《孝经》创新改造，其改造宗旨，为黄氏所谓"五大义"，曰"本性立教，因心为治，令人知非孝无教，非性无道，为圣贤学问根本，一也；约教于礼，约礼于敬，敬以致中，孝以导和，为帝王致治渊源，二也；则天因地，常以地道自处，履顺行让，使天下销其戾心，觉五刑、五兵无得力处，为古今治乱渊源，三也；反文尚质，以夏、商之道救周，四也；辟杨诛墨，使佛老之道不得乱常，五也"，是书以此"五大义"，自拟分章，复取《礼记》诸篇，条贯附丽，《四库全书总目》提要曰"其《自序》中所谓

'五微义''十二著义'者，不出于此，实其著书之纲领也"①，所论允当。是书撰成于明末，对清代《孝经》学亦有影响，如贺长龄、傅寿彤《孝经述》，即以黄氏分章为本，于是书基础上，辑注申说，又如晚清魏源，亦服膺推崇，视黄氏为《孝经》之素臣，以《集传》为历代最佳注本。平心而论，黄氏别出心裁，不拘泥经典原本，重加厘定，其于《孝经》经文，难免有割裂之嫌，而其推阐详洽，体例精密，灌注思想，自为义例，诚可称《孝经》黄氏学矣。

有明崇祯十六年（1643）刻本，藏于哈佛大学汉和图书馆；有清康熙三十二年（1693）郑肇《石斋先生经传九种》刊本；有文渊阁《四库全书》钞本，所谓"福建巡抚采进本"，实据郑刊本抄录；有道光年间福山王德瑛日省吾斋《今古文孝经汇刻十六种》重刊本。

九、《孝经宗旨》一卷，（明）罗汝芳撰，《宝颜堂秘籍》本

罗汝芳（1515-1588），字维德，号近溪，明建昌府南城县（治今江西南城县）人。嘉靖三十二年（1553）进士，历官太湖知县、刑部主事、宁国知府、云南屯田副使、云南布政使司右参政等。罗氏为泰州学派代表学者，师从颜钧，钧学归于释氏，汝芳之学亦近释。主要著述有《孝经宗旨》《明通宝义》《一贯编》《近溪子文集》等。《明史》卷二八三有传。

按是书体例，罗氏自设问答，以畅发己说，颇似讲学体，其所问答者，有关《孝经》大旨，明儒倡良知之学，是书以此为宗主，故名之曰《孝经宗旨》。罗氏是书，注重思辨，"孝"与诸多哲学范畴之关系，皆作专门谈论，如论"孝"与"道"，罗氏曰"道之为道，不从天降，不从地出，切近易见，则赤子下胎之初，哑啼一声是也。听着此一声啼，何等迫切，想着此一声啼，多少意味。其时母子骨肉之情，毫发也似分离不开，顷刻也似安歇不过，真是继之者善，成之者性，而直见乎天地之心，亦真是推之四海皆准，垂之万世无朝夕"，极富体验哲学特征，又如论"仁"与"孝"，罗氏曰"盖仁是天地生生之大德，而吾人从父母一体而分，亦纯是一团生意"，"人固以仁而立，仁亦以人而成，人既成，即孝无不全矣。故生理本直，枉则逆，逆非孝也；生理本活，滞则死，死非孝也；生理本公，私则小，小亦非孝也。经曰'天地之性，人为贵，人之行，莫大于孝'"，认为"仁"与"孝"无别，视其为"天地之性"。诸如此类，罗氏以阐述"孝"之哲学观念为主，自与依文诠释者有别，宏观把握，结合体验，洵是心学特色也。

---

① 永瑢等. 四库全书总目 [M]. 北京：中华书局，1965：265.

有明泰昌元年（1620）陈继儒辑《宝颜堂秘籍·普集》（一名《陈眉公普秘籍》一集），绣水沈氏刊刻本，民国十一年（1922）上海文明书局据秘籍本石印，《四库全书存目丛书》据秘籍本影印。

十、《孝经引证》一卷，（明）杨起元撰，《宝颜堂秘籍》本

杨起元（1547-1599），字贞复，号复所，明惠州府归善县（治今广东惠州市东北）人。万历五年（1577）进士，累官吏部左侍郎。起元师从罗汝芳，援良知以入佛道，时张居正恶讲学，汝芳被劾罢，而起元自如，卒谥文懿。主要著述有《孝经外传》《孝经引证》《证学编》《诸经品节》《杨文懿集》等。《明史》卷二八三有传。

是书所谓"引证"，采《礼记》言"孝"者，又杂以十余条，条后皆引经文结之也。按杨氏论说，实承罗汝芳《孝经宗旨》之体例，而起元学不讳禅，较其师则愈近佛学，且于道教文献，亦所引证，如杨氏曰"佛言：凡人事天地鬼神，莫若孝其二亲，二亲，最神也。兰公曰：孝至于天，日月为之明；孝至于地，万物为之生；孝至于民，王道为之成。曾子曰：夫孝，置之而塞乎天地，溥之而横乎四海，施之后世而无朝夕，推而放诸东海而准，推而放诸西海而准，推而放诸南海而准，推而放诸北海而准。经曰：孝弟之至，通乎神明，光乎四海，无所不通"，不仅取《礼记·祭义》证《孝经》感应章，更取佛教、道教文献，参互发明，推尊孝道，洵三教合一者也。

有明泰昌元年（1620）陈继儒辑《宝颜堂秘籍·普集》（一名《陈眉公普秘籍》一集）刊本，民国十一年（1922）上海文明书局据之石印。

费密交游考①

杜春雷（四川大学国际儒学研究院）

摘　要：费密一生，交游颇广，本文据《剑阁芳华集》《费中文先生家传》《费燕峰先生年谱》及其他相关文献，分巴蜀乡贤、东南名士、方帅幕主、师承门人四类，择要考述费密交游情况。

关键词：费密；交游；考述

费密（1625－1701），字此度，号燕峰，四川新繁（今属四川新都）人，清初著名学者、诗人、思想家。守志穷理，著述丰厚，现存《弘道书》《燕峰诗钞》《荒书》等。费密少遭离乱，迁徙多地，足迹所至十有四省，晚年定居扬州、江都，常访宿儒，交名士，一生经历坎坷，交游甚广。其为学，尽传父业，此外则博征诸学士大夫，所得益深。费密交游情况，多见载于其与父费经虞合编《剑阁芳华集》、子费锡璜撰《费中文先生家传》（下文简称"《家传》"）、曾孙费天修编《费燕峰先生年谱》（下文简称"《年谱》"）诸书中②，尤其《年谱》，网罗最广。现谨择其要者，分为巴蜀乡贤、东南名士、方帅幕主、师承门人四类，考述如下。

一、巴蜀乡贤

费密三十岁前多居于蜀地，前辈耆宿，同辈友侣，相接甚多。徙居淮扬后，他乡遇故音，过从欢洽者亦复不少。谨择录共三十八人。

---

①　本文为四川省社科规划基地重大项目"费密《弘道书》笺注"（22EZD041）阶段性成果。

②　本文所据《剑阁芳华集》为四川大学图书馆藏旧抄本，所据《费中文先生家传》载康熙年间汪文著刻本费锡璜《贯道堂文集》卷二，所据《费燕峰先生年谱》为 1984 年扬州古籍书店传抄本，下文不再一一出注。

范文荚

范文荚，字仲暗，号两石，四川内江人。天启元年（1621）举人，除并州学正，尝署醴泉令，后为南京户部江西司主事，合刻钟惺、李梦阳诗，为党人所忌，以不谨罢官。著有《古今不谨人物考》，归蜀，移家峨眉。张献忠乱蜀，尝官金都御史。后出家为僧。生平事迹见费经虞、费密《剑阁芳华集》卷十二小传。

范文荚为蜀中耆宿。据《家传》《年谱》，顺治六年（1649）二月，费密出大邑县山中，谒都御史范文荚于僧舍。范氏曰："始以为吾此度有经济才，不知吾此度词客也。"《剑阁芳华集》卷十二撰列范文荚小传，并收其送费密诗作《峨眉山万年寺送此度往荥经省觐》云："敝衣犹剩老莱斑，负米虽归不是还。世到乱时都作客，途当险处更间关。几年草檄伸孤愤，累月移家近百蛮。瓦屋峨眉俱历过，满头风雪当游山。"

李长祥

李长祥，字研斋，自号石井道人，四川达州人。崇祯十六年（1643）进士，选庶吉士。在南明朝官至兵部侍郎，直节抗清。入清后，居常州，筑读易堂终老。著有《天问阁集》。生平事迹见全祖望《前侍郎达州李公研斋行状》等。

李长祥晚年与费密时有过从。据《年谱》记载，费密于康熙四年（1665）八月作《五经论》后，李长祥曾称赞："君文已成，可追踪古人矣。"费密《燕峰诗钞》存《文游台同李翰林长祥偕诸君登览》诗："从容胜地一追陪，荷叶娟娟向晚开。今日逢君聊把酒，古人何处不登台。风生老树月初出，霞散平湖鸟独来。望里中原淮水接，孤帆北去几时回。"《剑阁芳华集》卷十四撰列李长祥小传，称其"文善序事，有班马遗意，而知者稀"，并收录李长祥《秋怀》《送陆无文归扬州》《池》诗三首。

吕潜

吕潜，生于明天启元年（1621），字孔昭，号半隐、石山、石山农、耘叟，四川遂宁人。南明永历朝兵部尚书、武英殿大学士吕大器长子。明崇祯十六年（1643）进士，授太常博士。明亡后不仕。卒于康熙四十五年（1706），年八十六。著有《怀归草堂集》《守闲堂集》《课耕楼集》等，弟吕泌合辑为《吕半隐诗集》。生平事迹见乾隆《遂宁县志》卷五。

吕潜工诗善书画，有"诗书画三绝"之誉。与费密、唐甄合称"清初蜀中三杰"。吕大器对费密颇为赏识，曾有意任命其为中书舍人。吕潜与费密素有交往，据《年谱》，康熙十二年（1673）十二月，吕潜过访费密。康熙十三年（1674）九月，费密为吕潜书册页，并为其父吕大器点木主。康熙十八年（1679）二月，费密得吕潜书。康熙二十年（1681）十月，费密曾为吕潜祝寿。康熙二十一年（1682）二月、二十四年（1685）二月，二人曾两次相会。康熙二十八年（1689）九月费密得吕潜书信。康熙二十九年（1690）九月费密曾寄书信给吕潜。费密《燕峰诗钞》中存《吕太常潜自归安移家海陵》《题吕文肃公木主并序》二诗。吕潜《守闲堂诗集》存《寄费燕峰野田村居》四首。《剑阁芳华集》收吕潜诗五首。

唐甄

唐甄，生于崇祯三年（1630），本名大陶，字铸万，后更名曰甄，别号圃亭，四川达州人。性至孝。顺治十四年举人，任山西长子县知县，有善政，方十月，因事去官。寓姑苏，以文章名天下。卒于康熙四十三年（1704），年七十五。著有《潜书》《潜文》《潜诗》《日记》等。生平事迹见杨滨《唐铸万传》、王闻远《西蜀唐圃亭先生行略》。

据《年谱》，康熙六年（1667）三月，费密至苏州，曾与唐甄相会。康熙二十三年（1684）十一月，费密曾寄书信给唐甄。唐甄思想大胆前卫，多有惊世骇俗之语，与费密思想亦有相通之处。二人同为明末清初巴蜀地区培育的杰出思想家，堪称"双璧"。《剑阁芳华集》撰列唐甄小传，并收录其诗二十首。

张注庆

张注庆，字符辰，一字曲山，四川阆中人。顺治十二年（1655）进士，为蜀获隽之首，授监察御史，巡按广东，以明察平允称。生平事迹见道光《保宁府志》卷四二。

据《年谱》，顺治十八年（1661）三月，张注庆巡按广东，邀费密同行。六月，至赣州府，二人纳凉，各赋诗。康熙二十九年（1690）六月、十一月，费密曾两次致书张注庆。

李实

李实，生于万历二十五年（1597），字如石，别号镜庵，四川遂宁人。崇祯十六年（1643）进士，授长洲县令，有政声。顺治二年（1645）辞官，居长洲，杜门著书，精研小学、经学及佛老杂学等。卒于康熙十三年（1674），年七十八，门人私谥贞文先生。著有《蜀语》等。生平事迹见张鹏翮《李实传》等。

据《年谱》，费密曾于康熙六年（1667）二月会李实及其子子上。《剑阁芳华集》卷十四撰列李实小传，并录其诗八首。

刘道开

刘道开，生于万历二十九年（1601），一名远鹏，字非眼，别号了庵居士，四川巴县人。崇祯六年（1633）举人。入清不仕，闭门精修。卒于康熙二十年（1681），年八十一。著有《自怡轩诗文集》《痛定录》《蜀中人物志》等，皆不传。生平事迹见费经虞、费密《剑阁芳华集》卷十三小传。

费密与刘道开时有书信往还。据《年谱》，费密分别于康熙五年（1666）八月得、康熙八年（1669）十二月、康熙十二年（1673）四月收到过刘道开的书信，康熙八年（1669）八月给刘道开寄过书信。康熙九年（1670），二人曾会于京师。康熙十七年（1678）八月，费密作《刘了庵先生传》。康熙二十年（1681）六月，费密闻刘道开讣，次日晨起，向北拜吊，并作祭文。八月，寄《祭刘了庵先生文》。此外，《剑阁芳华集》卷十三撰列刘道开小传，并收录其诗三十首。《燕峰诗钞》有《奉寄刘先辈道开》诗一首，云："丈人七十步犹轻，闲过西郊适性情。村墅见花回马首，山中待月喜猿声。欲归烟雨思三峡，未尽流风并两生。远隔几时重进履，先贤遗事一纵横。"刘道开则曾作《和费此度杂诗》云："闻说吾生亦有涯，野人微尚在烟霞。墙东便是王君宅，谷口元宜郑子家。无事焚香常读易，有时汲水自烹茶。柴门昼掩容谁叩，只许风来扫落花。"

龚懋熙

龚懋熙，字孟章，号笋湄，四川江津人。崇祯十三年（1640）进士。除太常寺博士，后改翰林院检讨，至太仆寺卿。生平事迹见费经虞、费密《剑阁芳华集》卷十四小传。

据《年谱》，康熙三十四年（1695）二月，费密曾得龚懋熙书信。《剑阁芳华集》卷十四收龚懋熙《瑞麦诗》一首。

王璲

王璲，字佩公，初字子荆，四川广安人。王德完之子。少为诸生，以荫仕至监司，博奥精深，善真草书。年八十卒。生平事迹见费经虞、费密《剑阁芳华集》卷十五小传。

《剑阁芳华集》卷十五收录王璲诗七首，其中《赠费此度》云："莫惊大雅未能陈，自古文章信有神。忽遇成都费此度，眼前犹见读书人。"费密所拟小传云："后数年，密遇于扬州，闻其议论，实心任事之人，不徒工诗善书而已。六合孙汧如同数客过璲，汧如有时名，意颇轻璲，良久清言。出其所著手书经史成箧者满案，一座骇服。汧如向密言如此。"

余峘

余峘，字生生，号钝广，四川青神人。崇祯朝以荫官锦衣千户。张献忠据蜀，避乱江东，卖古文诗字自给。不喜入权贵门，平生一冠，破不复补，与赵民服、周蓼恤号"三顶折角巾"。卒年七十九。著有《增益轩集》若干卷。生平事迹见费经虞、费密《剑阁芳华集》卷十五小传。

《剑阁芳华集》卷十五收余峘诗十四首，并后附全祖望为余生生所作《借鉴楼记》。据《年谱》，余峘曾于康熙九年（1670）七月过访费密，同年十月，费密为余峘题手卷。

郭奎先

郭奎先，字况文，四川罗江人。崇祯拔贡，官至松江府通判。著有《烟波草堂集》若干卷。生平事迹见费经虞、费密《剑阁芳华集》卷十五小传。

费密《燕峰诗钞》收录《兰溪县观唐贯休画罗汉同郭奎先吴鲲释志逊》《兰溪县重遇郭监军奎先》二诗，后者云："南越多年别，山城重遇公。灯前欢把酒，客况暂从容。烟起一江苇，风来半壑松。乘闲当过我，同上此亭东。"可见二人交谊。《剑阁芳华集》卷十五收录郭奎先诗十首，其中有《赠费此度》云："舟行同费密，一路苦高吟。精绘禽鱼理，清闻山水音。瘦腰怜沈约，妙檄压陈琳。岭外多形胜，探奇子独深。"

赵司铉　赵适

赵司铉，字翼仲，号退公，又号二隋山叟，四川彭县人，费密妻舅。性和易善让，闻人一善极为称道。负经济才。善古文辞，尤工刀札。诗温润典雅，有王孟遗意。年五十九卒于重庆，门人私谥惠献先生。晚岁以俚调作警世语，名《淡淡篇》。赵适，字安叔，赵司铉季子。生平事迹见费经虞、费密《剑阁芳华集》卷十五、卷十八小传据费密所撰小传，明末蜀乱时，费密与赵司铉患难最久，相知极深。小传记载赵司铉常谓密云："先辈制艺有法，一章之中有详略，故其文简劲精深，其后渐变，以材力议论苍莽为之，古法遂亡，天下不知有先辈制义之法者三十余年矣。"并云："公常与密约，乱定还家，近山结屋，童仆数人，豢豕畜鸡，种秫酿酒，日相往还，狂歌夜饮，春夏山游，闻兰蕙冲人，樱桃苦，梅花满岩谷时，登高峰瞻望云物，以安乐余生。"《剑阁芳华集》收赵司铉诗三首。

费密与赵司铉季子赵适亦有交往。据《年谱》，康熙二十二年（1683）正月，二人曾相会。三月费密为赵适作草书。康熙二十九年（1690）九月，费密曾寄书信给赵适，康熙三十年（1691）九月，费密曾收到赵适书信。《剑阁芳华集》收赵适诗十首。

冷时中

冷时中，字心芬，号梅庵，四川内江人。诸生，以诗与江浙名士上下议论，国变，依史可法。入清官衢州知府，迁副使，卒于汉中，年四十余。著有《雪椀诗集》《石鼓吟》《烂柯山志》等。生平事迹见费经虞、费密《剑阁芳华集》卷十五小传。

费密与冷时中相识较早，据《年谱》，顺治十一年（1654）八月费密三十岁时，即曾与冷时中结诗社。此外，费密《燕峰诗钞》收《观故人冷太守时中所著烂柯山志》一首，《剑阁芳华集》评价冷时中"善填词，工草书，风流蕴藉，盖一时才人也"，言其"与密善"，并收录其诗九篇，其中有《汉中柬费此度》云："偃仰他乡客，君无一草堂。青年甘隐逸，白雪见文章。归计贪难定，孤怀醉易伤。暇时须过我，暂得慰愁肠。"

邱履程　邱善庆

邱履程，本名广生，字鸿渐，四川成都人。年十六善制义。年十九成都陷，父死家亡。肆力典籍，尤喜沙门南宗之学。辛卯举乡试，年三十余病卒。有子一人，名善庆，字子瑜，诸生，亦才善诗赋。生平事迹见费经虞、费密《剑阁芳华集》卷十六小传。

据《家传》，费密与成都邱履程、雅州傅光昭以诗文雄西南，称三子。费密与邱履程有交往。《剑阁芳华集》收其《寄费二》诗一首云："刀铤初出骨空存，又曳轻裾上将门。才略自能追越石，旌旗谁复似桓温。芙蓉丽发新文藻，薜荔衣香旧梦魂。志士何妨聊袖手，不如归去听啼猿。"[1] 此外，费密与邱履程之子善庆亦有交往，《年谱》记载，康熙三十年（1691）九月，费密曾得邱善庆书信。

---

[1] 费密《燕峰诗钞》于《天下名家赠此度先生诗》中收录此诗，诗题作"寄费二参军此度嘉州"。

傅光昭

傅光昭，字更生，四川雅州人。诸生。蜀乱时曾奉蜀王侄，后依范文茇，知崇庆州事，奏授中书舍人。文辞秀逸，喜著书，著有《梦草》。生平事迹见费经虞、费密《剑阁芳华集》卷十六小传。

据《家传》，费密与成都邱履程、雅州傅光昭以诗文雄西南，称三子。据《年谱》，顺治六年（1649）正月，费密曾同傅光昭至大邑县山中，同住僧院。康熙九年（1670）六月，费密曾寄书信给傅光昭。《剑阁芳华集》收傅光昭诗九首。

袁澈

袁澈，字松岫，四川南江人，明经，所著有《湖居杂咏》，官福建晋江知县。生平事迹见费经虞、费密《剑阁芳华集》卷十六小传。

袁澈为费密前辈，据《年谱》，康熙五年（1666）十月，费密曾与袁澈相会。《剑阁芳华集》收袁澈诗二首。

王岳

王岳，字采山，四川广元人。诸生。生平事迹见费经虞、费密《剑阁芳华集》卷十六小传。

据《剑阁芳华集》小传，王岳长密十余岁，在汉中，常云密草书有绝类古人者，有不足观者。《剑阁芳华集》收王岳诗一首。《燕峰诗钞》录费密所作《送刘与生还广元兼呈王岳》诗。

雷珽

雷珽，字元方，号筻山，四川井研人。中顺治八年（1651）乡试，除吴江令。生平事迹见费经虞、费密《剑阁芳华集》卷十六小传。

据《年谱》，康熙三十四年（1695）三月，费密曾与雷珽相会。《剑阁芳华集》录雷珽诗七首。

张吾瑾

张吾瑾，字石仙，四川金堂人。顺治十二年（1655）进士。除夏津知县。入为行人，以蜀乱居武清二十载，年七十始还蜀。有《鹊符斋诗》，山西人名为白青天。迁礼部仪制司主事，卒于官。生平事迹见费经虞、费密《剑阁芳华集》卷十六小传。

据《年谱》，康熙十六年（1677）五月，张吾瑾曾过访费密。康熙二十三年（1684）七月，费密曾作诗送张吾瑾还蜀。此外，费密《燕峰诗钞》收录《江都逢张吾瑾话旧》诗一首。《剑阁芳华集》录张吾瑾诗七首。

杨峤

杨峤，字嶬云，一字方次，四川新繁人。康熙十一年（1672）举人，尝官江西吉水令。著有《嶬云诗集》。生平事迹见民国《新繁县志》卷三〇等。

杨峤为费密内弟，据《年谱》，费密曾于康熙五年（1666）三月作文送杨峤还蜀。康熙三十二年（1693）十二月上旬，费密至江西，时任吉水令的杨峤曾迎其至署中。《剑阁芳华集》卷十七撰列杨峤小传，并收其诗二首。

李如泌

李如泌，字邺臣，四川井研人。顺治中举乡试，为临城令。生平事迹见费经虞、费密《剑阁芳华集》卷十七小传。

据《年谱》，康熙八年（1669）正月六日，费密至扬州，与李如泌相会论诗。《剑阁芳华集》收李如泌诗三首。

罗为赓

罗为赓，字君觊，号西溪，四川南充人。举人，除孝丰知县。入为行人。晚年讲学，志存彻悟。著有《敦庵草》。生平事迹见费经虞、费密《剑阁芳华集》卷十七小传。

据《年谱》，康熙五年（1666）正月，费密还扬州，罗为赓过访。康熙二十五年（1686）四月，二人相会谈蜀事。康熙二十九年（1690）三月，费密曾寄书信给罗为赓。《剑阁芳华集》收罗为赓诗八首。

张羽皇

张羽皇，字菊水，四川营山人。顺治中孝廉，著有《滇中诗》，宣城梅庚称其有干济才。生平事迹见费经虞、费密《剑阁芳华集》卷十七小传。

据《年谱》，康熙二十七年（1688）三月，张羽皇过访费密，二人谈蜀事。《剑阁芳华集》收张羽皇诗五首。

赵弼

赵弼，字子匡，号芙溪，四川彭县人。顺治十四年（1657）举人，授平乡县令。善捕盗，有能令名。迁南康府同知，卒。生平事迹见费经虞、费密《剑阁芳华集》卷十七小传。

赵弼为费密妻舅赵司铉子。据《年谱》，费密于康熙六年（1667）六月、九年（1670）九月曾寄书信给赵弼，康熙八年（1669）六月、十二年（1673）二月，赵弼官平乡县令时，两次迎费密至平乡。《剑阁芳华集》收赵弼诗十首。费密《燕峰诗钞》收录《寄题赵弼新筑草堂望西山诸峰》诗一首。

瞿戴仁

瞿戴仁，字象一，四川达州人。顺治十七年（1660）举人，曾官合肥县县令。才藻敏赡，性嗜吟咏，著有《东川诗集》。生平事迹见嘉庆《四川通志》卷一五四。

据《年谱》，康熙十七年（1678）闰三月，费密曾与瞿戴仁相会。《剑阁芳华集》卷十七撰列瞿戴仁小传，并收其诗四首。

李先复

李先复，生于顺治八年（1651），字子来，号曲江，四川南部人。清康熙十一年（1672）举人。官至工部尚书。卒于雍正六年（1728），年七十八。生平事迹见《国朝耆献类征初编》卷五七。

据《年谱》，费密曾于康熙三十四年（1695）十一月为李先复题册页。李先复作《赠费此度先生》云："大雅高名夺彩霞，凌云健笔自成家。故乡乱后遗音在，异国春来归梦赊。石室钟灵起八代，金声嗣响振三巴。邢襄别后亲綦履，培□无能仰太华。"对费密颇推赞。《剑阁芳华集》卷十七撰列李先复小传，并收其诗二首。

张以正

张以正，字孝直，四川南充人。生平事迹见费经虞、费密《剑阁芳华集》卷十八小传。

张以正与费密有交往，曾作《赠费此度生日》诗二首。《剑阁芳华集》收张以正诗二首。

曹嘉祚

曹嘉祚，字会常，四川黎州人。贡生。生平事迹见费经虞、费密《剑阁芳华集》卷十八小传。

据《年谱》，康熙十五年（1676）四月、二十七年（1688）二月，曹嘉祚曾与费密相会。康熙二十四年（1685）五月，费密得曹嘉祚书。《剑阁芳华集》收曹嘉祚诗一首。

傅作揖

傅作揖，字济庵，四川奉节人。康熙中举人，曾官良乡令、副都御史。生平事迹见费经虞、费密《剑阁芳华集》卷十八小传。

据《年谱》，康熙三十六年（1697）三月，费密曾得时任良乡令的傅作揖的书信，"并寄其尊公诗一册"。《剑阁芳华集》收傅作揖诗三首。

吕柳文 吕溥

吕柳文，原名泌，字长在，号旂山，四川遂宁人，吕大器子。中康熙二年（1663）乡试，曾官叶县令。吕溥，原名澈，字卿藻，诸生，吕大器子，吕柳文弟。生平事迹见费经虞、费密《剑阁芳华集》卷十八小传。

费密与吕柳文、吕澈兄弟皆有交往。据《年谱》，康熙五年（1666）三月，吕柳文曾过访费密。康熙十一年（1672）八月，费密曾与吕澈相会。康熙十二年（1673）四月、二十八年（1689）九月，费密两次得吕柳文书信。费密《燕峰诗钞》有《赠柳文》诗一首。《剑阁芳华集》收吕柳文诗二首、吕溥诗一首。

邓迪

邓迪，字惠吉，四川巴县人，举人。生平事迹见费经虞、费密《剑阁芳华集》卷十八小传。

邓迪与费密多有书信往来。据《年谱》，康熙十二年（1673）四月、二十年（1681）九月、三十年（1691）九月、三十四年（1695）二月、三十五年（1696）八月，费密皆曾得邓迪书。康熙二十九年（1690）十一月，费密曾寄书邓迪。《剑阁芳华集》收邓迪诗二首。

杨化贞

杨化贞，字申佩，四川内江人。康熙中举人。少聪明，俊词翰绘事，骑射手搏无不称长。生平事迹见费经虞、费密《剑阁芳华集》卷十八小传。

据《年谱》，康熙二十七年（1688）六月，杨化贞还江宁，费密作诗相送云："南去孤舟上晚潮，鸡鹊乱落荻根遥。故乡人尽江东老，莫到长干立断桥。"另，康熙三十八年（1699）八月，费密曾为杨化贞作草书。《剑阁芳华集》卷收杨化贞诗七首。

张象翀

张象翀，字六飞，四川安岳人。顺治十七年（1660）举人，康熙三年（1664）进士。后官饶阳令、胶州令等，以兵部职方司主事致仕，著有《处和堂集》等。生平事迹见道光《安岳县志》卷十。

张象翀为吕大器女婿，有能诗名，与兄张象枢、弟张象华称"安岳三张"。其与费密、费经虞皆有交往，费经虞有诗《喜张象翀至扬州话旧》。据《年谱》，康熙四年（1665）三月，费密曾作诗送张象翀还蜀。康熙十一年（1672）十月，费密同张象翀至平乡县署中。康熙十二年（1673）四月、十九年（1680）二月，张象翀曾致书费密，密为其作草书。康熙十八年（1679）二月、二十二年（1683）三月，费密曾致书张象翀。康熙十七年（1678）三月，时任饶阳令的张象翀曾派人迎费密至署。

陈大常　　陈于耕　　陈于稼

陈大常，字时夏，四川汉州人。中顺治乡试，曾任徐州管河同知、广州府推官。生平事迹见嘉庆《四川通志》卷一五三。

张献忠乱蜀时，费密与陈大常即曾相约团聚定度地守险之策。据《年谱》，康熙二年（1662）二月，时任徐州管河同知的陈大常迎费密至署，遣子于耕、于稼执贽受业。费密曾作《春秋虎谈》二卷相授（《家传》）。康熙八年（1669）八月、十二年（1673）五月，费密曾致信陈大常。康熙九年（1670）二月，费密曾得陈大常书。

通醉

通醉，号丈雪，四川内江人。身长大，丰面弘声，言辞开爽，待下宽恕。在天童山久，后师从海明大师。曾重修昭觉寺。生平事迹见费经虞、费密《剑阁芳华集》卷十九小传。

据《家传》，顺治十三年（1656），费密曾与通醉论禅。据《年谱》，康熙二十九年（1690）五月、九月，费密曾寄书信给通醉。康熙三十六年（1697）六月，曾得通醉书信。《剑阁芳华集》收通醉诗一首。小传记载："（通醉）年八十五遣门人往天童山扫祖塔，犹作字寄密说故乡事云。"

释性藏

释性藏，字紫芝，峨眉山高僧。尝增修峨眉志，未板行而没于扬州。生平事迹见费经虞、费密《剑阁芳华集》卷十九小传。

据《年谱》，康熙五年（1666）八月，费密曾与性藏论二氏。《剑阁芳华集》收释性藏诗二首。

释本皙

释本皙，字山晓，四川长寿人，顺治间尝从师入大内供奉。煤山诗为一时绝唱。没于天童山，年七十许。著有《啸堂集》二卷。生平事迹见费经虞、费密《剑阁芳华集》卷十九小传。

据《年谱》，费密曾于康熙二十三年（1684）四月寄书信给本皙。《剑阁芳华集》收释本皙诗十六首。

释元智

释元智，字圣铎，四川宜宾人，嘉定周氏之子。受学于李之莘，通诗传，年三十许没于蜀。生平事迹见费经虞、费密《剑阁芳华集》卷十九小传。

据《年谱》，费密曾于康熙六年（1667）二月为释元智作《还蜀葬亲序》，并为书手卷。《剑阁芳华集》收释元智诗一首。

二、东南名士

费密避蜀乱，迁居淮扬人文荟萃之地，结交东南名士甚夥。仅据《家传》所列，就有钱谦益、林古度、曹溶、王岩、夏洪基、杜浚、纪映钟、孙枝蔚、王士禄、魏禧、范鄗鼎、刘芳喆、汪楫、许承家、吴嘉纪、吴绮、王有年、雷士俊、顾苓、方文、李蘅、郑掌和、陈维崧、邓汉仪、屈大均、冒襄、黄云、万斯同、李沂、宋曹、阎公若璩、朱彝尊、孔尚任、王仲儒熹儒、龚贤、陆朝等，下文即循此线索，考述诸人与费密交往事迹，择录共三十九人。

钱谦益

钱谦益，生于万历十年（1582），字受之，号牧斋，晚号绛云楼主人、蒙叟、东涧老人，江苏常熟人。万历三十八年（1610）进士，任翰林院编修，崇祯初为礼部侍郎，罢归。明弘光帝时，官礼部尚书。后降清，授礼部侍郎，任职五月而归。卒于康熙三年（1664），年八十三。著有《初学集》《有学集》《国初群雄事略》等。生平事迹见《清史列传》卷七九、《清史稿》卷四八四、金鹤冲《钱牧斋先生年谱》等。

钱谦益以文学冠东南，为东林巨子，文坛领袖，声名藉甚。据《年谱》《家传》，费密在顺治十五年（1658）三十四岁时至扬州，四月曾寄送书信给钱谦益，钱谦益得书后"甚惊异"，后二人论诗于芙蓉庄，钱谦益指费密《北征》诗，"叹曰：此必传之作也"。二人交往不仅限于诗歌，钱谦益在《新刻十三经注疏序》中认为"圣人之经，即圣人之道"，宋之后讲经与讲道殊分二途，"离经而讲道"，以致"天下不知穷经学古，而冥行擿埴，以狂瞽相师"，最终"学术蛊坏，世道偏颇，而夷狄寇盗之祸亦相挺而起"。① 费密《弘道书》引录文中六百余字作为论据，钱氏观点与费经虞、费密所主张的"经传则道传""圣人之道，惟经存之，舍经无所谓圣人之道"正相合②。

王士禛

王士禛，生于崇祯七年（1634），字子真，一字贻上，号阮亭，又号渔洋山人，世称王渔洋，谥文简，山东新城人。顺治十五年（1658）进士，官至刑部尚书。卒于康熙五十年（1711），年七十八。著有《渔洋山人精华录》《带经堂集》《渔洋诗集》《池北偶谈》《古夫于亭杂录》《香祖笔记》《居易录》等。生平事迹见宋荦《资政大夫刑部尚书王公士禛暨配张宜人墓志铭》、孙星衍《刑部尚书王公传》《渔洋山人自订年谱》等。

王士禛为清初诗坛领袖，主盟数十年，称一代诗宗。费密与王士禛以诗结缘，有知己之交。顺治十六年（1659），王士禛任扬州推官，"昼了公事，夜接词人"③，一时名辈皆往来座间。据《家传》记载，惟费密不往谒，后来王士禛在林古度处见费密一诗，为之惊叹，于是请阅全诗，费密录百篇赠之。王士禛对费密古诗，推崇备至，以为绝伦，并摘取近体诗中"白马岩中出，黄牛壁上耕""鸟声下杨柳，人语出菰蒲"等句，而尤爱"大江流汉水，孤艇接残春"一联，"当时咸以为知言"。王士禛对此也有记载："余在广陵，偶见成都费密字此度诗，极击节。赋诗云：'成都跛道士，万里下峨岷。虎口身曾拔，蚕丛句有神。大江流汉水，孤艇接残春二句即密诗。十字须千古，胡为失此人。'密遂来定交，如平生欢。"④ 二人定交后，王士禛还曾写过《送杨东子孝廉归广陵兼寄费此度》《寄怀费此度》两首诗寄赠费密，并在所选编《感旧集》中，收录费

① 钱谦益. 牧斋初学集［M］. 上海：上海古籍出版社，1985：850-852.
② 费密. 道脉谱论［M］//弘道书：卷上，《怡兰堂丛书》本.
③ 王士禛. 居易录：卷4［M］. 文渊阁四库全书本.
④ 王士禛. 渔洋诗话：卷上［M］. 文渊阁四库全书本.

密诗作二十六首。费密则曾为王阮亭题《金刚经》后、题《天女散花图》，并因王士禛作诗寄赠，感其知己，赋诗酬答："十字受君知，相逢何太迟。秋烟南浦上，寒雨北征时。文采传江左，风流播帝畿。高人不易见，从此日依依。"（《年谱》"四年乙巳八月"）王士禛论诗主神韵，有清新俊逸之风，费密诗作也有清丽的特点，二人以诗相交，可谓风雅知己。

林古度

林古度，生于万历八年（1580），字茂之，号那子，别号乳山道士，福建福清人。寓居南京，尝与曹学佺、钟惺、谭元游，以诗名世，明亡以遗民自居，时人称为"东南硕魁"。卒于康熙五年（1666），年八十七。现存《林茂之诗选》二卷等。生平事迹见《清史列传·文苑》。

林古度晚年与王士禛及诸扬州名士唱和于红桥、平山堂间，相得甚欢。王士禛在林古度处见到费密诗，甚为惊叹，遂通过林古度与费密定交。

曹溶

曹溶，生于万历四十一年（1613），字洁躬，号秋岳、倦圃，浙江秀水人。明崇祯十年（1637）进士。入清后，任广东布政使、山西按察副使等，后归老林泉。家富藏书，诗与龚鼎孳号"龚曹"，尤工词。卒于康熙二十四年（1685），年七十三。著有《静惕堂诗》《静惕堂词》等。生平事迹见生平事迹见《清史稿》卷四八四、《清史列传》卷七八等。

据《年谱》，康熙十三年（1674）九月，曹溶过访费密，二人"论逸事"。费密《燕峰诗钞》存《曹司农溶招饮》《曹司农溶枉驾草堂》二首，后者云："共传燕许重朝名，自树文章续二京。遂枉轩车临草泽，敢将野服对公卿。微言优爽条条达，道气雍容冉冉清。更欲徙公渡江去，一楼书见古人情。"

王岩

王岩，字筑夫，一字平格，江苏宝应人（一说陕西西安人）。明诸生，入清后隐居治学。善古文辞，著有《白田布衣集》《白田集》《异香集》等。生平事迹见刘宝楠《王岩传》。

王岩与费密交往颇密切。据《年谱》，康熙五年（1666）八月、康熙九年（1670）十月，费密与王岩曾论文，康熙十一年（1672）正月，二人论丧礼。康熙十三年（1674）四月，二人"论东林越党是非"。康熙十五年（1676）五月，费密曾得王岩书信。康熙十八年（1679）六月，费密曾寄书信给王岩。另，费密《传心录题辞》曾言，费密"昔常与筑夫、豹人过艾陵，出饼果茗□，谈文竟日。"可知王岩与孙枝蔚（字豹人）、费密曾多次过访雷士俊（号艾陵），谈文论艺。

夏洪基

夏洪基，字元开，江苏高邮人。明末贡生。精于篆隶六书之学，考订最详。家富藏书，著有《孔子年谱》《孔门弟子传略》《尚友堂偶笔》《尚友堂丛书》等。生平事迹见乾隆《高邮州志》卷十。

《家传》云："甲辰，往高邮州同知张公士羲署，与老儒夏公洪基论经史，为《史记补笺》。"《年谱》亦云康熙三年甲辰（1664）四月，费密于"与前辈夏洪基论经史。"夏洪基殁后，费密作《挽高邮夏洪基先生》云："岁在龙蛇果验之，名贤忍见□荒时。未酬大用三公志，空有鸿文万古垂。夜月照残鸾凤羽，海风吹折珊瑚枝。伤予潦倒惭遗老，洒泣登堂慰弱儿。"

杜濬

杜濬，生于万历三十九年（1611），字于皇，号茶村，湖北黄冈人。明亡后，寓居南京。卓有诗名。卒于康熙二十六年（1687），年七十七。著有《变雅堂集》等。生平事迹见朱丽霞、周庆贵《杜濬年谱》。

据《年谱》，康熙四年（1665）六月，杜濬曾过访费密。康熙二十三年（1684）四月，二人曾相会。

纪映钟

纪映钟，生于万历三十七年（1609），字伯紫，又作伯子、蘗子，号戆叟，自称钟山逸老，江苏南京人。明末诸生，崇祯时，曾主金陵复社事。明亡后曾为僧。晚客于龚鼎孳处十年。后移家仪真，卒于康熙二十年（1681），年七十三。著有《戆叟诗钞》四卷。生平事迹见《清史列传·文苑》周茂兰传附、郑方坤《国朝名家诗钞小传·蘗子诗钞小传》等。

《家传》列举费密交往当时名贤，录"纪公映钟"之名，今未见二人交往事迹。

孙枝蔚

孙枝蔚，生于泰昌元年（1620），字豹人，号溉堂，陕西三原人。世为大贾，明末遭乱，流寓扬州。折节读书，以诗名世。康熙十八年（1679）应博学鸿儒科，赐中书舍人，隐逸终老。卒于康熙二十六年（1687），年六十八。著有《溉堂集》等。生平事迹见《清史列传》及《清史稿》，郑方坤《孙枝蔚小传》等。

据《年谱》，康熙四年（1665）六月，孙枝蔚曾过访费密。据《家传》记载，康熙十年（1671）费经虞殁后，费密"居丧悉遵古礼，冠衰皆仿古自制，非同市间式……小祥后，去负版，始易衣麻之稍细者"，孙枝蔚自叹谓弗及。另据费密《传心录题辞》"昔常与筑夫、豹人过艾陵，出饼果茗□，谈文竟日。"可知孙枝蔚与王岩（字筑夫）、费密曾多次过访雷士俊（号艾陵），谈文论艺。

雷士俊

雷士俊，生于万历三十九年（1611），字伯吁，江苏江都人。攻古文经史，精研理学。筑室艾陵湖上，闭户读书，学者称艾陵先生。卒于康熙七年（1668），年五十八。著有《艾陵诗文钞》等。生平事迹见《清史列传》卷六六、陈鼎《雷艾陵传》等。

雷士俊除著有《艾陵诗文钞》外，还有《传心录》传世，此书由雷士俊门人员秉乾等取雷氏言理之文九篇而成，康熙三十三年（1694）夏至，费密应邀为此集作序，序文有云："密昔常与筑夫、豹人过艾陵，出饼果茗□，谈文竟日。诸公皆十年以长，独密齿稍后，不觉遂三十余载，诸公物化，密亦年七十，衰颓而病，追忆平生故人，尤喜艾陵之子毅与同门诸子编辑遗书为可快也。"从中可见费密与雷士俊的交谊。

王士禄

王士禄，生于天启六年（1626），字子底，号西樵山人，山东新城人。顺治九年（1652）进士，官至吏部考功员外郎，因事免官。与弟王士祜、王士禛皆有诗名，号为三王。卒于康熙十二年（1673），年四十八。著有《十笏草堂诗选》《辛甲集》《上浮集》等。生平事迹见《清史稿·文苑传》。

据《年谱》，康熙六年（1667）九月，王士禄曾过访费密，二人论诗。

魏禧

魏禧，生于天启四年（1624），字冰叔，又称叔子，号裕斋，江西宁都人。与兄祥、弟礼俱以文名，世称"三魏"，明亡后隐居翠微峰，与兄弟及彭士望等九人讲易其中，世号"易堂九子"，康熙十八年（1679）举博学鸿儒，以病辞。卒于康熙二十年（1681），年五十八。著有《魏叔子文集》等。生平事迹见

《清史列传》卷七〇、《清史稿》卷四八四等。

据《年谱》，康熙九年（1670）七月余奋过访时，费密曾送给他《魏叔子集》。另费密《燕峰诗钞》收有《喜魏禧至》诗云："相见怜辛苦，干戈自远投。文章谁氏受，乡井几家留。白气蟠霄汉，青华露斗牛。次宗多道德，恐有鹤书求。"

范鄗鼎

范鄗鼎，生于天启六年（1626），字汉铭，号彪西，山西洪洞人。康熙六年（1667）进士，后养母不仕。卒于清康熙四十四年（1705），年八十。著有《五经堂文集》《明儒理学备考》《广明儒理学备考》《国朝理学备考》等。生平事迹见《清史稿·儒林传》。

范鄗鼎一生以表彰理学诸儒学行、光大理学为职志，相继编成《明儒理学备考》《广明儒理学备考》《国朝理学备考》。《国朝理学备考》录有二十六家，一家一编，所录诸儒，大体先为生平简历，并附范鄗鼎，随后则是学术资料汇编，所录资料分四类，一为语录，二为文集，三为诗词，四为诸儒评论。① 《国朝理学备考》所录二十六家中包含费密，可见范鄗鼎对费密的理学成就颇为推许。

刘芳喆　刘兴聘　刘兴闻

刘芳喆，字宣人，河北涿州人。顺治十八年（1661）进士，授编修，迁国子监司业。康熙二十四年（1685）解组归里。喜奖进善类，士论归之。为学主于庸。卒于康熙五十五年（1716）。著有《拙翁庸语》《拙翁集》等。生平事迹见《大清畿辅先哲传》卷十三。

费密次女嫁给了刘芳喆之侄刘兴聘（字德问），二人有姻亲之谊。据徐世昌《大清畿辅先哲传》记载，刘芳喆"生平与新城王士祯友善，所心许者，成都费密、蔡廷治，黄冈曹本荣三人而已。"② 此外，刘芳喆曾向范鄗鼎论及费密为学云："燕峰先生潜心理学，著书甚富，家贫，大部通未付梓，其受业者又多寒素之士，心与力左，即转相钞写，亦非易言。"③ 可见，刘芳喆对费密为学甚为推重。刘芳喆子侄辈刘兴聘、刘兴闻（字德誉）康熙三十八年（1699）十月曾拜

①　陈祖武. 范鄗鼎与《理学备考》［M］//清史论丛. 北京：中国广播电视出版社，2006.
②　徐世昌. 大清畿辅先哲传［M］. 北京：北京古籍出版社，1993：427.
③　刘芳喆. 寄洪洞范彪西先生书［M］//费燕峰先生年谱："（康熙）二十五年".

费密为师。

汪楫

汪楫，生于崇祯九年（1636），字舟次，号悔斋，安徽休宁人。性伉直，意气伟然。康熙十八年（1679）荐举博学鸿儒，授翰林院检讨，纂修明史。官至福建布政使。工诗，兼工书法。卒于康熙三十八年（1699），年六十四。著有《崇祯长编》《悔斋集》《使琉球录》《中州沿革志》等。生平事迹见《清史列传·文苑》本传、《清史稿·文苑》乔莱传附。

据《年谱》记载，康熙四年（1665）五月，汪楫过访费密，送其所作《悔斋诗》。后来二人多有书信往来，费密寄书给汪楫的记载就有康熙二十年（1681）九月、康熙二十九年（1690）六月、十月三次。汪楫曾充正史出使琉球，费密为作《送汪舟次太史出使琉球》诗云："赐衣捧诏出龙楼，使者乘风万里舟。陆贾本能持汉节，扶余原属外诸侯。珊瑚树老波光射，玳瑁群来海雾收。译字金函献天子，却将佳句和清流。"（费密《燕峰诗钞》）

许承家

许承家，生于顺治四年（1647），字师六，江苏江都人。康熙二十四年（1685）进士，官编修。著有《猎微阁集》。生平事迹见《清诗纪事初编》卷四。

据《年谱》，康熙二十七年（1688）七月，费密曾托刘兴职，请其岳父许承家序《许氏河图说》。康熙二十九年（1690）三月，许承家过访费密。康熙三十四年（1695）二月，许承家为费经虞《雅伦》作序①。序文称赞《雅伦》"议论精博"，为"艺苑之大观""风雅之渊薮"，"当与《昭明文选》《文苑英华》同不朽"。序文另言"先生没后，交长君此度，乃得见斯编"，费经虞卒于康熙十年（1671），则许承家与费密相交在此之后。康熙三十六年（1697）九月，费密为许承家作墓志。《清代人物生卒年表》曾据《康熙二十四乙丑科会试进士履历便览》著录许承家生于顺治四年（1647），其卒年则阙如②。据费密撰写墓志的时间，基本可以推知，许承家卒于康熙三十六年（1697），年五十一。

---

① 今传《雅伦》前有此序，未署创作时间，据《年谱》可知此序作于康熙三十四年（1695）。

② 江庆柏. 清代人物生卒年表［M］. 北京：人民文学出版社，2005：212.

吴绮

吴绮，生于万历四十七年（1619），字薗次，一字丰南，号绮园，又号听翁，江苏江都人。顺治十一年（1645）贡生，荐授弘文院中书舍人。官至湖州知府，以多风力，尚风节，饶风雅，时人称"三风太守"。后失官，再未出仕。卒于康熙三十三年（1694），年七十六。著有《林蕙堂全集》。生平事迹见《扬州足征录》卷一。

据《年谱》，康熙二十八年（1689）十月，费密曾与吴绮论填词。

方文

方文，生于万历四十年（1612），字尔止，号嵞山，别号淮西山人、忍冬，安徽桐城人。明末诸生，游历南北，诗名颇著。早年与钱澄之齐名，后与方贞观、方世举并称"桐城三诗家"。卒于康熙八年（1669），年五十八。著有《嵞山集》。生平事迹见道光《续修桐城县志》卷十五小传。

据《年谱》，康熙四年（1665）六月，方文过访费密，二人相与"论诗、论字学"。

邓汉仪

邓汉仪，生于万历四十五年（1617），字孝威，江苏泰州人。博洽通敏，贯穿经史百家之籍，尤工于诗，称骚雅领袖。吴伟业、龚鼎孳皆与唱和，登坛执牛耳者数十年。康熙十八年（1679），举博学鸿儒，授中书舍人，后辞归，啸傲山林以终。卒于康熙二十八年（1689），年七十三。著有编年诗、各体文若干卷。生平事迹见雍正《扬州府志》卷三一小传。

据《年谱》，康熙五年（1666）十月，邓汉仪曾过访费密。康熙七年（1667）七月，二人曾相与论诗。邓汉仪念其时诗学荒芜，曾品次近代名人之诗为《诗观》四集。"别裁伪体，力造雅音，海内言诗之家咸宗焉"①。其中，二集卷四收录费经虞诗五首，初集费密诗六首。其评费密诗"矫岸自异，不食人间烟火，按之格律，无不谐合，是于波靡中屹然砥柱者。"②

屈大均

屈大均，生于崇祯三年（1630），字介子，一字骚余，又字翁山，号泠君，

---

① 雍正《扬州府志》卷三一邓汉仪小传。
② 邓汉仪. 诗观初集［M］. 清康熙慎墨堂刊本.

广东番禺人。多次参与反清复明斗争，卓有诗名，与陈恭尹、梁佩兰诗号"岭南三大家"。著述宏富，有《道援堂集》《翁山诗外》《翁山文外》《道援堂词》《翁山文钞》《翁山诗略》《广东文选》等，卒于康熙三十五年（1696），年六十七。生平事迹见《清史列传》卷七〇《文苑传一》《清史稿》卷四八四、汪宗衍《屈翁山先生年谱》等。

据《年谱》，康熙十八年（1678）十一月，屈大均曾过访费密。康熙三十二年（1693）二月，费密曾寄书信给屈大均。费密子锡璜与屈大均亦有交往。费锡璜曾言："屈翁山前辈，见余掣鲸堂诗，即寄余诗，末一首云：开元大历十余公，尽在高才变化中。谁复光芒真万丈，谪仙犹让浣花翁。见客时，称余诗不置。"屈大均集中现存《西蜀费锡璜数枉书来自称私淑弟子赋以答之》诗四首，多言论诗大旨。费锡璜则有《戏题》诗，推称屈大均"南海今推第一人"。屈氏卒后，费锡璜曾作寄吊诗五首，以寄崇敬与哀思之情。

黄云

黄云，字仙裳，江苏泰州人。穷研经籍，少即以诗文名家。慷慨尚义，志欲与东汉人相颉颃。晚年愈贫苦，屡辞聘召，益肆力于诗歌，东南言风雅者必宗焉。著有《桐引楼集》。生平事迹见雍正《扬州府志》卷三二。

据《年谱》，康熙七年（1668）六月，费密曾得黄云书信，并答之。七月，二人曾相与论诗。康熙十八年（1679）十一月、康熙三十三年（1694）五月，费密至泰州，曾与黄云及其子泰来相会。康熙三十九年（1700）三月，费密曾为黄云作草书。

陆朝　陆震

陆朝，字右臣，一字无文，号寄翁，江苏如皋人，客鄞。逸才旷致，笃于友谊，善吟咏。著有《醉梦草》。生平事迹见康熙《鄞县志》卷二。

费密与陆朝交谊颇厚，《家传》即言费密"与龚公贤、陆公朝尤交善"。据《年谱》，康熙五年（1666）八月，费密曾与陆朝及其子震论诗。二人多有书信往来，见于记载的即有：康熙六年（1667）五月，费密寄书陆朝；康熙十五年（1676）五月，费密得陆朝书；康熙二十三年（1684）十月，陆朝寄书费密邀请来访。此外，据《年谱》记载，费密还曾于康熙七年七月为陆朝跋画，康熙十三年（1674）六月为书册页手卷，康熙十五年（1676）八月跋陆朝、张词臣丙戌倡和诗，康熙二十二年（1683）八月为题画龙卷，康熙二十九年（1690）十二月为书扇。费密《燕峰诗钞》存与陆朝交往诗最多，可见二人亲密程度。这些诗分别为《无文招饮凤山望梅隐君故宅》《送陆朝北游》《同王孙骢、丁日乾、于大仪、徐子懋、蔡琦、杨碧、李希泌重过陆朝鄂银草堂》《陆朝移家南村》《同陆朝、于大仪过如皋访周斯盛不值》《与陆朝过王孙骢》《闻陆朝远归却寄》《陆朝诸子同坐于大仪新楼逐止宿焉》《与卢生、于瀚、张欽坐陆朝家》《上泰州升仙桥同马锈、陆朝、其子震、王雅饮于大仪家》。陆朝子震，字天声，康熙三十六年（1697）十月拜费密为师，费密曾为其作诗序。

李塨

李塨，生于顺治十六年（1659），字刚主，号恕谷，河北蠡县人。二十一岁始，即师事颜元，中年游历论学，晚年隐居讲学，是颜元学说最重要的继承者，颜李学派开创者、代表人物。雍正十一年（1733）卒，年七十五。著有《周易传注》《四书传注》《大学辨业》《圣经学规纂》《论学》《平书订》《恕谷后集》等。生平事迹见方苞《李刚主墓志铭》、冯辰《李恕谷先生年谱》等。

李塨小费密 34 岁，为费密后辈行，二人在尊仰古经，倡导实学等方面学术观点颇相近。康熙二十六年（1687），李塨馆伊陈氏时，费密弟子徐澄源曾向其介绍费密的为人为学，李塨"羡之，急欲一晤"，二人遂邀拜费密门人张含章，含章向其讲述了费密"宋儒不及汉儒，表章十三经"之论，李塨于是在康熙二十七年（1688）"寓书费燕峰论学"，二十八年（1689）六月费密复书，批判朱王，推赞李塨"力追古学，拨正支离"，并对其寄予厚望。据《年谱》，康熙二十九年（1690）三月，费密还曾给李塨寄过书信，内容不详。康熙三十三年（1694），李塨又收到费密所寄论学书，内容亦不详。康熙三十四年（1695），李塨过扬州，拜访蔡廷治，"与言习斋存学大旨，瞻岷击节称是"，再欲拜访费密时，可惜费密"病不能会"，只遣子费锡璜相见。《颜李师承记》记载费密去世时，正是李塨"再佐桐政北归之岁"，二人"终未得一晤商学"，认为费密与李塨一生皆未能见面，所言可能过实。李塨拜访一事，《年谱》亦有记载，言二月"会李刚主"，则二人当时是否见面，尚有疑意。① 此外，李塨撰著《大学辨业》，曾请费密、阎若璩、万斯同、孔尚任等人审阅校订，事见《大学辨业》凡例第四条②。

---

① 徐世昌. 颜李师承记［G］//周骏富辑. 清代传记丛刊，台北：明文书局，1985：274；冯辰. 李恕谷先生年谱：卷二，清道光年间刻本。

② 李塨. 大学辨业［M］. 畿辅丛书本.

陈维崧

陈维崧，生于明天五年（1625），字其年，号迦陵，江苏宜兴人。父贞慧，明末四公子之一。康熙十八年（1679年），举博学鸿词科，授官翰林院检讨。以词、骈文著称，与吴兆骞、彭师度称"江左三凤"，与吴绮、章藻功称"骈体三家"。卒于康熙二十一年（1682），年五十八。著有《湖海楼全集》等。生平事迹见徐乾学《陈检讨维崧志铭》、蒋永修《陈检讨迦陵先生传》等。

康熙四年（1665）六月底，陈维崧与费密相识于扬州，陈维崧《湖海楼诗集》卷二"乙巳"有《赠成都费密》长诗，叙述二人相识经过甚详：陈维崧居扬州三年，早闻费密之名，多方打听而不得见。后费密通刺来访，二人始定交（句云："今秋我复来芜城，有客来刺通平生。乍见姓氏已相贺，复睹状貌还趣迎。七月已至六月破，扬州城中秋水大"）。费密对陈维崧痛叙蜀乱惨象，并抒发了思乡之情（句云："为言锦城十万家，乱后巴童余几个。葭萌关上大杀伤，褒斜谷中多战场。笮间袅袅绝鸟雀，栈外杳杳无牛羊。公孙楼橹只衰草，丞相祠堂空夕阳。""木棉花发几回红，十度思归归不得"）。陈维崧则赞费密是"行步昂藏真丈夫"。二人此段交往，颇为紧密（句云："十日要当九见诣，出门疾若千里驹"）。陈维崧并选录费密《朝天峡》《沔县村居》二诗入所编诗选《箧衍集》中。

冒襄

冒襄，生于万历三十九年（1611），字辟疆，自号巢民，江苏如皋人。明末，与方以智、陈贞慧、侯方域称四公子，声名颇盛。入清后不仕。著有《巢民诗集》《巢民文集》等。卒于康熙三十二年（1693），年八十三。生平事迹见韩菼《潜孝先生冒征君襄墓志铭》、冒广生《冒巢民先生年谱》等。

费密与冒襄有交往，据《年谱》记载，费密曾于康熙七年（1668）四月至如皋，会冒襄，送《渝变录》，冒襄则招请费密聚饮于水绘园，费密所赋诗今存《燕峰诗钞》。《年谱》又于康熙十八年（1679）七八月间，记事云："为冒巢民作七十寿序"，此文今存。

孔尚任

孔尚任，生于顺治五年（1648），字聘之，又字季重，号东塘，别号岸堂，自称云亭山人，山东曲阜人，孔子六十四代孙。历官国子监博士、户部主事、员外郎，卒于康熙五十七年（1718），年七十一。著有《桃花扇》《湖海集》等。生平事迹见《乾隆曲阜县志》卷八七、袁世硕《孔尚任年谱》等。

孔尚任于康熙二十五年（1686）随工部侍郎孙在丰赴淮扬一代治水，二十八年（1689）始北还，三年之中，与当地文人雅士诗酒流连，交游甚密。康熙二十六年（1687）十月，孔尚任过访费密，二人谈阙里六代之乐。同月，孔尚任招集琼花观，文人雅集，赋诸体诗。康熙二十七年（1688）二月，费密为孔尚任作《汉铜尺歌》，三月三日，二人与诸名士红桥泛舟，各赋七言律。同月，费密为孔尚任作草书。此年春，费密曾屡次过访孔尚任论学①。直至夏日，二人仍交往不辍②。七月，孔尚任送费密《湖海集》《全乐图》。康熙二十八年（1689）十月，二人相会，谈圣庙礼乐。费密为孔尚任书册页。同月，费密作诗送孔尚任还京师。③ 孔尚任《湖海集》收录《答费此度》《与费此度》两封书信，从其内容可以看出二人曾数次论学，孔尚任称赞费密"示学术指归，洞若观火""主于尊经，乃圣学之津梁"，但二人持论不同，孔尚任自言"主于格物"。④

王仲儒

王仲儒，（1634—1698），字景州，号西斋，江苏兴化人。明末诸生，入清不仕。撰有《西斋集》十八卷，生平事迹见咸丰《兴化县志》。

据《年谱》，康熙二十九年（1690）三月，王仲儒曾过访费密。

龚贤

龚贤，约生于万历二十七年（1618），字半千，又字野遗，号柴丈人，江苏昆山人，流寓金陵。早年曾参加复社活动，入清后隐居不出，以画著称于世，居"金陵八家"之首，与吕潜并称"天下二半"⑤。卒于康熙二十八年（1689），年七十二。著有《草香堂集》。生平事迹见《清史稿》卷五〇四、李桓《国朝耆献类征》卷四七七等。

据《家传》，费密"与龚公贤、陆公朝尤交善"。龚贤在扬州期间与费密多有交往。据《年谱》，顺治十八年（1661）七月，费密曾得到龚贤书信。康熙五年三月，龚贤曾过访费密。康熙十五年（1676）二月，费密曾寄书信给龚贤，康熙二十年（1681）十月，二人曾相会。龚贤卒后，费密于康熙二十九年

---

① 孔尚任. 成都费此度屡访问学 [M] //湖海集：卷 4，清康熙间介安堂刻本.
② 袁世硕. 孔尚任年谱 [M]. 济南：山东人民出版社，1962：71—72.
③ 费天修. 费燕峰先生年谱，"二十七年""二十八年".
④ 孔尚任. 湖海集：卷 12 [M]. 清康熙间介安堂刻本.
⑤ 龚贤，字半千。吕潜，号半隐。

（1690）三月问吊并会其子龚柱。二人互有诗歌赠答，费密《燕峰诗钞》中今存《赠龚贤》五律一首①。龚贤《草香堂集》中亦有《与费密游》三首（分别为《与费密登清凉台》《登眺伤心处》《晚出燕子矶东下》）②，民国年间，傅抱石还曾据龚贤三诗诗意作《龚半千与费密游诗意图》，名噪一时。

石涛

石涛，原名朱若极，广西桂林人，小字阿长，号大涤子、清湘老人、苦瓜和尚、瞎尊者等。明靖江王朱亨嘉之子，"清初四僧"之一，明末清初著名画家。

费密客居扬州数十年，思念故乡四川新繁，以其心目所及，作《繁川春远图》，后以之为向导，向石涛祈画。画未就费密已逝，石涛于康熙四十一年（1702）初作成《费氏先茔图》，并题诗云："故家生世旧成都，丘墓新繁万里余。俎豆淹留徒往事，兵戈阻绝走鸿儒。传经奕叶心期切，削迹荒乡岁莫孤。何意野田便永诀，不堪吾老哭潜夫。"③ 此后，石涛又曾以费锡璜《桃源》诗"灵山多奥秘，谷口人家藏。渔父偶然到，桃花流水香。迷途难借问，归路已随忘。不比天台上，还堪度石梁"诗意，创作《桃源图》④。

杨宾

杨宾，生于顺治七年（1650），字可师，号耕夫，别号大瓢，浙江山阴人。其父杨越，因清初魏耕通海案牵连被流放宁古塔，宾谋救之，不果，亲赴省觐，

---

① 陈菁《从龚贤的绘画风格看〈山水通景屏〉之真伪》（《上海博物馆集刊》2002 年）、《龚贤绘画传人述略》（《东方博物》2004 年第 12 辑）、吴国宝《龚贤研究》（中国艺术研究院博士论文，2013 年）提及清抄本《燕峰诗抄》有《画纸行赠龚贤》《送龚贤还上元》两首诗，《从龚贤的绘画风格看〈山水通景屏〉之真伪》甚至录有《画纸行赠龚贤》诗句："龚子得纸十余尺，画出秋山秋月白。此画既足垂千古，此纸犹令人爱惜。"今查存世两种《燕峰诗钞》，皆不见此二诗，不知何故，俟再考。

② "《与费密游》五律三首"的说法出自傅抱石（《我的作品题材》），但据刘海粟主编《龚贤研究集》载录《草香堂集》、卓尔堪《遗民诗》卷八，龚贤此三诗虽然前后相依，但是属独立成篇，并没有"与费密游"的总题，因此后二首是否是龚贤与费密一同游览所作，尚有疑问。

③ 参见石涛《费氏先茔图》识语，民国《新繁县志》卷一，民国三十六年铅印本。据《年谱》记载，费密于康熙二十八年（1689）五月"书《繁川春远图》后"，则《繁川春远图》应作于此时。《费氏先茔图》民国年间为张大千所得，今藏法国巴黎集美博物馆。

④ 《桃源图》今藏美国华盛顿弗利尔美术馆。

并探采遗迹，拜访遗老，终撰成《柳边纪略》五卷，为世所称。另撰有《晞发堂诗集》《晞发堂文集》《力耕堂诗稿》《大瓢偶笔》《大瓢日记》等。卒于康熙五十九年（1720），年七十一。生平事迹见姜宸英《安城杨君墓志铭》等。

费密与杨宾交往颇深，杨宾《晞发堂诗集》卷四《所思二十九首》第一首即是《燕峰》，卷七《亡友》亦有怀念费密的《费燕峰》一首。据《年谱》，康熙二十二年（1683）十二月，费密为杨宾《力耕堂诗稿》作序，此文今存，费密在文中称赞杨宾诗"格力高老""气势昌明"。此外，费密还曾为杨宾《柳边纪略》撰序，详尽地描述了杨宾艰辛跋涉关外省亲及撰著成书的经过，杨宾父杨越于康熙三十年（1691）卒于戍所，据文意（"经营二载"等语），此文作时当在 1693 年之后。另据《年谱》，二人多有书信往来，记录在案的即有费密于康熙二十三年（1684）十一月、三十六年（1699）八月寄书，二十四年（1685）五月、二十六年（1687）七月、二十七年（1688）十月、三十年（1891）十一月得书。除此而外，康熙三十五年（1696）正月，二人曾相会，二月，曾共同参加集会赋咏。

姚曼

姚曼，字东只，江苏江都人。身长玉立，才略过人。当事咨以大事，辄筹划井井。好客忘贫。吴薗次序其集云："苟有意以相投，常倾肝胆问不平为何事，辄动须眉"，可想见其人。生平事迹见王豫、阮亨《淮海英灵续集》巳集卷二。

据《年谱》，姚曼曾于康熙五年（1666）三月过访费密，费密曾于康熙三十一年（1692）正月为姚曼作草书。《燕峰诗钞》存费密《送姚曼之盐城》诗一首：淮南旅舍暂相逢，便放扁舟过海东。未有男儿长袴下，不曾宾客处囊中。万山月色孤筇路，十载秋思一笛风。别后新诗应满箧，重来为我咏飞鸿。

梅文鼎

梅文鼎，生于崇祯六年（1633），字定九，号勿庵，安徽宣州人。以天文历算闻名于世，康熙帝亲赐"积学参微"四字以示褒奖，被称为清代"历算第一名家"。卒于康熙六十年（1721），年八十九。一生勤于著述，著作达八十余种，存世有《梅氏丛书辑要》六十卷等。生平事迹见杭世骏《梅文鼎传》、毛际可《宣城梅公传》等。

《年谱》记载："（康熙二十九年九月）梁质人来访，时自都门来，言茹紫庭刘继庄、梅定九皆慕先生名，深致意焉。"可知此时梅文鼎与费密还未相识。

康熙三十四年（1695）三月，费密至宣城，二人始相会。此行费密看到了梅文鼎所著《浑盖通宪》，梅文鼎送给费密《小识》《忠节纪》二书。此外，费密还曾为梅文鼎《古今历法通考》作序。此序今未见。据梅文鼎《勿庵历算书目》自言："《古今历法通考》，有魏叔子、费燕峰二序。"① 然而相较书目中标明"已刻"者，《古今历法通考》在编纂此书目时，似乎还未刊刻。朱书《送梅毋庵游武夷序》也说梅文鼎撰写《古今历法通考》，"宁都魏叔子禧、成都费此度密皆尝为作序。"② 不过，《梅氏丛书辑要》卷四六《历学疑问》梅文鼎自序后双行小字言："《历法通考》旧序二首附后"，察所附二序，一序确为魏禧所作，另一序乃北平王源序，并非费密序。

万斯同

万斯同，生于崇祯十六年（1643），字季野，号石园，门人私谥贞文先生，浙江鄞县人。曾师从黄宗羲，以明遗民自居。学主慎独，专意古学，以史学称世，尤精明史。曾入明史馆，萃力修史，手定《明史稿》。卒于康熙四十一年（1702），年六十。生平事迹见黄百家《万季野先生斯同墓志铭》、全祖望《万贞文先生传》等。

据《年谱》，康熙三十六年（1697）二月，费密曾寄书信给万斯同。清廷修《明史》时，费密曾泥涂入都，奉父亲费经虞《行状》入史馆，下拜涕泣，馆内诸公皆为感动。所谓"馆内诸公"，或即包括万斯同。

宋曹

宋曹，生于万历四十八年（1620），字彬臣，号射陵，又号耕海潜夫，江苏盐城人，流寓扬州。以书法名世。卒于康熙四十年（1701），年八十二。著有《书法约言》《会秋堂诗文集》等。生平事迹见光绪《盐城县志》卷十。

宋曹为明末清初著名书家，费密亦善书法，二人多有书法往来。据《年谱》，康熙二十七年（1688）十月，二人论字学。同年十一月，费密为宋曹书手卷。康熙二十九年（1690）七月，费密请宋曹为题孝贞先生（费经虞）手卷。康熙三十年三月，二人论草书。此外，康熙二十七年十一月，二人皆参与拙政园集会赋诗。康熙二十九年（1690）六月，费密曾为宋曹跋《蔬枰图》。

---

① 梅文鼎. 勿庵历算书目［M］. 知不足斋从书本.
② 朱书. 朱书集［M］. 合肥：黄山书社，1994：97.

黄虞稷

黄虞稷，生于崇祯二年（1629），字俞邰，号楮园，江苏江宁人。顺治元年（1644），入江宁学籍。困诸生三十余载，康熙十七年（1678），举博学鸿儒，以母丧未与试。二十年（1681）召入明史馆，分纂《列传》《艺文志》。家富藏书，能诗。卒于康熙三十年（1691），年六十三。著有《千顷堂书目》等。生平事迹见《清史稿》卷四八四、《清史列传》卷七一。

据《年谱》，康熙二十五年（1686）二月黄虞稷曾过访费密。康熙二十八年（1689）八月、二十九年（1690）三月，费密曾致书黄虞稷。

周斯盛

字屺公，号铁珊，学者称证山先生，浙江鄞县人，清顺治十八年（1661）进士，曾官即墨知县，著有《证山堂集》八卷。生平事迹见全祖望《周证山先生传略》。

据《年谱》，康熙十三年（1674）六月，周斯盛曾与费密相会。九月费密得周斯盛书并书扇，答书并赠《燕峰文钞》一册。

顾嗣立

顾嗣立，生于康熙四年（1665），字侠君，江苏长洲人。康熙五十一年（1712）进士，改庶吉士。尝浪游南北，遍访名宿。卒于康熙六十一年（1722），年五十八。编著《元诗选》《秀野堂诗集》等。生平事迹见《闾邱先生自订年谱》。

据《年谱》，康熙二十二年（1683）十月，顾嗣立曾过访费密。康熙二十三年（1684）正月，二人曾与诸贤集会依园赋诗。五月，费密曾赋合欢曲送顾侠君山东就婚。

汤燕生

汤燕生，字元翼，一字岩夫（或说为号），安徽太平人。明末诸生。后居芜湖，闭户博览群书，尤长诗，求者甚多，率不轻予。晚年用心于易，七十余卒。生平事迹见乾隆《太平府志》卷二九，嘉庆《宁国府志》卷三一。

据《年谱》，费密与汤燕生多有书信往来，如康熙十二年（1673）十二月，费密曾寄送书信给汤燕生。康熙十四年（1675）九月、二十六年（1687）七月、二十七年（1688）三月、三十年（1691）九月，费密分别得到过汤燕生的书信。此外，康熙十九年（1680）十月，二人曾相会。费密《燕峰诗钞》存《寄汤燕

生》诗一首，云：旅舍从容满座惊，往年恨未尽平生。荒山耆旧几人在，故里
菑畬课子耕。衰去已甘长牧豕，春归何幸见巢莺。相逢欲问先民事，白社黄冠
寄五更。

于大仪

于大仪，字颖士，江苏扬州人。尝官襄阳令。生平事迹见《费燕峰先生年
谱》。

于大仪为费密至交。据《年谱》，康熙六年（1667）二月，于大仪曾过访费
密。康熙九年（1670）八月，费密为于大仪志生圹、题诫子书。康熙十三年
（1674）四月下旬，费密移家江都东野田村于大仪楼中。《年谱》记载云："是
时滇中变乱，震惊江左，州人皆迁避他徙，于公颖士为先生至交，有宅在野田，
邀先生村居，自此遂居野田，虽出游四方，以野田为归，未尝他徙矣。"康熙十
七年（1678）七月，在京候选的于大仪遣人迎费密。康熙十八年（1679）九月，
费密致书大仪。康熙二十一年（1682）六月，费密闻于大仪讣，"往哭之"。
《燕峰诗钞》中存录有关于大仪诗篇数首：《上泰州升仙桥同马锈、陆朝、其子
震、王雅饮于大仪家》《冬日坐于大仪山舍》《同王孙璁、丁日乾、于大仪、徐
子懋、蔡琦、杨碧、李希泌重过陆朝鄂银草堂》《同陆朝、于大仪过如皋访周斯
盛不值》《饮于大仪小楼》《陆朝诸子同坐于大仪新楼逐止宿焉》。

三、方帅幕主

费密生逢明末蜀乱时期，辗转于兵戈扰攘之间，曾结寨拒贼，身自擐甲，
也曾任职于方帅麾下，赞画军事，"当时公卿将相闻密名，争相延致"（《家
传》）。后迁居扬州，屏居著述之余，也曾多方入幕。下文即考察与费密有交往
的方帅幕主。择录共七人。

吕大器

吕大器，生于万历二十六年（1598），字俨若，号东川，四川遂宁人。崇祯
元年（1628）进士。尝官右佥都御史、南京兵部右侍郎、兵部尚书兼东阁大学
士等职。永历四年（1650），病逝于征途，年五十三，谥文肃。著有《东川诗
草》《次梅集》《塞上草》等。生平事迹见《明史》卷二七九。

据《年谱》记载，顺治五年（1648）十一月，吕大器督师西南时，曾拟任
命费密为中书舍人，密推辞未允。费密与吕大器数子皆有交往，与其长子吕潜
交谊最深。康熙十三年（1674）九月，应吕潜之请，费密为吕大器点木主并作

诗记之。康熙十八年（1679）二月，费密得吕潜书，"定吕文肃公诗"，并作《吕文肃诗序》，推崇吕大器"大臣勋庸，志安社稷"，评其诗"修洁而庄""条达而多姿""严密详整""规模宏远，博大以深""思幽而多感，隐忍而泣下"。《剑阁芳华集》卷十二撰列吕大器小传，并收其诗十二首。

杨展　杨璟新

　　杨展，字玉梁，四川嘉定人。崇祯十二年（1639）武科进士。授游击，升参军。后官总兵，封华阳伯。曾于彭山大败张献忠，声明煊赫。后为部将袁韬、武大定所杀。生平事迹见彭遵泗《杨展传》。杨璟新，杨展之子。

　　费密曾依杨展、杨璟新父子，为之出谋划策。据《年谱》，费密永历二年（1648）五月至嘉定，杨展闻密名，遣人致聘，费密建议屯田，以救蜀民，以立兵伍，又命人于青神江口沉水取张献忠弃金，"得赀甚富，给民间买牛种，余赀悉散给诸镇，西南民得以少苏"。后又与杨璟新屯田于荥经瓦屋山之杨村。杨展遇害后，费密曾襄助璟新整师复仇。《家传》谓费密："留杨展父子幕最久，所至屯田为持久计，而天命人事已改，是以大功不就。"费密有《赠杨大将军》诗云："高悬玉节拜诸侯，报国丹心事已酬。绣甲入云秋射虎，宝刀含雪夜椎牛。军中气肃齐闻角，野外风清独上楼。自古分茅颂异姓，令公汤沐在汾州。"《剑阁芳华集》卷十四撰列杨展小传，并收其诗二首。

程翔凤

　　程翔凤，字羽王，号石墨，四川芦山人。崇祯三年（1630）举人，监纪官、兵部职方司主事、太仆寺少卿，张象翀言其智术宏多，才略压众，言词开爽，慷慨任事。

　　据年谱，南明永历元年（1647）十一月，费密曾至雅州，谒程翔凤、曹勋。《剑阁芳华集》卷十二撰列程翔凤小传，并收其诗二首。

朱化龙

　　朱化龙，字庆云，湖南辰溪人。出身卒伍，以功累官至四川松潘镇总兵。明末力拒张献忠，后封为平蜀侯。顺治九年（1652）为清军所俘，遇害。生平事迹见道光《湖南通志》卷一七二。

　　据《年谱》，南明隆武二年（1646）五月，费密至茂州，时任松潘镇总兵的朱化龙给札署衔团练，号飞来营。

张士羲　张涛

张士羲，字宛都，陕西褒城人。曾官高邮州同。生平事迹见《费燕峰先生年谱》。

据《年谱》，费密避乱，携家至汉中，张士羲迎其至家，遣子涛（字松壑）执贽受业。张氏为当地望族，多藏书，费密"得遍观"。康熙三年（1664）四月，张士羲授高邮州同，迎费密至署。另，康熙十五年（1676）九月，张士羲曾寄《萧杨合易》一本给费密。

柯永蓁

柯永蓁，清汉军镶红旗，辽宁辽阳人。曾官兵部郎中兼参政官、副都统兼户部侍郎、都统、山东提督等。生平事迹见《辽阳古今人物》小传。

据《家传》《年谱》，康熙十六年（1677）七月，时任山东提督将军的柯公永蓁遣人迎费密，密谢未往。十一月，复遣人迎，遂至山东。柯永蓁礼密甚恭，费密以药除其痼疾。"将军夫人王家女，体甚尊而无子，将军畜妾生子于外，年且十余岁，不敢闻于夫人，宾客亦无敢以此言闻者，先生乃谓夫人曰：将军年老未有子，为夫人忧，且恩荫无所承，今闻有子在江南，愿夫人取归。夫人素敬先生，闻此言惊喜，遂迎其子入署。将军衰年，父子欢聚一堂，因先生一言，将军甚德先生，欲致千金为寿，先生惟受其十三经一部。时国家方举博学鸿词，将军屡欲荐先生，力辞乃止。"康熙十七年（1678）三月，费密离开柯府，去往河北饶阳。后康熙十七年（1678）四月，费密曾致书柯永蓁，十九年（1680）闰八月，费密曾得柯永蓁书信。

于王臣　于璠　于琰

于王臣，字及五，号柘溪，江苏扬州人。性孝友，慷慨多大节。研精宋儒之学，著《性理通解》《五子绪论》。塘头于氏起于明之中叶，于王臣为代表人物之一。于璠，字咸受，邃于汉学，诗文皆有家法；于琰，字丹源，皆于王臣子。生平事迹见嘉庆《江都县续志》卷十二、《费燕峰先生年谱》①。

据《年谱》，康熙七年（1668）七月，于王臣遣人迎费密，费密为之作草书。康熙二十三年（1684）九月，费密至塘头，宿于柘溪书屋。康熙二十四年

---

① 《年谱》中同时出现于及五、于柘溪，言及五讳王臣，未言柘溪为名讳。据嘉庆《江都县续志》卷十二关于塘头于氏介绍，知于（国）璠字咸受者为于王臣之子，而《年谱》中载录于璠字咸受者为于柘溪之子，遂可确认于王臣即于柘溪，柘溪应为王臣之号。

（1685）正月中旬、二十八年（1689）四月、二十九年（1690）正月，于王臣遣人迎费密至其家。康熙二十八年（1689）八月，二人论《易》，十二月，于王臣送刻书资。康熙二十九年（1690）十月，费密为于王臣、于璠、于瑛作草书。康熙三十一年（1692）正月，二人与于氏诸贤会于塘头。《燕峰诗钞》收录费密有关于王臣诗数首：《于王臣草堂》《冬至后同王雅陆御过于王臣草堂看雪》《于王臣书屋假山》《读书僧院杨碧于今奇王庭王臣过访》《游仙诗和于王臣二首》《同王雅于今奇饮于王臣草堂》。于王臣有《怀燕峰先生》诗云："蓟北天寒日，南中客思深。渐当花欲发，常对酒空吟。羁旅孤城夜，征途万里心。近闻传绝学，鸾啸有知音。"

此外，康熙二十七年（1688）三月，于王臣命于璠、于瑛拜费密为师。二人与费密及其二子锡琮、锡璜交往亦多，如费密曾为二人书扇、作草书，费锡璜曾赋诗相赠，于璠曾作诗送费锡琮之楚等。康熙四十年（1701）八月，费密病危之际，于璠、于瑛皆曾问疾。

四、师承门人

费密学术，绍承费经虞，多得自家学，然而亦有师承可循。据记载，他曾师从北方大儒孙奇逢、彭州医者刘时雨。费密晚年穷困，颇以授徒课子为业。据《家传》，其"阖户著书，惟笃守古经，倡明实学，以教及门"，"晚年四方来学者颇众，高才宿学，一时称得人最盛"。据《年谱》，在康熙十三年（1674）五十岁之后，学者多诣居讲下，称费密燕峰夫子。志书中也记载，费密"居邑东南之野田庄，以诗文引掖后进，与其两子相磨切。离城颇远，乡里子弟多好学奋兴"（嘉庆《江都县续志》卷十二）。今考得费密师承门人凡三十七人，列述如下①。

（一）师承

孙奇逢

孙奇逢，生于万历十二年（1584），字启泰，号钟元，晚年号岁寒老人，河北容城人。万历二十八年（1600）举人，明亡后，清廷屡召不仕，人称孙征君。晚年于河南辉县夏峰躬耕讲学二十余年，从者甚众，学者称夏峰先生。孙奇逢为明末清初理学大家，与李颙、黄宗羲齐名，合称明末清初三大儒。卒于康熙

---

① 门人三十五人中，陈于耕、陈于稼、陆震、张涛、于璠、于瑛六人已见前文，此不赘述。

十四年（1675），年九十二。著有《读易大旨》《四书近指》《理学宗传》《圣学录》《北学编》《洛学编》《中州人物考》《夏峰集》等。生平事迹见魏裔介《孙征君先生奇逢传》、魏象枢《征君孙钟元先生墓表》、汤斌等编《征君孙先生年谱》）。

费密游燕赵间，偶得孙奇逢《岁寒集》，携归其父经虞，经虞阅之，心服其学之纯，有合于己，于是命费密前往师事。康熙十二年（1673）一月，费密跋涉千里，至辉县苏门山，受学于孙奇逢。当时孙奇逢已九十高龄，"因艰于听"，费密"尝以手代口"① 请教。其间读孙氏书，与论朱陆异同，"进言汉唐诸儒有功后世，不可泯灭"，孙奇逢"大以为然"。又考证历代礼制之变，逾月乃辞。孙奇逢赠诗云："若翁遗命令从游，地北天南喜应求。闻所闻兮见所见，携将何物慰冥幽。"② 并题"吾道其南"四字为赠。费密有《谒孙征君》云："千里孤征谒闭关，荒台寂寞古村间。远从夫子期闻道，老作征君不愧山。隐几久忘蕉叶梦，开门时见鹿群斑。巴人久失文翁化，自喜田何受易还。"（《燕峰诗钞》）③ 费密师事孙奇逢时间虽然不长，却对其甚为敬重，孙奇逢去世后，费密"闻之涕泣，于泰州圆通庵设主受客吊，二十一日始焚所设主出庵，心丧未去怀也"（《家传》）。

从孙奇逢写给费密四封书信及《题费此度中传论》一文来看，孙奇逢对费密的持论多有契合，颇为赞许。如他在看过费密所著书，听闻费密所持观点之后，感觉费密就像跟随自己很长时间的学生一样（"若久在江村侍讲席者"）。他认为费密论朱陆异同、王阳明，皆"确有所见，不随人口吻"。论汉唐诸儒有功于圣人，且有功于宋人，"可谓汉儒知己"。进而认为费密"既能世其家学，自能光大师说"，对费密颇寄厚望④。此外，孙奇逢还为费密手书过三纸，"一序授道嫡脉，一先子孝贞先生传，一诲密语道脉"，惜皆已不见。

刘时雨

刘时雨，字苏寰，四川彭县人。业医。张献忠乱蜀，妻黄氏携子避兵，为贼所获，欲胁之，不从，贼并杀之。生平事迹见《费燕峰先生年谱》、雍正《四川通志》卷十一。

据《年谱》，费密于顺治十年（1653）三月，至汉中府沔县圆山寨古米仓

---

① 汤斌. 徵君孙先生年谱：卷下 [M]. 清康熙间刻道光光绪间增刻《孙夏峰全集》本.

② 孙征君日谱录存：卷33 [M]. 清光绪十一年（1885）刻本.

③ 诗题，《年谱》作"奉别孙夫子苏门山下"。

④ 孙征君手书 [M] //弘道书：附录，怡兰堂丛书本.

山，时刘时雨寓此山，费密遂奉父母主其家。顺治十一年（1654）四月费密从刘时雨学医。后究心于《内经》《伤寒论》《金匮》诸书，撰写《长沙发挥》以刘先生名居先，以示不忘所学。康熙六年（1667）六月、八年（1669）八月，费密两次寄书给刘时雨。康熙九年（1670）二月，得刘时雨回书。

费密精通中医，《家传》曾记载其治愈山东提督柯永蓁痼疾。相关著述有《长沙发挥》二卷、《王氏疹论》一卷、《伤寒口义》二卷、《金匮本草》六卷，皆佚。子锡琮亦通《金匮》之旨，能世其学。

（二）门人

蔡廷治　蔡廷升

蔡廷治，生于顺治五年（1648），字瞻岷，一字润汝，祖籍安徽休宁，五世祖迁居扬州，遂为扬州人。十余岁，尽通六经百家之说。尝补府学生员，继弃去，授徒课子以终其身。间从骚人墨客游，或以医佐贫。长于治《易》，兼注《诗》《春秋》《仪礼》《论语》《大学》《中庸》《孟子》《荀子》数十卷藏于家。晚年则专治《庄子》，颇有独到心得。卒于康熙四十六年（1707），年六十①，门人私谥德文先生。著有《大易观玩》《易玩室文》等。生平事迹见费锡璜《蔡德文先生墓志铭》、刘师培《蔡廷治传》。蔡廷升，字合公，蔡廷治弟。

蔡廷治、蔡廷升兄弟皆曾师事费密。徐世昌《颜李师承记》称费密弟子，以"瞻岷最知名"。蔡廷治正式拜师在康熙十六年（1677）十一月费密居鲁期间（蔡廷升则在康熙三十年［1691］六月）。《年谱》记载其与田金同时执贽受业，费密与二人论诗文，论汉唐及宋明诸儒学术，并游大明湖，登天心水面亭。十七年（1678）二月，三人同游鹊屏山，拜扁鹊墓。八月，至京师，同游西山。在此之前，康熙十三年（1674），蔡廷治即曾过访费密。十五年（1676）三月，蔡廷治寄《宣圣世纪》《医闾先生集》给费密。二人书信往来也较多，见于记载的，如康熙十六年（1677）七月、十八年（1679）七月、二十年（1681）正月、二十九年（1690）九月、十二月、三十年（1691）十月，费密都曾收到蔡廷治书信。康熙十九年（1680）四月，费密还遣之锡琮、锡璜从蔡瞻岷学，蔡氏没后，其谥议、墓志铭皆出自费锡璜之手。康熙十九年（1680）九月、二十二年（1683）十月、二十四年（1685）正月下旬，费密与蔡廷治三次至苏州，分别游洞庭、灵岩、天平、圆墓诸山。康熙二十四年（1685）三月、二十七年

---

① 刘师培《蔡廷治传》言蔡廷治卒于"康熙□十□年，年六十八"（章太炎，刘师培. 中国近三百年学术史论［M］. 上海：上海古籍出版社，2006：280），误。

（1688）九月，费密应邀为蔡廷治尊人作墓志，三十年（1691）三月，为蔡廷治作草书。康熙四十年（1701）八月，费密病危之际，蔡廷治及诸门徒俱来问疾。费密没后，蔡廷治为作谥议。在《野田省费燕峰夫子》诗中，蔡廷治云："隐逸存耆旧，东陵自力田。野花迷榻外，短竹拂阶前。细录遗经注，长留古史编。追随鸡黍治，直似到斜川。"蔡氏治学，长于群经，尤邃易学，可惜著述失传，难窥究竟，刘师培尝作《蔡廷治传》发明之，颇有所得。然而却只注意到"廷治之学出于（程）云庄"，未知其曾从学于费密，应受费密学术影响。

田金

田金，字子相，一字雨公，四川保宁人。少为家难所困，十余岁即出游，至年将四十，乃卜居王屋山下。生平事迹见费经虞、费密《剑阁芳华集》卷十六小传、费密《田子相诗序》。

费密在山东济南时，田金曾跟随学诗。费密《田子相诗序》记载道："田金子相去吾讲下二十载，顷偕黄叔威、熊永侯、李棠思来野田……子相在济南，共蔡瞻岷习赋咏，日诵五言二首，课一首。满百日而后，吾之饶阳省故人。"在师徒百日相聚时，二人曾一起游历山、西山、泰山等。费密《燕峰诗钞》中存录《同田金蔡治登济南历山望城郭》《泰山早起观日戏赠田金》《同蔡治田金游西山登秘魔崖望石壁》《平定后送田金游温台访友》等记游诗。据《年谱》，费密还曾于康熙十九年（1680）十月为田金跋世系，康熙二十二年（1683）三月、三十六年（1697）八月曾寄书信给田金。康熙二十三年（1684）十一月、二十七年（1688）十月曾得田金来书。康熙三十四年（1695）五月、三十九年（1700）三月，费密曾为田金作草书。康熙二十四年（1685）四月，田金还曾寄诗给费密求序。《剑阁芳华集》撰录田金小传，并录其诗三首。

杨岱　杨崌　杨岐

杨岱，字东子，四川新繁人。康熙五年（1666）举人，曾官福建上杭知县。著有《村山诗集》，杨崌，字葛山，号中洲，岱三弟，著有《三树堂诗集》。杨岐，字周子，岱四弟，著有《碧萝亭稿》。生平事迹见嘉庆《四川通志》卷一五三、民国《新繁文征》目录等。

杨岱、杨崌、杨岐兄弟为费密内弟，皆有诗名，号"三杨"。三人分别于康熙十三年（1674）九月、康熙十四年（1675）七月、康熙二十四年（1685）六月拜在费密门下"执贽受业"（《年谱》）。在此前后，三杨与费密多有交往见诸记载。如杨岱与费密，康熙四年（1665）七月，二人相与论文。康熙十二年

（1673）四月，费密曾收到杨岱书信并寄《祝心谷诗》一本、《蜀事》一本。康熙二十年（1681）八月，费密曾送杨岱北上。康熙二十七年（1688）二月于扬州，杨岱、杨岐邀费密看梅花。同年三月三日，二人曾与扬州诸名贤红桥泛舟赋诗。康熙二十九年（1690）十二月，得杨岱济南书。康熙三十一年（1692）二月，杨岱除福建上杭令，邀费密及长子锡琮偕行。康熙三十二年（1693）正月三日，费密同杨岱至汀州府。杨岱作有《费燕峰姊丈五十生日》《费此度移家海陵》二诗。《剑阁芳华集》卷十七撰列杨岱小传，并收其诗三十四首。

如杨崐与费密，康熙二十年（1681）十一月，二人曾至周木公家拜亲，为费锡璜定聘。康熙二十二年（1683）三月、二十六年（1687）二月费密曾寄书信给杨崐。康熙二十三年（1684）十二月、二十九年（1690）八月，费密曾得杨崐书信。康熙二十四年（1685）七月，杨崐寄书信邀费密至窦店。

如杨岐与费密，康熙二十四年（1685）三月，费密曾为杨岐作草书。康熙二十七年（1688）六月，杨岐寄书信邀费密至扬州。康熙四十年（1701）八月，费密病下痢，杨岐问疾。《剑阁芳华集》卷十七撰列杨岐小传，并收其诗十七首。

张含章

张含章，字丰村，山西文水人。汉军镶红旗，贡士。曾官通山令、罗平州牧，康熙四十六年（1707）任嘉兴同知。生平事迹见光绪《嘉兴府志》卷四二。

康熙二十七年（1688）三月，张含章执贽受业。在此前后，费密与张含章交往颇繁。二人初识于康熙二十四年（1685）七月窦店野寺。据张含章称，"乙丑秋，遇吾师于窦店野寺，此后时闻绪论。有显者馈章金，章怒挥之，吾师退曰：'子之行高矣，未免过峻，非圣人和平之道也。'章惕然于中，痛自贬抑，遂居讲下。"① 据《年谱》②，同年九月，二人相与唱和各体诗。康熙二十五年（1686）四月，费密为张含章题手卷。康熙二十六年（1687）二月、二十九（1690）年三月，费密曾致书张含章。康熙二十六年（1687）七月、二十九年（1690）十二月、三十七年（1698）十月，费密曾得张含章书信。康熙三十年（1691）三月，张含章寄刻书资。康熙三十四年（1695）二月，时任通山令的张含章寄书邀费密至署，五月，费密至，与张含章论经学，为其评诗、作诗序。张含章则为费密《弘道书》作序。八月，张含章升罗平州牧，费密赋《哨遍

---

① 张含章. 弘道书序［M］//弘道书：卷首，费氏遗书三种本.
② 《年谱》中，张含章之字"丰村"，有两处误作"雪村"。

词》送之。此外，据《家传》，张含章还曾为费密钞《中传正纪》。

吴启元

吴启元，生于顺治十四年（1657），字青霞，号三十六峰老农，安徽休宁人。少孤贫，刻意为诗。及长，遍游秦蜀吴越，交诸名士。性狷介，喜谈论，不以声气干人。乾隆初卒，年八十余。著有《秀濯堂集》二十五卷、《万石山房词》一卷。生平事迹见道光《徽州府志》卷十二。

据《年谱》，康熙三十年（1691）二月，吴启元寄书寄贽仪受业。四月，费密为之作诗序。康熙三十六年（1697）三月，吴启元曾至野田拜访费密。

团鸿烈

团鸿烈，字伟长，江苏泰州人。生平事迹见《费燕峰先生年谱》。

据《年谱》，康熙十六年（1677）八月，团鸿烈执贽受业。康熙二十一年（1682）三月，二人论《金匮》。康熙二十九年（1690）九月，二人论丧礼。十月，费密为团鸿烈作草书。康熙三十三年（1694）十二月，团鸿烈迎费密至其家。费密曾作《寄团鸿烈》诗云："寒雨江城外，相从一里行。逢君少岁月，微处得平生。雏鹜肥宜炙，园菘晚入羹。归来下木榻，闲论过三更。"（《燕峰诗钞》）

王雅

王雅，字正子，浙江宁波人。先世多显达，奉母避乱居扬州，又迁泰州。母席晓经史，识大义，躬自课子，雅故博通群籍，工诗古文词。后游燕齐，复至粤东，遂卒于粤，母犹居泰。著有《闲居客游诗稿》，生平事迹见道光《泰州志》卷二七。

王雅拜费密为师在康熙十八年（1679）十一月。此前的康熙十二年（1673）八月，费密曾为王雅作草书。《燕峰诗钞》收录费密《上泰州升仙桥同马锈、陆朝、其子震、王雅饮于大仪家》《同王雅、于今奇饮于王臣草堂》《送王雅北游》《送王雅至襄阳》《同王雅、于今奇饮于王臣草堂》等诗。

周家齐

周家齐，字二南，湖北钟祥人。少补郧西庠生，康熙二十四年（1687）选贡，筮仕定海令。后补乌程令。诗文俱能成家。生平事迹见乾隆《钟祥县志》卷十一。

据《年谱》，康熙二十五年（1686）四月，周家齐除定海令，邀费密同行，八月中旬，至定海县署后，周家齐即执贽受业。九月，费密为周家齐题手卷。康熙三十年（1691）四月，周家齐补乌程令，邀费密至署，密于五月至，与周家齐论《易》、论诗。六月，周家齐邀游西湖诸胜，"尽屏驺从，携童子樽俎，命小舟，同署中诸文人乘月入荷花深处，快饮赋诗，极欢而罢"。九月，费密为周家齐作学书。

张潜

张潜，字子昭，江苏江都人。幼服贾，年二十余始读书，为诸生，旋弃去，受经其门，闭户孤吟，年九十余卒，著有《果园诗剩》《诗门法律》《淮海奇闻》。生平事迹见《（嘉庆）江都县续志》卷十二。

据《年谱》，张潜于康熙二十七年（1688）十二月拜费密为师。康熙三十一年（1692）正月，费密为张潜作诗序，评价其诗"依止于古，清婉秀洁"。康熙三十三年（1694）正月，张潜过访费密。康熙三十六年（1697）十月，二人论丧礼。康熙四十年（1701）八月，费密危殆，张潜与其他及门俱问疾。费密没后，张潜为其作挽诗。

徐化庆

徐化庆，字喜宰，号竺村，江苏江都人。少嗜学，强记问，豪迈自喜。尤喜远游，康熙三十四年（1695）出游，十四年始归，尝西极甘肃，出塞外，北极幽燕，南极琼儋，东极瓯海。有能诗名。著有《南海集》，生平事迹见费锡璜《徐化庆传》。

据《年谱》，康熙二十七年（1688）十二月，徐化庆拜费密为师。康熙三十年（1691）十二月，徐化庆自宣城回，言梅喆慕费密名，托为致意。康熙三十三年（1694）正月过访费密。费密卒后，徐化庆尝作挽诗。费锡璜为徐化庆作传，赞其诗有唐贤韶令之风，辞亦在晏欧秦周间。

张坦　施炳

张坦，字逸峰，天津人。性嗜学，自经史子集以及山经水志、浮屠老子、稗官百家之说，无不博览穷搜，叩之立应。中康熙三十二年（1693）举人，考授中书舍人。著有《唤鱼亭诗文集》。生平事迹见乾隆《天津府志》卷二八。施炳，字虎文，天津人。

据《年谱》，康熙三十年（1691）正月，张坦、施炳过访。张坦邀费密同往江宁，登孝陵，二人相与论诗。二月，张坦、施炳即同执贽拜师。十二月，费密尝得张坦书信。康熙三十五年（1696）正月，费密至安庆，张坦时任观察，迎其至署中，施炳同在，费密为张坦作草书。二月出游，张坦出所藏书画鉴赏，费密、施炳等赋诗记之。张坦送刻书资，送《江南通志》。

李苂

李苂，字棠思，江苏江阴人。性方严端直，客游半天下，归以医自给。咏罗浮百一诗尤清豪。生平事迹见嘉庆《江都县续志》卷十二。

康熙三十五年（1696）十二月，李苂拜费密为师。康熙三十九年（1700）三月，李苂同田金、黄鹭来等至野田谈旧事，费密为诸君作草书。

陆澍

陆澍，字子宣，因杨崐、田金介绍，康熙二十三年（1684）寄贽仪受业。

李嗣父

李嗣父，康熙二十四年（1685）六月执贽受业。

朱埙

朱埙，字宣时，四川遂宁人。康熙二十五年（1686）三月执贽受业。

胡羽鹏

胡羽鹏，康熙二十六年（1687）十月执贽受业。费密曾为其作草书、诗序，谈《金匮》。

汪鸣盛

汪鸣盛，字武勤，徽州人。康熙三十二年（1693）四月执贽受业①。

张自瀛

张自瀛，字梓声，江苏江都人，康熙三十三年（1694）十二月执贽受业。

---

① 《年谱》于康熙三十三年九月下，亦著录汪鸣盛拜师事，二者应有一误。

张承仪

张承仪，字羽可，江苏江都人，康熙三十三年（1694）十二月执贽受业。

彭维藩

彭维藩，字子觀，江苏江都人，康熙三十三年（1694）十二月执贽受业。曾与费密论丧礼，费密病危之际，亲问疾，费密卒后，作挽诗。

程邦宁

程邦宁，字佐衡，安徽怀宁人。康熙三十五年（1696）二月执贽受业。

董三台

董三台，字天位，康熙三十八年（1699）八月执贽受业。费密曾为其作草书。费密病危，董三台曾亲问疾。

周宗克

周宗克，字唐卿，康熙三十八年（1699）八月执贽受业。

宋涧

宋涧，字考槃。江苏江都人。康熙三十九年（1700）十二月执贽受业。费密曾为其作草书，费密病危之际，亲问疾，费密卒后，作挽诗。

郭振

郭振，字式庵，浙江兰溪人，康熙四十年（1701）三月执贽受业。费密病危，郭振曾亲问疾。

唐甄交游考论

——兼论其遗民心态

曹景年（孔子研究院）

摘　要： 唐甄是明末清初四川著名启蒙思想家。生处明清嬗代之际，唐甄广泛结交明遗民与民间文人学者，如蔡方炳、顾祖禹、魏禧、钱澄之、王源、杨宾等，也结识了不少仕清官员及文人学者，如徐秉义、尤侗尤珍父子、颜光敦等。唐甄性格倔强、特立独行、不合流俗，这与明遗民有相似性，但他对多数明遗民所持有的忠君殉国、消极避世等观念并不认同，其思想充满实学色彩，希望能够在现世建功立业，而《潜书》一书正是其满腹经纶和治国方略的充分展现。

关键词： 唐甄；交游；《潜书》；遗民

唐甄（1630-1704），字铸万，号圃亭，原名大陶，四川达州人，其父曾任吴江县令，因家吴江。顺治十四年（1657）举人，康熙十年（1671）任山西长子知县，仅十月而罢，晚年生活贫困，潜心著书，与江南一带隐士、遗民颇多交往。唐甄与黄宗羲、顾炎武、王夫之并称明末清初四大启蒙思想家，所著《潜书》提倡实学，批判君主专制制度，主张富民、革新吏治、革除宦官等，在中国思想史上具有重要意义。唐甄具有强烈的入世倾向，希望能够在现世施展其治国平天下的抱负，但生处明清嬗代之际，遗民的身份与建功立业的冲动相互交织，其学术、心境既活跃又充满矛盾。这一点通过其交游尤其能看到，他交游的人物既有大量的明遗民，又有不少仕清官员。本文通过爬梳相关资料，全面梳理唐甄的交游情况，并进而探讨其生活经历和心路历程，以及对《潜书》创作的影响。

一、明遗民与民间文人学者

唐甄生于明末，明亡时仅十五岁，所以也勉强算是明遗民。他仅做过十个月的官，其余时间多隐居民间，所以与明遗民和民间文人有颇多交往，主要有沈麟生、蔡方炳、顾祖禹、魏禧、曾灿、姜寓节、姜实节、朱鹤龄、钱澄之、王源、杨宾、汪撰、胡长庚、吕潜等。唐甄虽与他们诗酒唱和、讨论学术，但其思想志趣则与之存在诸多差异。

沈麟生，江南宣城人，崇祯间贡生，其父沈寿岳为明遗民，顺治十六年（1659）南明军队攻占宣城，其父曾参与其中，清军重新占领宣城后缉拿通明人员，其父自承责任而赴死，沈麟生遂出家，改名大瓠，字用无，号笻在，居余姚，与黄宗炎等善，其生平附见徐枋《居易堂集》卷十三《沈寿岳墓志铭》及李元度《国朝先正事略》卷四十五等。《潜书·辨儒篇》记载唐甄曾与沈麟生进行过学术讨论，云："佛者大瓠过唐子之门而入问焉，唐子喜，炊麦食之，而与之言终日。"大瓠劝唐甄致力于探讨天道性命之学，而唐甄则认为不能空谈性命，要讲求实用之学，所谓"儒之为贵者，能定乱，除暴，安百姓也"①。文中又大略介绍了大瓠的生平："大瓠，儒者也，好学多闻，善为楚骚之辞，其父不得其死，遁于佛以免难者也。他日，唐子往见焉，欲有所言，使权之也，乃大瓠则病且死矣。"《潜书·有为篇》记载唐甄与大瓠讨论对高攀龙的评价问题，"昔者大瓠尝称高景逸之贤"，大瓠认为高攀龙之贤在于他不畏死，而唐甄则认为君子首先要爱身，"屈身以事小人，固可丑也；杀身以狥小人，亦自轻也。"唐甄主张君子的死要对国家、对黎民有意义和价值，而不能只为了忠节之名、意气之争而死。在《利才篇》他更提出君子有四不死，"此四不死者，死而无益于天下，是以君子不死也。"大瓠生在遗民之家，其父、叔等多人殉于明朝，在他的意识中，自然认为以死殉国是非常可贵的品质，而唐甄怀有治国平天下的大志，并不赞成忠于一家一姓，认为要死得"重于泰山"，对天下、对苍生有益。可见，唐甄虽与明遗民交往，但并不认同他们的生死观。

蔡方炳（1626-1709），字九霞，号息关，其父蔡懋德为山西巡抚，在李自成攻陷太原时自缢而亡，被朝廷谥为忠襄。入清后蔡方炳隐居不仕，康熙时举博学鸿儒科，辞以病，不赴。平生宗阳明心学，又尚实学，著作有多部为《四库全书总目》著录，生平详陆林《〈鱼庭闻贯〉所涉金圣叹交游考》一文的考述②。唐甄与蔡方炳有颇多交流，唐甄服膺王阳明的心学，而蔡方炳也有心学渊源，故二人在学术志趣方面有相合之处。唐甄女婿王闻远所撰《西蜀唐圃亭

---

① 唐甄．潜书［M］．北京：中华书局，1963：1. 本文所引《潜书》内容均出自此本，不再一一出注，唯此本附载唐甄诗文及生平资料，为避免与其他材料相混，本文引用时则一一标注。

② 陆林．《鱼庭闻贯》所涉金圣叹交游考［J］．中国典籍与文化论丛，2015（17）：99-103.

先生行略》（以下简称《行略》）称："先生晚年与蔡息关先生讲道，宗阳明良知之学，直探心体，不逐于物。其往复书札有曰：'处心不可如水火。水逆则激，火郁则死。心运于中，不因乎物，孰得而郁逆之者。'"①《潜书·知行篇》载："息关蔡子，其父忠襄公尝梦见阳明子而问道焉。息关因画为图而以己侍侧，请唐子有以发而题之。"据陆林考证，此图为清初画家黄佐绘图，朱耷题名，图上有蔡方炳所撰跋语，略云："先忠襄学文成之学，经文成过化地，遂得问道于梦寐间。盖意中有慕悦之一人，虽梦寐犹将见之，岂偶然哉？爰摹陆包山所绘阳明先生像，合先忠襄遗像，存此梦中一段因缘，并以小子侍其侧，用寄瞻依仰止之思云。"可见蔡方炳颇有心学的家世渊源，其与唐甄晚年讲道，想必乐在其中。

顾祖禹（1631-1692），字瑞五，号景范，别号宛溪，无锡人，父名柔谦，为明遗民，国变后隐遁终身，祖禹受其影响亦不仕，与魏禧等交厚，所著《读史方舆纪要》是中国古代重要的历史地理著作。《潜书·有为篇》载唐甄与顾祖禹讨论为学与事功的关系问题，略云：

> 顾景范语唐子曰："子非程子朱子，且得罪于圣人之门。"唐子曰："是何言也！二子，古之贤人也，吾何以非之！乃其学，精内而遗外。其精者，颜渊不能有加；其遗者，盖视仲冉而阙如也。吾非非二子，吾助二子者也。"顾子曰："内尽即外治。"唐子曰："然则子何为作方舆书也？但正子之心，修子之身，险阻战备之形，可以坐而得之。何必讨论数十年，而后知居庸雁门之利，崤函洞庭之用哉！"

从这段对话可见，唐甄对宋明理学重视向内修身，而忽视向外的治国事功之学颇为不满，认为从事事功之学非但不是否定程朱，反而是补其不足。顾祖禹虽沿袭理学家"内尽即外治"的观点，然其撰《读史方舆纪要》则正是事功之学的反映。

魏禧（1624-1681），江西宁都人，字冰叔，又称叔子，号裕斋，与兄祥、弟礼俱以文名，世称"三魏"，文名甚盛，明亡后隐居翠微峰，与兄弟及彭士望等九人讲易其中，世号"易堂九子"，其学颇有实学色彩。唐甄是通过其著作《衡书》结识魏禧的，杨宾《唐铸万传》叙其经过云：

> 己未夏，宁都魏禧以文名当世，辞聘避吴门枫桥吴传鼎家。枫桥去城十里许，大陶平且盥沐，怀所著《衡书》，自持刺往访之。及门，日已午，门者相其衣冠，受其书与刺而谢之。大陶馁不能行，虽去犹徘徊桥上下。

---

① 唐甄．潜书［M］．北京：中华书局，1963：227．

禧方袒裼卧竹床纳凉，见其书，读之至五行，蹶然起，呼门者追客，必使返，而大陶犹在。禧衣冠迎入，扶大陶坐堂上，而自拜于堂下，曰："五百年无此文矣！"因呼传鼎具食，共读之。读竟付梓，而《衡书》始著。①

杨宾《唐铸万文集序》云："易堂魏叔子来吴，见其《衡书》，设座拜而刻之，而名始出。"②《行略》也称："宁都魏叔子见先生《潜书》，曰：'是周秦之书也，今犹有此人乎？'每接宾客及致书于人，必称唐子之文掩汉而上之。"③又称："魏叔子，先生之知己也，闻叔子讣，为假吴氏之堂，设位举丧。陈《五形篇》以奠，哭之恸，曰：'从魏子之爱也。'"④ 据以上资料可知，唐甄始交魏禧在康熙十八年己未（1679），时魏禧为避博学鸿儒科的徵聘而逃避到吴地，唐甄带着自己颇为得意的作品《衡书》前去拜见，魏禧本不欲见，但见其文章后大加赞赏，称"五百年无此文"，进而与其结识。第二年魏禧即去世，可知二人交往时间较短，但由于趣味相投，故也结下了很深的友谊。魏禧常向人称赞唐甄文章写得好，在《潜书·厚本篇》唐甄提出不能依赖良医，而要注意自己的养生，即保证所谓的"内实"，"君子以父母之身，常谨于疾，唯恐或伤"。其下云："唐子为是言也，人之听之，忽焉若弗闻也。是时魏叔子在吴，有以唐子之言告之者，叔子动容曰：'唐子之言，非啻论养生也，其可以达于治天下乎。'"在当时唐甄怀才不遇，其观点不为人接受的时候，能得到魏叔子的赞赏，并且还协助他刻印了《衡书》，可以说既是唐甄的知己又是其伯乐。正因为有了魏禧的支持和推奖，唐甄才文名渐广。对于魏禧的赞赏和帮助，唐甄非常感激，魏禧去世后，他特意"设位举丧"且"哭之恸"。《潜书·善施篇》言魏叔子葬其姊：

（唐甄侄子）问于唐子曰："子何以得葬吾姑？"唐子曰："吾友魏叔子葬之也。"曰："吾闻叔子之死，先姑之葬四年，前资之乎？"曰："非也，吾著书而人不知，叔子乐称之，人多知之者，以是得助。是葬吾父母者，叔子也。"

可见对于魏禧的帮助，唐甄一直感恩不忘，虽然其亲人得葬与魏禧并无直接关系，但唐甄仍认为"葬吾父母者，叔子也"。魏禧去世后，唐甄常常学习和引用魏禧的作品。《潜书·去奴篇》引魏叔子关于革除宦官的言论："魏叔子曰：'用奄人始于周，夏商以前无闻焉。唐昭宗尽诛宦官，其出监诸务者，皆令方镇

① 唐甄. 潜书［M］. 北京：中华书局，1963：224.
② 唐甄. 潜书［M］. 北京：中华书局，1963：247.
③ 唐甄. 潜书［M］. 北京：中华书局，1963：228.
④ 唐甄. 潜书［M］. 北京：中华书局，1963：226.

杀之，至庄宗即位，乃复求宦官。则此一二十年间，不用宦官亦明矣。然则奄人固未始不可革也。奄人既革，宫中之事，选粗健女子充之，以给力役，备非常。若出纳命令，则于内外各设一庐，男子给事于外，女子给事于内，又于内外之间，选寡妇年五十六十者居之，以司出纳。如是，则奄人可革也。'"此段出自魏禧的《变法》一文，见于其文集，虽然唐甄并不完全同意魏禧的观点，并提出了自己关于去除奄人的新看法，但从其引用魏禧的观点可以看出他对魏禧的著作非常熟悉。

曾灿（1625—1688），字青藜，号止山、六松老人，江西宁都人，"易堂九子"之一。明亡后坚持抗清，兵败后逃禅，晚年侨居吴下二十余年，有《六松堂集》传世，生平详王乐为《易堂九子之曾灿生平事迹考述》①。《行略》称："与曾青藜友善，青藜没，寡妾弱息，异乡无依，遍乞于友以给养之。"② 可见二人交情之深，亦可见唐甄之义气。唐甄常与曾灿诗酒唱和，在曾灿的诗文集中有多篇记载二人聚会的诗文，如《林天友明府招同朱悔人陈蕊宫唐铸万蒋大鸿顾梁汾吴孟举汉槎高淡游方共枢顾迁客虎丘燕集得路字》③，又如《吴孟举过访寓斋留同唐铸万朱悔人小饮四叠前韵》，中有"倒屣方出迎，喜见同心友"句④，将唐甄称为"同心友"。由唐甄与魏禧、曾灿的交往可见其与"易堂九子"关系甚密，在学术上也颇有相近之处。

姜寓节（1642—1699），字奉世，祖籍莱阳，后家吴县，莱阳姜氏是有名的忠烈之家，明亡时其家族多死难，后其父姜垓、伯父姜埰率家族成员避居吴地，为明遗民，生平详张云章撰《姜君奉世墓碣铭》⑤。姜实节，字学在，号鹤涧，姜埰子。姜寓节、实节兄弟与唐甄有交，也是对其生活多方照顾，有实际恩惠之人。《墓碣铭》称："夔州孝廉唐铸万大陶，曾随父任客吴，及选为长子县，落职获来寄居，无子，晚途贫困，卖文自给，君时时赒恤之，又为言于方伯胡公，俾授馆焉，且置田以膳之，乃得优游以老。"杨宾《曾青藜姜奉世合传》亦云："夔州唐大陶，侨于吴，卖文以活，而意有所不屑，闲则衣败絮，行雪中，寓节曲为之所。复言于缙绅之贤者，馆之家，或不合而去，则荐之他所。又不

---

① 王乐为. 易堂九子之曾灿生平事迹考述 [J]. 明清文学与文献，2018（2）：75-95.

② 唐甄. 潜书 [M]. 北京：中华书局，1963：226.

③ 曾灿. 六松堂集 [G] //四库未收书辑刊：第7辑第25册. 北京：北京出版社，1997：347.

④ 曾灿. 六松堂集 [G] //四库未收书辑刊：第7辑第25册. 北京：北京出版社，1997：346.

⑤ 张云章. 朴村文集 [G] //四库禁毁书丛刊：集部第168册. 北京：北京出版社，1997：62.

合，则又为之调剂，必使之合而后已。"① 唐甄晚年生活贫困，又不愿折节下人，故与人相处难以长久，而姜寓节兄弟则不但时时周济，而且为他多方寻找住所，一处不合则续找别处，才得以保证唐甄晚年的生活，二人交往的资料虽不多见，但仅此二则，已可见其交谊之厚。

朱鹤龄（1606—1683），字长孺，号愚庵，别号松陵散人，吴江人，诸生，明亡后隐居著述，是著名的江南遗民诗人，著作有《诗经通义》《读左日钞》《愚庵小集》《尚书埤传》《禹贡长笺》等。朱鹤龄年长唐甄二十余岁，二人属于忘年之交，朱鹤龄有《送唐铸万移家金陵》一首，回顾了与唐甄交往的深厚感情，表达了对唐甄移家金陵的依依不舍，其中说："子昔来武林，笑言未三秋。花屿共巾舄，雪篱交唱酬。欷焉处衰经，生理攒百忧。愧无监河粟，周子食指稠。"又称"亲子十余载，形影常相求。"② 可见二人交谊匪浅。

钱澄之（1612—1693），字饮光，自号田间老人，江南桐城人，明末诸生，明亡后坚持抗清，辗转流徙各地，后隐居乡间，过着遗民生活，著述宏富，于文学、经学皆有较高造诣。唐甄作为后辈，与钱澄之交往颇密，不但为其著作《田间文集》《屈庄合诂》作序③，又为祝贺其八十寿诞而作《田间先生八十寿序》④。在这些文章中，唐甄对钱澄之渊博的学问、高尚的志节称赞备至。钱澄之诗集中也曾提及其与唐甄的交往，其《酬西蜀唐铸万》诗云："早闻吏迹继先臣，自罢鸣琴厕逸民。乡国无家长作客，生涯有砚不言贫。卖文屡被看山误，索醉唯知访旧频。痴绝损炊营废圃，一钱都付种花人。"⑤ 可见，钱澄之将唐甄看作遗民。

王源（1648—1710），字崑绳，一字或庵，北京大兴人，平生恃才傲物，特立独行，喜经世之学，早年师从魏禧学古文，康熙三十二年（1693）举人，但未入仕，后拜颜元为师，成为颜李学派的重要代表人物，主要著作有《平书》《居业堂文集》等，生平详马明达《王源（崑绳）年谱》⑥。王源与唐甄颇多交集，其师友如魏禧、杨宾、顾祖禹等人，亦为唐甄好友。《潜书·劝学篇》载："王崑绳为人敏达，善为文章，唐子乐与之游。一日，告之曰……王子改容曰：

---

① 杨宾. 杨宾集 [M]. 杭州：浙江古籍出版社，2012：140.

② 唐甄. 潜书 [M]. 北京：中华书局，1963：233.

③ 《田间文集序》见唐甄. 潜书 [M]. 北京：中华书局，1963：293. 《屈庄合诂序》为近年发现的唐甄佚文，见杜春雷. 唐甄的两篇遗文 [J]. 儒藏论坛，2017（11）：292.

④ 唐甄. 潜书 [M]. 北京：中华书局，1963：294.

⑤ 钱澄之. 田间文集 [G] //续修四库全书（1401）. 上海：上海古籍出版社，2001：554-555.

⑥ 马明达. 王源（昆绳）年谱 [J]. 暨南史学，2007（1）：87-165.

子之言诚是也。"王源有《书唐铸万〈潜书〉后》一文，称"予曩闻其《潜书》甚佳，未之见，又闻其高岸寡许可，而独赏予文。及其殁后数年，予友杨耕夫及其婿王声宏以其书赠予，而请予志其墓。"① 可见二人是以文会友，因文相识，唐甄非常称许王源的文章，而王源也听闻《潜书》甚佳。王源《居业堂文集》卷五《隐侠传》后有唐甄评语云："唐铸万曰：天下不难有奇事奇人，但苦无奇文以传之，文亦无所谓奇，即将寻常之人之事写得出便是奇文，况于事之奇人之奇者乎？左马之能，只是写得出，或庵追踪左马，亦不过写得出。即如此文，精雄活发，生气凛凛，何其奇妙，然亦只将一隐侠写得有声有色，有情有状，使读者如见其人，如闻其语，而人之奇事之奇已毕传耳，岂他有所为奇哉！故读或庵文，当知其本领所在也。"② 此一点评不但对王源高超的写作技能极为赞赏，而且表达了个人的文学观点，是目前尚未被人注意的一条重要的唐甄佚文。王源也曾评点过唐甄的文章，《居业堂文集》卷二十有《朱孝子传跋》一文，即是对唐甄的《朱孝子传》所作的评语③。

正因为二人有如此密切的关系，所以唐甄去世后其女婿王闻远才会请王源撰写墓志铭。但是王源却对唐甄《潜书》中对崇祯皇帝的贬斥非常不满，认为其"溺于忠孝之言，种种悖谬，真不可解"，并因此"不敢应其请"④。可见，二人在学术观点和立场上还是有一定差异的。王源性格特立独行，藐视权贵，以做官为耻，他虽非遗民，却有比较强烈的遗民情怀，对明末殉国而死者抱有极大同情。而唐甄则不同，与其说他是一个遗民，不如说他是一个不得志的底层士大夫，他思维理性、冷静，行事注重事功与实效，对明末儒者尚意气、动辄言死的做法并不认同，这是二人的分歧之处。

杨宾（1650-1720），字可师，号耕夫，又号大瓢山人，浙江山阴人，侨居苏州，以书法知名。其父杨越以张煌言狱被流放宁古塔，他曾不远千里前去探视并侍奉多年，父卒后奉柩归乡，时称孝子，其著作今人整理为《杨宾集》，生平详柯愈春《杨大瓢集的湮没与价值》⑤。杨宾与唐甄虽然年岁相差较大，但交情深厚，是忘年好友。唐甄曾于康熙乙丑（1685）为杨宾的早期诗集《力耕堂

---

① 唐甄. 潜书［M］. 北京：中华书局，1963：249.
② 王源. 居业堂文集［G］//续修四库全书（1418）. 上海：上海古籍出版社，2001：136.
③ 王源. 居业堂文集［G］//续修四库全书（1418）. 上海：上海古籍出版社，2001：268.《朱孝子传》原文已佚。
④ 唐甄. 潜书［M］. 北京：中华书局，1963：249.
⑤ 柯愈春.《杨大瓢集》的湮没与价值［J］. 文献，2004（2）：174-193.

诗稿》作序，当时杨宾仅二十五岁，而唐甄也尚未改名，自称大陶①。其序略云："杨子可师，诗甚佳，五七言律诗尤佳。圆莹秀稳，其意思辞言，皆谐也。余每与人论诗，辄举其篇某句绝佳。"② 杨宾远赴宁古塔探父之时，唐甄作《奉送可师谊兄出塞省亲序》③ 为其送行，文中多表现出劝慰安抚之情。

杨宾的诗文集中有多篇与唐甄有关，如《酌林云日山斋同唐铸万庄所愿朱月石天藻诸子》《同唐铸万徐朣菴两先生观施骏臣扶乩漫述》《顾迂客招同曾青藜唐铸万朱悔人姜奉世黄宪尹史苍山罗餙牛陆其清石雪民沈词立诸子依园燕集》《人日同唐铸万姜奉世汪澹洋即次澹洋原韵》等，其《赠唐铸万先生》有"陶令休官早，相如卖赋工。声名惊四海，不必叹途穷"句，称赞唐甄文章声名远播。《戏赠唐铸万》云："漂泊江流到白头，全家去住信扁舟。无端一纸还乡诏，不敢人前认达州。"《所思》二十九首之《铸万》云："全家避迹住扁舟，不逐乡人上达州。（原注：时催蜀人归蜀，还者甚多），我畏三吴君畏蜀，相看总是百年愁。"④ 这两首诗都是讲唐甄不回故乡避居吴地之事，并联想到自己曾远赴宁古塔侍父，遂有同病相怜之感。

唐甄本以文名，其《潜书》风格独特、不落流俗，杨宾与唐甄的交流也更多地在讨论文章方面，正如杨宾《唐铸万文集序》所说："余与唐子为忘年交，即所谓相对论文而刺刺不已者也。"⑤《唐铸万传》又云："唐子每与余论文，辄贬韩、欧，余不服，唐子曰…余虽心是其言，然望韩、欧犹在天上，况左国乎！余尝三登岱，思唐子言，辄汗下不止云。"⑥ 唐甄去世后，杨宾作为唐甄最要好的朋友，不但为其撰写了《唐铸万传》，更分别为其《潜书》和《文集》作序。杨宾晚年曾写了组诗《亡友》，为其已去世的至交好友每人赋诗一首以作怀念，其中就有一首写的是唐甄⑦，可见二人交情之深。

汪撰，字异三，号澹洋，吴县人，原籍休宁，以能诗名，与杨宾、钱澄之、曾灿等善，年四十食物中毒死，生平详杨宾撰《汪异三传》⑧。杨宾《唐铸万传》称："其友姜实节、汪撰劝之卖文，不听。撰持买者金，给大陶至其家，示

---

① 唐甄于康熙丙寅年（1686）改名，参唐甄．潜书［M］．北京：中华书局，1963：256.
② 杜春雷．唐甄的两篇遗文［J］．儒藏论坛，2017（11）：292.
③ 唐甄．潜书［M］．北京：中华书局，1963：215.
④ 上引七首杨宾诗作分别见《杨宾集》第 17、21、34、43、21、40、40 页。
⑤ 唐甄．潜书［M］．北京：中华书局，1963：248.
⑥ 唐甄．潜书［M］．北京：中华书局，1963：225.
⑦ 唐甄．潜书［M］．北京：中华书局，1963：233.
⑧ 杨宾．杨宾集［M］．杭州：浙江古籍出版社，2012：137.

以金，闭之室中强之，乃一应，然后复给之，不来矣。"① 可见汪撰对唐甄生活颇为照顾，甚至为使他放弃文人的清高以卖文获得生活来源而颇费心思，也可见二人之交谊。王闻远《孝慈堂书目》著录"游西山诗"，为唐甄与汪撰合作②。另，唐甄《潜书》中多次提到汪子，可能指的就是汪撰（详见下文汪琬条）。

胡长庚（1596-1683），字星卿，明初功臣胡海之后，晚年隐居民间，生平详钱澄之撰《墓表》③。唐甄曾拜访晚年的胡长庚，有诗《遇越国公胄子胡星卿年八十有三过其竹屋赋赠》言其事，诗云："三十余年别旧京，旧时王谢曲池平。皓颜坐上逢公子，隆准人中识帝甥。故宅楼台幽梦远，汉家陵阙冷烟横。从来兴废寻常事，竹屋逍遥足此生。"④ 颇有改朝换代、物是人非之感，然尾联称"从今兴废寻常事"，则又见其对明清易代的看淡态度。钱澄之《墓表》称："己未夏六月，予过白门驯象门内竹园中，先生始为予言，尔时危苦状然终不能禁，太息而已，是时先生年八十三。"则此次与胡长庚相见，唐甄、钱澄之可能是共同前往。

吕潜，字孔昭，号半隐，四川遂宁人，南明永历朝兵部尚书、武英殿大学士吕大器长子，崇祯十六年（1643）进士，明亡不仕，工诗善书画，生平详胡传淮、陈名扬《吕潜年谱》。唐甄为长子知县时，吕潜路过长子县，唐甄曾留其共拜伏羲像，吕潜有诗《过长子县唐铸万明府招登熨斗台拜伏羲像》记其事，诗云："丹岩迤北城崔巍，下马旋登熨斗台。贤令爱山独豪宕，故人把酒重徘徊。他乡万里惊白发，落日四望飞黄埃。五月长途有清梦，倘因亲向羲农来。"⑤ 二人可能因同乡之谊，故得有交往。

二、仕清官员及文人学者

唐甄不但与遗民及民间文人学者有密切交往，而且还与清廷官员包括由明仕清的官员有很多交往，还常试图用自己的思想观念影响他们的政治活动。据考证，这类人物主要有徐秉义、达尔布、尤侗、尤珍父子、颜光敩、高层云、高人龙、汪琬等。

---

① 唐甄. 潜书［M］. 北京：中华书局，1963：224.
② 崔文翰. 唐甄著作考析［J］. 书目季刊. 2004，38（2）：49-64.
③ 钱澄之. 田间文集［M］//《续修四库全书》第1401册. 上海：上海古籍出版社，2001：261-262.
④ 唐甄. 潜书［M］. 北京：中华书局，1963：212.
⑤ 胡传淮、陈名扬. 吕潜年谱［M］//诗书画大家吕潜. 北京：现代出版社，2016：34.

徐秉义（1633-1711），字彦和，号果亭，江苏昆山人，顾炎武外甥，与兄弟徐乾学、徐元文皆为进士，号称"昆山三徐"，康熙十二年（1673）中进士，二十一年（1682）迁詹事府中允，不久因兄弟三人皆在朝居官，为避嫌而归里，康熙三十三年（1694）徐乾学病逝后召补原官，官至吏部侍郎，生平详同治《苏州府志》卷九十五。唐甄在《潜书》中多次提到的徐中允，即徐秉义。如《有为篇》载："徐中允著书，著有明之死忠者。唐子曰：'公得死忠者几何人？'曰：'千有余人。'唐子慨然而叹曰：'吾闻之：军中有死士一人，敌人为之退舍。今国有死士千余人而无救于亡，甚矣才之难也！'中允未有以发也。"《敬修篇》载："徐中允谓唐子曰：'圣人之学，以敬为本。先生言静而不言敬，非所以善修也。吾谓静不足以尽之，当益之以敬。'"《存言篇》有"中允徐公召用，唐子送之而言曰"云云，全篇即为对徐中允的赠言。从上述材料看，二人有颇多学问探讨。徐秉义对唐甄颇为尊重，故被召用时唐甄为其作文送行。徐秉义虽出身大族，名位通显，但唐甄以一介贫士却并不折节下气，反而观点与其多有不同。徐秉义曾在居乡期间作有《明末忠烈纪实》一书，记载明末死国事一千余人，而唐甄对这些殉国者的行为颇不以为然，认为他们的死并没有挽救明王朝灭亡的命运。

达尔布，旗人，顺治十二年（1655）进士，康熙八年（1669）至十五年（1676）任山西巡抚①。唐甄为长子知县时，达尔布是其顶头上司，故二人得以相交。《潜书·考功篇》记载他面见达尔布汇报工作时的情况："昔者唐子为长子知县，将见都御史达良辅，赋役、传刍备诵之，以待难也。都御史不问，而问武乡知县。"《为政篇》所载略同。《省刑篇》又载"巡抚达良辅尝谓唐子曰"云云，意谓不必用重刑即可使民服，这一观点与唐甄完全一致，该篇的宗旨即是反对重刑。唐甄与达尔布施政理念接近，二人关系颇佳，达尔布称唐甄为"山西循良之冠"②。

尤侗（1618-1704），字展成，一字同人，号悔庵，江苏长洲人，明末清初著名文学家，顺治五年（1648）拔贡，谒选永平府推官，罢官后家居十余年，康熙十八年（1679）选博学鸿儒科，参与撰写《明史》，康熙二十二年（1683）罢退复归乡里。其由明人仕清，颇为当时遗民訾议。尤珍（1647-1721），尤侗子，字谨庸，号沧湄，康熙二十一年（1682）进士，参与纂修《明史》，后迁右

---

① 达尔布生平详王欣欣．清代山西巡抚［M］．太原：三晋出版社，2013；及李智萍．清代山西旗人巡抚出身补校［J］．山西档案，2014（4）：36-39.

② 唐甄．潜书［M］．北京：中华书局，1963：227.

春坊右赞善，主要著作编为《沧湄类稿》，生平详沈德潜《宫赞尤先生墓志铭》①。唐甄曾为尤珍《沧湄诗稿》作序，称："迩者移居城东，始得见沧湄先生，惠以诗文诸稿，又于朱子灿文所假得诗集二十卷，披而览之，心目豁然……鹤栖先生学问源深，名重朝野，先生承而振之，又复如是，父子济美，世罕比焉。予不敏，从兹问道，兼事博文，幸有日矣。"② 可知唐甄曾与尤氏父子为邻居，故得以从容交往，谈文论道。唐甄对尤珍的诗文非常赞赏，称："每诵必尽三五卷，尤不欲置也。盖其诗文丽者如芙蕖，澹者如秋水。实按而徐咏之，皆如吾意之所出。至其颂扬天子功德，犹有尹吉甫之遗风，比于相如、王褒未有愧焉，使人乐其意之疏通，忘其词之博洽。比于无实而矫作者，如春华翦彩，真伪自分。其足以传世行远无疑也。先生尝与予言，虽多病之中，不废诵读，至夜分不辍，不喑是也。仕职清华，守义甘贫，覃思圣学，深探禅宗。其心体明净，洞见本源。以余绪为诗文，如狮搏兔，何难之有？"值得一提的是，文中特意称赞尤珍所作颂扬清朝天子功德的文章，这在一般遗民肯定是不齿的，而唐甄则毫无芥蒂。《行略》还记载了唐甄与尤侗的另一件事："先生见苏郡之西郊，有以孔子为土地神者，与尤悔庵告之当事，协力除之。"③

颜光敉，字学山，山东曲阜人，与兄光敏、光猷号称"曲阜三颜"，康熙二十七年（1688）进士，授检讨，补日讲官起居注，主浙江乡试，提督浙江学政，为官清严，年四十卒于家，生平详颜光敏辑《颜氏家藏尺牍·姓氏考》④。《潜书·劝学篇》载唐甄与颜光敉交往事迹云：

> 翰林颜学山试士浙江，唐子为之客，颜公语坐人曰："人之生，皆不自足者也。庶人有庶人之忧，士有士之忧，公卿有公卿之忧，天子有天子之忧，此谓天之劳我以生也。"唐子曰："有一事可以无忧，人不知求之耳，学圣人之道是也。不求足于世，孰有与之以不足者！本无不足于己，孰有

---

① 沈德潜. 沈德潜诗文集［M］. 北京：人民文学出版社，2011：1420.

② 此序为唐甄佚文。徐到稳曾辑唐甄佚文《沧湄诗钞序》，见《唐甄佚文〈沧湄诗钞〉序》一文（《北方文学》2014年下旬刊第2期），其所辑来自《沧湄诗钞》（见《四库未收书辑刊》第8辑第23册影印清康熙刻本）卷首的"唐铸万甄序曰"，然此书既名"诗钞"，只是尤珍的诗文选集，卷首之序亦系从原书节抄。尤珍诗文全集为《沧湄类稿》四十五卷，含诗稿、文稿等，为康熙五十三年（1714）尤珍自编自刻本，今国家图书馆有藏本，唐甄序的全文即见载于此书卷首。两相对比，《沧湄诗钞》卷首的唐甄序文不足全文之半。而且唐甄此序并非《沧湄类稿》之序，因《沧湄类稿》成编时唐甄已去世，此序主旨谈诗，唐甄应是为《沧湄诗稿》成书过程中的某个版本作序，故可称为《沧湄诗稿序》。

③ 唐甄. 潜书［M］. 北京：中华书局，1963：228.

④ 颜光敏. 颜氏家藏尺牍［M］. 上海：上海科学技术文献出版社，2006.

处于不足者！坦坦然，荡荡然，游于天地之间，如在唐虞之世，其有忧乎，其无忧乎！"颜公改容曰："子之言诚是也。"

可见，颜光敦在主持浙江乡试时期，唐甄曾为其门客，并与其进行学术交流。

高层云（1633-1689），字二鲍，号谡苑、菰村，江苏华亭人，康熙十五年（1676）进士，官至太常寺少卿，善文辞、工书画，生平详徐侠《清代松江府文学世家述考》之高层云世家①。《行略》称："华亭高谡苑读《潜书》，极赏其奇。尝遇先生于黄鹤楼，握手谈心者累日。先生诗有'见誉何太高，鞠躬不敢当'之句，酬谡苑也。"②

高人龙，字霖公，号惕菴，原籍梁山（今属重庆），后寄家金陵，康熙二十七年（1688）进士，官至吏部员外郎，后弃官潜心研究濂洛关闽之学，遂宁榜眼李仙根录其问答之语为《惕菴语录》，生平详康熙《上元县志》卷二十一。唐甄有诗《渑池道中怀高霖公》③，二人可能是因同为蜀人故得相交。《潜书·明悌篇》有"昔者高子尝问于我矣"云云，此高子不详何人，可能是高层云或高人龙。

汪琬（1624-1690），字苕文，号钝庵，江苏长洲人，顺治十二年（1655）进士，官户部主事、刑部郎中，康熙九年（1670）归隐，十八年博学鸿儒召用，授翰林编修，入史馆纂《明史》，二十年复隐居太湖尧峰山，学者称尧峰先生，以经学、文章著名。《潜书·受任篇》言"汪子著申甫之传……唐子曰。"对汪琬所著《申甫传》一文进行评论。又《夫妇篇》称"唐子宿于汪氏之馆，汪子数言其少子"，此下即与汪子讨论关于如何对待妻子的问题。因唐甄亦与汪撰有交往，故对于此汪子是汪琬还是汪撰，有不同看法。《潜书注》认为可能是汪撰④，《潜书校释》则不能确指是哪一个汪子⑤。今亦难以确指，故暂附于此。

三、结语

从唐甄交游情况看，他所结交的绝大多数人是明遗民，或者具有遗民情结的民间学者文人，其中颇多知名之士，如魏禧、钱澄之、朱鹤龄等。唐甄性格倔强，特立独行，不合流俗，学术观点充满批判性，这一点与那些遗民及民间

①　徐侠. 清代松江府文学世家述考 [M]. 上海：上海三联书店，2013.
②　唐甄. 潜书 [M]. 北京：中华书局，1963：228.
③　唐甄. 潜书 [M]. 北京：中华书局，1963：211.
④　《潜书》注释组. 潜书注 [M]. 成都：四川人民出版社，1984：244.
⑤　黄敦兵. 潜书校释 [M]. 长沙：岳麓书社，2011：108.

文人学者比较接近，所以才能够与他们交往默契并在他们中间获得较高的声誉。但从本质上说，唐甄并不是真正的遗民，他对明朝也没有过多的依恋和怀念，他并不认为那些因明朝灭亡而殉国的人有多高尚，认为他们更多的是殉于忠节之名，而对于拯救国家危亡、治国平天下并没有太大价值。受当时实学思潮的影响，唐甄深刻感受到当时的社会危机，因而极力想在当世建立一番经国济民的事业，《潜书·潜存篇》述其志向说："吾少不知学，四十而后志于学。窃闻圣人之道而略知圣人治天下之法，勤于诵读，笃于筹策，鸡鸣而起，夜分而寝，以度才权世，可以一试矣。"从这句话可见其意气风发、跃跃欲试的精神状态，这都与那些遗民的消极心态完全不同。所以他的前半生一直努力从事科举，希望通过科举考试进入仕途，进而实现其治国平天下的理想，他先是考中举人，后多次参加会试而不第，无奈选任为山西长子知县。在长子任上他致力于实施自己的政治理念，即亲力亲为、发动民众、移风易俗、经济富民、减赋轻刑等，虽然为时仅有十个月，但这些政绩足以成为他一生的骄傲，并在《潜书》中不厌其烦地多次提及。他任长子知县仅十个月便遭罢官，无奈只能归家养母。在隐居生活中，唐甄渐渐意识到此生建功立业的目标已无望实现，于是只能将其满腹经纶和治国方略都化为笔触，发为文章，著成《潜书》，从而为后人留下一笔珍贵的精神财富。

赵熙致周善培书札六通述考

刘兴亮（重庆中国三峡博物馆）

摘　要：重庆中国三峡博物馆收藏赵熙致周善培书札六通，书札于当时蜀中文事品评尤多，兼及赵熙对教育、修身、治业、新政等问题的看法，这对赵熙思想研究及清末巴蜀文化、蜀中时局讨论有重要文献价值。

关键字：赵熙　周善培　书札

赵熙，字尧生，别号香宋，四川荣县人，光绪十八年（1892）进士，殿试列二等。初授翰林院编修，后告归，入主凤鸣书院、东川书院，再起，终官于江西道监察御史。民国后归里，专事修志讲学，撰成《香宋词》三卷，时称"晚清第一词人"，沈轶刘赞曰："清末民初词坛，都为四家所笼罩，鲜能出其藩。能为文廷式者，只有一赵熙。赵之《香宋词》，骨格神理，悉近文词，别以忼爽济之，得文之俊宕，而益之以逸峭，绝不作惚恍无端涯语，足为文张一军。"① 而所书号有倪云林之遗韵，陈聪认为赵熙"所作峻整栗密，而又气骨森张，近百年间，罕有与并。""书札特精且勤，友朋有书必复，或简短数行，或连篇累牍，文字高古，有六朝人风格，而小行草笔精墨良，疏落有致，每令人爱不释手，得之者珍如拱璧。"② 蜀中世传"家有赵翁书，斯人才不俗"③ 之谚。为诗则"造诣在唐宋之间"，援笔立就，风调冠绝一时。所纂《（民国）荣县志》更被誉为"巴蜀名志，为近现代方志经典之作"④。目前，关于赵熙研究学界主要集中于其词学造诣及书法、书风，文献整理方面则有王仲镛主编《赵熙集》，该集主要据 1935 年印行的《香宋诗前集》，重新编次，并增家藏手稿及

---

① 张璋等. 历代词话续编（下）[M]. 郑州：大象出版社，2005：846.

② 陈聪. 兼于阁诗话 [M]. 上海：上海古籍出版社，1985：37.

③ 成都市地方志编纂委员会办公室编. 成都精览 [M]. 成都：电子科技大学出版社，2016：218.

④ 梁启超. 梁启超家书校注本 [M]. 桂林：漓江出版社，2017：440.

其他唱和之作而成，收录诗文三千五百余首，因史料之限，书札一节则于《香宋文录》卷三仅收致向楚、马一孚等人三十二篇。如整理者言："虽当时删余尚存，而收拾丛残，访求逸佚，尚须俟诸异日。"① 笔者今于重庆中国三峡博物馆所藏中，见有赵熙致周善培书札六通，多叙故旧伦常，蜀政时风，虽属散珠碎玉，然念其刊布当有助于赵熙研究，并可补前述文集之缺，故试作整理研究，请识者斧正。

一

孝怀二棣执事：

昨夜梦绕君所，欢饮层楼，或是积想所致。熙准清明日行，无复格二，一切事均布前次复函中也。诸君相从，望加策励，时光弗待，吾甚思夫悠悠。

竺君②不外疆而能内健，学不能充其质，即自负也，吾心系之久矣。方仙亘有独到之长，以言其末。仙乔③饮食、衣服不甚留意，似有过人者。方倩④则若未忘情于服饰者，服饰者，立大则小不能夺，棣可勿责之。制外足以养中，有不可不责之要，在棣之触意而已。文字则方倩近枯，此须用力。熙深鉴其弊而不必尽言，季玉⑤亦然也。棣则自处宜审，审之道不尽在界说，在静定而已。无事静思人才，极彷徨于竺君，颇疑内健为白眉，特恐不得棣从前困学之时耳，愿深艖之。能有大成，固乃兄方便结局也。小儿令侍入京。余不一一，即颂教安，晋叩侍莃。

熙　再拜

七日

今日偶有小病，此笺气索，若有死机者，二棣代决之，如何。但生气似未尽耳。

---

① 赵熙. 赵熙集 [M]. 杭州：浙江古籍出版社，2014：1163.
② 竺君，即周嗣培，周善培弟，字竹西，竺君为其字，善书画。民国初曾为镇江关监督，瓯海关监督、兼温州交涉员等。
③ 仙乔，即向楚，重庆巴县（今巴南区）人，曾就读重庆东川书院，任教于泸州经纬学堂、两广师范学堂、重庆开智学堂，民国后任四川民政、教育厅长，四川大学文学院院长等。
④ 方倩，即冉慈，重庆巴县人，赵熙弟子，史言其家富有，聚群书，尤工书法。
⑤ 季玉，即吴季玉，四川荣县人，光绪末曾受聘为四川私立树人两等学堂教员。

按：孝怀为周善培字，浙江诸暨人。王揖唐曾以"今之陈同甫、叶水心一流人物"誉之。其父昧东，曾官四川营山知县，故与赵熙熟络，遂邀其以经史授善培。光绪二十年（1894）其赴京参加会试，得中副榜，后入湘与谭嗣同、刘光第、陈三立等相友善，戊戌之后，为避祸而东渡日本，得梁启超介绍，与孙中山相契合。未久归国，先后充四川总督鹿传霖、岑春煊幕僚。光绪二十九年（1903），又随岑氏转两广，任广东将弁学堂总办，并被保道员。及锡良入川主政，又随之再入川，担警局总办，主管川中警政。赵尔丰时期，调任商务、劝公两局总办。赵尔巽时，又署理劝业道，赵氏离任，则委其为四川按察使。辛亥后，避居上海，后参加二次革命，功成曾获委受四川省长，不就。后再徙家大连，受孙中山之托，与段祺瑞斡旋。孙中山死后，遂潜心讲学，不问世事。九一八事变后，移居天津。七七事变后，曾任民生公司董事。中华人民共和国成立，受邀为全国政协特邀委员，于 1958 年病逝。

札首有称"诸君相从，望加策励"，其下赵熙则对向楚、冉慈等人多有品评，据此推断，此时周善培与诸人当同事某地。据陶道恕《先父陶闿士传略》载，光绪二十七年（1901），"赵熙以翰林院编纂自北京告假回蜀，受聘为泸州川南经纬学堂监督，周善培任总教习，向楚、冉慈等分任教习。"① 又据赵熙子赵念君所撰《香宋先生年谱》，1901 年，"四川永宁道黄立鳌、泸州知州沈幼岚及周孝怀等，就泸州书院旧址筹建川南经纬学堂，聘请（赵熙）就任监督，于是决计回川。"为之立学规模宗旨，求新于旧。用外人日讲之例，参湖北分教之法，聘分教四人。"由周孝怀任总教习，向仙乔、叶清如及日本教师任分教。虽设有经史、算学、体操各科，但仍以经史为主。当时以书院改学堂，且有外籍教师，颇合维新风气。"② 故此札所述诸君相从者，即指经纬学堂时事。又据《香宋先生年谱（续）》载，光绪二十九年（1903）三月，"携长兄德造入京，行前县令唐枝中饯饮古佛寺，赋诗勒石。"③ 此札尾有"小儿令侍入京"，则当即指此。此外，札中称"熙准清明日行"，据王双怀编《中华通历·近现代》推算，光绪二十九年（1903）清明为农历三月初九日，本札尾题"七日"，则或当作于清明前二日，即光绪二十九年三月初七日。

札中对周嗣培、冉慈、向楚、吴季玉等人均有所品评，据《年谱》记载，光绪二十三年（1897）赵熙赴重庆主讲东川书院，"东川则向仙乔（楚）、冉方

① 中国人民政治协商会议四川省巴县委员会文史资料研究委员会. 巴县文史资料：第 3 辑 [M]. 内部印行，1986：50.
② 赵念军. 香宋先生年谱 [J]. 成都大学学报（社科版），1996（4）：42-48.
③ 赵念军. 香宋先生年谱（续）[J]. 成都大学学报（社科版），1997（1）：47-57.

倩（慈）、刘卿子（鋆）、江翊云（庸，叔海丈长君）等，均青年英秀，教学之余，往来至契。"① 而其弟子陶亮生《赵尧生先生事略》亦载："先生在东川三年，裁成知名之士不少，最著者，庶堪外为向楚、江庸、冉方倩、肖秋素等。"② 知上述弟子均收之于东川书院时。此时，赵熙即将赴京，学堂事由周孝怀全权负责，周随赵熙久，且年岁较其余诸人为长，故于此札中明言诸人短长，冀其明悉而开导之。

二

孝怀二棣执事：

得笺明白犀利才也，复直凑单（此则学也，此等甚望方仙知了），微自惩涵养之。方旁注曰，此隐亦不能达，吾棣自克之深，或实如此。然熙之所箴则不过据一事以推其余，所谓研几而已。至于平日与当几，鄙意空无涵养，则动静殊用，然涵养要在敬，则敬心与敬事一也。文字无不及之闲，非若人己可以并进，此其个中人语。惟劳愈之后只思闭目，则令吾心皇皇。曾先生③殷勤劝养，似病而外万事其后，吾为棣虑，则正为将来万事之本，尽心力而为之可也。破心力而为之，则吾身非专系此事而已，此殆划然之介也。屠狼之刃属人厉矣，但求实录此不二之策，三月中或猎者列也。方仙福与非福，均在洞鉴，私心之忧释矣。福乃其命，吾辈特去其非福者耳，竺君不使豫有所主名之事（精极），所处甚当，无可游移。惟将来为一身计，则潜修实学为宗；为家计，则声闻于君子为要。年实之行，殆非高论，特难与下流同方使之途耳。长述革④终身系此数年，然无别途之启，学不旷功而已，不旷功必有益，有益则其心定，心定则能常相从侍，自立之道遂大定矣。熙行止漂摇，其来非所安也。家君春来较健，夏或更健。棣所见慰，大抵方倩无之，然与去年夏中棣与竺君来游时，则无形之衰矣。两儿见在均小有进，次子犹慧，顷阅其日记，有曰："周先生为学极矣，献岁在泸州见先生，临食如有思念，今邑中无此人也"（此句缪，渠所见止此），吾甚奖之。长子则于师友离合之际情将不堪，尚有此一线父风也。胡氏嘉礼闻定九月，刻尚未告家柜，蒙奖何耶？此人吾所至喜，有时吾所至怒，处

① 赵念军. 香宋先生年谱 [J]. 成都大学学报（社科版），1996（4）：42-48.
② 中国人民政治协商会议四川省荣县委员会文史资料研究委员会. 荣县文史资料选辑：第5辑 [M]. 内部印行，1987：38.
③ 曾先生，即曾国光，字树乾，号远夫，四川威远人，光绪丁酉科拔贡。
④ 述革，即"戊戌六君子"之一刘光第之子刘述革。

之均不近情（怡堂群师拭目以俟矣），颇诒人乘张之消，然心实赏之。万一如乙未情况，必使之称赞，周先生之门受干济一切之学，为之君者心不怍也，可以知其才质矣。《时务报》贱售二三分（值甚少，存此，财政回纲等则属瀛仙一察），唐令君①购一分，尚在衡翁②手，现存六分，计无可售，吾棣所称殆此耶。其他未能具记，若景乔③别有所购，则当时匆匆而去，尚未之闻。渠日中急于纳妾，殆固去年有传换必法者，但恐弗能开敏耳。武备拟无二，则于棣有秋蝉之道，亦值日中（有招领者，后罢去故尔）萧闲，遂如命为之，其大守者或属竺君书也。鄙性于文深有饰好之性，故事事欲其中行，实则太外行，固非法也。余事杂见诸君笺，专叩教安，即颂一堂百弟。

熙　顿首

二月廿二日

继思为文之道，非欲专门则改良亦易，棣属词本有古今之判，但下笔使文气昭旷耳。在昔颇嫌迫促，故望去如有幽忧之思，又实未然，则气累之也。过此以往，无入而不月得矣。毁大府者，无不毁棣并及张观察④（凡其话杨相为连环，兹举大纲而已）。官中十之七，绅中十之三，民则有颂无毁，敝处今君智与义均不及，特未为大悖之词。蚀民之心少，故能公，办事之识少，故多碍，此分际矣。绅中亦有病民而防上者，狼子是也。病民之事，灭伤之举，难枚举矣。其于上也，有二途，一则抬推，一则谤毁（辅玩上之胆，佐致商之谋，固福而为祸，转功而成败，鼠在厕而蛆在园也），在一处则今梗一处，凡此等皆非以人论瘢之而已。再者，去年迁居往复，又成嘉礼，计用度或须拮据。今年计修脯之入，尚能宽绰否？人生各有内顾之忧，而末世自爱者每不欲言，号称道义者（谓友人也）又若忘乎其言，诚恐劳劳数年，不能自行其志，天地倦宽而吾辈之心又至窄，故望于闲暇时彼此数人声商，非主许鲁商治生之言，诚以慰俯仰之相萦也。鄙人行计甚宽，顷竹园内翰⑤称湘英⑥诒金二百于彼，私心之受。湘英较安于怡堂，此非怡堂之咎，忔专而已。

熙　顿首

---

① 唐令君，即唐选皋，贵筑人，以进士选部曹外放，曾为荣县知县。
② 衡翁，或即高德泰，字亚衡，四川巴县人，早年加入同盟会，曾于涪州创办巡警教练所。涪州军政府成，任军政府正司令官。
③ 景乔，即张景乔，四川荣县人，与赵熙友善，赵曾得其书而作《渡江云》词。
④ 张观察，即时任永宁道尹张英。
⑤ 竹园内翰，即高楷，字竹园，四川泸县（今泸州）人，别号快隐堂。光绪二年（1876）举人，官至内阁中书，工诗善画。
⑥ 湘英，其名暂无考，或亦荣县士绅。

又，竹园内翰昨来笺，称御史君京察列汉员之首，恐当外用，属速就道附闻。

吾县之事，有当急告者，此次不便（恐此于书邮）即续闻也。摆名之事，函确见在，不便置之矣。此次笺方欲专丁而练勇适行，故附之，刻欲得棣复信也。念此，再布。

安用误可不用废事，若无用，则损事而已，糜事仍自然而理也。望坚持此义，无尽彷徨。

熙　顿首

按：此札有"万一如乙未情况，必使之称赞"一句，乙未即光绪二十一年（1895），则此札当作于此年之后。又，札中提到《时务报》，该报于光绪二十二年（1896）8月9日在上海创刊，光绪二十四年（1898）8月8日停刊，共出刊69期。此云《时务报》贱售二三分，则可系于此间。据周善培《旧雨鸿爪》一书回忆，光绪二十五年（1899），其从日本回国，汪康年托付周氏在四川推销报纸，时因"《时务报》闹纠纷，穰卿（汪康年）就把《时务报》关了门，自己另办一个期刊《昌言报》"[1]，在光绪二十六年（1900）六月在致汪康年信中，他称"《时务报》尚未到，因其全湿，在重庆领事馆曝三月而后可以装箱，见已在途，不久可到。然此间当道戒此甚严，大约不能多卖，奈何奈何。"[2] 而本札中赵熙则提到《时务报》贱售二三分，"现存六分，计无可售"，则正谓周善培售报之事。据此，此札或可系于光绪二十六年（1900）二月廿二日。

清廷对于报馆之兴设，始则以屈服于外侮，为维新而倡之，继而则以诽议而禁止。前后迥异，实则以戊戌变法为一鸿沟。报业初兴时，"鄂督张之洞，在善后局拨款定购《时务报》二百八十八份，发给全省文武大小衙门及各书院各学堂；浙抚购《时务报》，发给各府州县；湘抚购《时务报》，发给各书院；广西洋务总局，通饬全省府厅州县，购阅《知新报》；直督袁世凯通饬各衙署局所，购阅《外交报》；《湘学新报》见于湖南学政江标之奏牍；《渝报》见于川东道之告示。此皆当时报纸所引以为荣者。"[3] 但随着时局发展，张之洞率先反对《时务报》的激进言论，并严斥积极倡导维新的湖南巡抚陈宝箴、学政徐仁铸，而赴日之前，周善培入湘襄办新政，即因徐仁铸之邀。故此札中，赵熙作为周氏之恩师，自是对《时务报》之分销，热心联络，从旁助力。又因周氏受

---

① 周善培. 旧雨鸿爪［G］//中华文史资料文库（第一卷）. 北京：中国文史出版社，1996：136.

② 上海图书馆编. 汪康年师友书札（二）［M］. 上海：上海书店出版社，2017：1073.

③ 戈公振. 中国报学史［M］. 上海：上海三联书店，2011：157.

政变波及，心绪不平，其则引为政、养心之道予以劝导。

三

孝怀二棣执事：

专笺还省，计今晚得入察鉴矣。景季①到此，即于明日启行，欣然奉诣教下。熙亦见而壮之，二君才质非优，然于荣县诸人中较有强毅之气，为学种子也。侍教之暇，欲乞棣导以南阁之要，此关不过，中学无由矣。分求所短，则景乔下笔太俗，凡文事若不甚好者。季玉则看书甚艰，下笔甚枯，于四部书未闻有心赏者，亦恐遂从此了一生矣。所短皆非近时当务之急，而在二君为透骨之病。语曰：同言而信，信其所亲。二君半年以来俎豆于诸暨先生者久，故欲于日行所习之外，疗其病而发以新机也。熙日坐瓮天，闷损为至，近又挑解于无可素得之事，二君能详言之，颇难天地间万种世界也。竺君近应启行，再缓则恐道路渐寒，非老人所宜矣。省寄学程，每日应可以次完课，过劳非所堪，要在自加填卫，非劝慰能为力也。（能以此大书见赠否，或请幼老②书此棣书，禀得取一联也。）相保岁寒，自为风气，日后有无穷之事，极望储精绩学（保身在矣），以艖方来，心切之言，当非河汉，念此即颂教安，诸希察焰不尽（余即景乔）。

熙 顿首
廿四日

幼安③处千万致意为荷！
是在礼家，内心外心为学；以睹国力，东海西海为师。
奇说武之谊，偶说备之谊（非中外分配也）。
家书时误作"经"，仍以家为惬，可专属竺君补之。

按：此札尾有一联，"是在礼家，内心外心为学；以睹国力，东海西海为师。"，据其子赵念君作《香宋先生年谱（续）》所记，光绪二十九年，岑春萱

---

① 景季，即张景季，民国间四川荣县人。
② 幼老，或即杨汝诵，四川乐山人，字幼箴，故称，早年加入同盟会，与赵熙友善。
③ 幼安，即汪文溥，号兰皋，别署去非，清末新政时期，受聘为《苏报》主笔。

在成都创办武备学堂，周善培约请赵熙撰联，故作二联。此为其一，另一联曰："寸地尺天纪律；重洋大陆精神"。而本札末所谓"奇说武之谊，偶说备之谊"，当即指武备学堂而言，由此，推断此札当作于是年前后。

史载，光绪二十六年（1900）十二月，清廷于变法中提出"武备"问题。①次年宣布废止武科举，命于各省创设武备学堂，并要求"各省督抚，将原有各营，尽行裁汰，精选若干营，分为常备、续备、巡警等军，一律操习新式枪炮，认真训练，以成劲旅"②。时周善培甫任四川警察传习所总办，二十九年七月岑春萱调赴广东③，出任两广总督，周善培随之赴粤。又，札中有称"竺君近应启行，再缓则恐道路渐寒，非老人所宜矣。"据周善培光绪二十八年七月初五致汪康年札，当中有称"家弟九月当为北游"④，家弟即云周嗣培，亦即此札所称竺君。赵念君所撰年谱又称赵熙于二十九年三月间携子入京。虑及此札所表多荣县学子事，并称"熙日坐瓮天，闷损为至"，则赵熙时当居荣县。综合上述，益知此札当作于二十八年九月之前。

四

孝怀二棣执事：

昨日略布此行，举家泣别，而老亲之所以临游子者，令我心酸。到井以来，夜夜惊痛，屡欲归去，此情蕴结，棣其何以慰我也（甚望有以开之）。船子侍行，今年较为稳进，怡堂主人购一马车送，特以一仆养而驯之，乃蹶蹄之性不改，皇皇之别购。熙力阻之，云：棣有代步者矣。闻大府荐特科之选，鄙意此时勿设成心，临局苟不庞杂（太杂足以损名），则北游亦乐，且朝廷既以此求，应者亦正轨也。师范之开，惜其不早，望全力注之。荣县局请垂意，目下粗细连者，哗然得意于一堂矣。屠狼之人未知行否？此君摒挡家事，拟为破釜沉舟之举。特恐瀛仙捉刀，未能中肯，濒行望理此事也。

井局诸员偶毁（此间主人极愤，并云制台与周君嘉函，此不忍言），大府谓某日改装矣（极骚动），因此一方震动，前所谓不值一笑之事而极动乡论，此类是也。吴分县与陈大令不睦，顷治一秀才（十二放博），未革顶衣遽施三千小

---

① 贾大泉，陈世松. 四川通史：卷6 [M]. 成都：四川人民出版社，2010：214.

② 朱寿朋. 光绪朝东华录 [M]. 北京：中华书局，1958：4718-4719.

③ 钱实甫. 清代职官年表 [M]. 北京：中华书局，1980：1498.

④ 上海图书馆编. 汪康年师友书札（二）[M]. 上海：上海书店出版社，2017：1071.

板，侈然自雄，毋乃鸱张之甚，大抵官中玩上成习，而安者尤觥大悖之谣。惟民间则无感，望大府胪举善政，自谓祗席之安，至称其时大府杀某武弁云云（某不谓其事，禁烟馆、裁团练，皆我节帅之大恩，代群民敬谢，无尽也），则人人直呼父母，使我心醉。吾棣宜胪此效，以作贤者之气。贱子亦部民沾受者多矣（非因私计，明白人多，穷人少，天下生机矣。）至玩上者维难尽惩，要必举其魁而歼之。闻上宪之振兴，弗自革，乃反谣诼乖方，试问此等之心，舍蚀民作弊，恐无一事能不发指哉。贱子于棣等之局洞然，而数次寄信，有迂拘隔阂者，因采风有触先相告（凡事拂意，先自检其口，此不在见到与否，盖自治不厌求深也），以砺其锋也，详确则缕布矣。寒家所居之县，座差所在，望尤加意。事（昨与节帅言之，恐更励俗，下手难称此深确也）必使其举，人必除其奸，处处如是，大府西南之道张矣。心中郁轖，言不能畅，盖所谓魂消者，棣其谓何？即颂教安，不尽。

熙　顿首

今日行矣

十八井次

为唐令君书名印，成都手民刻也。竺君以为如何？同阅如何？此句世故，恐自矜书法者不喜也。

五

孝怀二棣教下：

吾清明成行，怡堂苦留十日乃去，辞家之款，此心如割（自来未有，宁弗祥耶），老棣应怜我也（何时晤聚）。怡堂乞棣垂惠学律（钦定）一分，并乞饬购书数种（别置其目，至陋至博矣。吾不能谅，今不读，自谓性情之厚也），如能推鄙贱之爱，眷主人之情，以片时之暇，为酌购切用蒙学书数种，不肖心感至矣。不肖于此举至悲恻也。胸中有无穷之意耳。闻目托有无穷之事，明日续上濑行，率颂教安。

熙　顿首

十六　怡堂

师范生既由县申送，责在有司，正恐选之弗得其当，转不如有名即送到省，备察之为精也，且即在由县送，或游学成都，或为学务所素审，宜皆由尊处随时遴拔。乡野皇皇，弗知此举方针，鲜不挟争心而来者（悉别之），空劳课导之力矣。李君白儒，清质向学，望加裁导，属其一意赴省，别无顾虑，并勤数行，达意悉悉，不尽。有怀续上，即颂教安，弗庄。

熙 顿首
八日

孝怀二棣先生，方倩、仙乔两棣先生均此未别具一。

罗志平、张玺方在县送诸人中，或亦平等之上者，然全挟利心，恐徒费导师耳。在吾堂则拒之，在吾棣临时之酌而已。张国铨去年来赞，然仅悟一次，其举动皆系市心，然不能定目前志趣何如，审之而已。

左生日近无赖，声言欲干竺君，吾已传言斥之，万一脱耻而来，闭门不见而已，恻隐非所加也。

白儒去年方见，今年见乃较密，然未深谭。所有一切立志交友，博文之学，全待吾棣渐次加力，虽无师范之举，亦当属其奉侍，其家清寒而未至于苦。附此再闻。

熙 顿首

按：据札首所称"孝怀二棣先生，方倩、仙乔两棣先生均此未别具一"一句，知应作于周善培、向楚、冉慈三人在川南经纬学堂时，光绪二十七年（1901），赵熙以翰林院编纂自北京告假回蜀，受聘为泸州川南经纬学堂监督，周善培任总教习，向楚、冉慈等分任教习，后周善培于光绪二十八年（1902）受聘办四川新政，订四川，而赵熙则于光绪二十九年赴京，自此两隔，故此札当作于赵熙离京之时。

又，札中有称"吾清明成行，怡堂苦留十日乃去"。怡堂为荣县富商胡元海于道光三十年始建，胡氏依此，聚族而居。据胡昭曦先生考证，至其后人胡汝修时，"由塾师王自翔介绍，两人一见如故。赵对汝修次子师仲（庸章）印象甚好，经塾师王廉甫作伐，赵以长女妻之，结为姻亲。于是胡赵交好愈笃，关系愈密，赵熙不时小住怡堂。"[1] 此称怡堂苦留，即当指胡汝修。而清明成行之说，另见光绪二十九年三月初七日札，该札云"熙准清明日行，无复格贰"，故两札所作大体同时，合尾题时间，即或三月十六日，而副札题"八日"则或四月初八也。

---

① 胡昭曦. 四川自贡胡慎怡堂客家源流探析［G］//四川省社会科学院编《四川与客家世界：第七届国际客家学研讨会论文汇编，2001：130.

六

孝怀二棣执事：

月初本欲启行（当时已致乔、倩笺矣），而家君偶剧夜咳，小女明年吉期，怡堂讫弗能定，亦值其时群论谣传（谓自学使言之），自今日始兴学校而废科举矣，故弃此机宜，改定主名，峀志傀儡。春水祸生，逍遥北向，或与我棣联舟，安为世外之议？以族计为桃源，亦策之上也。十日来未即奉报者，小女明年适家，则寒舍经纪难矣，安欲遴一乡中之女，纳之侧室，而景季各助探求，张伯母从而主之，熙方彷徨，正恐慧或有损（即棣春间所定帷幄运筹也），朴又无益，而家君以熙不知家政无意此事（当时未教不肖），默学甚伤。适联先来荣，遂与张、吴数日定局，乃告不肖家君心急之故，十六日即开客来见时也。此女辜氏，景乔邻居，仪颂下而云质多，鄙人此日亦开办警务矣（竺君七月举仁宇先生之鉴即以此务为警）。景季极切侍棣之念而自惭学识，故每谭诸暨则大喜，回顾又若自伤。熙颇畏其志，以为学识误于昔年，及今未晚，惟其素质，我可渐进，不能一日千里耳。既奉来笺，张伯母遂速归（与季玉适在舍），促景入成，二君皆能自立，谓既近周先生，胜东游矣（喜其硕断，无理不理），万事不必计也。订以廿三后启行，骆总戎昨查乡集，闻今已归（似吃洋烟），顷着人速之看其自定如何耳。晦老不来，使人兴灭，此人通博有余，画章定课必能有当，惟孔鮒无用之学，未前闻之，使与二棣川南学恺相济在，则自适，自适，人必有艖也。湘英见爱之切，惕然久矣，熙出门本曲而不笑，成都之聚梦寐以之，在熙自维以入湘英幕为上策，虽于人无裨，而在我至忙得先相参，尚一得也。若开堂讲学，不难上场搬演，而难结局之果益群贤，万一稍有纠纷，所赋又无觹珙之具，惟有肃于避位也。每难古人志大才疏，若不肖者无才而稍有志，故一事之来，徘徊而不敢遽进也。二棣之心，熙所素知，治生之策亦所素审，谓熙果弗北行，则棣可留警务，如此则一言定矣（亦所谓万事不必计，胜北游矣）。但无问何等学堂必须与棣共之（数语精思至久能如此，则不肖不择禄而仕，亦即择禄之至也，所谓磨以入范也，同居期以稍久为佳，暂则蛇尾，此尚志念之先定也。秋蝉与否曷计矣。）即或棣牵它务，亦必棣有参之之权。湘英推棣为绝无依彷国士之长，熙自审微长，则事事尽寻依彷也。湘英南望之吟，志识如衡山苍苍矣。惟人不易与，苟非避世之计，则与人如节帅者，己未能多求也。辜未能决，不然，不肖以依彷为长者，闻此又废然返矣。至棣畅论人己之谊，大义即在微言中，读之豁然，特局外人不察云何耳。十日两得滋书，竺君忧难其儿，宛然步月看云之意。方倩闻近咳血，且言与刘光禄相仿，使我震惧，斯人果得天之薄耶？抑自计之无用防耶？胡一病自绕如此？师仲读书之道，闻其尊人阴感。二十日前偶与怡笺中有诸生独立无语四字，大宗师几与酿祸，愤词不择，四座惊猜，远公犹慨然曰：世人生逼人如此，无怪受者之难，真不哂矣。报馆之议即当商之，但不定所复如何耳。

慈舆计近欲发，从此有长策矣。老人安处，游子乐天，于兹始也。仙乔令妹计必入门而贤，家政之难日进一日，不肖亦办警务而后稍知也。念念奉布，无任不尽之忧。嵩颂以时自卫，身世合计。

熙　顿首

二十日八方琉璃井

此间文报不通，偶与景季谭乡中事，便足音空谷矣。二棣无事，便示惠音，有天可观，坐井亦乐也。附布。

至都有事，以电闻，时时以书通情绪（不女事也），空谷张然，匪伊朝夕矣。清明日启行，十八日发井。附布。

不材以终其天年，无用之用至大也。老庄固是刜谊，顷于横渠书复悟之。棣其专以无用为学。

熙　顿首

按：札中谓"安欲遴一乡中之女纳之侧室"，又云"此女辜氏，景乔邻居，仪颂下而云质多"，据此知本札当成于赵熙纳辜夫人前后。据《香宋先生年谱（续）》引赵熙自著《懿丘志》云："懿姓辜氏，荣县人也。以其秉孝慧之能，字之曰懿。九岁而母丧，昆季杳焉，农圃爨汲箴纫之役皆任。年二十二，其父与王母病，尤百瘁矣，盖不寝者四十余日，遂来归余。"而年谱记载，光绪三十一年（1905）辜夫人暴卒，"年终二十有六"①，据此推断此札恐作于光绪二十八年（1902）。

又，札中有称"二棣之心，熙所素知，治生之策亦所素审，谓熙果弗北行，则棣可留警务，如此则一言定矣。"此中"北行"乃指赵熙出川赴京任职翰林院国史馆事。此时周善培已获邀至成都，配合候补道李觌光创办警务学堂，故于

① 赵念军. 香宋先生年谱（续）[J]. 成都大学学报（社科版），1997（1）：47-57.

前札中告诉赵熙，如果赵熙不入京城供职，则自己就离开川南经纬学堂，专一于警务。对此，于本札中赵熙亦认同其谋，谓周氏"治生之策亦所素审"，唯告诫"不择禄而仕，亦即择禄之至也"。然至本年末，因一力筹办学堂事务的泸州知州沈幼岚改调资州，赵熙遂"失去协调地方人事及筹措经费之助"①，于是先回家度岁，次年则出北行入都，而周善培自此亦主川中警政，川南经纬学堂事则由高竹园主之，以叶清如、罗次云、刘叔峰、蒋元卿及日本伊藤松雄等为分教。上述诸线索，更证本札系年于光绪二十八年当无误也。

---

① 赵念军. 香宋先生年谱 [J]. 成都大学学报（社科版），1996 (4)：42-48.

研 究 综 述

20 世纪《公羊传》《谷梁传》整理成就评析①

张尚英（四川大学古籍整理研究所）

摘　要：本文根据中国 20 世纪政治、社会、思想文化等各方面的变化与发展，分 1900-1989 年，1990-1999 年两个阶段分析评论了 20 世纪的《公羊传》《谷梁传》整理成就。在经学转型后的大背景下，《公羊传》《谷梁传》二传的整理在早期体现了从传统向现代过渡的一些特征，传统的注疏、批校等整理方式与新式的标点、注译等方式并存，到后期则基本以现代的注释、翻译为主。但总体来讲，20 世纪对二传的整理以普及为主，研究为辅，除黄侃批校本、柯劭忞《春秋谷梁传注》等少数传世之作外，鲜有上乘之作，且内容多有重复，质量良莠不齐。这样的状况延续至今，这是我们今后对《公羊传》《谷梁传》二传进行整理需要注意的问题。

关键词：20 世纪；《公羊传》；《谷梁传》；整理；评析

　　《公羊》学虽在汉代为显学，但到东汉末年已呈衰退之势，《谷梁》学仅在汉宣帝一朝短暂兴盛，故在晚清今文经学复兴以前，学界对《公羊传》《谷梁传》二传的整理远不如对《左传》的整理。至清代中期，今文经学开始兴起，学界就《公羊传》《谷梁传》的整理虽有所增加，但因为《左传》记事详赡、文辞优美，关于《左传》的整理也毫不逊色。因此，总体来讲，在 20 世纪以前，有关《公羊传》《谷梁传》的整理与研究不及《左传》。进入 20 世纪，经学被"拉下神坛"，很长一段时间儒学与孔子被否定，以义解《春秋》，阐发儒家与孔子思想大义的《公羊传》《谷梁传》二传的整理再一次陷入低谷，不为人所重，故在 20 世纪八九十年代传统文化研究热兴起之前，整理成果很少，其

① 本文为四川省社科规划项目"宋代四川《春秋》学研究"（SC21B063）、四川省社科其他项目"2019 年巴蜀全书编纂与研究：春秋类"（BSQS2019Z03）、国家社科重大招标项目"中国道统思想研究"（17ZDA010）成果。

主要成果集中在 20 世纪九十年代，但整体数量与质量都不能与《左传》相比。以下详述之。

一、1900 年-1989 年阶段

清代中叶以来，今文经学复兴，清末民初的一些著名学者，如王闿运、廖平等人都有关于《公羊传》《谷梁传》的注释之作，但这些著作都成书于 1900 年以前，不在本文讨论的范围之内，故在此略过。由此，在 20 世纪九十年代以前，关于《公羊传》《谷梁传》二传的整理之作屈指可数。主要有黄侃《手批白文十三经》之《公羊传》《谷梁传》二传、许啸天《公羊传活页文选》、计硕民《春秋公羊传》、柯劭忞《春秋谷梁传注》、徐震《谷梁笺记》、中华书局编《公羊传谷梁传精华》、李宗侗《春秋公羊传今注今译》、梁煌仪《春秋谷梁传校证》等，其中以黄氏、柯氏与李氏之书最为重要。

黄侃《手批白文十三经》《公羊传》《谷梁传》二传有特别的符号标识，即"经文断句用'○'，传文用'、'，叙事文用'△'"，"凡句末字旁加朱色'——'者，表疑问语"，"凡于句旁加'——'者，表释《春秋》书法"。① 黄侃虽只是对二传作了句读，但这些句读与批校融入了他一生的治经心得，就整理者较少的《公羊传》《谷梁传》二传而言，意义更不同于一般。

《春秋谷梁传注》是柯劭忞为《谷梁传》所作的新注疏。柯劭忞撰成《新元史》后开始注此书，书成后于民国十六年（1927）有家刻本刊行，后柯氏多有增益。柯氏逝世后，北京大学研究院文史部民国二十四年（1935）将其纳入《柯凤荪遗著三种》铅印出版，此本收入了柯氏增益的内容，为定本，惜印刷时误将书名题成了补注。此书以徐彦《公羊疏》中所引宋氏《春秋注》的"时、月、日、天王、天子、王、讥、贬、绝"九旨为纲领，故书中随时可见以此九旨来解经之处，如对"讥贬绝"三旨，在卷三中便曰："《春秋》之义不可胜讥者，但一讥若君臣、父子、夫妇之大闲，则必每事谨之，故数发传不嫌其重复也。"② 柯氏主以例治《春秋》，将《谷梁传》解释《春秋》之例归为四大类：传文有二事相比之例，有释此事而证以彼事之例，有因此事而通释彼事之例，至于同一事，有发传、不发传之别，有前后发传之别，又有处处发传不嫌重复者。在此书中，柯氏归纳总结了各种义例，刘焕莹将之总结为"凡曰谨皆恶例""凡经之大义传必曰春秋以崇之例""凡曰已皆恶之之辞""凡传谓之辞今谓之

---

① 黄侃. 符识说明［M］//黄侃手批《白文十三经》. 上海：上海古籍出版社，1983：8.
② 柯劭忞.《春秋谷梁传注》卷三庄公十五年"夏夫人姜氏如齐"条。

例即日月例"等 16 种①，多为柯氏新创。柯氏擅于史学，在注解《谷梁传》时，常引史实加以说解，如《谷梁传》解隐公元年"郑伯克段于鄢"有"缓追逸贼，亲亲之道也"之说，柯氏引元朝史实曰："按后世能缓追逸贼者，惟元世祖待阿里不哥，庶几无愧耳。"《谷梁传》以义解《春秋》，柯氏注解时重其义的阐释自在情理之中。更值得一提的是，书中文字训诂，或训传文之据，或证文字之讹脱衍倒，也颇见功力。柯劭忞认为："《左氏传》有杜元凯，《公羊传》有何邵公，皆可以津逮后学，独范武子《谷梁集解》多袭杜氏、何氏之说，其自为说或不免于浅肤，近人有为之补注者，泛取唐宋以来诸家之说，亦无裨传义也。"② 表明他对范宁《谷梁集解》与钟文烝《谷梁经传补注》都不满意，对此书的自我期许是很高的。时人对之评价也很高，刘焕莹说："寻镏、郑之绪，补范、杨之缺"，"发挥传义，至精至密。故舍柯氏《传注》而从事于《谷梁》，犹面墙而立也"③，牟润孙亦言"诚足与《左传》杜注、《公羊》何解方驾矣"。④ 这些评价虽不无溢美，但此书确实是继范宁《谷梁集解》、钟文烝《谷梁经传补注》等著作后，非常重要的《谷梁传》注疏本，在整个《谷梁》学史上占有重要的地位，在经学转型的 20 世纪，更具有不一般的意义与价值。

李宗侗《春秋公羊传今注今译》与他的《春秋左传今注今译》一样，是王云五于 1967 年倡导主编的"古籍今注今译丛书"之一种，体例为先传文，次今注，次今译，注释除了对单字词语、衣冠文物等详加注释外，地名注出今名，年份注出公元，便于学者阅读。此书编写虽以普及为目的，但就 20 世纪尤其是90 年代以前而言，是一部关于《公羊传》整理的重要著作。此书 1973 年由台湾商务印书馆出版，1988 年天津古籍出版社据之影印出版，1994 年台湾商务印书馆又出版了叶庆炳校定本。

梁煌仪《春秋谷梁传校证》为中国文化大学中国文学研究所 1978 年硕士论文，作者"取唐宋类书，注疏所引资料，及敦煌旧抄本、单疏本、并宋以下诸板本，校其同异，定其是非"⑤，对《谷梁传》作了传统的校勘整理。

以上四种分别对《谷梁传》《公羊传》二传全书作了整理，徐震《谷梁笺

---

① 刘焕莹. 春秋谷梁传柯氏释例目录叙 [J]. 书林，1937，1（2）：18-19.
② 柯劭忞. 春秋谷梁传注序 [M] //春秋谷梁传注：卷首. 北京：北京大学研究院文史部，1935.
③ 刘焕莹. 春秋谷梁传柯氏释例目录叙 [J]. 书林，1937，1（2）：18-19.
④ 牟润孙. 柯凤荪先生遗著三种 [J]. 图书季刊，1935，2（4）：237-238.
⑤ 中国文化大学中正图书馆交换组. 华冈硕士论文提要：第 2 辑 [M]. 台北：中国文化大学出版部，1981：551-552.

记》、许啸天《公羊传活页文选》、计硕民《春秋公羊传》、中华书局编《公羊传谷梁传精华》则是对《公羊传》《谷梁传》的选本作了整理。徐书成稿于1936年夏，缮清于1937年2月，今有稿本藏于湖北省图书馆，另《武汉大学季刊》第7卷第1期也曾发表过此书。是书共2卷，上卷笺注范宁、杨士勋、钟文烝等前人所注不当之处，下卷则是纠正"经传错杂致误""疏文涉及子书而误"以及"四库书目提要论《谷梁传》之误"。许书是《易经公羊传左传活页文选》中的一部分，为上海中华书局1933年出版的"中学生必读红皮活页文选"之一种。因为读者对象为中学生，全书采用新式标点符号，内容选得很简单，只选了"春王正月""吴子使札来聘"的两条传文，体例为先列传文，次列白话译文，次列重点字词、人物、事件的注释。计氏之书亦是普及之作，只是没有译文，只有注释。其选文删除了《公羊传》中重复、淫乱、符瑞灾异涉于迷信、词指晦涩而无意谊者十之三四的内容，然后加以新式标点与注释。其注释直接引用前人之说，不加己说，所引以何休、徐彦二家之说为主，兼采众说。是书为1926年商务印书馆出版的"学生国学丛书"之一种，新中国成立前商务印书馆于1929年、1935年重印之，1978年台湾商务印书馆又重印出版。

在20世纪90年代以前的《公羊传》《谷梁传》二传整理著作虽然少，以普及读物为重点，但因为有黄侃、柯劭忞这样跨世纪学者的坚持，出现了既融入现代学术理论思想又坚守传统的黄侃批校本；出现了《春秋谷梁传注》这样站在经学立场，采用传统注疏方式的传世之作。

二、1990 年-1999 年阶段

20世纪90年代，随着中国改革开放的深入，经济的发展，知识界开始认识到西方的理论并不能完全解决中国的问题，开始注重自己的文化传统。同时，国家层面出于增强民族自信心，加强民族凝聚力的需要，也在大力提倡传统文化。在这样的背景下，形成了中国传统文化研究的热潮。作为中国传统文化的重要典籍，《公羊传》《谷梁传》二传的整理也进入了高潮，出现了大量的著作。以下分注本、注译本、译本分述之。

注本主要有湖南教育出版社1992年出版的钱仲联主编《十三经精华》之《公羊传精华》《谷梁传精华》，南海出版公司1992年出版的傅亚庶《春秋公羊传释读》与马振亚、刘永胜《春秋谷梁传释读》，江西人民出版社1993年出版的葛根贵《春秋公羊传直解》与刘世南《春秋谷梁传直解》。钱氏主编之书为选注本，《公羊传精华》选《公羊传》16篇，"皆传中精要之作，大凡纪事与

《左传》重复者不选。标题用《公羊传》中各该年重要段落之第一句"①，《谷梁传精华》则选录《谷梁传》传文44篇，取传文首句为标题，对所选之文加以简单注释。傅亚庶《春秋公羊传释读》与马振亚、刘永胜《春秋谷梁传释读》为吴枫、宋一夫主编的《中华儒学通典》中的内容，为全注本，采用随文夹注的形式，注文比较简单，重在疏通文义。葛根贵《春秋公羊传直解》与刘世南《春秋谷梁传直解》为《十三经直解》的内容，亦是以随文夹注的形式，对难懂的字（词）进行注音和释义，对句子文意进行疏解。

这一时期的注译本皆为全本注译，主要有国际文化出版公司1996年出版的钱伯城主编《白话十三经》之《公羊传》《谷梁传》，大连出版社1998年出版的孙玉坤注释《春秋公羊传》与邓泓、贾文启注释《春秋谷梁传》，贵州人民出版社1999年出版的梅桐生《春秋公羊传全译》与白本松《春秋谷梁传全译》，上海古籍出版社1997年与1999年出版的王维堤、唐书文《春秋公羊传译注》与承载《春秋谷梁传译注》，台湾商务印书馆1994年出版的薛安勤《春秋谷梁传今注今译》，台湾三民书局1998年出版的顾宝田注译、叶国良校阅《新译谷梁传》等。钱伯城主编之书，与他书传文、注释、译文等编排在一起不同，其是先列对《公羊传》或《谷梁传》整书的译文，再列传文原文与白话注文。孙玉坤注译《春秋公羊传》，邓泓、贾文启注译《春秋谷梁传》是侯光复主编"儒家道家经典全释丛书"的组成部分，其设定的读者对象为高中以上文化水平的中国传统文化的一般爱好者，所以其注译强调普及性，不强调学术性，注释重点在解释经文、传文中难懂的古字、古音、古词和古代汉语的句法。梅桐生《春秋公羊传全译》、白本松《春秋谷梁传全译》与王守谦等《左传全译》均为贵州人民出版社"中国历代名著全译丛书"的内容，编排体例为原文、注释、翻译，亦是以普及为目的。王维堤、唐书文《春秋公羊传译注》、承载《春秋谷梁传译注》为上海古籍出版社"中华古籍译注丛书"的三种书②，体例与梅桐生、白本松之书相同，只是王、唐之书在每公之前有一"题解"。薛安勤之书为王云五1967年倡导的"古籍今注今译"之一种，体例为先经文或传文，次今注，次今译。顾宝田之书则为三民书局出版的"古籍今注新译丛书"之一种，体例分题解、原文、注释、语译、说明5个部分，题解以鲁国十二公为单元，每公作一题解。注释主要是参照前人的成果，择善而从，因以中等程度的读者为对象，故注文比较简明、通俗。语译则以直译为主。说明以年为单元，"对该

---

① 钱仲联. 十三经精华前言［M］//十三经精华. 长沙：湖南教育出版社，1992：12.

② 2004年，上海古籍出版社又将之编入"十三经译注丛书"再版。

年《传》提出的见解，或有不同看法，或与史实不符，或另有别说等，则加以辨析，并提出笔者认为正确的看法"。① 同时，此书与前述诸书还有一个不同点，就是经文、传文皆以注音符号标注读音。

译本主要有北京广播学院出版社 1993 年出版的马志伟、金欣欣评析、译，赵克勤审校《评析本白话公羊传》与史建桥评析，史建桥、贺阳译，赵克勤审校《评析本白话谷梁传》，济南出版社 1994 年出版的关永礼主编《白话十三经》之《公羊传》《谷梁传》。北京广播学院出版社出版的二书，是王宁主编的《评析本白话十三经》的组成部分，其体例为书前有一"评析"，实际就是导读，评介和分析所译经典的作者、时代、内容、演化、特点、读法、要点、性质、流传等。"评析"后即是翻译的《公羊传》或《谷梁传》。关氏主编之书为文白对照本，即先经文、传文，次译文。

除以上所述注本、注译本、译本外，这一时期对《公羊传》《谷梁传》二传的整理还有只加新式标点的标点本，辽宁教育出版社 1997 年出版的顾馨、徐明校点的《春秋公羊传》《春秋谷梁传》即是这样的著作。

20 世纪 90 年代的《公羊传》《谷梁传》二传整理著作成果数量较多，都是以普及为目的，便于现代人读懂古籍。这样的整理，就经历了半个多世纪批判孔子、批判儒学后，对经典越来越生疏的大众而言，无疑具有重要的价值与意义，能让他们在越来越快的生活节奏下，更快捷地了解《公羊传》《谷梁传》二传的内容。但这样的整理多沿袭杂糅前人之说，缺少辨析与考证，且多有重复，并没有推进《公羊传》《谷梁传》二传的深入研究。

20 世纪因为经历了从传统到现代的转变，经学完成了其现代转型。在经学转型的大背景下，《公羊传》《谷梁传》二传的整理在早期体现了从传统向现代过渡的一些特征，传统的注疏、批校等与新式的标点、注译等方式并存，到后期则基本以现代的注释、翻译为主。但总体来讲，20 世纪对二传的整理以普及为主，研究为辅，除黄侃批校本、柯劭忞《春秋谷梁传注》等少数传世之作外，鲜有上乘之作，且内容多有重复，质量良莠不齐。这样的状况延续至今，这也是我们今后对《公羊传》《谷梁传》二传进行整理需要注意的问题。

---

① 顾宝田．新译谷梁传导读［M］//新译谷梁传．顾宝田注译，叶国良校阅．台北：三民书局，1998.

1949 年以来中国大陆《太玄》研究综述

吴龙灿　苗泽辉（温州大学人文学院）

摘　要：文章主要以 70 年来大陆学者公开发表的学术论文和专著为研究对象，试图从基础资料的考订与整理、思想渊源、道家与易学思想、儒学思想、科学思想、学术史研究六个方面，梳理并阐述大陆学者对《太玄》研究的过程与成果。通过对《太玄》的研究现状进行总结与述评，以期为进一步的研究与探讨做未来的展望。

关键词：扬雄；《太玄》；道家；易学；儒学

引言

扬雄（前 53—18 年），字子云，蜀郡成都（今四川成都市）人，西汉后期著名哲学家、文学家、语言学家，中国学术史上影响颇为深远的学者，他在哲学、文学、语言学、天文学、数学等多个领域，都有卓越的贡献。扬雄著述，不拘泥于抒发性情，而着力于超越前人，故其文章高深玄妙，艰深晦涩；扬雄治学，"实好古而乐道，其意欲求文章成名于后世，以为经莫大于《易》，故作《太玄》"①。《太玄》是扬雄著作中较为重要的一部，它阐述了扬雄儒道融合，博奥深邃的哲学思想体系，这个体系以"玄"为核心，吸收了秦汉以来天文、历法等自然科学的研究成果，并与当时社会所流行的阴阳五行学说密切结合，包涵一切时间及空间，囊括所有人事和自然。②

---

① 班固. 汉书［M］. 北京：中华书局，2007：872.
② 杨福泉.《太玄》的撰著旨趣及儒道兼赅的哲学思想［J］. 绍兴文理学院学报，2009（4）：54-59.

1949 年以来，尤其是改革开放 40 多年来，经过大陆学者的不断钻研和探讨，扬雄的思想和地位日益受到学术界关注和重视，《太玄》的研究和解读也逐渐由更多优秀的学者进行继承和发展，并取得了诸多宝贵的学术成果。前人的研究成果不仅丰富和拓展了扬雄《太玄》研究的内容和角度，也为今后学者的进一步研究和探索奠定了坚实的理论基础，并提供了良好的参考价值。现就1949 年以来公开发表的《太玄》研究论文和专著，在广泛搜集相关资料，参考前人研究成果的基础上，对《太玄》的研究做一综述，兹以改革开放 40 多年来发表的论文和专著为综述的重点。

一、基础资料的考订与整理

基础资料的考订与整理是学术研究的基础，1949 年以来，不少学者对此做出了重要贡献，归纳起来，主要包括三个方面：扬雄研究的回顾与总结、《太玄》创作年代的研究、《太玄》文字的考订与注译。

（一）扬雄研究的回顾与总结

任何研究课题的确立，都要充分考虑现有的研究基础、存在的问题、研究的趋势以及在现有研究的基础上继续深入的可能性。学者们对《太玄》研究成果的梳理和分析，揭示了学术界关于《太玄》的研究现状，阐明了《太玄》研究的成果与不足，为今后学者的研究提供了重要的参考价值。张晓明《二十年来扬雄研究综述》①，从扬雄的生平研究、著作研究、思想成就、影响四个方面，对 20 世纪 80 年代至 21 世纪初这一时期的研究成果做一综述，梳理并分析了扬雄研究所取得的成果，肯定了前人研究的贡献。从整体上来说，该综述偏重于文学方面，对于哲学思想涉猎不多，有些简略。赵为学、王栋《扬雄研究的源流与不足》②，从对扬雄评价的三大阶段、褒贬反差原因、研究范式三个方面对扬雄研究进行了述评。作者认为，一方面，自 20 世纪以来，学术界在东汉以来褒贬二分的评价背景体系下对扬雄进行了比较全面的研究，尤其是对他的哲学思想、文学理论和传世作品等方面的研究取得了比较突出的成果。另一方面，从先秦西汉儒道背景下之言意关系和文体意识角度来观照研究扬雄的文学理论尚有空缺和不足。对于梳理和论述从古至今的扬雄研究，尤其是扬雄评价的褒贬反差原因，作者做了详细而深入的探讨。但对于扬雄研究的不足和空缺，

---

① 张晓明. 二十年来扬雄研究综述 [J]. 青岛大学师范学院学报，2002（4）：90-93.
② 赵为学，王栋. 扬雄研究的源流与不足 [J]. 湖南科技学院学报，2006（6）：1-3.

作者的阐述较为简略。金生杨《〈太玄〉研究史浅论》①，梳理并分析了历史上的《太玄》研究之学，对西汉至今历代学者的研究内容进行了一定的探讨，概述了不同时期的研究重点和方向，并指出了当代学者的研究视角，为《太玄》的研究提供了新的参考价值和启示。但文章偏重于历史上的《太玄》，对1949年以来的研究现状，只是略有提及，没有详细论述。田小中《六十年〈太玄〉研究综述》②，从思想渊源、哲学思想、与《周易》的比较、地域文化考察四个方面，对学术界1949-2009年间的研究进行了综述。作者对文献资料的搜集和引用，是较为全面而详尽的。因此，作者对前人研究成果的梳理和阐述也比较准确和深刻，对"玄"与易理的关系，作者明确指出学术界对《太玄》与易理关系的探讨存在不足。解丽霞《扬雄思想研究综述》③，作者总结后人对《太玄》的四大解释路向：以易解玄、以老解玄、易老合解、以儒解玄，并指出其分歧又在于对"玄"的解释上。对于《太玄》的研究现状，作者认为，对扬雄《太玄》的研究，学术界主要倾向于把它当作易学来研究，这主要是根据扬雄在《太玄赋》里的表述论证。即便是有学者对它作儒学的研究，也仅是从形式上辩护的角度去考量问题，缺乏对其儒学思想、精神的具体分梳。而关于《太玄》的定位问题，也是没有解决的学术公案，对其"玄"的概念的解释，也主要是侧重于从"易""老"的角度思考，对其思想和先秦道家、汉代道家、魏晋玄学的关联，也只停留在表面的叙述，而缺乏史料的挖掘探索。李大明、王怀成《近百年来扬雄研究论文综述》④，从扬雄事迹、哲学思想、文学贡献等诸多方面，较为全面地梳理和阐述了前人对扬雄的研究成果，并对未来的扬雄研究做了展望。

综观以上学者对扬雄研究的回顾与总结，基本上涵盖了扬雄研究的各个方面，对前人研究成果也进行了梳理和论述，但不同学者对扬雄研究的侧重点不同，在研究综述中也偏重于不同的方面。其中，田小中和解丽霞两位学者对《太玄》的研究综述，文献资料搜集较为全面，对《太玄》研究现状的观点和见解更加深刻，有利于今后学者深入了解、把握《太玄》研究的重点。

① 金生杨.《太玄》研究史浅论［J］.西华大学学报（哲学社会科学版），2008（1）：16-18，27.
② 田小中.《太玄》易学思想研究［J］.济南：山东大学，2009.
③ 解丽霞.扬雄与汉代经学［M］.广州：广东人民出版社，2011：220-229.
④ 李大明，王怀成.近百年来扬雄研究论文综述［J］.中华文化论坛，2018（10）：8.

（二）《太玄》创作年代的研究

据《汉书》本传，《太玄》的创作年代是自哀帝年间开始，但成书于何时，"则皆莫能明，说各有异。"① 束景南认为，"扬雄与王莽的关系自来聚讼纷纭，而今人对《太玄》思想体系和扬雄哲学思想的研究和结论，都建立在这个对《太玄》成书年代的错误判断之上。因此考定《太玄》确切的写作年代，对理解《太玄》一书的内容，乃至正确认识扬雄其人，给扬雄以公允评价，都有重要意义，不可不辨清楚。"② 学术界中，关于《太玄》的创作年代，主要说法有两种：一是陆侃如《中古文学系年》③，认为《太玄》作于哀帝建平三年至元寿二年（公元前4-前1年）。二是束景南《〈太玄〉创作年代考》④，认为《太玄》作于成帝元延四年到绥和二年中间，章句作于哀帝年间，并指出"扬雄《太玄》及章句虽多有世路险恶、祸福吉凶难测之言，却绝不可能是专为反对王氏集团、影射疾刺王莽的微言大义之作。"⑤ 其中，束景南对于《太玄》创作年代的考察，不仅广泛搜集文献史料，从史料中的用词展开分析，还注重从扬雄自身心迹和言论出发进行论证，推理论证颇为严谨、细致，并驳斥了"《太玄》始作于哀帝年间，完成于王莽建新之后，是'疾莽''刺莽'之作"⑥ 的说法，因此较为可信。

（三）《太玄》文字的考订与注译

扬雄不仅是西汉末年重要的哲学家、文学家，也是一位造诣极深的语言学家和文字学家。他广泛搜集来自各地的方言奇字，并访问求教来自各民族的使者，耗费数十年著成《方言》。被誉为中国方言学史上第一部"悬之日月而不刊"的著作。在扬雄创作《太玄》时，这些方言奇字也被他用于《太玄》之中，使得《太玄》文意艰深，晦涩难读。因此，对《太玄》文字的考订与注译，是研读《太玄》的重要参考资料。

郑万耕《太玄校释》⑦，以晋朝范望太玄解赞为底本，校以宋朝司马光《太

① 束景南.《太玄》创作年代考 [J]. 历史研究，1981 年（5）：142-147.
② 束景南.《太玄》创作年代考 [J]. 历史研究，1981 年（5）：142-147.
③ 陆侃如. 中古文学系年 [M]. 北京：人民文学出版社，1985.
④ 束景南.《太玄》创作年代考 [J]. 历史研究，1981 年（5）：142-147.
⑤ 束景南.《太玄》创作年代考 [J]. 历史研究，1981 年（5）：142-147.
⑥ 束景南.《太玄》创作年代考 [J]. 历史研究，1981 年（5）：142-147.
⑦ 郑万耕. 太玄校释 [M]. 北京：北京师范大学出版社，1989.

玄经集注》，并参考明叶子齐《太玄本旨》、赵如源校订本、清刘斯组《太玄别训》、陈本礼《太玄阐秘》、湖北崇文书局子书百家本、上海涵芬楼影印道藏本和俞樾《诸子平议》。该书在吸取范望、司马光、叶子奇等前人注释的基础上，作以校释，注重对前人校释的参考和引用，并对前人校释择善而从，力求校释准确、严谨。该书的一大贡献，就是对扬雄所用的方言奇字也作了疏释，这在很大程度上，便于读者深入了解《太玄》。另外，关于《太玄》所包括的天文学知识，该书也作了说明，力求使《太玄》成为一部可懂的书。刘韶军对《太玄》的校注、整理工作做出了重要贡献，由他点校的《太玄校注》和《太玄集注》是当今研究《太玄》的重要参考资料，而他所著的《杨雄与〈太玄〉研究》，无论是对扬雄研究，还是对其他文献、思想的研究，都具有重要的贡献和价值。首先来看《太玄校注》①，作者对前人所校择善而从，也不仅限于字义之释，更深入字义之后的思想中尽量挖掘其意，力求校注准确、严谨。其次是《太玄集注》②，作者以《集注》明抄本为底本，参校了大典本、道藏本等，并对原书分段标点断句，不仅注意解释《太玄》的文意，而且注意从文字校勘方面整理《太玄》，对其中的文字异同和异音异义进行了详细校勘和记录，对后人的整理工作，具有十分宝贵的价值。最后来看《杨雄与〈太玄〉研究》③，将注重文献整理研究与思想的阐释相结合，一方面利用文献学的各种方法，如校勘、训诂、考证等方法，另一方面则利用思想研究的分析方法，相辅相成，同时把扬雄其人的研究与《太玄》其书的研究结合起来，力求对古代文献所蕴含的丰富内容有更深入和全面的理解，使相关的研究得到发展。问永宁《太玄与易学史存稿》④，在文献考证研究的基础上，主要围绕着易学的历史发展、不同易学家的思想、经典文本《太玄》的考证三个方面进行阐发。对《太玄》尚古易文的关系等进行了详细梳理，对《太玄》的作者、测辞、筮法、与古易的关系、是否为谤书等《太玄》研究中的诸多问题多有论述。对易学文本的考察则以《太玄》的作者、测词、筮法、与古易的关系等为主。书中还贯穿了作者的思考及对当今易学研究的一些看法，体现了作者的质疑反思精神。全书论据扎实，引证丰富，编排适当，行文流畅，既有历史脉络的梳理，也有经典文本的注解，是研究《太玄》与易学关系的重要参考，也是作者多年易学研究成果的展现，亦为当今学界的易学研究提供了一定的思考路径。

① 刘韶军. 太玄校注 [M]. 武汉：华中师范大学出版社，1996.
② 刘韶军. 太玄集注 [M]. 北京：中华书局，1998.
③ 刘韶军. 杨雄与《太玄》研究 [M]. 北京：人民出版社，2011.
④ 问永宁. 太玄与易学史存稿 [M]. 北京：商务印书馆，2017.

《太玄》一书历经千年，由于不同版本流传不同，造成了很多异文异音异义。此外，历代学者关于《太玄》的注解和研究，不少已经散佚，这无疑给今人的校勘、考订、整理增加了很大难度。

二、《太玄》的思想渊源

扬雄博极群书，遍览典籍，倾注心血著成《太玄》一书。关于《太玄》的思想渊源，很多学者的观点也各有差异，归纳起来，主要分为四类：第一，《太玄》源于道家思想；第二，《太玄》源于易学思想；第三，《太玄》源于儒、道思想。第四，《太玄》源于易、老。

（一）《太玄》源于道家思想

扬雄师承著名道家学者严遵，对道家思想颇有造诣，而他倾尽心血著成的《太玄》也深受道家思想的影响。很多从道家角度研究《太玄》，但这牵涉"道家"的限定问题，先秦道家和汉代道家的思想也有所差异。因此，学者们对《太玄》源于道家思想的观点，也可以分为两个方面。

1.《太玄》源于以《老子》为代表的先秦道家

清宫刚《扬雄与道家思想》①，《太玄》是据《老子》道而形成的"玄"的体系，实际上是"道"和"玄"两者的统一，体现了扬雄对道家思想的吸收。王世达《简论〈太玄〉外易内道的结构特色》②，玄的概念源出老子，而《周易》中是没有"玄"这个概念的。在本体论上，玄跟道一样具有二重性，而易则不然。在宇宙发生论与辩证法的特征上，玄跟道一样，是一种"三"的结构，而易则是"二"的结构。在发展观上，玄继承了道之循环论，与易之发展观判然有别。在伦理观上，玄、道相近而玄、易相远。在人生态度上，玄与道是一脉相承的，是消极遁世，清静无为的，其目的是全身远祸，而其根据则是最纯粹、最富哲学意义的理智思考和规定。张运华《从〈太玄〉看道家理论思辨对扬雄的影响》③，首先，"玄"这一概念就来自《老子》一书，扬雄将其发展为天地万物的本源，以及万物遵循的法则。其次，扬雄在事物变化过程中一分为三的思路，也是从道家"道生一，一生二，二生三，三生万物"得来。第三，

---

① 清宫刚. 扬雄与道家思想 [J]. 河北大学学报（哲学社会科学版），1997. 清宫刚虽是日本学者，但《扬雄与道家思想》经过河北大学原哲学系主任商聚德指导、杜彤英同学翻译，因此将该文收入综述。

② 王世达. 简论《太玄》外易内道的结构特色 [J]. 人文杂志，1998（6）：38-41.

③ 张运华. 从《太玄》看道家理论思辨对扬雄的影响 [J]. 唐都学刊，1999（1）：20-22.

《太玄》关于事物转化的思想，也来自道家的辩证思维，尽管扬雄的这种辩证思维比老子更彻底、更科学，但它由老子发展而来却是不可否认的。王萍《严遵、扬雄的道家思想》①，扬雄撰《太玄》等，将源于老子之道的玄作为最高范畴，并在构筑宇宙生成图式、探索事物发展规律时，对道家思想多有融摄和发展。陈广忠、梁宗华《道家与中国哲学（汉代卷）》②，黄帝、老子、庄子的思想体系，是创作《太玄》的灵魂，扬雄的宇宙模式融进了西汉之前的天文、律历、阴阳五行等自然科学研究成果。

2.《太玄》源于以黄老之学为代表的汉代道家

魏启鹏《〈太玄〉·黄老·蜀学》③，从整个汉代学术史考察，《太玄》世界图式的渊源仍来自黄老之学。黄老之学的哲学思想和治国理论，从来重视将天地万物作为一个有系统的整体。严遵强调"道体虚无"，"道以虚之虚，故能生一"，扬雄承继严遵，赋予"玄"更丰富的本体论内含，在幽深渺冥中支配万有，"少则治众，无则治有"，实际上为以"有无"作辩论的中心课题，以探究世界本体为其哲学基本内容的魏晋玄学，做了较充分的思想准备。雷健坤《扬雄信道的思想特质》④，首先分析了黄老之学的特点，认为扬雄的思想本质是信奉黄老道家，并指出具体体现在：尚玄与崇道的精神相通；少欲节俭的主张与黄老"虚无为本"相契合；尚因循讲损益深合黄老"与时迁移，应物变化"之旨；表面强调礼教仁义实际承袭黄老"形德并举、礼法兼治"的主张；对诸子有取舍的批判与黄老博采众长、择善而从的特点相合。熊铁基《秦汉新道家》⑤，扬雄的《太玄》继承和发展了黄老道家"道论"。他的"玄"，就是道家的道。扬雄的"玄论"，是黄老新道家"道论"的继承是毋庸置疑的，既讲宇宙事物的本原，又讲宇宙事物发展的总规律，并且在具体论述上有许多发展，除三分法之外，还有对于精、气、神等等的理解和运用，以及许多辩证法思想的阐述等等。

以上学者大多是将《太玄》的"玄"与《老子》的"道"进行比较和分析，阐述两者的内涵与异同，进而将道家思想视为《太玄》的思想渊源。部分

---

① 王萍.严遵、扬雄的道家思想［J］.山东大学学报（哲学社会科学版），2001（1）：72-77.

② 陈广忠，梁宗华.道家与中国哲学（汉代卷）［M］.北京：人民出版社，2004.

③ 魏启鹏.《太玄》·黄老·蜀学［J］.内蒙古师大学报（哲学社会科学版），1996（2）：33-40.

④ 雷健坤.扬雄信道的思想特质［J］.学术研究，1997（9）：54-58.

⑤ 熊铁基.秦汉新道家［M］.北京：人民出版社，2001.

学者认为，"玄"即是"道"，这种说法有待商榷。先秦至西汉末年，学术思想和自然科学都有了很大的发展，扬雄又是一位博极群书、学识渊博的学者，所以，《太玄》的"玄"不能简单地与《老子》的"道"画上等号。

（二）《太玄》源于汉代易学

"汉代易学以象数学为主流，同时还存在着以义理与黄老之学解易之倾向，整个成果十分可观，并对后世易学发展产生重大影响。"① 扬雄身处易学的兴盛繁荣时期，在他模拟《周易》创作《太玄》之际，也对汉代易学进行了深入的研读。不少学者认为，汉代易学也是《太玄》重要的思想渊源。

金春峰《汉代思想史》②，《太玄》的体系实际不过是纬书或孟喜卦气说的翻版，除了依据浑天说，它没有包容和概括任何新的知识。问永宁《试论〈太玄〉与古易的关系》③，《太玄》与古文《易》有较密切关系，对于《归藏》和简帛《易》的研究，对于《易》本义的探讨均有重要学术价值。在《〈太玄〉与汉代易学》④ 中，又探讨了《太玄》与西汉诸家易学的关系，认为《太玄》与孟氏《易》有密切的关联，虽和京氏《易》有关但关系不大，《太玄》未受焦氏《易林》影响，也和《易纬》没有直接的关系。解丽霞《综参古〈易〉：〈太玄〉的易学渊源》⑤，《太玄》不仅仅是模仿《周易》，而是综合参照了当时存在的古《易》，通过分析《太玄》与《连山》《河图》《洛书》的具体关系，认为《说卦》是《太玄》与古《易》联结的纽带。

以上成果联系扬雄所处的时代背景和学术背景，认识到汉代易学的兴盛繁荣，尤其是象数之学的发展，对扬雄思想的影响，进而将汉代易学视为《太玄》的思想渊源。汉代的《周易》与当今的《周易》有所不同，扬雄虽是拟《易》作《玄》，但也参考了《连山》《归藏》等古易著作，以及汉代易学的研究成果。这不仅丰富了《太玄》思想渊源的相关研究内容，也为其他学者的研究提供了新的启发和参考价值。

（三）《太玄》源于儒、道思想

扬雄推崇孔孟儒学，又师承严遵，道家思想造诣颇深。他作《太玄》，旨在

---

① 井海明. 汉易象数学研究 [D]. 济南：山东大学，2006.

② 金春峰. 汉代思想史 [M]. 北京：中国社会科学出版社，1987.

③ 问永宁. 试论《太玄》与古易的关系 [J]. 深圳大学学报，2006（4）：25-28.

④ 问永宁.《太玄》与汉代易学 [J]. 唐都学刊，2006（5）：13-15.

⑤ 解丽霞. 综参古《易》：《太玄》的易学渊源 [J]. 周易研究，2007（4）：37-43.

恢宏儒学道统，挽救西汉后期儒家学统危机。因此，《太玄》思想源自儒、道，为很多学者所认同。

吴全兰《论扬雄的心态特征》①，通过对扬雄心态特征的研究，指出扬雄不仅继承了孔孟的儒家思想，也吸收了道家思想的精华，拟《周易》而作《太玄》，拟《论语》而作《法言》，对中国哲学史的发展产生了重要影响。徐复观《两汉思想史》②，《太玄》是京氏《易》的一种演进，是以《老子》的道德为体，以儒家的仁义为用建立起来的。叶福翔《易玄虚研究》③，扬雄集儒道思想和阴阳五行为一体，创作出了独特的《太玄》，《太玄》与孟京易学、《易纬》、帛易都无关系。陈强《略论扬雄思想的理论来源》④，通过剖析《太玄》和《法言》两部著作，指出扬雄思想来源于儒、道，以及阴阳家思想。魏鹏举《述"事"作"文"：扬雄〈太玄〉旨意探微》⑤，认为《太玄》的思想体系，并非完全是道家思想，而是以"玄"阐述儒家仁义道德，是儒道融合思想的体现。杨福泉《〈太玄〉的撰著旨趣及儒道兼赅的哲学思想》⑥，作者考察了《太玄》对前人思想的继承和发展。首先，《太玄》的哲学体系乃是融合儒道思想的产物。扬雄明确提出"《玄》为仁义"的思想主张，他的"玄"在社会历史和政治制度的意义上，即指维护封建君主专制的纲常伦理。其次，扬雄所谓"玄"兼天、地、人之道，可能受到自董仲舒以来的"天人合一"思想的影响。再次，扬雄正是继承和发展了其师严遵"引《易》入《老》"的学术特点，他的《太玄》将《周易》和《老子》有机融合，建立了一个儒道兼赅的哲学思想体系。其兼赅儒道的《太玄》，不但成为魏晋玄学的重要学术渊源，而且成为继《老子指归》之后，两汉哲学向魏晋玄学转变的又一个重要环节。叶秀山《中国哲学精神之绵延（二）扬雄〈太玄〉的哲学意义》⑦，认为扬雄的《太玄》主要是把儒家和道家思想"结合"在一个"玄"的体系中，这个"结合"是凝固的，

---

① 吴全兰. 论扬雄的心态特征 [J]. 冀东学刊, 1997 (2): 26-30.

② 徐复观. 两汉思想史 [M]. 上海: 华东师范大学出版社, 2001.

③ 叶福翔. 易玄虚研究 [M]. 上海: 上海古籍出版社, 2005.

④ 陈强. 略论扬雄思想的理论来源 [J]. 青海社会科学, 2007 (5): 156-158.

⑤ 魏鹏举. 述"事"作"文"：扬雄《太玄》旨意探微 [J]. 文学评论, 2009 (3): 139-144.

⑥ 杨福泉.《太玄》的撰著旨趣及儒道兼赅的哲学思想 [J]. 绍兴文理学院学报, 2009 (4): 54-59.

⑦ 叶秀山. 中国哲学精神之绵延（二）扬雄《太玄》的哲学意义 [J]. 清华西方哲学研究, 2016 (1): 13-16.

其运动也是一种凝固式的如"车轴"之"运转"。张昭炜《扬雄"太玄"释义》①，扬雄的太玄思想在儒道两家有会通趋势的背景下形成，扬雄的思想是儒道兼宗，玄是元气的母体，是渊，是根，道家由玄关开启众妙之门，儒家由透关得灵根，生生不息，这是儒道在缄默中的相合处。

以上学者从儒、道融合的角度，分析《太玄》的思想渊源，不仅联系了扬雄所处的时代背景和学术背景，也参考了儒、道两家的思想精髓，深入阐述了扬雄对前人思想的继承。总的来说，扬雄思想源自儒、道思想，是较为全面且系统的说法。

（四）《太玄》源于《易》《老》

《周易》与《老子》虽是儒、道两家分别尊奉的经典著作，但两者之间存在着诸多关联，并构成了汉魏时期《易》《老》会通思潮的基础。扬雄身处两汉之际，又深谙道家与易学思想，因此，很多学者将《太玄》视为《易》《老》会通的杰作。

侯外庐《中国思想通史（第二卷）》②，认为扬雄摄取《周易》与《老子》的理论，并杂以阴阳家的神秘主义（历数），而铸成其二元论的世界观。郑文《〈太玄〉学说初探》③，《太玄》具有唯物主义成分，是依据浑天说和《太初历》，承袭了《老子》和《周易》之故。任继愈《中国哲学发展史（秦汉）》④，认为《太玄》体系之内，确实包含着比较丰富的辩证法思想，除了来自扬雄对客观世界的正确观察以外，还继承了《老子》与《周易》的辩证法，从而兼有这两家的特点。冯友兰《中国哲学史新编》⑤，《太玄》在形式上是模仿《周易》的一部占筮的书。他批判地吸取了汉人讲《易》的许多说法，加入当时关于天文、历法的知识，创造了一个世界图式，从而和官方的正统哲学对立起来。扬雄所讲的"玄"，一方面是指《太玄》这部书所说的哲学体系，一方面是指他认为是天地万物的根本。他所认识的这个根本相当于道家所说的"道"，"玄"这个名词也是从《老子》第一章来的。扬雄所说的"玄"是精神性的实体，还是物质性的实体，他没有明确的说明。但是，就他的整个体系看起来，他所说的"玄"，相当于当时流行的思想所说的"元气"。关于"玄"的

① 张昭炜. 扬雄"太玄"释义［J］. 哲学研究，2018（10）：54-62.
② 侯外庐. 中国思想通史（第二卷）［M］. 北京：中华书局，1957.
③ 郑文.《太玄》学说初探［J］. 西北师大学报（社会科学版），1979（4）：59-70.
④ 任继愈. 中国哲学发展史（秦汉）［M］. 北京：人民出版社，1985.
⑤ 冯友兰. 中国哲学史新编［M］. 北京：人民出版社，1985.

思想也是稷下黄老学派和《淮南子》中的唯物主义哲学思想的继续。周立升《〈太玄〉对"易""老"的会通与重构》①，认为《太玄》拟《易》，同时又吸收了道家的天道观和辩证法，吸取浑天说而建构宇宙图式，以《太初历》《三统历》为基础创制特别的历法，吸收并改造了孟、焦、京等人的卦气说。《太玄》的三分法直接脱胎于《老子》，就运思理路而言，《太玄》明显地近于《老子》，而与《周易》有所不同。金生杨《汉唐巴蜀易学研究》②，认为扬雄作《太玄》，融合《易》、《老》。他从《老子》中找到了"玄"这个术语，以"玄"为中心，参照《易》的结构，构造了一个无所不包的世界图式。曾加荣《玄默自守的深湛之思——论扬雄〈太玄〉与〈法言〉的价值》③，《太玄》是对《老子》之学和《周易》之学的继承和改造，并且表现出很明显的儒家观点和立场。汪奠基《中国逻辑思想史》④，《太玄》是一部比较复杂而且烦琐的独重逻辑推类的思想著作。它继承了《周易》的损益与《老子》倚伏的世界观，同时把阴阳家历数推衍的抽象方法，也尽量运用来作为构成神秘宇宙的推衍方式。井雷《〈太玄〉象数与汉代易学卦气说》⑤，扬雄作《太玄》，将"玄"作为最高的哲学范畴，其《太玄》思想明显受到了其师道家思想的影响。另外，《太玄》仿《易》实际上仿的是汉代易学，尤其是孟喜、京房的"卦气说"。这也是《太玄》八十一首的排列顺序和今本《周易》不同而与"卦气说"相应的主要原因。汉代易学"卦气说"是《太玄》最主要、最直接的思想依据。

以上学者联系了汉魏时期《易》《老》会通的学术背景，从更加宏观的层次对《太玄》思想的来源进行分析，阐述了《太玄》对《周易》《老子》思想的继承和发展，不仅拓展了《太玄》思想的研究领域，也为今后学者的研究提供了新的角度。

综观上述四种观点，尽管不同学者对《太玄》思想渊源的看法各有不同，但从不同角度和层次对《太玄》思想渊源进行了追溯和探讨，丰富了《太玄》的研究领域和内容，为今后的《太玄》研究提供了重要的参考价值。

---

① 周立升.《太玄》对"易""老"的会通与重构［J］.孔子研究，2001（2）：83-92，100.

② 金生杨.汉唐巴蜀易学研究［M］.成都：巴蜀书社，2007.

③ 曾加荣.玄默自守的深湛之思——论扬雄《太玄》与《法言》的价值［J］.蜀学，2010（1）：72-79.

④ 汪奠基.中国逻辑思想史［M］.武汉：武汉大学出版社，2012.

⑤ 井雷.《太玄》象数与汉代易学卦气说［D］.济南：山东师范大学，2013.

三、《太玄》的道家与易学思想

《太玄》一书创作于《易》《老》会通思潮日渐发展的西汉后期，被誉为《易》《老》会通的杰作，其中包含了丰富的道家思想与易学思想。1949 年以来，大陆学者对《太玄》的道家思想与易学思想展开了深入的研究，主要内容包括三个方面：第一，关于"玄"的探讨；第二，《太玄》的辩证法思想研究；第三，《太玄》与《周易》的比较研究。

（一）关于"玄"的探讨

《太玄》一书所论述的"玄"，是扬雄哲学体系的重要概念，对"玄"的探讨，是研究扬雄思想不可或缺的重要途径。因此，学术界诸多学者对"玄"这一概念，进行了严谨而深刻的探讨。解丽霞教授在《扬雄与汉代经学》① 一书中，曾将学术界对"玄"的探讨，分为元气说、本体说和多义说。时至今日，该分类仍是较为准确而合理，因此，本文仍沿用解丽霞教授的分类，将学术界关于"玄"的探讨，分为元气说、本体说和多义说，并分别加以论述。

1. 元气说

学术界中，部分学者将扬雄视为唯物主义思想家或二元论思想家，因此，他们并不认同多数学者将"玄"看作是"观念性实体"的说法，而是将"玄"解读为"物质性实体"——元气。

叶幼明《扬雄的"玄"是一个唯物主义命题》②，首先从扬雄与《太玄》同一时期撰著的其他著作来考察，认为扬雄拟《周易》而作的《太玄》中，"玄"也是一个物质性的概念。其次，从与扬雄同时代人的评论来看，扬雄说的"玄"就是元，《太玄》一书就包括了元气，证明"玄"不是一个唯心主义的概念，而是一个唯物主义的范畴。再次，从文字训诂看，"玄"即元，亦即气。"玄"是一个物质性实体，是一个唯物主义的概念。最后，从《太玄》对"玄"的描写看，"玄"是构成天地万物最原始最根本的物质。冯友兰《中国哲学史新编》③，认为扬雄所说的"玄"是精神性的实体，还是物质性的实体，他没有明确的说明。但是，就他的整个体系看起来，他所说的"玄"，相当于当时流行的

---

① 解丽霞. 扬雄与汉代经学 ［M］. 广州：广东人民出版社，2011.

② 叶幼明. 扬雄的"玄"是一个唯物主义命题 ［J］. 湖南师范大学社会科学学报，1997（4）：15–19.

③ 冯友兰. 中国哲学史新编 ［M］. 北京：人民出版社，1985.

思想所说的元气。郑文《金城丛稿》①，扬雄所谓的"玄"，即刘歆所谓的"太极元气，函三为一"的元气，也叫作天、易或道。

以上学者联系扬雄的其他著作、同时代人的评论和当时流行思想所说的元气等，对"玄"展开了另辟蹊径的解读，将"玄"视为元气，拓展了关于"玄"的研究角度，丰富了相关研究。

2. 本体说

相比于"元气说"的观点，更多的学者认为"玄"内涵极广，无所不包，并未将"玄"视为一种"物质性实体"，而是从本体论的角度对"玄"进行了探讨。

张岱年在《中国唯物主义思想简史》② 中，认为扬雄的"玄"和老子的"道"是超越物质世界之上的绝对，这个绝对是没有任何相对的性质的，而是一切具有相对性质的事物的唯一本原。在《中国古代著名哲学家评传》续编一《先秦两汉部分》中③，张岱年也指出，扬雄以玄来指称包括天道、地道，人道的最高的道。玄不是元气，而是最高的道，即最高原理，从这个意义上说，玄乃是一种观念性的实体。北京大学哲学系中国哲学史教研室编写的《中国哲学史》④，认为《太玄》的最高范畴是"玄"。玄是世界的最高本原，是一切事物的最初根本。玄是最高原理，它不是物质性的，而是一种非物质性的绝对，也就是绝对观念。扬雄肯定绝对观念为世界的根本，所以他的哲学是一种客观唯心主义。扬雄的客观唯心主义表现于两点：一是他提出了一个世界图式，二是他又认为这个世界图式包含于一个绝对观念"玄"之中。刘晓东《试论揉合儒道的思想家扬雄》⑤，指出扬雄学说体系中的最高范畴是"玄"。在以下两个重要方面，扬雄的"玄"等同于老子的"道"：（1）"玄"是宇宙万物发生、运动及其秩序的一元本源；（2）对立物的联系和相互转化是"玄"运行的基本法则。而扬雄的"玄"不同于老子的"道"正在于它肯定了人"道"。祝瑞开《两汉思想史》⑥，认为扬雄的"玄"脱胎于《易经》的"易"和《老子》的"道"，直承严遵的"玄"，是唯心主义的本源。扬雄继承严遵对宇宙本体的探讨，把本体进一步概括为"玄"，并开始把儒、道二家思想结合起来。魏启鹏

---

① 郑文. 金城丛稿［M］. 济南：齐鲁书社，2000.

② 张岱年. 中国唯物主义思想简史［M］. 北京：中国青年出版社，1957.

③ 张岱年. 中国古代著名哲学家评传［M］. 济南：齐鲁书社，1982.

④ 北京大学哲学系中国哲学史教研室. 中国哲学史［M］. 北京：中华书局，1980.

⑤ 刘晓东. 试论揉合儒道的思想家扬雄［J］. 江西社会科学，1987（4）：5.

⑥ 祝瑞开. 两汉思想史［M］. 上海：上海古籍出版社，1989.

《〈太玄〉·黄老·蜀学》①，认为应将"玄"与《老子指归》中的"太和"相比，不应和老子的"道"、孔子的"元"同论，《太玄》更关注于本体论的说明，进而联系比较严遵的宇宙生成论和本体论，更贴切地理解扬雄的"太玄"范畴。李军《扬雄与玄学》②，在宇宙本体论上，扬雄借取老氏"道"论，提出了"玄"的哲学范畴，作为宇宙万物的本根，从而在一定程度上超越了汉儒传统的阴阳五行说和象数学宇宙观，将两汉形上之学的中心从宇宙论引向本体论，此对正始玄学"无"本体论的确立起到了重要的过渡作用。周立升《〈太玄〉对"易""老"的会通与重构》③，"太玄"来源于老子的"玄"，是本体，是万物的本根，与元气关联。"玄"无为而无不为，它无所不包，儒家、道家的观念都包含其中。叶福翔《易玄虚研究》④，批评了侯外庐《中国思想通史》所说"扬雄的二元论思想"，认为"玄"是唯一的本源和动力，《太玄》哲学是一种一元论哲学，绝不是二元论。姜晶晶《扬雄与王充天人思想的比较研究》⑤，在天道观问题上扬雄视天道为"玄"，认为"玄"是最高本原，肯定"玄"的无上地位，"玄"通过"摛措阴阳"而"发气"从而衍生天地万物。

以上成果通过对"玄"的解读，认为"玄"是天地万物的本原。与持"元气说"的学者不同的是，持"本体说"的学者并未将"玄"视为"物质性实体"。多数学者甚至认为，"玄"是最高的道，是一切事物的最初本原。它是一种绝对观念，一种"观念性的实体"，进而指出，扬雄肯定绝对观念是世界根本，所以扬雄思想也是唯心主义思想。两种观点的不同，源自对"玄"的理解和阐释有异，虽然多数学者认同"本体说"的观点，但扬雄思想中确实包含了唯物主义的思想，所以"元气说"也有其合理之处。

3. 多义说

学术界也有部分学者在探讨"玄"这一概念中，提出了"多义说"这一观点。相比于以上学者，持"多义说"的学者从不同层次、不同角度、不同方面对"玄"展开了更加全面、系统地分析和阐述。

郑万耕《扬雄〈太玄〉中的宇宙形成论》⑥，认为"玄"在《太玄》中至

① 魏启鹏.《太玄》·黄老·蜀学 [J]. 四川大学学报（哲学社会科学版），1996（2）：33 -40.

② 李军. 扬雄与玄学 [J]. 中华文化论坛，1997（1）：64-67，95.

③ 周立升.《太玄》对"易""老"的会通与重构 [J]. 孔子研究，2001（2）：83-92，100.

④ 叶福翔. 易玄虚研究 [M]. 上海：上海古籍出版社，2005.

⑤ 姜晶晶. 扬雄与王充天人思想的比较研究 [D]. 济南：山东大学，2016.

⑥ 郑万耕. 扬雄《太玄》中的宇宙形成论 [J]. 社会科学研究，1983（4）：109-115.

少有以下含义：一是指《太玄》书；二是指《太玄》的哲学体系或世界图式；三是指世界的最高本源；四是指事物变法的规律或法则：五是指事物的变化神妙不测。任继愈《中国哲学发展史（秦汉）》①，认为"玄"具有两重性。"玄"既是宇宙的原始物质状态，包含着元气，是实有的；又是宇宙的精神本源，它产生元气，是虚无的神妙莫测的。"玄"是虚无眇冥的，它本身不含气而只发气，它产生万物不是自然分化的过程，而是借助虚无的作用，其因果关系不可得而知之。韩敬《〈太玄〉与〈周易〉之比较研究——兼论扬雄在中国哲学史上的地位与作用》②，认为"玄"既具有宇宙论意义又具有哲学本体论意义，但"玄"的本体性质在扬雄学说里未能给以充分的描述。黄开国《论扬雄哲学的玄范畴》③，对扬雄"玄"的三种含义进行了分析，并总结道：第一种以"玄"为万物本源的观点，主要反映了扬雄对以往哲学的继承。第二种以"玄"为世界总法则的含义，则与《老子》把道作为世界总规律的观点相近，因而主要表现了扬雄对《老子》哲学的继承。第三种以玄为包容天地人的绝对，则表现了扬雄对秦汉哲学思想的发展，是扬雄关于玄概念最重要、最基本的规定。张立文《扬雄的太玄哲学》④，从四个方面解读扬雄的"玄"：其一，"玄"在幽冥中开展出万类万物，而不显露其形象。其二，"玄"凭借虚空资生陶养出天体及运行的规则，换言之，玄生养天地万物。其三，"玄"贯通万物古今发展的过程和区分万物的种类。其四，"玄"的功用体现为伦理道德。徐贵圆《扬雄眼中的道家思想——以〈太玄〉为例》⑤，首先，"玄"指的是道的变化多端，幽深高远，玄妙莫测。《老子》中的"道"，也就是扬雄《太玄》中"玄"字的来源。《老子》书中的"道"，既是指世界的统一原理，又是世界发展原理。《老子》中的"道"不是物质，是一个精神性的东西，它先天地而存在，是万物的根本、宗主、本源，扬雄认为"玄"也拥有"道"所具有的特性，所以"玄"是宇宙的本源。其次，《太玄》之"玄"，所体现的又是宇宙万物运动的规律，这种规律，是自然形成的。天、地、人尽管有各自的运动规律，而"玄"乃是三者的总括。

---

① 任继愈. 中国哲学发展史（秦汉）［M］. 北京：人民出版社，1985.

② 韩敬.《太玄》与《周易》之比较研究——兼论扬雄在中国哲学史上的地位与作用［J］. 思想战线，1987（5）：15-22.

③ 黄开国. 论扬雄哲学的玄范畴［J］. 社会科学研究，1990（1）：53-57.

④ 张立文. 扬雄的太玄哲学［J］. 孔子研究，2013（6）：19-31.

⑤ 徐贵圆. 扬雄眼中的道家思想——以《太玄》为例［J］. 鸡西大学学报，2014（1）：45-46.

　　以上学者关于"玄"的探讨，并非简单地将前两种观点相结合，而是从多种角度和不同层次，对"玄"进行了详细的解读，不仅深化了对"玄"这一概念的理解，也拓展和丰富了相关的研究。

　　综观上述学者对"玄"的探讨，大多是联系扬雄思想体系，从整体上分析"玄"这一概念。对扬雄思想体系的观点不同，在一定程度上影响了学者们对"玄"的认识。而对"玄"的不同解读，也影响着学者对扬雄思想的把握和理解。从意识形态上看，扬雄思想究竟属于唯物主义思想、唯心主义思想，还是二元论思想，学术界一直没有定论。从学术渊源上看，学者们探讨的重点集中于"玄"与道家思想的渊源，包括以《老子》为代表的先秦道家和汉代的黄老道家。不少学者认为，易学是《太玄》的重要思想渊源，"玄"又是《太玄》最重要的概念，但"玄"与易学之间的联系，却鲜有学者涉及。从"玄"之思想本身而言，学者们主要集中于宇宙论和本体论两个方面，相关研究已经较为详细和全面。也有学者如田小中提出从"玄"的价值论这一角度进行分析，但相关的研究内容依然不多。总的来说，"玄"作为《太玄》哲学思想体系最重要的概念，值得当今学者进行更加深入的探究。

（二）《太玄》的辩证法思想研究

　　《太玄》的辩证法思想，是学术界《太玄》研究的重要内容，不少学者对此进行了深入地分析和阐述。

　　任继愈《中国哲学史（第 2 册）》两汉魏晋南北朝部分[①]，认为扬雄承认世界上的事物有变化、发展。扬雄承认自然现象中有对立和转化，但是讲到社会现象时，他却认为社会上的尊与卑，是不能转化的。另外，矛盾双方的对立面，他认为只有一方面经常起主导作用，其性质才是不可改变的。扬雄的辩证法观点，严重地被他的形而上哲学（玄）体系所窒息，没有跳出循环论的圈子。它的主要错误在于脱离了条件，孤立地只讲变化的公式。他所虚构的逻辑体系把发展变化局限于一定的程式和一定的范围，是不利于辩证法的发展的。张岱年《扬雄评传》，认为《太玄》的变与反的学说包含辩证法的观点，而又归结为循环论其"道有因有革"的关于历史变化的见解，包含深刻的思想。[②] 金春峰《汉代思想史》[③]，《太玄》思想体系整体上没有价值，但如因革损益、新故

① 任继愈. 中国哲学史第 2 册［M］. 北京：人民出版社，1963.
② 张岱年. 扬雄评传［M］// 辛冠洁，等. 中国古代著名哲学家评传：续编一. 济南：齐鲁书社，1982：355.
③ 金春峰. 汉代思想史［M］. 北京：中国社会科学出版社，1987.

更代的辩证法思想应作局部的肯定。方立天《中国古代哲学问题发展》①，认为扬雄关于变化阶段性的论述，是有辩证法思想因素的，但把事物变化的阶段凝固化、机械化，又有着形而上学的缺陷扬雄重视转化中的"极"的观念并描述了转化的过程，是对《周易》《老子》思想的发展，而在人事上尊卑不能转化，和阳尊阴卑的形而上学观点靠拢了。陈广忠、梁宗华《道家与中国哲学》②，《太玄》对自然界、人类社会、认识等普遍存在对立和矛盾这一现象，有非常深刻的认识。郑万耕《扬雄及其太玄》③，用较大的篇幅深入分析了扬雄的自然哲学思想，对扬雄吸收前人思想成果，构造包罗万象的自然哲学系统，提出具有朴素唯物主义倾向和辩证法因素的宇宙理论，探讨事物发展变化的法则等贡献，给予了中肯的评价。但由于时代和阶级的局限，扬雄思想纯驳并存，瑕瑜互见，故作者也实事求是地分析并指出了扬雄哲学思想的糟粕。严一钦《从严遵〈老子指归〉看严遵和扬雄的思想共性》④，认为扬雄与严遵都深切地认识到世间人生福祸相依，因此，他们认识到了矛盾的双方是变化发展着的，矛盾的不同方面是会转化的，因此人们需要顺时而行，注意未雨绸缪。由于他们的辩证法思维，严遵和扬雄能够发展变化的眼光看待问题。不过又因为辩证法思维的缺陷，导致他们把发现某些事物由幼小或萌芽成长起来最后又归于原初的过程机械化了。这就陷入了圆周发展观，这是一种相对主义的态度。曾仕礼《两汉哲学》⑤，认为在扬雄看来，事物在其运动、变化和发展的过程中不仅要有所继承，也应该有所变革。"因"与"革"都一定要合乎自身运动、变化和发展的规律，"革"要合乎"时"，"因"也要合乎"理"，否则，事物就不会按照预期的目标顺利地向前发展。在这里，扬雄虽然没有说明"时"与"理"的具体内容，因而属于比较空洞抽象，但是，他毕竟看到了"因"与"革"之间的辩证关系。吴静《四川文化名人扬雄研究》⑥，扬雄的哲学著作《太玄》模仿《易经》，主张世界上的事物有变化和发展。他主张事物有因循变化，"因"是事物与它以前的产生者的继承的方面；"革"是事物创新的方面。刘韶军《论扬雄

---

① 方立天. 中国古代哲学问题发展［M］. 北京：中华书局，1990.

② 陈广忠、梁宗华. 道家与中国哲学［M］. 北京：人民出版社，2004.

③ 郑万耕. 扬雄及其太玄［M］. 成都：巴蜀书社，2008.

④ 严一钦. 从严遵《老子指归》看严遵和扬雄的思想共性［D］. 福州：福建师范大学，2010.

⑤ 曾仕礼. 两汉哲学［M］. 昆明：云南大学出版社，2011.

⑥ 吴静. 四川文化名人扬雄研究［J］. 成都纺织高等专科学校学报，2014（3）：70-71.

〈太玄·莹〉中福、祸、乐思想》①，根据《莹》篇中一段关于福与祸的论述，探讨扬雄关于福与乐关系的思想内涵，并与弗洛伊德、康德的相关思想进行对比。通过分析，指出扬雄《莹》篇中，包括福祸转化、顺应自然规律等辩证法思想。

以上学者对《太玄》辩证法思想的阐述，虽然从不同立场展开分析，导致对《太玄》思想的毁誉不一，但所探讨的方面，基本包含了扬雄的发展观、因革论等主要的辩证法思想，也丰富了《太玄》辩证法思想的研究内容。

（三）《太玄》与《周易》的比较研究

汉代是易学兴盛发展的时期，扬雄身处其中，模拟易学最高经典《周易》而创作《太玄》，以艰深晦涩之辞，对历时而成的《周易》文本斟酌损益，苦心钻研，进而阐发《周易》经传幽深微妙的思想。因此，将《太玄》与《周易》进行比较研究，也是诸多学者研究《太玄》的重要方面。归纳起来，主要包括易理、象数、占筮三个方面的研究。

1、关于《太玄》与《周易》易理的比较研究

《周易》本是一部占筮之书，由于《易传》对义理的诠释，"《周易》始成为一部哲学宝典，其原初的占筮的功用减弱，对变化世界的把握增加了理性的因素。它以道、太极、乾元、神等范畴对变化世界进行了根本的探求，以八卦系统构成其涵容万象的宇宙模式，并认为人对宇宙万象的根本体认只有诉诸德性主体的建立。"② 扬雄拟《易》作《玄》，继承了前人解读《周易》的思想和方式，也对《周易》的核心义理做出了自己的诠释。不少学者曾对《太玄》与《周易》易理的比较研究，进行了深入探讨。

韩敬《〈太玄〉与〈周易〉之比较研究——兼论扬雄在中国哲学史上的地位与作用》③，详细比较了《太玄·中首》和《周易·乾卦》，认为扬雄对事物发展的描述更完整、更深刻，也更有普遍意义。《太玄》没有停留在宇宙发生论中对宇宙初始的探讨上，而是进一步对哲学本体论中万物万象之本体进行了探讨，虽然"玄"的本体性质在他的学说里未能给以充分的描述，他也未能清楚地说明作为本体的"玄"与万物万象之间的复杂关系，但这在两汉哲学史是一

---

① 刘韶军.论扬雄《太玄·莹》中福、祸、乐思想 [J].西华大学学报（哲学社会科学版），2018（1）：7-14，91.

② 田小中.《太玄》易学思想研究 [D].济南：山东大学，2009.

③ 韩敬.《太玄》与《周易》之比较研究——兼论扬雄在中国哲学史上的地位与作用 [J].思想战线，1987（5）：15-22.

个重要的发展。郑万耕《〈太玄〉"周直蒙酋冥"的易学史意义》①，扬雄对"元亨利贞"的理解，第一次以之配春夏秋冬四时，说明万物生长成藏的过程，开始突破了道德的领域，具有世界观的意义。其"阁直蒙酋冥"的名词虽未被后人接受，但其中所包含的意蕴，却为后来的易学家所吸取。郑万耕《易学与哲学》②，对《太玄》与《易传》辩证思维的关系做了深入地分析，指出《太玄》将《易传》的阴阳学说阐发为阴阳消息说将过程论思维提升到理论层面，使之更带有形而上的性质和世界观的意义。《太玄》进一步阐发了《易传》的刚柔相推说，提出了"厚薄相靡"的命题和物极则反说，更加明确地阐述了《易传》的时中说，提出了因革相成说，丰富了辩证法的范畴。

以上学者关于《太玄》与《周易》易理的研究，主要集中于辩证法思想方面，并已经有所突破和进展。但易理的研究，不仅仅局限于辩证法思想，例如，《太玄》中"玄"的概念和范畴，既源于《老子》的"玄"，又吸取了易学思想，"玄"与易理的关系未尝不是一个值得探索的方向。此外，《周易》所包含的易理，对后世思想文化的发展，起到了深远影响，融入中华民族传统文化的方方面面。而《太玄》是扬雄拟《易》而作，其哲学体系更为系统和完善，却因文字艰深晦涩，难以广为流传。将《太玄》与《周易》相联系，分析两者对哲学史、文化史的影响，或许能进一步推动《太玄》的研究。

2、关于《太玄》与《周易》象数的比较研究

"象"是《周易》一书的核心概念，"立象以尽意"是《周易》思想体系的方法论基础。《周易》通过卦象及其关系，来象征、模拟天地万物的本质，形成了独特的象思维。此外，《周易》以"太极"生化的数理体系，阐发万物变化之理。《太玄》拟《易》，以数取象，其结构体系也与《易》相当。其以三分为基数形成其体系，每首九赞，共八十一首，对六十四卦象数体系进行了诠释。《太玄》与《周易》象数的比较研究是学术界很多学者非常关注和重视的研究领域，这方面的学术成果颇多。

任继愈《中国哲学发展史（秦汉）》③，认为扬雄以玄为本体，以阴阳五行为骨干，以一分为三为规则，以九为度数，以罔直蒙酋冥为过程，构成了一个总括时间与空间、包容天地人的世界模式，向人们描绘了一幅把自然、社会联系为一个整体的宇宙总画面，这个世界模式的表现形式就是八十一首、七百二

---

① 郑万耕.《太玄》"罔直蒙酋冥"的易学史意义［J］.孔子研究，1991（3）：66-68.
② 郑万耕. 易学与哲学［M］.上海：上海科学技术文献出版社，2013.
③ 任继愈. 中国哲学发展史［M］.北京：人民出版社，1985.

十九赞。冯友兰《中国哲学史新编》①，认为《太玄》的八十一首次序不仅表示阴阳的消长，也表示五行的生克；八十一首的太玄图式，是当时历法的一个总结。黄开国《析〈太玄〉构架形式》②，认为《太玄》构架形式最困难的地方，在于对八十一首符号编排的理解。八十一首符号的编排与《周易》六十四卦的编排不同。《周易》64 卦是按数学上的二进制进行的，64 卦实际上包含着 0 到六十三这样 64 个数字。但《太玄》81 首符号的编排，却是按数学上的三进制实行的。81 首的符号就代表着零到八十这样 81 个数目字。八十一首符号的三进制编排，扬雄称之为以三起。81 首符号的编排，是根据每个符号包含家数的多少来排列的。作者详细分析了《易》之"爻"与《玄》之"赞"的不同，并指出扬雄是历史上最早认识到《易》卦是按数学上的二进制为序的。金春峰《两汉思想史》③，认为《太玄》的体系实际不过是纬书或孟喜"卦气说"的翻版，除了依据浑天说，它没有包容和概括任何新的知识。《太玄》模仿了《周易》卦画及卦爻辞的形式，但其三分法把阴阳由对立统一所形成的发展过程的辩证实质阉割了。一首九赞的排列程序同样是机械和死板的。《太玄》还把阴阳和五行系统结合起来，构造了一个无所不包的世界图式，烦琐而牵强。刘保贞《论〈太玄〉对〈周易〉的模仿与改造》④，认为《太玄》赞辞虽是模仿《周易》卦爻辞而作，却比《周易》更有条理，更有规律可循。在阐释道理的具体方法上，《太玄》和孟、京易学以卦爻辞比附灾异的方法不同，它是直接承继《易传》，但比《易传》又前进一步：《易传》说理，多是就卦爻辞的某句、某字，作牵强附会的发挥。《太玄》的赞辞不是这样，它是用生动形象的比喻来直接说明事理，如在《坚》次六中，扬雄以蜂房之蒂喻天子之德，以蜂房喻全国的民众，非常生动形象。通观全书，我们可以发现，《太玄》赞辞中汇聚着扬雄所领会的诸子百家的精华，反映的是扬雄对当时社会人生的独特看法。周立升《〈太玄〉对"易""老"的会通与重构》⑤，玄的首象与赞数完全分离是一个内在缺陷，导致象变枯竭，数系膨胀，这是玄最大的失败。玄数体系试图通过数将当时的知识整合为一个体系，其中玄图与玄中完备的五行属性，对象数和数术也有启发。此外，作者认为扬雄在拟玄准易时忽视了首象的重要性，未作与《大象》

① 冯友兰. 中国哲学史新编［M］. 北京：人民出版社，1985.
② 黄开国. 析《太玄》构架形式［J］. 孔子研究，1989（4）：79-83.
③ 金春峰. 汉代思想史［M］. 北京：中国社会科学出版社，1987.
④ 刘保贞. 论《太玄》对《周易》的模仿与改造［J］. 周易研究，2001（1）：49-55.
⑤ 周立升.《太玄》对"易""老"的会通与重构［J］. 孔子研究，2001（2）：83-92，100.

相应的部分，作者因此补作模仿《大象》之《大测》。解丽霞《重构象数：〈太玄〉的赞〈易〉之道》①，认为《太玄》重数轻象，取象服从于演数系统。《太玄》取象的特点：一是"象因数生"，数为主，象为辅；一是以"九"为范，综论天、地、人；一是以"五"为式，广纳古籍所载之象；一是以"四时、四方、五行"为基本象，其他诸象由此衍生；一是扩大《易》象，吸取历法、音律知识。《太玄》的"重数轻象"是以简易的方式解《易》，与《易》象数不同，却不违背易理。田小中《〈太玄〉易学思想》②，一方面，《太玄》彰显了易象之学中隐含或潜萌的思想因素。《太玄》以数取象的根本标准，较八卦取象更抽象地表达了物与物之间的关系。《太玄》吸收经典资源以广象，其象类较《易》之物象偏重人文属性。《太玄》的"拟象明术"，诠释了《易》"观象制器"中"本天道以推人事"的思想方法及因时为治的通变思想。另一方面，《太玄》的"三分"是《易传》"二分"数理思想的演绎；其九赞丰富了《易》六爻结构的思想表现力，把《易》中蕴含的思想因素，即六爻所反映的事物发展过程普遍化，同时表现出对《易》"知几""中和""物极必反"等思想的融摄。其八十一首是对卦气学说的吸收和改造，彰显了《易》卦之时的思想。井雷《〈太玄〉象数与汉代易学卦气说》③，认为《太玄》仿《易》实际上仿的是汉代易学，尤其是孟喜、京房的"卦气说"。这也是《太玄》八十一首的排列顺序和今本《周易》不同而与"卦气说"相应的主要原因。作者依次分析了扬雄对《周易》、"六日七分""消息"与"阴阳五行"的继承和吸收，从而构筑了自己更加严密的理论体系。扬雄在构建《太玄》的象数时，采用了当时最先进的历法知识，所以说《太玄》象数的本质是科学的，而不像其他汉代易学那样附会臆说。王社庄、张金平《〈太玄〉体例考辨》④，认为《太玄》中的赞辞相当于《周易》中的卦辞，而非如郑万耕、刘韶军两位所言相当于爻辞。《太玄》并非有首（卦）无辞，但首辞并非《首传》。赞辞后的测辞相当于《大象》辞。《太玄》中没有相当于爻辞者，故而也自然没有相当于《小象》辞的文字。通行本《太玄》因《首传》位置不当，导致郑万耕、刘韶军等学者的误解，故有必要调整《首传》位置，以利正确解读《太玄》。其调整后的顺序为首象、首名、赞辞（卦辞）、首传（象传）、测传（大象传）。

以上学者对《太玄》与《周易》象数的比较研究，多年来涌现出众多重要

①　解丽霞. 重构象数：《太玄》的赞《易》之道［J］. 周易研究，2008（6）：18-26.

②　田小中.《太玄》易学思想［D］. 济南：山东大学，2009.

③　井雷.《太玄》象数与汉代易学卦气说［M］. 济南：山东师范大学，2013.

④　王社庄，张金平.《太玄》体例考辨［J］. 兰台世界，2014（6）：7-8.

的研究成果，涉及《太玄》从形式到内容上对《周易》的继承与发展，以及《太玄》的象数体系、数理结构的解读与阐释，研究角度和研究内容不断拓展和丰富，我们期待今后会有更多有价值的成果问世。

3、关于《太玄》与《周易》占筮的比较研究

扬雄创作《太玄》，通过对《周易》古经筮法的模拟和创变，构造了完备的《太玄》占筮体系，并继承了《易传》对占筮的理性态度，赋予《太玄》占筮体系更多的理性因素。学术界对《太玄》占筮思想的重视程度，相对来说比较薄弱，但也有部分学者对其展开了探讨。

王铁《汉代学术史》①，关于大衍筮法，汉代求卦的具体方法已没有文献记载，现在能见到的解释出自唐宋人。但从扬雄的《太玄》，我们可以推断汉代筮法与大衍筮法过程相符。王青《扬雄评传》②，《周易》的占断非常灵活，而《太玄》的断占显得极为幼稚刻板，《太玄》并不是以断占为长的筮书，它的价值在于以一个完整的体系试图揭示宇宙社会的规律。刘保贞《论〈太玄〉对〈周易〉的模仿与改造》③，认为《太玄》和《周易》的筮法路数基本一致，但《太玄》的筮法更加浅易，作者甚至认为，这一段是扬雄为了模仿而模仿，把五行、律吕、月令等方面的内容引入《太玄》，只不过使其也具有了"以卜筮者尚其占"的功用，并没有什么实际功用。汪显超《古易筮法研究》④，从筮法的角度分析《太玄》的"真实品格"，批评"前人注释，大多糊涂"；汪氏对《太玄》筮法中数字的根据进行了追问，认为显然是由"三"的反复衍生而得，但无论是策数还是筮法程序都无法与其宇宙生成论统一，无法与《易》学的筮法相比拟，而这一点又充分说明了扬雄对《易》学立筮法则及筮法与筮理之间的内在逻辑关系并不清楚，他更不知道《易》学"象、数、理"相统一的真实内涵，因而才会造出这种拙劣的筮法来。问永宁《试论〈太玄〉的筮法》⑤，《太玄》筮法内容集中在《太玄数》中。《太玄数》所论筮法，是理解《太玄》占筮法的唯一根据。作者指出，后代学者对这段文字的解释，主要有范望、苏洵、司马光、黄宗羲等四家。这四种说法中，司马光完全错误，范望、苏洵的解释也不可取，只有黄宗羲的理解符合《太玄》本意。王兆立、于成宝《〈太玄〉

① 王铁. 汉代学术史 [M]. 上海：华东师范大学出版社，1995.
② 王青. 扬雄评传 [M]. 南京：南京大学出版社. 2000.
③ 刘保贞. 论《太玄》对《周易》的模仿与改造 [J]. 周易研究，2001（1）：49-55.
④ 汪显超. 古易筮法研究 [M]. 合肥：黄山书社，2002.
⑤ 问永宁. 试论《太玄》的筮法 [J]. 陕西教育. 理论，2006（8）：222，224.

的筮法和天道观》①，认为《太玄》筮法与《周易》"大衍筮法"相比较，其特色在于：第一，扬雄将首的阴阳属性、赞的昼夜属性、位的经纬属性，都作了预先的规定。第二，扬雄在占辞的取择上，创立了参看三条赞辞的方法，这三条赞辞，如果我们从赞位的角度看，蕴涵了考察事物发展由始到盛到终整个过程的意味，从而使占筮的结果富有一定的辩证色彩。田小中《〈太玄〉易学思想》②，认为《太玄》继承《易传》"尚占"的思想，形成了完备的筮占体系；其为筮之道强调"精"，是对《易传》占筮理性精神的继承；其揲蓍成首的过程，是"玄"的思维模式的展现，是对"大衍筮法"的最早诠释；其断占以德性为归依，是对《易传》的直接继承。总之，《太玄》占筮体系主要体现的是"人谋"。

以上学者对《太玄》与《周易》占筮思想的比较研究，多数学者肯定《周易》筮法，贬斥《太玄》筮法，但也有部分学者对《太玄》筮法思想进行深入分析，并肯定了《太玄》筮法的作用和地位。对占筮思想历来褒贬不一，因此，关于《太玄》的占筮思想，少有学者进行探讨。两汉时期谶纬神学颇为流行，联系扬雄所处时代的特殊背景，对《太玄》占筮思想进行探究，或许今后会有新的研究成果问世。

综观学者关于《太玄》与《周易》的比较研究，从不同角度、不同方面，对两者的思想进行了深入的诠释和论述，对今后的相关研究，起到了重要的参考和启发作用。《太玄》与《周易》都是内容庞杂，博奥深邃的著作，且都历经千年，流传至今，虽不乏学者研读、注解，但对书中观点仍然是见仁见智，众说纷纭。因此，对两者的研究不会局限于以上所述，后来的学者必然会与时俱进、精研细读，从中发掘出更多有价值的研究成果。

四、《太玄》的儒学思想

扬雄的儒学思想，主要体现在《太玄》《法言》中，但学术界研究扬雄的儒学思想，大多依据《法言》进行相关探讨，而对《太玄》所体现的儒学思想，进行研究的学者并不多。这些研究，归纳起来主要包括三个方面：第一，《太玄》的政治思想；第二，《太玄》的人性论思想；第三，《太玄》的伦理思想。

---

① 王兆立，于成宝.《太玄》的筮法和天道观略论 [J]. 周易研究，2009（4）：23-28.
② 田小中.《太玄》易学思想 [D]. 济南：山东大学，2009.

（一）《太玄》的政治思想

纵观扬雄一生，在官场上默默无闻，"三世不徙官"，少有政治建树，但这并不意味着扬雄对社稷民生漠不关心。相反，他一直默默关注着政治发展，并将他的政治思想融入他的作品之中，学者们对此也曾进行过一定程度的探讨。

董根洪《"动化天下，莫尚于中和"——论扬雄的中和哲学》①，分析和阐述了扬雄所提出的具有创新特色的中和哲学新体系，其仿《论语》而成的《法言》提出了儒家理想的政治——中和政治；其仿《周易》而成的《太玄》一书则发展儒家中和哲学建立了阴阳中和哲学，其最高的太玄之道即是中和之道，而这一太玄化的中和之道构成天道地道人道的核心内容。刘保贞《〈太玄〉赞辞所倡明君、贤臣思想述评》②，通过对《太玄》赞辞的考察与解读，阐述扬雄的明君、贤臣思想：有道明君是一国兴旺、人民安乐的根本；贤臣必待明君而后出；明君能从谏如流。他祖述孔、孟，糅合老、庄，创见虽不多，但也从一个侧面反映了其对西汉末年君昏臣奸政治局面的不满，这在当时是难能可贵的。张鹏《扬雄的政治思想》③，从《太玄》《法言》出发，从宇宙论、人性论和认识论三个方面把握扬雄政治思想的理论基础，阐明其"以仁用人"的仁治用人思想，和鼓之以德、征之以仁义的统治思想，结合其政治保身态度，再谈到他的政治见解，如等级观念、礼治思想、改革主张、民族关系等。从扬雄对反对谶纬的贡献和承前启后的儒学影响来简要评价他，揭示了其与政治若即若离的独特的人生。

以上学者联系扬雄所处的时代背景，以及扬雄的哲学体系，对其政治思想展开论述，拓展了扬雄政治思想研究的相关内容。但总的来说，这方面的研究比较薄弱，有待今后更深入地探讨。

（二）《太玄》的人性论思想

扬雄的人性论思想，学术界主要是根据《法言》进行分析和研究，基本方式是将扬雄的人性论与他人的进行比较研究。相比于《法言》，对《太玄》的人性论进行探讨的学者并不多。

---

① 董根洪."动化天下，莫尚于中和"——论扬雄的中和哲学 [J].社会科学研究，1999（6）：76-79.

② 刘保贞.《太玄》赞辞所倡明君、贤臣思想述评 [J].齐鲁学刊，2001（2）：29-33.

③ 张鹏.扬雄的政治思想 [D].北京：中国政法大学，2007.

问永宁《从〈太玄〉看扬雄的人性论思想》①，认为扬雄的人性论思想基本建立在《太玄》所建构的宇宙模型中，进而阐述了以五行搭配这个宇宙模型的说法。尽管作者认为它只是一个大概的说法，对其合理性并不完全认同，但由此阐发的人皆有五常之气，人都有希望成为圣人的说法却颇为理性。作者进而阐述了扬雄重视心志与学习的思想，并指出扬雄的人性论更接近于孟子。李沈阳《扬雄人性论辨析》②，从分析扬雄所构建的哲学体系入手，指出"玄"在扬雄思想中具有重要地位，是分析扬雄人性论的重要条件。作者从人与玄的关系、人与气的关系两个方面展开论述，指出扬雄虽持"善恶混"的人性论，但事实上有性善论的倾向。玄不仅是人内在的善质，而且是人向善的动力。善恶之间的转换，就在于人心的思虑向哪个方向发展，而人心的思虑又与玄密切相关，最终，玄与心、善结合起来。郭君铭《扬雄人性思想本义》③，从扬雄人性论中的"善恶混"和"气"展开解读和论述。首先看"混"，作者阐述了历代学者的解析，又做了进一步的探索，他认为，"人之性也善恶混"应该是说人性中只有还处于潜存状态、处于混沌之中的善和恶，善和恶的分化是在人的后天修为中形成的。扬雄说"气"是引导人走向善或者恶的一匹马，决定人后天的善恶趋向。闫利春《从玄、气、心看扬雄的性善恶混论》④，从"玄"成物的原理，分析性善恶混的思想。在扬雄的人性论思想中，性善恶混正是体现了"玄"生物成物的对待相生之理。桑东辉《从人伦维度探究扬雄思想的体系架构与内在关联》⑤，太玄图式是扬雄人伦思想的本体基础。从扬雄的本体论与人伦思想的关系看，天道自然规律是人类道德立法的准则，天道的阴阳决定人伦的尊卑。善恶相混是扬雄人伦思想的人性论，扬雄善恶相混思想为其人伦思想提供了人性论基础。郭剑《扬雄人性论思想研究》⑥，通过阐述扬雄的人性论思想，指出其有时代的烙印，也有自身鲜明的特点。他主张人性善恶混，认为人性有善有恶，情也是性；他认为人性的完善取决于后天的修行，人性可以塑造，其善恶可以转化；他打破了儒家传统人性论思想中"三分人性"的观念，认为人人都是处在"善恶混"的统一人性起点上，只要努力向善修行，就都有机会成为

① 问永宁. 从《太玄》看扬雄的人性论思想 [J]. 周易研究, 2002 (4): 23-31.
② 李沈阳. 扬雄人性论辨析 [J]. 兰州学刊, 2006 (8): 38-40.
③ 郭君铭. 扬雄人性思想本义 [J]. 石家庄铁道大学学报（社会科学版）, 2010 (4): 31-35.
④ 闫利春. 从玄、气、心看扬雄的性善恶混论 [J]. 周易研究, 2012 (4): 75-81.
⑤ 桑东辉. 从人伦维度探究扬雄思想的体系架构与内在关联 [J]. 唐都学刊, 2017 (1): 35-40.
⑥ 郭剑. 扬雄人性论思想研究 [D]. 长沙：湖南师范大学, 2018.

圣人。

以上学者从《太玄》一书入手，研究扬雄的人性论思想，多是肯定了《太玄》哲学思想在扬雄思想体系中的核心地位，认为《太玄》思想，是扬雄人性论思想得以阐发的重要基础，从而联系《太玄》，对扬雄的人性论加以论述。学术界关于扬雄的人性论研究，其实已经取得了很多重要的研究成果，但因为扬雄的人性论思想主要体现在《法言》一书，所以联系《太玄》展开分析的学者，实在寥寥无几。

（三）《太玄》伦理思想

扬雄的伦理思想，学术界主要还是围绕《法言》一书进行研究，并展开了较为全面的探讨，多数学者认为扬雄在批判"诸子学"和儒教神学的基础上，复兴改造了儒家思想。但也有部分学者联系《太玄》一书，对扬雄的伦理思想进行了论述。

侯外庐《中国思想通史》①，认为扬雄一方面摄取《周易》与《老子》的理论，并杂以阴阳家的神秘主义（历数），而铸成其二元论的世界观，另一方面又根据儒家的人生哲学，建立其伦理学说。黄开国《一位玄静的儒学伦理大师——扬雄思想初探》②，认为扬雄建立了一个以儒家伦理为核心的思想体系，是第一个自觉地以伦理为核心，来有意识地建造其理论的人。这个方向实际是后来宋明理学的发展方向。郑万耕《扬雄伦理思想发微》③，认为扬雄强调个人的修习锻炼，是重视自己的努力，发挥主观能动性，但在人性问题上贯彻其关于"气"的理论，以"气"解性，用"元气"说来说明人性的善恶。这就混淆了人的自然属性和社会属性的界限。关于道德修养的方法，扬雄强调"强学而力行"，学习的内容，主要是指圣人的典籍及其道德规范，肯定了人的道德观念和道德行为是后天形成的，人的道德境界是随人的道德修养而不断完善的。

以上学者联系《太玄》对扬雄的伦理思想所做的阐述，拓展和丰富了扬雄伦理思想的研究角度和内容。尽管比起《法言》的伦理思想研究，还是显得较为薄弱，但毕竟《法言》一书是模拟《论语》而作，充分反映了扬雄的儒家伦理思想，而《太玄》是拟《易》而作，本身又艰深晦涩，因此，联系《太玄》思想，对扬雄的伦理思想加以阐述，有待更多学者进行研究。

---

① 侯外庐. 中国思想通史 ［M］. 北京：中华书局，1957.
② 黄开国. 一位玄静的儒学伦理大师——扬雄思想初探 ［M］. 成都：巴蜀书社，1989.
③ 郑万耕. 扬雄伦理思想发微 ［J］. 北京师范大学学报，1990（6）：69-76.

综观学术界对《太玄》儒学思想的研究，多是联系扬雄所处的时代背景，以及其他学术著作，对扬雄的政治思想、人性论思想、伦理思想进行分析和阐述。不少学者认为，《太玄》虽是拟《易》而作，但扬雄的创作目的，在于恢宏儒学思想，挽救西汉末年儒家学统危机。因此，从儒学角度入手，联系扬雄的学术思想，对《太玄》展开分析，或许能收获更多有创见的研究成果。

五、《太玄》的科学思想

《太玄》一书，是自然科学与社会科学相整合的重要著作。扬雄博极群书，儒道兼融，更结合自然科学的成就，创立了他独特的思想体系，将自然科学和哲学思想相结合，这对后世学术有着重要意义。学术界对《太玄》的自然科学思想的研究，主要集中于无神论、天文历法和数学三个方面。

（一）《太玄》的无神论思想

关于《太玄》的无神论思想，部分学者联系两汉时期谶纬神学流行于世的时代背景，以及扬雄反对谶纬神学的立场，对《太玄》的无神论思想展开了剖析。

张岱年《中国唯物主义思想简史》①，阐述了无神论者对这种目的主义的宗教思想的反对，扬雄重新提出了老子的"自然"观念来和目的主义对抗，为以后唯物主义的发展开拓了道路，但他却不能贯彻唯物主义的观点，将"玄"视为超越物质世界之上的绝对，这是唯心主义的观点。孙叔平《中国哲学史稿》②，认为扬雄的宇宙观是客观唯心主义和形而上学循环论，但在内容上还有些唯物主义的因素。他把神秘的"玄"看作宇宙的创造主，又相信有不可避免的"天命"，这是唯心论，他把实际上化生万物的东西归之于二气五行，又确认二气五行化生万物是一个自然无为的、无限的、有因有革的过程，并否认鬼神、仙人的存在，这是唯物论。孙实明《简明汉唐哲学史》③，第一部分，扬雄利用和改造了道家关于自然无为的思想以及《周易》关于"阴阳消息"的思想，建立了自己的自然观体系。他的最高哲学范畴是玄。扬雄所谓的玄，不仅指产生世界万物的元气，而且还指世界万物运行的总规律，即对立面发展到极端时的相互转化和对立面的统一。扬雄的唯物主义自然观，在理论上给予了天人感应

---

① 张岱年. 中国唯物主义思想简史 [M]. 北京：中国青年出版社，1957.
② 孙叔平. 中国哲学史稿 [M]. 上海：上海人民出版社，1980.
③ 孙实明. 简明汉唐哲学史 [M]. 哈尔滨：黑龙江人民出版社，1981.

目的论和谶纬迷信思想以重大打击。王友三《中国无神论史纲》①，作者首先指出扬雄的无神论观点，阐述扬雄在两汉之际神学弥漫的年代里，不愿附和这一逆流，反对董仲舒天人合一的神学目的论与谶纬、神仙方术等迷信。其次，作者阐述扬雄的自然观，一切事物的变化都是自然而然的，不是神的力量。再次，作者阐述扬雄的天人关系，肯定了扬雄所提出的人事成败在人为、"天曷故焉"的积极思想。另外，扬雄对封建世俗迷信也进行了批判。

以上学者关于扬雄的无神论思想，看法不尽相同，尤其是扬雄思想中含有唯心主义成分，这一点遭到不少学者的贬斥和批判。但学者们多数都肯定了扬雄对天人感应目的论和谶纬迷信思想的批判，认为扬雄的无神论思想对当时和后世学术思想，有着重要意义。

（二）《太玄》与天文历法

扬雄创作《太玄》，吸收了浑天说、《太初历》等方面的天文历法成就，使得《太玄》一书有了自然科学思想作为依据。因此，部分学者对《太玄》与天文历法做了一定程度的探讨。

郑万耕在《扬雄〈太玄〉中的宇宙形成论》② 中，认为"玄"是当时流行思想所说的"元气"，"玄"不是产生阴阳，不是生气，而是"玄"含有阴阳二气。扬雄的宇宙形成论不仅从宇宙发生和发展的角度，探讨了外部世界的普遍联系，包含有较丰富的辩证法思想，也排斥了上帝、神和任何超物质的力量，是和董仲舒所宣扬的创世说相对立的，其唯物主义性质更加彻底。与《淮南子》所提出的宇宙形成论比较，《太玄》也有其独有的特点。《〈太玄〉与自然科学》③ 一文，先阐述了《太玄》对西汉天体学说的吸收。扬雄起初信奉"盖天说"，后来在桓谭的帮助下，认识到它不符合天象的实际情况，转而拥护"浑天说"。其次，作者阐述《太玄》对历法的吸收，既有《三统历》的说法，又有《淮南子》遗迹。吕子方《中国科学技术史论文集》④，扬雄关于浑天说的理论，虽然不如后世具体而完备，但在我国古代天文发展史上是有一定地位的。在扬雄所处的两汉时代，浑天与盖天两派学说的论争十分激烈，扬雄抛弃盖天说，信奉浑天说，这不仅是他的天文思想的大转变，也反映了两汉时期整个天文思

①　王友三. 中国无神论史纲［M］. 上海：上海人民出版社，1982.

②　郑万耕. 扬雄《太玄》中的宇宙形成论［J］. 社会科学研究，1983（4）：109-115.

③　郑万耕.《太玄》与自然科学［M］//中国哲学（12）. 北京：人民出版社，1984.

④　吕子方. 中国科学技术史论文集［M］. 成都：四川人民出版社，1983.

想的大转变。黄开国《〈太玄〉与西汉天文历法》①，认为从某种意义上说，《太玄》就是一部与《太初历》相应的历法，但《太玄》八十一首的体系又不是对浑天说、《太初历》的简单重复，而是利用其成就建立起来的一个哲学体系，这个哲学体系的最大特点就在于，它是依据天文历法的科学成就，来对世界的构成及其发展的一般原则作出哲学论证的。问永宁《读玄释中——试论〈太玄〉所本的宇宙说》②，认为《太玄》不仅拟卦气说之易，亦拟《易传》所传之易，并认为《太玄》兼采浑天说和盖天说，详细阐述了扬雄浑盖兼取的可能性。

以上学者对《太玄》与天文历法的联系，进行了详细深入的探讨。第一，从天文学的角度入手，阐述了两种不同的天文学理论，即盖天说和浑天说，并分析了扬雄对这两种理论的吸收和发展。第二，对《太初历》的内容展开论述，认为《太玄》是依据《太初历》建立起来的哲学体系。第三，学者们肯定了西汉天文历法的成就，对扬雄《太玄》有着重要影响。总的来说，关于《太玄》与天文历法的相关研究，已经较为全面和系统。

（三）太玄的数学思想

《太玄》虽是模拟《周易》所作，但《太玄》的数理结构及其规律，与《周易》有所不同。扬雄按照数的规律进行逻辑推演，在《太玄》一书中，通过一套复杂、深奥的数理体系，用以象征天道、人事。因此，研究《太玄》所蕴含和体现的数学思想，也是理解和分析《太玄》的重要方面。

蔡伯铭《扬雄的逻辑辩说思想与数的演绎逻辑》③，认为《太玄》的数的结构及其规律，不仅反映了宇宙的全貌和事物的发展变化，而且也是规范人的行为的准则。按照数的规律进行逻辑演绎，即可了解各种现象，作出相应的判断。温公颐《中国中古逻辑史》④，首先指出《太玄》以八十一首和七百二十九赞的数的变化，来推演天道和人事的关系，形成数的逻辑演绎。其次，作者剖析了《太玄》的数的结构。《太玄图》中提出了组织的两个原则，即"三起"和"三生"二原则，并兼采阴阳五行家的说法，把五行的数，参列入其中。再次，从《太玄》所含的数的结构看，这些数的规律即为它在空间、时间和人事上各方面的逻辑演绎的依据。最后，扬雄数的演绎逻辑是一个以数为依据的特殊演绎系

① 黄开国.《太玄》与西汉天文历法 [J]. 江淮论坛，1990（2）：61-66.
② 问永宁. 读玄释中——试论《太玄》所本的宇宙说 [J]. 周易研究，2001（3）：67-73.
③ 蔡伯铭. 扬雄的逻辑辩说思想与数的演绎逻辑 [J]. 湖北师范学院学报（哲学社会科学版），1988（1）：13-21.
④ 温公颐. 中国中古逻辑史 [M]. 上海：上海人民出版社，1989.

统。郑军《太极太玄体系——普适规律的易学探奥》①，认为从数学上扬雄把太极体系（二进制体系）和太玄体系（三进制体系）结合为一体，即太极太玄体系；从天文学上，从日月地三体运动的规律论证了干支六十年周期的客观性、科学性和可操作性，论证了六十年周期和钱德勒极移周期与朔望月和近点月的会合周期有关。周文英《扬雄对〈太玄〉符号系统的语形、语义解释》②，肯定了扬雄《太玄》对"三极性"加以论述的功劳，也指出了扬雄在理论上的缺陷：扬雄虽然构造了一个"三"的世界，但他难以摆脱《易经》的影响，在《玄冲》和《玄错》中对自己所构造的体系进行一番二极的演算，结果演算不能穷尽，最后留下一个余数和尾巴。作者认为，扬雄《太玄》的三极划分，多为具体的阐述，缺乏高度逻辑抽象概括的性质，因此可以说是一种三值逻辑思想的萌芽。王伦信《〈太玄〉首符是一组严整的三进制数》③，将《太玄》八十一首按照原来的顺序列出其首符、三进制数、十进制数的对应关系表，以方便读者明显地看出《太玄》首符是一组从小到大，按照自然数序列，严整排列的三进制数，并可以通过换算法则确定《太玄》中任何一首在八十一首中的位次。刘华金《"扬雄三进制"研讨》④，首先从《太玄经》首象的引出、首象的实质、如何确认每一个首象三个方面，通过对"扬雄三进制"由来的揭示，继而论证了各数难以确认的原因，并提出了各数确认的公式。其次，《太玄经》的八十一个首象，不仅是一组序数，而且是一组完整的三进制计数序列，进而指出其两大局限，以及拓展之后的新矛盾。再次，作者通过详细的解读、推算和论证过程，使读者更清晰明了地理解三进制与十进制的换算过程。最后，作者简介了三进制加、减、乘、除的运算法。王琛《西汉"卦气"与"太玄"世界图式的数理试探——消息用事之"二""三"分》⑤，认为在扬雄思想中，"三"是世界图式构成的结构框架，而以天地人"三和"涵盖太玄，以阴阳消息的"九天"对应时空构成了统一的"太玄"世界图式。

　　关于《太玄》的数学思想，以上学者主要从《太玄》数的规律、三进制算

---

①　郑军. 太极太玄体系——普适规律的易学探奥［M］. 北京：中国社会科学出版社，1992.

②　周文英. 扬雄对《太玄》符号系统的语形、语义解释［J］. 江西大学学报（社会科学版），1993（1）：92-97.

③　王伦信.《太玄》首符是一组严整的三进制数［J］. 中国哲学史，1993（1）：3-4.

④　刘华金."扬雄三进制"研讨［J］. 湖北大学学报（哲学社会科学版），2007（1）：68-71.

⑤　王琛. 西汉"卦气"与"太玄"世界图式的数理试探——消息用事之"二""三"分［J］. 湖南科技学院学报，2008（7）：8-10，23.

法等方面，进行分析和解读，肯定了《太玄》以数的变化来推演天道与人事的关系，并形成一套系统的数理体系。尽管学者们对扬雄《太玄》的数学思想褒贬不一，但对于《太玄》的三进制思想，多肯定其贡献和影响。

综观以上学者对《太玄》科学思想的探讨，主要是联系两汉时期谶纬神学流行于世的特殊学术背景，以及西汉时期天文历法的成就，从更宏观的角度对《太玄》所蕴含和体现的自然科学思想进行较为深入的研究。学者们对扬雄的科学思想，或褒或贬，毁誉不一，其中的分歧主要还是扬雄思想的归属问题，即扬雄思想究竟属于唯物主义思想、唯心主义思想，还是二元论思想。这个问题，学术界始终难有定论，留待后来学者对其进行更加科学、合理地分析和阐述。

六、《太玄》的学术史影响

《太玄》是扬雄《易》《老》会通，儒、道兼容的思想产物，是一部博奥深邃、艰深晦涩的著作，它在中国学术史上有着重要意义。尽管在历史上，由于时代背景和思想流变，关于扬雄的评价几经波折，大起大落，《太玄》对学术史影响的研究也经历了一段时间的沉寂，但近年来，学术界对扬雄及其思想愈加关注和重视，对《太玄》学术史意义的研究也日渐丰富。学术界对《太玄》学术史意义的研究，主要集中于《太玄》对蜀学、玄学、易学、儒学等不同领域的影响。

（一）《太玄》对蜀学的影响

以地域文化视野研究《太玄》，是蜀学的重要特色。扬雄是蜀人，对巴蜀地区的学术思想和文化发展有着重要影响，因此，关于《太玄》对蜀学的影响，是巴蜀学者研究《太玄》的重要方面。

魏启鹏《〈太玄〉·黄老·蜀学》①，主要讨论了《太玄》与蜀学之渊源关系，认为《太玄》的根在巴蜀，绝不是作者闭门苦作惊人异想的产物，肯定其出现的合理性。认为从严遵到扬雄，汉代道家哲学对宇宙来源和本体的认识更深化更系统了，为以"有无"作辩论的中心课题，以探究世界本体为其哲学基本内容的魏晋玄学，作了较充分的思想准备。谭继和《西道孔子扬雄的大一统观与儒风在巴蜀的流布》②，通过对扬雄大一统观及其哲学基础，以及儒风在巴

① 魏启鹏.《太玄》·黄老·蜀学 [J]. 四川大学学报（哲学社会科学版），1996（2）.
② 谭继和. 西道孔子扬雄的大一统观与儒风在巴蜀的流布 [J]. 中华文化论坛，2001（1）：28-33.

蜀的流布研究，阐述巴蜀文化在秦汉时期融入中华大一统文化的同一性进程和差异性进程，说明不同地域文化以"和而不同"的方式在统一体中的交流融汇是中华民族多元一体文化共同体的主要特征。扬雄以中和精神为内核的关于"三"的创见，是大一统思想的哲学基础，是汉文化统一进程在思维方式变革上的集中反映。它对巴蜀儒风的流布产生了深远的影响，使巴蜀成为"其学比于齐鲁"的一个全国性文化重心。唐好《扬雄与巴蜀文化》①，认为《太玄》首创拟《易》之风，树立以老庄解《易》典范，体现出重方术历算的特征，这些均对后代巴蜀易学家研习《易》产生了巨大影响，后世巴蜀易学呈现出以上三方面的特色，溯源称扬雄。金生杨《巴蜀易学与中国学术的转型》②，认为扬雄继承严遵融会《易》《老》，以虚玄为宗的学风，拟《易》而作《太玄》，在形式和内涵上进一步深化了《易》《老》的融合与易学的玄学化。玄学兴起之后，巴蜀易学仍在此方面有积极的努力，对玄学的继续发展起到了积极的推动作用。许晓宇《从二到三：〈太玄〉蜀学渊源浅探》③，认为《太玄》虽由仿《易》而来，但他能够从《周易》之"二"另辟《太玄》之"三"，其取精用宏是多方面的，有对中原儒家朝制论述的借鉴，但根本上，巴蜀地区落下闳的律历学、黄老的三才观、严遵的清—和—浊三位论，使《太玄》得以建立起严整纵深的玄首体系，贯天地人的恢宏内容，萌长盛消的变化安排，从而在纵的体系、横的视野、细的赞测上都将"三"安排妥当。所以《太玄》之"三"，也可视为巴蜀学脉发展到西汉晚期集大成式的体现。蔡方鹿、刘俊哲、金生杨《巴蜀哲学对中国哲学发展的贡献》④，认为巴蜀易学在中国多次学术转型的历史中发挥了积极的引领和推动作用。严遵、扬雄首开融会《易》《老》，倡扬玄学之风，玄学的兴起与之有莫大关系。曾虹佳、谢应光《浅谈扬雄对巴蜀文化的贡献》⑤，认为扬雄作《太玄》承巴蜀易学之传统，下开巴蜀易学之特色，在一定程度上丰富了巴蜀易学的内涵，进一步推动了巴蜀易学的发展。潘殊闲《扬雄与蜀文化》⑥，认为一方面，扬雄是蜀人擅长逆向思维的典范。扬雄有强烈的"立言"的抱负，他的著述都是依循经典而不简单模仿。另一方面，扬雄是"易

① 唐好. 扬雄与巴蜀文化［D］. 成都：四川师范大学，2008.
② 金生杨. 巴蜀易学与中国学术的转型［J］. 周易研究，2014（1）：168-181.
③ 许晓宇. 从二到三：《太玄》蜀学渊源浅探［C］. 第二期"巴蜀文化与湖湘文化高层论坛"会议论文，2013：294-301.
④ 蔡方鹿，刘俊哲，金生杨. 巴蜀哲学对中国哲学发展的贡献［J］. 哲学动态，2013（1）：46-54.
⑤ 曾虹佳，谢应光. 浅谈扬雄对巴蜀文化的贡献［J］. 蜀学，2015：17-23.
⑥ 潘殊闲. 扬雄与蜀文化［J］. 西华大学学报（哲学社会科学版），2018（1）：15-23.

学在蜀"的典范。扬雄对《易》的理解与极富个性的阐释，对丰富"易学在蜀"的内涵，具有重要的意义与价值。舒大刚《尊道贵德：扬雄"五德"观溯源》①，阐述了"道德仁义礼"五德的核心价值观念，并考察了"五德"的历史渊源，即远源于老子、孔子，中继于王褒、严遵诸人，甚至还有巴蜀志怪文献《山海经》的影响。作者将扬雄思想纳入地域文化视野，认为扬雄之学不仅是儒道合流的产物，也是对巴蜀文化的合理继承和发展。蔡方鹿《扬雄对蜀学的影响》②，认为扬雄《易》《老》结合，儒、道相兼的思想对后世蜀学产生了影响，亦成为蜀学的特点之一。即比较重视道家、黄老思想，并将其与儒学等其他思想融会贯通，而不是相互排斥，具有一定的包容性。其次，作者阐述扬雄重视道家思想对后世蜀学的影响，扬雄对黄老道家思想有所吸取和重视，而使之得以持续推衍，流传至东汉末则道教在蜀地产生，这对蜀学和整个中国传统文化意义甚大。

以上学者探讨了扬雄及其《太玄》对蜀学的影响，以地域文化的角度研究《太玄》，是其独具一格的特色。近年来，蜀地学者研究扬雄及其《太玄》的著作日渐增多，已经取得了较为丰富的研究成果，相信今后会有更多有价值的成果问世。

（二）《太玄》对玄学的影响

扬雄本人既推崇道家明哲保身的理念，又没有放弃儒家积极入世的理想，这种矛盾心理与魏晋玄学初期的人物矛盾心理有一定内在联系。扬雄儒道兼容的《太玄》思想，是魏晋玄学的重要学术渊源。《太玄》对玄学的影响，也引起了部分学者的重视和探讨。

李军《论魏晋玄学生成的学术渊源与理论逻辑》③，认为西汉末的扬雄是两汉道家文化源流中承前启后的重要人物，他上承贾、马、严遵，下启荆州学派，在哲学论点与思辨方式上为玄学导夫先路。扬雄建立了两汉时期第一个完备的儒道调和的太玄理论体系，此对魏晋玄学之产生不啻有开启门径之意义。在《扬雄与玄学》④ 中，作者又指出，一方面，扬雄建立了西汉时期第一个完备的儒道融合的太玄理论体系，对魏晋玄学的产生具有开启门径的意义。另一方面，扬雄对初期玄学家的精神影响不仅表现在思想理论上，而且直接存在于学术师

① 舒大刚. 尊道贵德：扬雄"五德"观溯源 [J]. 孔学堂，2018（2）：5-12，111-123.
② 蔡方鹿. 扬雄对蜀学的影响 [J]. 社会科学研究，2018（5）：184-191.
③ 李军. 论魏晋玄学生成的学术渊源与理论逻辑 [J]. 杭州大学学报，1997（3）：93-98.
④ 李军. 扬雄与玄学 [J]. 中华文化论坛，1997（1）：64-67，95.

承关系之中。扬雄太玄学说对东汉一代偏离儒家经学而带有异端思想的学者产生了重要影响。徐公持《论魏晋玄学思想资源在两汉时期的先期整合》①，指出老、庄、《易》"三玄"在汉代四百年间的变化和整合，表明魏晋玄学的兴起，自有前代思想学术所作的酝酿铺垫，并非突如其来发生的现象。对于汉代整合"三玄"方面比较重要的人物和著作，如《淮南子》、扬雄、张衡以及王导"三理"等，典型体现了汉人在一些玄学命题上做出了程度不等的先期贡献。潘殊闲、潘君瑶《扬雄〈太玄〉与魏晋玄学》②，认为，扬雄的"玄"，打通孔、老，综合儒、道，开启了真正意义上的"玄学"的大门。扬雄的《太玄》建构了以"玄"为根本的哲学体系，是从先秦儒道分判至魏晋玄学儒道杂糅的过渡与桥梁，在中华玄学史上具有里程碑的意义。

以上学者阐述了扬雄及其《太玄》对魏晋玄学的重要影响，进而肯定了扬雄在中国玄学史上的地位。总的来说，学者们多是联系不同时期玄学发展的特点与内容，分析扬雄《太玄》的影响。其实，将扬雄与后世玄学家相联系，进行比较研究，探究扬雄与后世学者之间的微妙联系，或许能发现更多有价值的成果。

（三）《太玄》对易学的影响

《太玄》本是拟《易》而作，在我国易学史上也具有重要的价值和影响。关于《太玄》的易学思想，是学术界研究《太玄》的重要方面，不少学者也对《太玄》的易学史影响和地位展开过分析和探讨。

郑万耕《〈太玄〉"周直蒙酋冥"的易学史意义》③，阐述扬雄模仿"元、亨、利、贞"四德，提出了"阁、直、蒙、酋、冥"的观念，并与四方四时加以配合，用来说明事物从无形到有形，从发生到消灭的无穷发展过程。在这个循环往复、永无休止的变化过程中，既有时间的推移，又有空间的转换，而且还有新故更代、推陈致新的质的变化。张涛《略论扬雄对汉代易学发展的贡献》④，认为扬雄易学思想体系是对《易传》及西汉易学成果的继承和发展，也

① 徐公持. 论魏晋玄学思想资源在两汉时期的先期整合 [J]. 福州大学学报（哲学社会科学版），2006（1）：50-57，112.

② 潘殊闲，潘君瑶. 扬雄《太玄》与魏晋玄学 [J]. 福州大学学报（哲学社会科学版），2019（1）：24-29.

③ 郑万耕.《太玄》"罔直蒙酋冥"的易学史意义 [J]. 孔子研究，1991（3）：66-68.

④ 张涛. 略论扬雄对汉代易学发展的贡献 [J]. 河南大学学报（社会科学版），2000（1）：47-52.

是西汉末年社会政治思潮在易学领域的深刻反映，树立了以道家黄老之说解《易》的典范，并对后来以王弼为代表的玄学派易学多有启发和影响。周立升《〈太玄〉对"易""老"的会通与重构》①，认为扬雄一方面希冀以《太玄》取代汉代经学而又未能予以取代，另一方面他想超越烦琐的象数之学向思辨哲学迈进而又未能达到魏晋玄学的高度，从而成为两汉哲学向魏晋玄学转化过程中极为重要的中间环节。马鹏翔《汉魏时期的〈易〉、〈老〉会通思潮》②，认为汉代易学的主流是注重象数，并借象数大谈阴阳灾异、天人感应，其中又以孟、京两家为代表，但这种专讲阴阳灾异的易学因其思路的狭窄渐为士人所厌弃，随着西汉政府的日益黑暗没落也逐渐丧失说服力，因此《易》《老》会通的思潮又有渐兴之势。其中，扬雄的哲学思想是继严遵的《老子指归》后，两汉经学向魏晋玄学转化的又一重要的中间环节。田小中《〈太玄〉易学思想》③，首先从扬雄的治易方法、释易方面述及《太玄》对后世易学的影响，也分析了其影响远逊于《周易》经传本身的原因。其次，《太玄》创作反映出扬雄治易"述而不作"的学术进路，《太玄》的象数理占都是对《周易》经传思想的阐幽显微，彰显的是《易》义。《太玄》体系是对易学发展的整合，是在整合中的自觉的体系构建，标志着汉代哲学家抽象思维能力的提高。

以上学者不仅对《太玄》的易学思想进行了深入且详细的阐发，也对《太玄》的易学史地位和影响加以分析和肯定，为今后学者的研究提供了重要的参考价值。

(四)《太玄》对儒学的影响

扬雄所处时代的学术背景较为复杂，虽然儒学仍为文化主流，但政治危机严重，儒学诸子纷争，经学章句繁衍，谶纬神学流行，儒家学统面临着严峻的危机。因此，扬雄创作《太玄》《法言》等著作，最主要的目的，还是匡护和恢宏儒家思想。虽然学术界关于扬雄的儒学思想研究，主要集中于《法言》等著作，但部分学者也对《太玄》的儒学思想及其儒学史地位和影响，进行了一定程度的探讨。

① 周立升.《太玄》对"易""老"的会通与重构 [J]. 孔子研究，2001（2）：83-92，100.

② 马鹏翔. 汉魏时期的《易》《老》会通思潮 [J]. 西南石油大学学报（社会科学版），2009（3）：83-88，134.

③ 田小中.《太玄》易学思想 [D]. 济南：山东大学，2009.

　　边家珍《论扬雄对先秦儒学的继承与发展》①，联系西汉末年儒家经学面临的危机，指出扬雄自比于以"正人心，息邪说"为使命的孟子，从学理上树立以孔、孟为代表的先秦儒学为学术正宗的观念，张扬人本主义理念，目的在于扫除董仲舒以来的神学泛滥及道、法等学派思想的抬头；扬雄借鉴道、墨等诸子的思想，丰富和发展了先秦儒学的内涵；他在儒学指向上突出"内圣"，拓展了孔、孟重视个体人格的道德自律及自我完善的一面，有利于矫正汉代神学经学在促使士人人格自觉上的苍白乏力。在《扬雄对西汉新儒学的重构及其意义》② 一文中，指出扬雄在西汉新儒学的重构中，从学理上批判了今文经学，客观上为古文经学的兴起作了一定的理论准备；他融合《易》《老》，交通儒、道，对于魏晋玄学具有开启门径的意义；他在儒学的指向上突出"内圣"的一面，可以说起到了从孟子到宋明理学之间桥梁式的先导作用。王栋《扬雄的因革论》③，认为扬雄的因革论强调客观、真实、自然和时代现实性，坚持儒学正宗地位，以儒融通道、墨诸家，在丰富发展儒学思想中为王充、葛洪、刘勰等文论家之因革论思想的形成提供了思想理论渊源。解丽霞《扬雄与汉代经学》④，认为扬雄在"综参古易"的基础上，以"经传分立、重构象数、取道宗儒"为基本思路，建构了与汉易主流系统不同的易学体系。这一体系的建立标志着汉代今文易学向古文易学的转向，也为后人的研究规定了"以《玄》解《易》"的理解范式。梁宗华《论扬雄对儒学的改造和发展》⑤，认为扬雄志在成为孔子道统的传承者，他以孟子自居，大力发扬和抬高孟子的地位，致力于恢复先秦孔孟原始儒学的人文理性传统。扬雄的哲学著作、文学篇章及他的思想主张在当时及后世产生了重大影响。他对神学经学的抨击，对谶纬迷信的批判，对桓谭、王充的思想有着直接的影响。金生杨《苏洵、苏轼的〈太玄〉学》⑥，认为苏洵的论述是建立在扎实的注释基础上的儒道探求，有着明显的汉学向宋学转折的色彩。苏洵、苏轼的《太玄》学体现了汉学向宋学的转折，也反映出《太玄》研究对宋学兴起有着特殊的贡献。吴龙灿《扬雄〈太玄〉的本体论经学诠释》⑦，认为《太玄》在形式和内容上都有模仿《周易》的方面，但

①　边家珍. 论扬雄对先秦儒学的继承与发展 [J]. 河南大学学报，2002（3）：58-62.
②　边家珍. 扬雄对西汉新儒学的重构及其意义 [J]. 东岳论丛，2002（6）：93-96.
③　王栋. 扬雄的因革论 [J]. 北京化工大学学报（社会科学版），2010（3）：51-55.
④　解丽霞. 扬雄与汉代经学 [M]. 广州：广东人民出版社，2011.
⑤　梁宗华. 论扬雄对儒学的改造和发展 [J]. 东岳论丛，2016（12）：76-81.
⑥　金生杨. 苏洵、苏轼的《太玄》学 [J]. 乐山师范学院学报，2017（2）：1-4，24.
⑦　吴龙灿. 扬雄《太玄》的本体论经学诠释 [M]//傅永军. 中国诠释学（18）. 济南：山东大学出版社，2019：225-232.

《太玄》有其独特的结构和语言，并以独特的方式诠释经学思想，是扬雄直接诠释孔子之道和五经要义的开山之作。扬雄准《易》作《太玄》，其拟经体例成为学术史上一种经典诠释传统，为后世学者继承和发扬。而扬雄《太玄》开创的本体论重构和本体诠释学传统，对百年来学术史反思和当代中国文化重建都具有重要意义。

以上学者对《太玄》儒学思想的地位与价值，进行了分析和阐述，肯定了扬雄及其《太玄》对汉代经学和后世儒学的发展，起到了重要作用。从儒学角度对《太玄》进行研究，可以更好地理解和把握扬雄在学术史上的地位和意义，期待今后学者对此会有更加深入的研究。

（五）综论《太玄》的学术史影响

除了以上几个方面外，部分学者还从不同角度和领域入手，对扬雄及其《太玄》的学术史意义进行了综论。

叶福翔《试论扬雄对中国文化的贡献》①，认为《太玄》通过立玄分天地人，又天地人各二分导出君子之道，可谓是扬雄创新的表现。而《太玄》出于《易》而别于《易》，自有独立创见和独特体系，对中国哲学的发展起了推动作用。此外，作者认为扬雄的成就除董仲舒外无人能及，《太玄》《法言》所体现的文人内修精神，以涵养心性为动力，以立德立言为己任，传播知识，甘于寂寞，进而深深地影响着中国文化。吴龙灿《拟经拟圣，匡扶大道——扬雄经学诠释的历史影响》②，首先，作者指出西汉末年政局危机四伏，儒学诸子纷争，经学章句繁衍，人心浮躁无依，是战国之后又一个"百家争鸣"的新乱世。扬雄于是以"孟子"自居，通过开创新的经学诠释方法，匡护儒家经典和孔子思想所示的大道。其次，扬雄的诠释形式虽为模拟经典而新创，但其书之内容所传述的却是忠实于前圣古贤大道的真精神。拟经使经学诠释者从"我注六经"和"六经注我"的两难困境中超脱出来，直接以本体诠释学的立场阐发圣人之道，把语言、行为和意义合为一体，把古圣贤书与当下视域融合，诠释本身成为切合时代的实践智慧。最后，"拟圣"诠释对宋明理学的影响。一是宋代儒家道统论的形成，扬雄起到了重要的开辟作用。二是宋明理学的核心经典，多承续扬雄之所弘扬。三是宋明理学的义理诠释传统和语录体著述体例，深受扬雄

① 叶福翔. 试论扬雄对中国文化的贡献 [J]. 中华文化论坛，1996（1）：68-74.
② 吴龙灿. 拟经拟圣，匡扶大道——扬雄经学诠释的历史影响 [J]. 宜宾学院学报，2015（9）：10-17.

影响。汪文学《扬雄论——兼论扬雄学术和文学对六朝的影响》①，从士风、学风、文风诸方面探讨扬雄学术和文学对六朝的影响，并以陶渊明为个案讨论扬雄的人生行事与六朝名士风范之间的渊源关系，以刘劭为个案研究扬雄的学术思想对六朝玄学思想的影响关系，以刘勰为个案分析扬雄文论对六朝文论的启发关系。对于系统探讨扬雄在中国古代思想史上地位和影响，深入论证"六朝学术和文学始于扬雄"这一观点，该文具有极大的参考价值和重要贡献。舒大刚、王贞贞《千秋止有一扬雄——扬雄生平及学术思想评议》②，肯定了扬雄在学术思想方面的贡献，认为他不以今文章句自缚，抖落了俗儒曲学的陈腐之习，开创了简易朴质的东汉古文家法；他讲明义理，避免了杨墨佛老的虚无和俗套；擅长文章，没有后来六朝人的四声八病等形式主义；他理论上坚持仁义，态度上信守孔学，是与董仲舒、王通、韩愈并列的中古社会少有几位大儒。他一生宗孔孟，倡儒学，反迷信，纯道统，从本体论上丰富了儒学思想，是当时独步儒林的思家，是汉家二百年文化造就的硕果，也是秦汉以下迄于五代少有的纯德儒者。

以上学者关于《太玄》学术史意义的综论，对《太玄》学术史地位和影响的阐述，更加全面和详细，对于理解和把握扬雄《太玄》的学术史意义，有着重要作用。

近年来，关于扬雄及其《太玄》的学术史地位和影响，学术界已经愈加重视，对这方面的研究也日趋丰富和深入，今后必然还会有更多有价值、有创见的研究成果问世，期待更多优秀学者对扬雄及其《太玄》，进行探索和研究。

七、《太玄》当代研究史评述和展望

1949 年至 1976 年间，《太玄》的研究并未受到学术界的重视和关注，仅有少数学者从事其中，如吴则虞对《太玄》思想进行过深入探讨。改革开放以来，一直到 20 世纪 80 年代后期，关于《太玄》的研究引起越来越多学者的关注和重视，其中不乏束景南、郑文、郑万耕、黄开国、刘韶军等诸多著名学者，对《太玄》的研究也不局限于哲学思想，例如束景南《〈太玄〉创作年代考》对《太玄》的创作年代进行了深入研究，提出了不同观点。随着《太玄》研究的

---

① 汪文学. 扬雄论——兼论扬雄学术和文学对六朝的影响 [D]. 桂林：广西师范大学，2015.

② 舒大刚，王贞贞. 千秋止有一扬雄——扬雄生平及学术思想评议 [J]. 文史杂志，2019（2）：4-11.

深入，在一些哲学史、思想史、易学史中，扬雄及其《太玄》的地位也有所提高，这在一定程度上也促进了《太玄》的研究。20 世纪 90 年代，《太玄》研究日渐深入和细致，黄开国、郑万耕等多位学者在这一时期，对《太玄》的思想渊源、哲学思想等方面展开了探讨。21 世纪以来，关于《太玄》的研究日渐全面和系统，并呈现出多元化的特点，不仅参与扬雄及其《太玄》研究的学者越来越多，研究角度和领域也越发多元，并取得了许多宝贵的学术成果。

综观 1949 年以来大陆学者对《太玄》的研究，关于基础资料的考订与整理，学术界诸多学者不辞艰辛，对《太玄》相关资料进行了严谨、细致地考订与整理，使得许多重要的参考资料问世，为今后学者的研究提供了重要基础。关于《太玄》思想渊源的追溯，已经涉及道家思想、儒家思想、西汉天文历法的成就等诸多方面，研究角度和领域已经较为全面。关于《太玄》道家与易学思想的阐述与解读，学者们更多地把重点放在了"玄"的探讨、《太玄》所包含的辩证法思想，以及《太玄》与《周易》的比较研究上，进行了扎实、系统的研究工作，取得了许多珍贵的研究成果，为今后的《太玄》研究，提供了重要的参考。关于《太玄》的儒学思想，主要是对扬雄的政治思想、人性论思想、伦理思想进行分析和阐述，但学术界研究扬雄的儒学思想，还是以《法言》为主，对《太玄》儒学思想的研究仍然不多。关于《太玄》的科学思想，主要集中于无神论、天文历法和数学三个方面，也有部分学者从音律学、美学等角度进行了相关研究，拓展并丰富了《太玄》的研究角度和研究内容，希望会有更多有价值的成果问世。关于《太玄》的学术史影响研究，近年来也愈加受到学术界关注和重视，目前的研究主要集中于《太玄》对蜀学、玄学、易学、儒学等不同领域的影响，取得了较为丰富的研究成果。

关于《太玄》研究的未来展望，或许可以从扬雄思想的其他方面和领域进行探索，首先是扬雄的政治思想，尽管扬雄一生在政治上没有多少建树，但这更多地是由于西汉末年政治斗争的黑暗与残酷以及皇帝昏庸无能等客观条件的限制，扬雄主观上并未彻底远离政治，而是一直保持着对国家大事、人民社稷的关注，因此，其政治思想值得进一步探讨。其次是《太玄》与易学关系的研究，无论是象数之学的联系、数理思想的阐述，还是"玄"与易理的关系，都是值得进一步钻研的领域。最后，关于扬雄及其《太玄》在哲学史、思想史和易学史上的地位和价值，更是值得进一步探讨和肯定。实际上，扬雄及其《太玄》对魏晋玄学、宋明理学等后世思想，都有重要的影响。自东汉至北宋，扬雄的学术地位也受到历代学者的肯定与重视，直到南宋时期，因为时代背景的不同与以朱熹为代表的理学家心态境遇的变化，使得扬雄的评价一落千丈。当今，我们应当站在历史进步的角度，结合扬雄所处时代及其自身特殊经历，以及扬雄及其《太玄》对后世学术的影响，给予其更为公正、合理的评价，既不片面否定，也不一味肯定，深入分析和发掘其中具有学术价值的思想内容，以冀对当今的学术发展提供重要的参考和借鉴。我们期待着会有更多优秀学者参与其中，对扬雄及其《太玄》进行更为深刻地研究和探讨。

《太玄》一书包含了扬雄博奥深邃的哲学思想，是扬雄留给后世的精神遗产，值得学者不断深入研究，结合时代背景和文化发展的需求，潜心钻研，推陈出新，探索出新的思想价值。期待今后的扬雄《太玄》研究，可以取得更多宝贵的学术成果。

1949 年以来中国大陆《法言》研究综述

吴龙灿　张慧璎（温州大学人文学院）

摘　要：《法言》是扬雄模拟《论语》撰写而成的语录体著作，其内容广泛，反映了扬雄所秉承的正统儒学思想。根据中国大陆 1949 年以来研究的情况，本文将其划为三个阶段：在 20 世纪 40 年代末至 20 世纪 70 年代末的阶段，对扬雄及《法言》的研究较少，主要从其思想内容开展讨论；在 20 世纪 80 年代初至 20 世纪 90 年代末，扬雄及其相关作品研究开始增多，除了以《法言》思想内容为主的研究方向外，还有比较研究、影响研究和版本研究等；21 世纪初至今，在《法言》思想内容研究上有了更进一步的发展，研究方向也呈现多元化的特点，除了哲学思想研究，还对其文学、史学观念进行了多方面的探讨。语言学、文献学方面的研究成果也相继出现。

关键词：扬雄；《法言》；儒道思想；研究综述

西汉大儒扬雄模拟《论语》撰写而成的语录体著作《法言》，涉及哲学、政治、文学、军事及历史人物、文献等各方面，内容广泛，奠定了扬雄在儒学道统谱系的地位，对后世学术产生了深远影响。

本文拟对 1949 年以来中国大陆学者公开发表的《法言》研究做一个综合性介绍和阐述，根据时间和研究情况，可将这七十多年的研究历程划为三个阶段：20 世纪 40 年代末至 20 世纪 70 年代末，为研究初期；20 世纪 70 年代末到 20 世纪 90 年代末，为研究发展期；21 世纪以后可认为是研究成熟期。本文拟就这三个阶段的《法言》研究进行概括总结。

一、研究初期（20 世纪 40 年代末至 20 世纪 70 年代末）

20 世纪 40 年代末至 70 年代末，针对扬雄《法言》的研究论文只有两篇，一篇是白寿彝的《跋扬雄〈法言〉卷十、卷十一》，一篇是吴则虞的《扬雄思想评议》。

　　吴则虞在《扬雄思想评议》中，针对《法言》主要得出了三个结论。第一是他认为《法言》是"西汉王朝的挽歌，也是一部沉痛的忏悔录"。文章从扬雄和王莽的关系谈起，在弄清其晚年的政治生活情况后，以《法言·渊骞》的分析为切口，试着站在扬雄的艰难立场上，理解扬雄的情感和思想，从而认为《法言》有若干地方是扬雄"向王莽的诅咒和谴责，也是倾诉自己哀痛的委婉之语"。第二，《法言》中扬雄的无神观是很明显的，他阐述了宇宙万物发生发展的客观规律，虽然也有迷信色彩，但在社会发展变革方面的看法是改良了"袭"和"因"，得出"变"和"不变"的发展观。第三，关于扬雄的人性论，文章通过将《法言》中有关人性论的观点与孟子、荀子、世子、告子的人性论逐一比较和分析，指出扬雄认为性的形成不是先天的，不是"与生俱来"的，与孟子、荀子、世子等先天决定论者毫无共同之处。该文关于扬雄人性论的讨论不仅引起了后继学者对扬雄人性论的关注，更是促进了对其人性论渊源的讨论，关于荀、孟二者对扬雄人性论是否有影响，成为后来讨论的焦点之一①。

　　白寿彝在《跋扬雄〈法言〉卷十、卷十一》中讨论了扬雄的历史观，他从《法言》卷十、卷十一中的历史人物评论入手，指出扬雄以"六国之亡归之于时激（时事之相激）、地保（地势险要之保卫）和人事的具备"等观点与司马迁的论断相似，然而"称赞石庆，反对游侠，反对陈胜吴广"②，又跟司马迁对立，这是正宗学者立场的表现，因此文章认为扬雄的历史观是正宗儒学的表现。通过扬雄的历史观来分析扬雄的思想是该文的独特之处，启发了后继学者对扬雄历史观的研究。

　　除了这两篇独立论文外，不少扬雄《法言》的研究成果可见于学者的专著中。如张岱年在《中国唯物主义思想简史》中就有《扬雄的自然观念与桓谭的无神论思想》一章，作者指出扬雄重新提出老子的"自然"观念和当时儒家的唯心主义对抗，他批判神仙长生不死的迷信，在《法言·君子》篇中写下生必有死观念是自然规律的看法，为唯物主义的发展开拓了道路。此章不仅涉及扬雄，还在之后提到了桓谭和王充。作者将这三人用汉代唯物主义思想发展过程联系起来，虽然没有做过多的分析，但已足以启发后世学者对三人的关联做研究。③ 此外，徐复观《两汉思想史》中有一节专门讨论了《法言》——从《法

---

①　吴则虞. 扬雄思想评议 [J]. 哲学研究，1957（6）：125-140.

②　白寿彝. 跋扬雄《法言》卷十、卷十一 [J]. 北京师范大学学报，1963（3）：32.

③　张岱年. 中国唯物主义思想简史 [M]，北京：中国青年出版社，1956：41-43.

言》的文体与构成、《法言》思想的骨干及五经博士系统的严厉批判、《法言》中对孔子把握的限制、《法言》中的人性论及其教育思想、智性是扬雄真正的立足点，及其对当时迷妄的批判、学术性的人物批评、哲学家与史学家的对蹠之一例、扬雄对历史人物的了解及对历史人物的批评等多个问题进行了较为全面的研究，《法言》中一些值得研究的问题在这一节中基本被提出，后继的学术研究焦点大部分就集中在这些问题上。①

从这段时期的研究成果我们可以看出，当时《法言》的独立研究还比较少，且大部分是研究其思想内容，没有做更细致的分析。但学者在这一时期已经提出了一些值得进一步思考和探究的问题，为后续研究指引了方向。

二、研究发展期（20 世纪 80 年代初至 20 世纪 90 年代末）

（一）《法言》思想内容研究

此阶段的《法言》思想内容研究包括：道德伦理思想研究、人性论思想研究、社会历史观思想研究、政治思想研究、认识论研究、文学和美学理念研究、教育思想研究等。

《法言》道德伦理思想研究主要探讨的是《法言》中反映出的儒道思想问题。

郑万耕在《扬雄伦理思想发微》中认为扬雄继承的是儒家思想，他首先谈到扬雄的道德观，接着谈到扬雄继承孟子的道德说教，认为扬雄把仁义视为最高的道德理念，并在此基础上做了新的阐发。该文主要是从道德观入手来谈扬雄的思想渊源，得出其道德观是受孟子影响的结论②。石晓宁的《试谈扬雄〈法言〉的思想倾向》则认为，扬雄创立的是一部"纯儒学"思想体系的专著。文章阐述了扬雄"纯儒学"体系与扬雄晚年的创作思想、主张，且指出以个人修身扬名取代政治功利，甚至重于政治功利，这种总体上超脱现实政治的倾向，使扬雄晚年的创作思想颇具特色，有开世人先风的意味③。叶福翔的《试论扬雄对中国文化的贡献》通过讨论《法言》对儒家思想的发展，得出扬雄是基于

---

① 徐复观. 两汉思想史：第 2 卷 [M]. 上海：华东师范大学出版社，1975：307-325.

② 郑万耕. 扬雄伦理思想发微 [J]. 北京师范大学学报，1990（6）：69-76.

③ 石晓宁. 试谈扬雄《法言》的思想倾向 [J]. 沈阳师范学院学报（社会科学版），1994（3）：48-53.

孔孟而适取老子思想补充发展儒学的结论①。雷健坤《扬雄信道的思想特质》认为扬雄的思想本质是信奉黄老道家的，但他显然又受到儒家思想的深刻影响，在当时"独尊儒术"的学术背景下，扬雄以"尊孔拟经"的形式曲折地表达自己的思想，在"独尊儒术"的学术环境中，尝试着将儒道融合，可视作对所处时代的根本反动，因而具有思想解放的巨大意义，从而影响了后汉及魏晋哲学发展的方向。② 关于扬雄儒道思想渊源占比的问题是学者一直不懈研究的焦点，但大部分学者还是认为扬雄的思想以儒家为主，《法言》中反映的多是儒家思想，如杨海文在《扬雄〈法言〉的文化守成主义》中，认为扬雄《法言》的文化守成主义由语言学策略、儒学史建构两部分组成。前者实际上是一种"文本解读方法"，要求被"众言淆乱"的语言魔障所困惑的人们，真正地把握蕴涵于言说与书写之中的意义本体，这一意义本体亦即圣人之道。后者实际上是一种"学派分疏意识"，要求被"杨墨塞路"的思想乱局所干扰的人们，明智地洞察贯穿于孔子与孟子之间的思想真理性，这一思想真理性亦即孔孟之道。③

　　《法言》的人性论研究主要以人性论的渊源探讨为主。学者们在这方面的看法并不统一，上文提到的吴则虞《扬雄思想评议》认为扬雄的人性论和孟子、荀子等人的观点没有关系，而郑万耕《扬雄伦理思想发微》认为扬雄是吸收前人的人性论思想，对孟、荀性善性恶论加以综合后，提出了人性"善恶混"的学说。郑文《在人性论上荀况对扬雄的影响》又从考察扬雄"善恶混"的观点入手，逐一介绍并分析了李轨、吴秘、宋咸和司马光对"善恶混"的注解，指出其中的合理之处与不足之处，认为扬雄对于人性的观点，同于荀子"人之性恶，其善者伪也"的观点，而不是调和孟、荀二人的观点，扬雄的人性论，虽然标的"善恶混"，实际源于荀子的性恶论。④

　　《法言》社会历史观思想研究以探讨扬雄的史学观和历史观为主。扬雄的进步历史观和"因革论"是讨论的焦点，如黄开国的《扬雄的社会历史观》就指出扬雄的社会历史观与以往的思想家存在截然相反的认识，扬雄认为历史是发展的。作者认为扬雄在《法言·问道》中仍显示不足的"因革论"，在《太玄·玄莹》中得到了弥补。将《法言》和《太玄》结合起来研究，是本文的创新之处，此外作者指出扬雄用"天地人具"来解释历史发展的原因，是一个进步

---

①　叶福翔. 试论扬雄对中国文化的贡献 ［J］. 中华文化论坛，1996 年（1）：68-74.

②　雷健坤. 扬雄信道的思想特质 ［J］. 学术研究，1997（9）：54-58.

③　杨海文. 扬雄《法言》的文化守成主义 ［J］. 学术研究，1997（9）：50-53.

④　郑文. 在人性论上荀况对扬雄的影响 ［J］. 河北学刊，1985（3）：49-53.

的理论，这个方面的研究也是前人未涉及的领域，启发了后来的学者。① 郑万耕在《扬雄的史学思想》中指出《法言》提出的一些很重要的史学原则，其中就有历史发展观和因革论，该文还分析了扬雄提出的史书书写的三方面问题：立事即叙事；品藻即对历史人物的品评；实录，是说要有文献及事实的根据，不虚美，不隐恶，秉笔直书，实事求是。从这方面可以看出学者们已经在历史观研究方面出现了转向。除此之外，针对扬雄对诸子学说的评论，作者也做了深入地研究，概括为扬雄推尊孔孟而小诸子，以五经为一切是非的标准，是顺着汉代推明孔氏，罢黜百家，立五经博士的学术大势而来，但又与董仲舒为代表的官方学术不同。最后针对扬雄对历史人物的评价，作者认为扬雄以儒家的道德规范为标准，又辅之以道家思想为尺度。扬雄以为太史公对历史人物的评价，"不与圣人同是非，颇谬于经"，所以他要补正《史记》的缺失。该文比较全面地概括了扬雄的史学思想，给后继学者开拓了可以深入的研究视角②。

《法言》认识论研究的是扬雄的某些哲学思维和概念。黄开国的《扬雄〈法言〉的人论及意义》阐述了扬雄人论中"人禽之分"的观点，还就扬雄把人划分为众人、贤人、圣人三类层次的思想进行了考察和评议。此外作者讨论了扬雄把人划分为小人、君子的观念，认为扬雄的贡献是第一次自觉地完全从伦理来认识人。③ 该文是一篇较为全面理解扬雄人论的文章。蔡伯铭的《扬雄的逻辑辩说思想与数的演绎逻辑》从逻辑学的角度，对扬雄的思想进行了深入研究，认为《法言》主要讨论社会政治和人事方面的一些实际问题，但也反映了其逻辑辩说的思想，概括而言即：辩说要以五经为法，以事实为尚，以证验为重。这样的研究角度是跨学科多元化新研究方向的体现。④ 扬雄的唯物主义思想也是学者继续研究的方向，如孙实明《简明汉唐哲学史》中有一节《扬雄的唯物主义和无神论》就对扬雄的唯物主义和无神论展开了阐述，认为扬雄在自然观方面，批判地继承了道家思想，而在社会观方面则基本上继承了儒家思想，因此扬雄对汉儒宗教迷信的批判属于儒家学派内部的斗争，而不是儒法斗争。⑤ 除了就扬雄本身的唯物主义做研究外，学者还从思想传承发展的角度来研究《法言》，如姜书阁的《扬雄、桓谭、王充间的思想承传关系》探讨了扬

① 黄开国. 扬雄的社会历史观 [J]. 重庆师院学报（哲学社会科学版），1990（2）：37-40.
② 郑万耕. 扬雄的史学思想 [J]. 史学史研究，1998（2）：30-38.
③ 黄开国. 扬雄《法言》的人论及意义 [J]. 江西社会科学，1989（4）：65-70.
④ 蔡伯铭. 扬雄的逻辑辩说思想与数的演绎逻辑 [J]. 湖北师范学院学报（哲学社会科学版），1988（1）：13-21.
⑤ 孙实明. 简明汉——唐哲学史 [M]. 哈尔滨：黑龙江人民出版社，1981：52-56.

雄唯物主义思想对桓谭的影响。而桓谭的形神关系论，进一步推动了唯物主义的发展，从而影响了王充，使他也提出了反对儒家"是古非今""贤古贱今"的历史观。这种以汉朝唯物思想发展为脉络去探究扬雄唯物主义认识论的成果，是在前人如张岱年的研究结论上的进一步深入。① 李英华的《扬雄〈法言〉中的易学思想》列举了多处例证来阐述《法言》与《周易》的联系，进而指出，扬雄分别用"潜""存神索至"以及"照之四方"来揭示《周易》思维方式的特色。②

《法言》的政治思想研究以《法言》中反映的扬雄政治理想和生涯为主。董根洪的《"动化天下，莫尚于中和"——论扬雄的中和哲学》详细分析和阐述了扬雄所提出的具有创新特色的中和哲学新体系，指出它是董仲舒中和哲学到王充中和哲学的中介。而关于《太玄》和《法言》的关系，作者认为从中和哲学角度看，《太玄》便是《法言》的理论基础。③ 周全华的《扬雄附莽辩》讨论了怎么看待"扬雄附莽"及《法言》卒章的问题，除了分析《法言》思想外，作者以《法言》在后世的流行评价情况来分析"扬雄附莽"，认为在东汉人眼里，《法言》不是媚莽之作，而是早朝批判王莽的代表作，这相较于单纯地分析《法言》文本思想更具有说服力。④

《法言》的文学和美学思想研究主要集中在文学评论和文学功用有关问题的讨论上。如陈曼平、张克的《试论扬雄的美学观》讨论了《法言》中提出的"诗人之赋丽以则，辞人之赋丽以淫"及相关文质关系，指出扬雄否定了屈原及其作品的悲壮之美，这是扬雄美学思想的一个重大缺陷。⑤ 聂振斌的《扬雄文质副称说的美学意义》认为文与质的统一，亦即美与真善的统一，这是扬雄美学思想的基本观点。扬雄从这个基本观点出发，对汉赋进行了批评，强调了文学作品内容的决定意义和文学的社会功利目的。同时也是从这个基本观点出发，接受了先秦儒家的礼乐思想，突出了礼乐对社会政治的巨大意义，以维护封建社会秩序，表现了封建士大夫的阶级本质。总的来看，扬雄的美学思想与现实生活的联系是不够的（与较他稍晚的王充相比），哲学思辨的成分比较大，然而

① 姜书阁. 扬雄、桓谭、王充间的思想承传关系 [J]. 湘潭大学学报（社会科学版），1994（3）：41-43.

② 李英华. 扬雄《法言》中的易学思想 [J]. 周易研究，1996（4）：41-45.

③ 董根洪. "动化天下，莫尚于中和"——论扬雄的中和哲学 [J]. 社会科学研究，1999（6）：76-79.

④ 周全华. 扬雄附莽辩 [J]. 上饶师专学报（哲学社会科学版），1988（6）：47-51，56.

⑤ 陈曼平，张克. 试论扬雄的美学观 [J]. 延边大学学报（社会科学版），1983（1）：47-53，46.

哲学思辨又使他的美学思想比同时代的刘向等人深刻得多，在中国美学史上作出了一定的贡献。① 许结的《论扬雄融合儒道对其文论的影响》从考察历代关于扬雄的学术思想评论开始，探讨扬雄学术思想的形成过程，通过对扬雄《法言》中儒道融合的思想进行分析，发现其文论中的矛盾，指出这些矛盾主要表现在文与道，文与质，对汉赋的评价与对屈原的评价四方面。② 孙连琦的《略谈韩愈与扬雄》在比较韩愈和扬雄两人文学思想时，从《法言》出发，总结了扬雄的两条文学见解：强调明道、征圣、宗经，要求文学为统治阶级的根本利益服务和创新与求深，从而论述扬雄对韩愈的影响，以及两人的相同或相似之处。③

《法言》的教育思想研究集中在扬雄的教育和治学理念等问题上。如谭佛佑的《论扬雄的教育思想》从教育作用，教育目的，培养目标、教育内容、教学原则，治学方法等四个方面，解读了《法言》中所体现的教育思想。④

（二）关于《法言》体例版本研究

束景南的《〈法言〉仿〈齐论语〉辨》从辩驳康有为及当时学者将扬雄归入古文经学派的观点入手，认为扬雄经说非独取于古文经学，他作《法言》是仿今文《论语》即《齐论语》。⑤ 该文推翻了之前学界的看法，但文章并未对仿《鲁论》的学说进行反驳，故对这一问题，学术界还存在争议。王菡的《〈扬子法言〉历代校注本传录》就《法言》主要校注本的流传予以考述，分别考察了李轨注本、《法言音义》和唐宋时期注本、司马光对《法言》的集注与校注等。⑥

除了单篇论文，这一时期扬雄《法言》的研究成果还综合见于各种中国思想哲学史的专著中。如北京大学哲学系中国哲学史教研室编写的《中国哲学史（上册）》中有《扬雄和桓谭的哲学思想》一章，指出了扬雄具有的唯物主义观念、辩证法思想、认识论、人性论与社会政治思想。⑦ 孙叔平《中国哲学史

---

① 聂振斌.扬雄文质副称说的美学意义 [J].西北师大学报（社会科学版），1983（2）：57－62，43.
② 许结.论扬雄融合儒道对其文论的影响 [J].学术月刊，1986（4）：49-57，79.
③ 孙连琦.略谈韩愈与扬雄 [J].锦州师院学报（哲学社会科学版），1989（4）：81-85.
④ 谭佛佑.论扬雄的教育思想 [J].贵州教育学院学报（社会科学版），1987（4）：15-19.
⑤ 束景南.《法言》仿《齐论语》辨 [J].古籍整理研究学刊，1993（3）：1-2.
⑥ 王菡.《扬子法言》历代校注本传录 [J].文献，1994（3）：175-186.
⑦ 北京大学哲学系中国哲学史教研室.中国哲学史：上册 [M]，北京：中华书局，1980：213-221.

稿》在《扬雄》一章中，探讨了《法言》中的唯物论、历史观、人性论和政治思想。

此外，韩敬《法言全译》在每卷中选择与思想史或文化史有关联的条目，予以简要说明。既能帮助读者比较顺利地阅读《法言》原文，又让读者对思想史或文化史上的有关问题有了更多了解，是颇有意义的普及读本。①

综合来看，这二十年的研究主要集中在《法言》的思想内容方面。包括教育观念、历史观念、文学观念、道德观念、政治观念等多角度。研究方式呈现多元化趋势，如不少学者通过将《法言》与前后时代的思想观念作联系比较，试图找寻一条清晰的思想传承脉络，取得了一定的成果。有的学者从《法言》思想内容出发，推翻了历史上人们对扬雄形象的某些定论。还有的从文献学角度，探讨《法言》的创作流传过程，等等。总体而言，在这二十年的研究发展期，学者对《法言》的思想内容做了较全面的探讨，取得了显著的成绩。

三、研究成熟期（21 世纪初至今）

（一）《法言》思想内容研究

《法言》道德伦理思想方向的探讨以研究其渊源和内容为主。扬雄对儒道思想的继承是学者们在这个阶段讨论的重要问题，对此学界的大致观点是：扬雄思想受道教思想影响，但儒家思想对他影响更深。如张兵的《扬雄〈法言〉中的道家思想》认为，严遵思想中所具有的批判性以及其"淡泊寡欲"的性情无疑给扬雄带来了深刻的影响，《法言》中的道教思想主要体现在两方面：尚玄崇道和因循革化。该文还探讨了儒、道二者在《法言》中的关系，认为《法言》中的道家思想是为儒家思想服务的，无论尚玄崇道，还是因循革化，实际最终高高推举出的，还是儒家的学说理论。② 边家珍的《论扬雄对先秦儒学的继承与发展》阐述了扬雄对先秦儒学的自觉继承与维护，指出扬雄在《法言》中多处推崇孔子，把孔子思想视为治学的门径、判定是非正误的标准及最高的真理。在理论建树上，扬雄拟《论语》作《法言》，阐发孔子思想精义的意图极为明显。该文认为，扬雄对以阴阳灾异说附会五经，极为不满，力图把阴阳灾异之说与正统的儒学区别开来。同时，基于神学无力解决种种社会危机，道、法诸

---

① 韩敬. 法言全译［M］，成都：巴蜀书社，1999 年.
② 张兵. 扬雄《法言》中的道家思想［J］. 济南大学学报（社会科学版），2001（5）：30-32.

家思想抬头的现实，扬雄从维护孔、孟之道出发，对异于儒家的其他先秦诸子进行了严厉地批评。总的来看，扬雄以儒学为宗，又善于借鉴、吸收其他诸子，来丰富儒家思想。首先，改造老子"道德"概念，赋予儒学含义。其次，辩证地汲取老子"无为"的政治观。最后，汲取墨家"兼爱"思想，改铸儒家"仁"的内涵。扬雄崇孟抑荀，在儒学的指向上突出"内圣"，因此特别倡导士人的自我学习与修养。① 杨福泉的《论〈法言〉的尊圣崇经与儒学批判》指出扬雄拟《论语》而撰《法言》，与西汉后期的社会政治和学术风气密切相关，其以当代孟子自居，对西汉以来的今文经学、谶纬神学、《太史公书》以及先秦时期的诸子学说，进行了广泛而深入的批判。扬雄明确界定诸子为"其知异于孔子"者，并赋予儒以新的文化内涵，对圣人和《五经》极为推重尊崇。他的尊圣宗经，不是保守倒退地简单复古，而是自觉奉行儒家经典的真正内涵，是坚决捍卫孔孟之道的基本精神。②

在此领域的研究成果还有魏然的硕士学位论文《〈法言〉伦理思想研究》、巨利宁的硕士学位论文《扬雄与道统》。

《法言》的历史思想研究就扬雄的历史认识展开讨论，学界不再单纯阐释分析扬雄进步的历史观和社会因革论。如张秋升的《扬雄历史观再认识》就往往为研究者所忽略的扬雄关于人类社会起源的认识进行了探讨，指出扬雄之所以认为历史应从伏羲说起，是由于他认为从伏羲时代才有了"法"，即有了规范制度。③ 郑先兴的《论扬雄的史学思想》认为政治史学中的游离性、官方史学中的民间性和人本史学中的谶纬性，构成了扬雄史学思想的基本特征。④ 翟蕾的硕士学位论文《扬雄〈法言〉的历史观及其影响》探讨了《法言》对后世历史所造成的影响，指出《法言》承继《史记》对《汉书》造成了影响。⑤ 扬雄史学观对《汉书》的影响也是这阶段学者注意到并开始研究的一个方面。李士彪、隋长虹的《论经学对〈汉书〉义例的影响》认为班固《古今人表》正是继承了扬雄"壹概诸圣"的原则来评判历史人物。班固在《古今人表》中把儒家学派的许多人物列入上等，而将老庄学派的人物列入中等或中等以下，就充分说明

① 边家珍. 论扬雄对先秦儒学的继承与发展 [J]. 河南大学学报（社会科学版），2002 (3)：58-62.
② 杨福泉. 论《法言》的尊圣崇经与儒学批判 [J]. 上海大学学报（社会科学版），2003 (3)：5-8.
③ 张秋升. 扬雄历史观再认识 [J]. 聊城大学学报（哲学社会科学版），2002 (5)：49-52，55.
④ 郑先兴. 论扬雄的史学思想 [J]. 南都学坛，2011，31 (1)：7-14.
⑤ 翟蕾. 扬雄《法言》的历史观及其影响 [D]. 西安：陕西师范大学，2012.

了这一点。① 曲柄睿的《刘向、扬雄对〈汉书〉合传的影响》指出自《史记》开创以人叙传的风气以来，两汉间诸子纷纷承其绪而著作，其中刘向利用以人叙传的方式解经，扬雄试图用儒家道德来重新规范《史记》的传记。值得注意的是，扬雄又创设出"臣自得""臣自失""美行""言辞""执正""折节""守儒""灾异"等名目来容纳西汉一代人物。可以看出，在继承司马迁的以人类传的基础上，扬雄也希望突出人的品行和事迹在人物分类方面的作用，这应该被认作"是非同于经"的价值判断方式。如此在《史记》之外，形成了一股既利用人物叙《传》，希望用儒家伦理规范这一类传记的潮流。班固作《汉书》，继承了司马迁因"功名"传人的原则，但是也承袭了刘向、扬雄的思路。② 这些研究让我们在从《史记》看向《汉书》时，不得不注意路过其间的扬雄，这是后继学者可以进一步研究的领域。

《法言》的认识论研究也有新进展。王青的《儒家的知识论传统与扬雄的重智思想》探讨了扬雄如何在《法言》中将孔子心性之学中的智性层面发挥到极致，由此建立起其知识论。该文指出扬雄一个最值得我们重视的现象就是他对智性的重视，在扬雄看来，"智"是成为圣哲的必需条件。扬雄的知识论受荀子的影响最大，从强调对事物本身的客观反映和重视征验的立场上，我们可以看出他的理性主义态度，这使得他在神学迷信盛行的西汉，对神怪之事和长生成仙之说持有清醒的理智态度。③ 而郑万耕的《扬雄身心观述评》从汉代医学知识发展的背景入手，阐述扬雄对人体器官的认识，并从整体角度探讨各器官的作用。该文认为扬雄身心观的重心是对心的思维活动的探讨，扬雄从人性的角度对人的意识活动进行论述，其探讨性情的目的，是要强调人的修习锻炼，以提升人的道德境界，改善身心功能，此即所谓"修其善则为善人，修其恶则为恶人"。④ 该文结合了当时社会背景及医学知识来立论，研究角度颇为新颖。

《法言》的教育治学思想研究探讨的是扬雄的治学理念和路径。王庆的《扬雄的治学路径》指出扬雄把他的学术建立在模拟圣人的基础之上，是因为他认准了圣人之道是绝对真理和终极指归，圣人是绝对权威，圣人之言是是非标准。

---

① 李士彪，隋长虹. 论经学对《汉书》义例的影响 [J]. 山东大学学报（人文社会科学版），2002（1）：36-40.

② 曲柄睿. 刘向、扬雄对《汉书》合传的影响 [J]. 史学理论与史学史学刊，2014，12（0）：62-77.

③ 王青. 儒家的知识论传统与扬雄的重智思想 [J]. 阳明学刊，2004（0）：177-187，423-427.

④ 郑万耕. 扬雄身心观述评 [J]. 河北师范大学学报（哲学社会科学版），2004（3）：27-32.

因此扬雄不仅行动上模拟圣人，理论上也反复强调明道、崇圣。该文认为这个模式是扬雄对后世产生的最大影响，是理解扬雄学术的钥匙。① 杨金有、宋祥的《学者，所以求为君子也——扬雄〈法言〉中的治学思想》指出扬雄治学思想的核心是"学者，所以修性也"，"求为君子"是治学的目标。"君子"是品德高尚、言行谨慎的人；经过努力，人人可以成为君子。要想"求为君子"，必须树立成为君子的志向、选择品行俱佳的老师，并为此坚持不懈地学习。具体的学习方法则要靠自身勤学精思、与朋友切磋琢磨，还要努力践行学、思所得的圣人之道。② 扬雄提倡学习圣人，以圣人为最高目标，以修性为主，这方面的研究多注重于扬雄治学思想的内容，而专门研究其治学思想渊源和影响的文章则不多，尚有比较大的研究空间。

《法言》政治思想研究的重点在于扬雄的政治思想、态度和生涯，扬雄和王莽的关系是学者争论的焦点。刘保贞的《从〈孝至〉后半篇看扬雄对王莽的态度》认为《法言》一书当完成于王莽取得"宰衡"称号不久，《孝至》后半篇中赞美王莽的文字，既不是扬雄为了谋得某种好处而有意媚莽，也不是为避祸而写的逊避之词，而是反映扬雄在当时真心拥护王莽采取的政策。③ 这一观点和周全华《扬雄附莽辩》的结论完全相反，目前学术界对此还没有形成统一的看法。但有不少学者支持刘保贞所提出的观点，且在寻找更多事实来佐证。"扬雄附莽"研究已无关扬雄的人格高低，而成了探究扬雄政治思想的一个途径，仍有极大的研究空间。张鹏的硕士学位论文《论扬雄的政治思想》认为在治国主张上，扬雄传承了传统儒家的仁治思想，作出了新的发展；又融合了道家的以道德统治的精神，进一步完善了其儒学治国思想；在乱世扬雄主张退而避害保身，在具体的治国策略中，更多地主张以礼治国；面对西汉阴霾的政治气象，他提出了一系列偏于温和的改革主张；在民族关系上，他主张和平相处。由于扬雄有"与天地配其体"的宇宙论，所以不难理解他的政治主张都是偏于中庸、强调教化的。④ 杨福泉的《扬雄的历史哲学与人物评论》指出扬雄的政治主张和社会理想集中体现在《法言·先知》里，他的基本思想是建立中央集权的君主专制，做到立政中和，哲乎民情，从而达到《礼记·礼运》等著作所描绘的理想社会状态。扬雄历史观和政治观方面的研究，研究成果并不多。该文对扬

① 王庆. 扬雄的治学路径 [J]. 北京科技大学学报（社会科学版），2018，34（2）：61-65.

② 杨金有，宋祥. 学者，所以求为君子也——扬雄《法言》中的治学思想 [J]. 古籍整理研究学刊，2018（4）：99-102.

③ 刘保贞. 从《孝至》后半篇看扬雄对王莽的态度 [J]. 晋阳学刊，2003（3）：73-76.

④ 张鹏. 论扬雄的政治思想 [D]. 北京：中国政法大学，2007.

雄历史哲学和人物评论的分析和论述，无疑丰富和拓展了这方面的研究内容。作者指出，扬雄的历史观和政治观深受儒道思想影响。他十分注重"时"的观念，并从哲学高度深刻论证了社会历史和政治制度是一个不断因革、损益的发展变化过程。他还提出了"立事""品藻""实录"的史书体例及著述原则，倡导"立政中和""为政思"的政治主张和社会理想。扬雄关于当代人物的简要评论，直接对班固《汉书》产生了重要影响。①

《法言》文学和美学方向研究讨论的重点仍是以明道、征圣、宗经为核心的扬雄文学观、对汉大赋的批判和文质关系的问题。康卫国的硕士学位论文《扬雄的文学思想》认为，以"模拟""复古""本儒兼道"等分析模式来把握扬雄的文学思想，其成效是有限的。因革通变的意识贯穿于扬雄的整个思想中，其文学思想则存在于"宗经"与"损益"、"文"与"质"、"丽以则"与"丽以淫"的辩证分析中。扬雄力求在"文""质"动态转化中求其统一，对文学创作则要求"丽""则"兼备。其关于"心声""心画"等观点明确表达了文学作品来源于心的观念，并指出了在创作以及接受活动中"心"—"言"—"书"之间存在的矛盾。②

《法言》的思想研究还出现不少全方位探讨的成果。如王青的《扬雄评传》探讨了《法言》及其思想学说，对人性论、伦理思想、知识论、教育思想、社会政治思想、历史思想、民族思想、文学观等问题做了深入探讨。③ 王博的硕士学位论文《扬雄〈法言〉研究》从思想史及文学史两个角度，以儒本兼道为切入口，对《法言》进行全面探讨和研究。研究的重要内容也包括《法言》本身独特的艺术特色以及《法言》对后世文学思想的影响。④ 郭君铭的《扬雄〈法言〉思想研究》一书认为《法言》是扬雄在成圣心态下创作的一部仿圣之书。在分析严君平对扬雄影响的两面性和考证扬雄入京年代的基础上，该书指出扬雄的人生态度以积极进取为主导，并非以淡泊为主。通过揭示《法言》中的圣人观和梳理全书的内在逻辑，作者认为扬雄的人生形态应定位为"成圣"型。该书以"内圣之学"和"外王理论"概括《法言》中的道德伦理思想和社会政治理论，对《法言》一书的思想进行了细致的研究分析，提出了一些有别

---

① 杨福泉. 扬雄的历史哲学与人物评论 [J]. 绍兴文理学院学报（哲学社会科学版），2007（1）：52-58.

② 康卫国. 扬雄的文学思想 [D]. 西安：陕西师范大学，2003.

③ 王青. 扬雄评传 [M]. 南京：南京大学出版社，2000.

④ 王博. 扬雄《法言》研究 [D]. 桂林：广西师范大学，2004.

于传统认识的观点。① 王瑞卿的《〈春秋繁露〉与〈法言〉的比较研究》从西汉中后期儒学发展走向切入，通过比较《春秋繁露》与《法言》的成书背景、学术思想、政治思想，把握住由《春秋繁露》的儒术与政治结合到《法言》的向纯儒学体系回归的西汉学术发展道路，认为《春秋繁露》为今文经学之集大成，《法言》为古文经学之先声。② 此方向的研究成果还有张庆伟的硕士学位论文《扬雄〈法言〉思想研究》③，解丽霞的《〈法言〉的"经传注我"与义理标举——扬雄〈论语〉学研究》④ 等。

（二）《法言》版本注释研究

张兵的《扬雄〈法言〉的版本与流传》首先考证了《法言》的两大版本系统：十卷本系统和十三卷本系统。考证了以李轨注十三卷本《扬子法言》为代表的十三卷系统下两个通行版本：北宋治平二年国子监刻李轨注《扬子法言》本和清嘉庆二十四年秦氏石研斋影宋刻本，及十卷本系统下的几个通行版本：宋咸《扬子法言注》本、司马光集注《扬子法言》本、建宁四注本、《纂图分门类题五臣注扬子法言》《新纂门目五臣音注扬子法言》《纂图互注扬子法言》。认为汪荣宝《法言义疏》（中华书局 1987 年版陈仲夫点校本）为最为完备的整理本，秦恩复覆宋刻本是最好的善本。⑤ 除了对整个《法言》版本系统的研究外，还有学者对某个具有特色的版本进行了考证，如刘明的《〈纂图互注扬子法言〉版本考略》讨论了《纂图互注扬子法言》版本的鉴定问题，此外挖掘出牌记所透露的关于《纂图互注扬子法言》刊刻的文献信息。在此基础上，简述了《纂图互注扬子法言》在明清两代以迄民国间的递藏源流。⑥ 而师为公的《扬雄〈法言〉姚鼐评点辑析》将录有姚鼐评点的桐荫书屋明刻本《法言》辑录，并试作简析，以供研读扬雄《法言》及研究姚鼐文学、儒学思想的学者参考。⑦和上述研究方向一致的还有刘冰《南宋台州刻本〈扬子法言〉》⑧、张钰翰的

① 郭君铭. 扬雄《法言》思想研究 [M]. 成都：巴蜀书社，2006.
② 王瑞卿.《春秋繁露》与《法言》的比较研究 [D]. 济南：山东师范大学，2012.
③ 张庆伟. 扬雄《法言》思想研究 [D]. 济南：山东大学，2008.
④ 解丽霞.《法言》的"经传注我"与义理标举——扬雄《论语》学研究 [J]. 华南理工大学学报（社会科学版），2014，16（2）：1-6，41.
⑤ 张兵. 扬雄《法言》的版本与流传 [J]. 古籍整理研究学刊，2004（4）：73-79.
⑥ 刘明.《纂图互注扬子法言》版本考略 [J]. 图书馆杂志，2010，29（11）：64-69.
⑦ 师为公. 扬雄《法言》姚鼐评点辑析 [J]. 文献，2013（2）：88-94.
⑧ 刘冰. 南宋台州刻本《扬子法言》[J]. 图书馆学刊，2009，31（6）：2.

《北宋扬雄〈法言〉〈太玄〉疏解著述考》①。

（三）《法言》语言和文体研究

张兵的《扬雄〈法言〉语言艺术特色初探》指出《法言》在文学艺术价值上的独特性首先表现在其对多种修辞手法的大量自觉运用，如形象化语句的使用、运用对比说理、比喻的运用等，《法言》所具有的骈俪化的时代风貌和大量用典，生动地演绎了当时散文审美风尚的变迁。② 路广的博士学位论文《〈法言〉词类研究》上编分别对《法言》中的名词、动词、形容词、代词、副词、介词、连词、语气词、助词、叹词十类词进行考察，认为有的和先秦相比没有很大的变化，这或者因为当时即是如此，或者因为仿古；而有的则出现了一些新词；有的词出现了一些新的用法。下编是专论部分，考察了五个专题《〈法言〉注释商榷》《作为焦点标记的"为"和选择问句》《〈法言〉中的人称代词》《从"陈不果内"看"果"的语法化》《〈法言〉中的"是"》。③ 吕高峰的硕士学位论文《〈扬子法言〉问句研究》，运用句法、语义、语用三个平面语法理论，辅助以语用学理论，采取静态描写、定量分析和定性分析相结合的研究方法，对《法言》疑问句进行了系统研究。④ 罗雪萍的《〈扬子法言〉中句末连用语气词汇释》认为《法言》一书中句尾语气词连用的现象非常多。其中以两个语气词连用为多见，有"已乎""也哉""矣夫""也与""也者""矣乎""矣哉""也夫""乎哉""而已"等；也有三个语气词连用的情况，如"也已矣""而已矣""已矣哉""几矣哉"。不同语气词的选择使用可以让作者的思想感情更完整的展现在读者面前。⑤ 葛园的硕士学位论文《扬雄〈法言〉文体研究》从西汉末期的时代因素和社会思想文化视角出发，结合扬雄自身特色，阐释了《法言》的成书背景；通过分析《法言》结构、语言、表达方式等方面的特点，归纳了《法言》的文体特征；参考语录体的文体优势，探讨了《法言》

---

① 张钰翰. 北宋扬雄《法言》《太玄》疏解著述考［J］. 理论界，2013（7）：144-146.
② 张兵. 扬雄《法言》语言艺术特色初探［J］. 西华师范大学学报（哲学社会科学版），2004（3）：1-4.
③ 路广.《法言》词类研究［D］. 上海：华东师范大学，2006.
④ 吕高峰.《扬子法言》问句研究［D］. 乌鲁木齐：新疆师范大学，2012.
⑤ 罗雪萍.《扬子法言》中句末连用语气词汇释［J］. 陇东学院学报，2009，20（3）：11-13.

的文体功能。① 在此领域内的研究成果还有周玉萍《扬雄〈法言〉语言学思想研究》②、吴婷婷的硕士学位论文《〈法言〉动词研究》③、路广的《从语言运用看文学风格差异——以〈法言〉〈扬雄集〉为例》。④ 有关《法言》语言文体方向的研究是之前学者未曾关注的，值得做更深入的探讨。

　　这一时期也有研究扬雄的专著出版，其中的代表作是解丽霞的《扬雄与汉代经学》，此书有关《法言》的研究集中于第三章——经学转向：仿《论语》作法言。其首先探讨了扬雄采取模拟方式著述，从《易》转向《论语》的原因，来探讨《法言》写作的背景和目的。接着就《法言》对《论语》的诠释方式进行研究，指出《法言》如何以孔子之法为准绳及原因。作者还探讨了《法言》中扬雄对颜渊推重的原因和其中蕴含的君子之道。此外，针对《法言》中的《重黎》《渊骞》两卷，作者指出扬雄的用意是拟《春秋》，通过运用《左氏春秋》体例，达到"为世立法"的创作目的。在对人物评定上，该书将扬雄和司马迁进行了对比研究，总结了两者有所差异的原因。⑤ 汪文学的《扬雄与六朝之文学》主要从两个方面展开研究：一是关于扬雄学术思想文化及其影响的研究，二是关于六朝之学渊源的研究。此书讨论了扬雄的学术思想渊源与方法创新、"尚智"论与六朝文人的理性精神、"品藻"论与六朝品鉴之学、乡土意识与六朝社会的地域文化观念及扬雄文论与六朝文论新观念等问题。⑥ 吴龙灿的《拟经拟圣，匡扶大道——扬雄经学诠释的历史影响》认为，扬雄的诠释形式虽为模拟经典而新创，但其书之内容所传述的却是忠实于前圣古贤大道的真精神。扬雄分别模仿《周易》《论语》《尔雅》的拟经之作《太玄》《法言》《方言》，其拟经体例成为后世一种经学诠释传统。拟经使经学诠释者从"我注六经"和"六经注我"的两难困境中超脱出来，直接以本体诠释学的立场阐发圣人之道，把语言、行为和意义合为一体，把古圣贤书与当下视域融合，诠释本身成为切合时代的实践智慧。两汉之际经学诠释转向，东汉儒学的批判思潮兴盛，魏晋玄学的形成和发展，宋明理学的经典建构和义理诠释等，都有扬雄

① 葛园.扬雄《法言》文体研究［D］.扬州：扬州大学，2015.

② 周玉萍.扬雄《法言》语言学思想研究［J］.六盘水师范学院学报，2017，29（2）：14-15，29.

③ 吴婷婷.《法言》动词研究［D］.西安：陕西师范大学，2012.

④ 路广.从语言运用看文学风格差异——以《法言》《扬雄集》为例［J］.社会科学家，2011（7）：147-150.

⑤ 解丽霞.扬雄与汉代经学［M］.广州：广东人民出版社，2011.

⑥ 汪文学.扬雄与六朝之学［M］.贵阳：贵州人民出版社，2019.

经学的深刻影响。①

此外，这一阶段出版的《法言》注解本也颇值得注意。纪国泰的《〈扬子法言〉今读》将《法言》各篇分章，其分章在参考前人成就基础上，多断以自己的理解，虽与前人不同，但持之有据。还有一般古籍整理所没有的"按语"，能结合整个儒家的思想来发明其意义与价值，是一部集学术性与通俗性双重优点的读本。②

本阶段的研究成果仍然以研究《法言》思想内容为主，探讨《法言》中的教育观念、人性观念、文学理论、儒道合一思想等问题，但比前人的研究更加深入。同时本阶段的研究方向上也有了新的突破，学者开始注意《法言》的版本流传问题，以考证版本流传及历代注释等来开展学术工作。不少学者重点研究《法言》的文学艺术和文学价值，探讨《法言》的文学地位和对后世的影响。还有学者研究《法言》的语言，探讨其语言艺术和词类。总而言之，这时期的《法言》研究更加全面多元，且取得了许多宝贵的学术成果。

结语

纵观大陆 1949 年以来对《法言》的研究，其思想内容是学术界主要研究的重点。有单独研究《法言》中体现的某一类思想，如扬雄的人性论和教育观念；也有探寻扬雄《法言》的思想渊源，如儒家和道家对扬雄的影响；有比较分析扬雄和其他学者的思想观点，看扬雄思想在当时和后世的传播；还有探讨《法言》中扬雄的政治观点，为扬雄的政治经历进行辩护。随着人们对扬雄《法言》研究的深入，研究角度和领域也呈现多元化的趋势，大致分为文献学方向的版本研究、文学方向的文艺理论和艺术特色研究、语言学方向的词汇研究和语言艺术研究等。但上述几个方面的研究仍有发展空间，期待学者们进一步探究。

《法言》的未来研究方向，除了对扬雄的哲学思想方面外，其《法言》的政治思想也可以进一步结合扬雄身世进行探讨。东汉到北宋，扬雄的地位受到学者们的肯定，至南宋而下落。《法言》在后世流传的影响情况也可以根据相关的历史典籍做有关的研究整理，还可以从文献学角度，对《法言》中的一些体

---

① 吴龙灿. 拟经拟圣，匡扶大道——扬雄经学诠释的历史影响 [J]. 宜宾学院学报，2015，15（9）：10-17.

② 纪国泰.《扬子法言》今读 [M]. 成都：巴蜀书社，2018.

例、编排问题进行探讨。《法言》集中体现了扬雄的儒学思想，是西汉后期学术思想转型的代表作品，它的影响深远，捍卫了正统的儒家精神，也给我们留下了无尽的精神财富。我们应该以历史进步的眼光看待扬雄及其《法言》，发掘探究其更多的学术价值内容，指引我们接下来的学术发展。希望有更多的学者能够加入研究《法言》的行列中来，获得更进一步的学术成果。

书　评

学案体在当代的活用

——舒大刚等主编《儒藏学案》评介

钱茂伟 石 鹏（宁波大学人文与传媒学院）

摘 要：舒大刚、尹波主编的《儒藏学案》一书，通过改造传统的学案体，使之适用现代学术发展的需要，将学案迁移到现代大型学术项目史的记录，即利用传统的学案体来记录和保存一项文化工程或学术项目的组织实施历程。这是当今历史编纂活用传统史书体裁的一次典型事例，并对其他大型学术项目的记录具有重要的示范意义。

关键词：舒大刚；《儒藏学案》；学案体；学术项目

中国史书之编纂，历史悠久。古人在史书编纂的过程中积累了丰富经验，并创造出纪传体、编年体、纪事本末体、典志体等史书体裁。近代已降，随着中西文化的会通，西方史书所采用的章节体逐渐被广泛接受，成为一种流行的史著体裁。近几十年来，史学界在不断反思传统史书体裁优缺点的基础上，积极倡导史书体裁的创新，并付诸实践。当今史书体裁的创新，一方面应有意识地借鉴和改造传统史书的体裁，为今所用；另一方面要反映社会对历史编纂的新要求，体现时代特色。2020 年 9 月，四川大学出版社出版的舒大刚、尹波主编《儒藏学案》（上下册）一书，通过改造传统的学案体，使之适用现代学术发展的需要，将学案体首次用于记录一项文化工程或大型学术项目策划、实施的全过程，是在当今历史编纂中活用传统史书体裁的一次典型事例。

四川大学古籍整理研究所承担、舒大刚主编的大型儒学文献丛书——《儒藏》编纂，被学界誉为"千古儒学第一藏"。该项目自 1997 年启动，已历经二十余载，先后整理和收录先秦至清末民初儒学文献五千多种，形成以"三藏二十四目"为特色的著录体系。《儒藏学案》是对《儒藏》编纂工程的一次全面性介绍以及经验理论的总结。该书内容可分为三部分：

首先为叙编，追溯《儒藏》编纂以及四川大学儒学研究的学术渊源。"儒藏"之说肇自明万历年间孙羽侯、曹学佺，后倡于清代藏书家周永年，故先载孙、曹、周三人传略，以揭《儒藏》编纂的内在学术理路；后为廖平、谢无量、蒙文通传略，以示川大儒学研究的学术传承。

其次为"《儒藏》春秋""《儒藏》同仁""《儒藏》师友""《儒藏》薪传""成果总目"五编，此构成了全书的主体内容。其中，第一编"《儒藏》春秋"收录有《儒藏》丛书之总序、编例、类目和经部、论部、史部各序，乃至《儒藏》编纂工作的前期论证、构想等各类文章，并展示了项目最后取得的学术成果。此编重在揭示《儒藏》项目的编纂历程，尤详于《儒藏》丛书的分类体系，反映了项目人员对《儒藏》编纂体例的思考与探讨。第二编"《儒藏》同仁"与第三编"《儒藏》师友"分别介绍了四川大学古籍整理研究所参与《儒藏》编纂人员以及所外（或校外）人员的教育履历、学术研究方向、学术成果等，便于读者了解《儒藏》编纂人员的来源、专业构成、学术资历等情况。第四编"《儒藏》薪传"记录自 1998 年以来四川大学古籍整理研究所培养的硕士、博士、博士后的基本情况，体现了四川大学古籍整理研究所的人才优势。第五编"成果总目"收录了近代以来四川大学历代学人的儒学论著、课题研究、讲座目录等，相关成果按"儒学文献""儒学史""儒学人物""儒家思想文化"分类，展示了四川大学在儒学文献整理与研究方面的学术脉络以及所取得的辉煌成绩。

最后为附录，包括《儒藏》大事记、社会影响、科研平台、儒学学科建设以及《儒藏》参与编纂人员表等内容。

传统学案体主要用于记录学术思想的源流、派别、发展历程，其内容由学者传记、学术资料以及学案著者的学术评论三部分组成。《儒藏学案》保留了传统学案体的基本形式，如第一编中儒学先贤传记，第二、三编中《儒藏》编纂人员的生平履历等，即为传统学案体中的人物传记部分；再如，《儒藏》编纂人员履历后所附论著目录或论文摘要，即为传统学案体中的学术资料部分。毕竟《儒藏学案》是以《儒藏》项目为记载核心，其编纂目的，正如舒大刚在《前言》所说，是为"保存资料、总结经验"，与传统学案体明"学脉"，示"宗旨"的功用有所差异，故《儒藏学案》对传统学案体亦有改造。譬如，在传统学案体中增加了表的形式，有《在站博士后信息表》《历年纵向课题一览表》《历年横向课题一览表》《〈儒藏〉参与编纂人员表》，简洁明了地展示了博士后培养、课题申请、《儒藏》参纂人员的相关情况。为了说明《儒藏》编纂的来龙去脉，该书还以编年的形式，附录有"《儒藏》大事记"，用于记录《儒藏》编纂中的重大事件和进程。由此可见，《儒藏学案》在学案体的基础上，又借鉴了纪传体、编年体的优长，体例多样，内容丰富，充分展现了该项目团队的人才优势、学术积累以及所取得的丰硕成果，为当今大型学术项目的顺利开展贡献了经验和方法。

该书的不足之处在于，因收录了不少先前已发表的关于《儒藏》项目的文章，内容编排上略显丛脞；第一编"《儒藏》春秋"中的《儒学成果要览》放在第五编"成果总目"中，似更合理一些；再有，该书对当今技术的利用尚不够成分，如第二编"《儒藏》同仁"与第三编"《儒藏》师友"中的人员介绍中可附录肖像，或将相关录像刻成光盘，附于书后，如此可为读者提供更为直观的信息。

学案体大于《明儒学案》《宋元学案》。此后有《清儒学案》，甚至有《民国学案》等。不过，续补者的影响并不大。至此，学案体的发展，似乎走进了死胡同。《儒藏学案》的出版，让笔者眼睛一亮，它将学案迁移到现代大型学术项目史的记录，即利用传统的学案体来记录和保存一项文化工程或学术项目的组织实施历程。项目制是现代学术最有效的组织方式，所以发展势头也十分强大，由自然科学而人文社会科学。不过，很少有人会想到要记录大型项目执行过程史，更没有人想到可以用学案体来记录大型项目史。近年屡次主持学案体整理的舒大刚先生，由此获得灵感，将学案体用于大型项目史的记录，这是一大创新。有了这部书，其他大型项目，诸如"国家清史纂修工程"、全国高校古籍整理研究工作委员会组织实施的大型断代总集编纂工程——"九全一海"等，均可模仿。

由此说明，对当代史家而言，应因时代变革，在借鉴传统历史编纂学理论及经验的基础上，积极对传统史书体裁进行改造、创新，使之服务于时代的新要求，意义重大。唯有此，传统史学体裁才能永葆生机和活力。

马克·杰拉尔德·皮特纳的扬雄接受史研究述评

田宇昕（四川大学文学与新闻学院）

　　摘　要：作为第一部扬雄接受史的专门研究作品，马克·杰拉尔德·皮特纳（Mark Gerald Pitner）的博士论文《中国汉代地域的体现：扬雄及其接受》（Embodied Geographies of Han Dynasty China：Yang Xiong and his Reception）将文学地理学等理论引入了接受史的研究当中，勾勒出了汉代到清代近一千年间扬雄历史评价的变迁，理论的融合与新视角的引入暴露出了此前研究未曾关注的问题，即地域与接受的关系问题。这部作品是一部典型的将西方文艺理论应用在中国古典文学研究领域的域外研究成果，其中不乏方法的创新与较为前瞻的探索，但也存在对文学接受方面研究不足以及跨文化研究者自身理论应用不够熟练、认知不够准确等问题。作为扬雄接受史研究中的首部"通史"型作品，皮特纳的这次尝试对未来的研究方向和研究方法都具有一定的启示意义。

　　关键词：扬雄；评价；接受史；域外研究

　　马克·杰拉尔德·皮特纳（Mark Gerald Pitner）毕业于美国华盛顿大学东亚语系，从事中国古典文学及文化的研究。其博士学位论文《中国汉代地域的体现：扬雄及其接受》（*Embodied Geographies of Han Dynasty China：Yang Xiong and his Reception*）是一部接受美学视域下的扬雄研究著作，整理总结了从汉代至清代一千余年间文人学者对于扬雄及其作品的接受和评价情况及特点①。作为第一部通史型的扬雄接受史研究作品，国内目前尚无中译本出版，故本文旨在对这部研究作品进行初步地介绍和评价，希望能引起研究者的注意。

　　皮特纳在华盛顿大学东亚语系就读期间师从著名汉学家康达维（David R.

---

① Mark Gerald Pitner. *Embodied Geographies of Han Dynasty China：Yang Xiong and his Reception*［D］. American：University of Washiton，2010.

Knechtges）教授①。康达维是西方汉学界最早研究扬雄的学者之一。20世纪60年代以来，姚斯提出的接受美学理论逐渐进入人们的视野，随即成为学术研究的热点，众多相关研究开始涌现。康达维教授于1978年发表的《掀开酱瓿：对扬雄〈剧秦美新〉的文学剖析》（*Uncovering the Sauce Jar：A Literary Interpretation of Yang Hsiung's Chü Ch'in mei Hsin*）一文中便已经对扬雄的接受问题略有论及："我们在文学史上有时可以找到一些诗人的作品受到很低的评价，但这些评价并非出于客观的文学标准，而是通过一些与作品完全没有关联的因素来进行评判，比如作者的'品格不佳'或'行为不当'。在中国文学史上，汉代著名辞赋家扬雄或许就是一个最著名的例子。"② 接受美学主张读者中心论，关注阅读过程中由读者积极的能动作用而产生的具体化的作品。21世纪以来，接受美学的研究方法在中国的传播更加广泛、发展更为成熟，在文学研究的各个领域和方向广为应用，特别是20世纪初的中国古典文学领域出现了接受史的研究热潮。在扬雄研究领域，扬雄及其作品的评价、影响等问题也逐渐为学者们所注意，出现了如南京师范大学王青教授《扬雄评传》、杨世明教授《扬雄身后褒贬评说考议——林贞爱〈扬雄集校注〉序》，以及吉林大学侯文学教授《中国古典诗歌中的扬雄典事及其深层取向》等研究作品③。尽管这些作品尚未直接将接受美学的理论应用在这一问题的研究当中，但可以看出，越来越多的学者开始注意扬雄及其作品的接受问题。正是在这样的背景下，皮特纳选取了这一论题并完成博士学位论文《中国汉代地域的体现：扬雄及其接受》

---

① 早在1968年，康达维教授便完成了以《扬雄辞赋与汉代修辞》（*Yang Shyong, the Fub, and Hann Rhetoric*）为题的博士学位论文。其后，康达维教授在此基础上修改、出版了学术著作《汉赋：扬雄赋研究》（*The Han Rhapsody：A study of the Fu of Yang Hsiung*），此外还对扬雄的作品和相关史料进行了翻译，于1982年翻译了《汉书》中扬雄的传记部分，出版《扬雄的汉书本传》（*The Han shu Biography of Yang Xiong 53 B. C-A. D. 18*）一书，2002年出版了《古代中国早期的宫廷文化与文学》（*Court Culture and Literature in Early China. Variorum Collected Studies Series*）中译本参看上海译文出版社2013年出版的《康达维自选集：汉代宫廷文学与文化探微》，苏瑞隆译。

② David R. Knechtges. Uncovering the Sauce Jar：A Literary Interpretation of Yang Hsiung's Chü Ch'in mei Hsin ［M］//In Ancient China：Studies in Early Civilization. David T. Roy ang Tsuen-Hsiun Tsien, eds. Hong Kong：Chinese University Press, 1978：229. 译文参见苏瑞隆. 康达维自选集：汉代宫廷文学与文化之探微［M］. 上海：上海译文出版社，2013：98-118.

③ 王青. 扬雄评传［M］. 南京：南京大学出版社，2000：322-342；杨世明. 扬雄身后褒贬评说考议——林贞爱《扬雄集校注》序［J］. 四川师范学院学报（哲学社会科学版），2001（3）：3-8；侯文学. 中国古典诗歌中的扬雄典事及其主导取向——以扬雄的儒学史境遇为参照［J］. 陕西师范大学学报（哲学社会科学版），2013（2）：79-85.

(*Embodied Geographies of Han Dynasty China：Yang Xiong and his Reception*)。

扬雄是我国历史上较为复杂的一个人物，对其生平及作品的评价从汉代起便褒贬不一、言人人殊。既有人批评扬雄"非圣人而作经"，也有人极力推崇扬雄，尊其为比肩孔孟的圣人。历代文人不仅对扬雄其人的评价充满了争议，对扬雄所创作的《蜀都赋》《法言》《方言》《太玄经》《剧秦美新》等作品的理解与解读也不尽相同。作为扬雄研究的一个重要侧面，这些评价散见于史书传记、文献注疏以及文学作品等材料之中。代际之间评价的异同不仅反映出扬雄作品的保存、传播及接受的情况，同时还能体现出不同时期文学与学术的特征和发展进程。因此，一部将繁杂零散的史料整合起来的扬雄接受史研究作品便显得很有价值。

一、皮特纳的扬雄接受史研究概要

《中国汉代地域的体现：扬雄及其接受》着眼于作品和作家主体两个方面，划分了人们对扬雄接受的不同阶段，介绍和探讨不同阶段人们对于扬雄的评价，并试图对每一阶段的接受现象的成因做出解释。正如作者在开头简介部分所说：

The main focus of this study will be to trace Yang Xiong in the perception of the subsequent tradition，which can be divided into two parts；first，we will trace diachronically the works of Yang Xiong looking at who was reading them，what works of his did they privilege and how did they interpreted them；second，we will look at how Yang Xiong the person was judged and from whence do these features of his history originate，how do they change and how they change and how do they relate to forgoing features of readership. ①

> 译：这项研究的主要关注点在于去追溯扬雄在历史上的接受轨迹，这个轨迹可以分为两个方面：第一，我们将追溯扬雄作品的历时性，看看历史上有哪些人在阅读这些作品，他们都偏爱哪些篇目，以及他们都是如何理解这些作品的。第二，我们将考察扬雄个人的评价史，以及这些种种评价都是由何而来、如何发生变化，以及这些评价与扬雄读者群的特点之间有什么关联。

这部作品以时间为序，按照接受情况的不同分为五个章节，分别介绍了汉代、建安至三国时期、隋唐时期、宋代和元明清时期的扬雄及其作品评价和地

---

① Mark Gerald Pitner. Embodied Geographies of Han Dynasty China：Yang Xiong and his Reception［D］. Washition，American：University of Washiton，2010：30.

位的浮沉。第一章选取了汉代班固、桓谭、刘歆、张衡等人物，以及《汉书·扬雄传》等材料，对扬雄在汉代的接受进行了梳理。汉代是扬雄接受的起点，作者将之形容为"一个颇为曲折且艰难的开始"。在这一段时期内，人们对于扬雄的态度呈现出一转折。以扬雄的去世为节点，将这一时期分为前后两个阶段。前一阶段主要是扬雄在世时同时期的人们对他的评价。除桓谭外，时人一般注意到的是扬雄赋类作品的成就，对扬雄的其他作品评价并不高，至于人品性等方面的评价则更是口诛笔伐。在扬雄去世后，人们对其评价中普遍存在的贬低、打压等情况才逐渐有所改观。而作者认为，这一阶段之所以呈现出这种转折的态势，主要是受到人们贵古贱今观念的影响。从整体上来看，这一时期对扬雄接受史的影响十分复杂且微妙：扬雄生前人们对他的各项批评成为历史上种种争议的开端，逝世后人们对扬雄逐渐改观的趋势也为扬雄在隋唐时期的接受顶峰奠定了基础①。

第二章梳理了建安至三国时期扬雄的接受情况，并指出由于受到玄学思潮的影响，人们对扬雄主要的关注点在其作品中儒道结合的方面。作者认为，玄学思潮的兴起伴随着人们对《易经》研究的逐渐深入，对《太玄经》的关注度也随之提高，成为这一时期人们接受的重点且被推向了与《易经》同样的高度，表现出人们对扬雄权威的认可和推崇。由于这两部作品在这一时期的读者接受中联系密切，因此作者以本时期玄学思潮下的易学研究为背景，以易学内部"象数"与"义理"两派为线索，切入对建安至三国时期《太玄经》接受情况的研究。除了《太玄经》之外，作者还对这一时期扬雄其他作品的接受情况进行了挖掘，提到了《法言》和《方言》的版本情况，以及对《蜀都赋》的批评和模拟。总的来看，扬雄在这一时期的地位较高，人们不仅认可了《太玄经》的权威性，对于扬雄其人的文学创作也多有褒美。但尽管玄学思潮的兴起为《太玄经》吸引了许多读者，但作者在评价建安至三国时期扬雄的接受情况时也指出，这种向玄学归并的趋势带来了接受上的偏差，也即扬雄作品中那些不为玄学学者所感兴趣的、象数和义理之外的内容则被普遍地忽略了。

在前两个阶段的传播过程中，扬雄的作品以及相关研究出现了"衍异"（proliferation）现象，具体表现为六朝至隋唐时期版本繁杂、数量增多，作者在第三章着重介绍了这一历史背景下扬雄的接受情况。作者着眼于六朝时期《文

---

① 对于扬雄接受的顶峰时期各家看法不同，作者认为隋唐时期是扬雄接受的顶峰，而王青认为中古时期是人们对扬雄崇拜最甚的时期，侯文学则认为北宋时期是扬雄最具权威性的阶段，关于此问题学界尚无普遍认同的观点。

心雕龙》《颜氏家训》《华阳国志》等作品中涉及的文学评论、地理人物等方面的内容，进一步推进了对扬雄的研究向文学、学术方面的深入。到了隋唐时期玄学思潮逐渐退去，古文运动兴起，尽管《太玄经》仍不乏读者群体，但建安至三国时期的接受热潮已然褪去，《法言》逐渐成为扬雄作品中人们重点关注的对象。由于《法言》上承儒家经典《论语》，且作为汉代散文，文体上也高度符合古文运动的复古追求，因此受到了古文运动的倡导者韩愈和柳宗元的大力推崇。韩愈、柳宗元将孟子、荀子和扬雄三者并提，视作孔子思想的直接继承人。韩柳二人的推崇不仅反映出扬雄作品在这一时期流传甚广、影响巨大，同时还作为一种背书式的肯定进一步巩固了扬雄作为经学大家的地位。同样作为古文倡导者的刘知几不仅在创作上模仿扬雄的作品，还在《史通》的自叙中自比扬雄，这一系列的类比与自比的行为实际上源自对扬雄的高度认同。作者认为，古文运动带来了扬雄接受的转型，扬雄及其作品也在这一时期到达了接受的顶峰。

宋代是扬雄接受史中较为特殊的一个时期，对扬雄的评价与接受在宋代迎来又一次转折，改变了近千年来的接受轨迹。随着汉末至隋唐扬雄地位的提高，宋人对与扬雄的关注变得更为广泛，在接受时往往带有较高的期待视野，更加多样的观点和更加激烈的争论也随之而来。作者评价宋代为扬雄接受史中"最具挑战的时期"（the most challenging period），并在第四章对此进行了介绍。首先，扬雄的作品流传至宋代，出现了朝廷中央统一印行的较为可靠的版本，这一工作是由司马光完成的。司马光梳理了历代《法言》和《太玄经》的版本，校正了扬雄作品在流传过程中出现的诸多讹误，为之后的接受提供了可信的文本，其《太玄经集注》至今仍是十分重要的版本。版本的确定和印行标志着扬雄的作品从口授笔录的抄本时代到达了版本有定的阶段，大大减少了由于话语衍异（proliferation）所造成的人们在接受上的偏差。除版本方面的变化外，扬雄在魏晋至隋唐时期形成的历史地位也开始逐渐动摇。部分文人对于扬雄的品行、创作方式、作品风格、理论学说等多个方面产生了质疑，尽管有孙复、曾巩和王安石等文人仍然试图用各种说法为扬雄正名，但来自苏洵、朱熹等大儒的批评还是在很大程度上消解了扬雄的权威。特别是朱熹所用的"莽大夫"这一带有贬义色彩的称号，在某种程度上更是固化了后来人们对于扬雄的评价。扬雄的接受史也正是在此刻发生了转向，人们不再将扬雄视为传统意义上的、纯粹的儒者，因此对他的儒家相关学说和影响开始出现普遍的否认和抗拒趋势。

尽管朱熹等人的批评在扬雄的接受史上产生了又一转折性的影响，但作者在第五章的研究表明这种影响并不是决断性的，因为扬雄在元明清时期的接受并不是对宋代批评的延续。正如上文所述，宋代以后，扬雄的接受出现了短暂的低潮，具体表现为在元代的科举书目中《法言》被《朱子全书》所取代，不再作为科举的参考书目之一，明代时扬雄也不再作为大儒在宗庙仪式中被人们供奉。这一现象一直持续到明代中期前后才陆续得以恢复。受到学术研究氛围的影响，清代出现了大量学者为扬雄的作品作评作注，《法言》《太玄经》作为学术研究的对象再次受到了人们的关注。此外，戴震等语言学学者也表现出了对《方言》浓厚的兴趣，对这部作品进行了一系列语言学、音韵学方面的考证，这些学者对《方言》的研究也使得扬雄在清代作为语言学家为人们所接受。在这一时期里，受到宋代对扬雄批评的影响，人们似乎不再去关注学术地位、道德品行等方面的问题，而是将关注的重点回归到作品本身，这种相对公允的、学术方面的评价与接受显然是脱离了宋代朱熹等人影响的。

作者认为，一个作品之所以能成为经典，主要在于其接受者的传播、讨论与再创造。从历代人们对扬雄接受的表现中我们可以看出，后世文人对扬雄作品的接受会促进相关讨论及作品的出现，同时，新的注本与研究作品也使后世的讨论和研究得以延续。这二者之间的关系是互促的，扬雄的作品也因此得以在后代持续地创造价值。纵观作者对千余年来接受情况的梳理和整合，我们可以发现始终贯穿在扬雄接受史中的几个较为关键的问题以及围绕扬雄的诸种争议多是由此生发而来。作为文人的扬雄在为他人所接受的过程中首先遇到的是作品价值的问题，扬雄的代表作《法言》《太玄经》分别是模拟《论语》和《易经》而作，对于"拟"这种写作形式的不同看法带来了人们对于作品的不同评价。其次，扬雄侍任王莽新朝的行为也对其后世评价影响极大，与之息息相关的便是《剧秦美新》这篇文章，人们往往以此作为责难扬雄的依据。同时，这也是千百年来的扬雄接受史中充斥着伦理道德批评的主要原因之一。有关仕莽问题还引发了人们有关扬雄"隐士"身份的讨论，在关于这段"朝隐"的经历是否真实存在、能否与传统意义上的隐士相比较等问题上人们看法各异。正是对这些问题看法的不同，扬雄在人们心目中所形成的形象也是不同的。总结一下上面的内容我们会发现，围绕扬雄的这几个充满争议的问题大体都是在对扬雄圣人身份指认的过程中由于评判标准不同而产生的分歧。

二、"地域的接受"与"接受的地域"

正如文题所体现的，这部作品较为突出的特点是将文学地理学的视野纳入到了接受史的研究中，作者根据扬雄接受过程中所体现出的诸多地理信息对许多接受现象进行观照和考量，新的理论与视野的介入使得作者得以窥见一些传统接受研究中尚未涉及的问题。

文学地理学注重对文学地理空间的分析，这个空间包括三个层面："一是作为原型的客观存在的自然或人文地理空间，可以成为'第一空间'；二是文学家通过自己的地理感知和地理想象在文学作品中所构建的审美空间，这个空间以第一空间为依据，但是包含了作家的想象、联想和虚构，是主观与客观相结合的产物，可以成为'第二空间'；三是文学所在创造的联想空间，这个空间不是第二空间的简单映像，而是第一空间、第二空间与读者自己的想象、联想相结合的产物，可以成为'第三空间'。"① 同样地，将这种思路应用在扬雄的接受研究中可以发现，除了作为接受主体的扬雄所客观存在的自然与人文地理空间外，也存在着其他两个空间，一个是各种作品、传记、评注等各种史料所体现出的扬雄所在的地域，另一个是指读者根据自己对各种史料的理解而形成的对于扬雄所在地域的认知。

（一）扬雄所在的地域

扬雄四十岁左右应诏入京，此前一直居住在其原籍蜀地，作为创作主体的扬雄自身经历了地域上的迁徙。这一经历也反映在他的作品之中，政治地位的提高、所处环境的不同带来了作品内容与风格的变化。扬雄在蜀地时以写赋类作品闻名，这一时期的作品以《蜀都赋》为代表。入朝后，扬雄得以接触浩如烟海的文献资料和各地往来的行人游子，后期蛰居于天禄阁中校释书籍，《法言》《方言》《太玄经》这类学术著作以及一些应制文章成了这一时期的代表作品。

此外，文本与史料中所体现的、作为接受对象的扬雄也呈现出一定的地域性。尽管文本所体现的地域信息与扬雄本人的宦游迁徙经历有关，然而从接受的主观性角度来看，人们的接受是带有某种无意识选择的，各个时期人们对他的接受往往是选取扬雄在其一生中的某一阶段固化下来的、片段的印象，这些印象经过人们的主观筛选，因而与客观历史上真实的扬雄并不完全吻合。

（二）接受行为的地域分布

从传播与接受的角度来说，人们的接受行为在地域分布上呈现出相对集中的态势。由于古代书籍在印刷术发明以前的传播主要以口耳相传、家学师承为主要途径，手抄本的流传范围和速度有限且较为滞后，因此，相似的读者行为

① 曾大兴. 文学地理学概论［M］. 北京：商务印书馆，2017：435-436.

具有一定的区域性。三国时期的吴国是《太玄经》研究较为集中的区域，宋忠、陆绩的版本是较为关键的《太玄经》评注本，这二人都是吴国人，且对《太玄经》的版本发展起到了较为重要的作用。此外，蜀地自古以来便是《易经》的研究中心，这一环境促生了扬雄对《易经》的兴趣，也激发了后世人们对《太玄经》的研究。这些都体现出相似的接受行为在地域上的集中性。

扬雄接受行为地域性的另一方面体现为蜀学对扬雄及其相关事迹的自我指认。宋代，蜀学逐渐形成了较为清晰的团体，影响力逐步扩大。蜀学对于扬雄的接受侧重于强调其蜀人的身份以及蜀地对扬雄创作的影响，在蜀地设有扬雄草堂、草玄亭、墨池等景观，将扬雄的主要活动区域划定在了蜀地。文学方面如《全蜀艺文志》《续全蜀艺文志》以及《成都文类》等记载蜀地文人学者的文献学资料中记载了扬雄的作品以及蜀地其他文人及作品对扬雄的接受情况。抛开上面提及的景观的真实性不论，蜀学内部的这种做法实际上是人们在接受扬雄及其作品过程中强化了"蜀地"这一地域信息。在此之前，扬雄的形象是由《汉书》中他的传记所塑造和构成的，而蜀学的指认则是将扬雄从官方史传的书写中独立出来，将扬雄看作一个地方学者进行接受，突出蜀地在扬雄创作中的重要性，从而弱化了扬雄生平中最具有争议的"仕莽"经历。

（三）地域与形象

我们可以发现，除了接受行为在地域上呈现出集中分布的态势以外，对扬雄接受的地域性主要还体现为人们对扬雄入朝任职和乡居蜀地的这两段人生经历的不同侧重。对于扬雄所处地域的不同观点，决定了对扬雄身份和形象的不同接受；反之，对扬雄形象的不同接受，也表现为对扬雄所处地域的不同看法。作者以人们对扬雄隐士身份的争论为例指出，人们对蜀地"草玄亭"的指认反映出部分人们认为扬雄是在蜀地写作《太玄经》等著作的，而非我们所认为的天禄阁。那么，按照这种接受的逻辑，我们可以认为，蜀学内部并不关注扬雄"朝隐"的经历，或者说在接受过程中刻意地弱化了扬雄入朝侍任、离开蜀地的这段经历，因此在他们的接受中形成的纯粹的隐士形象自然也无可争议。

作者在结论部分指出，在人们的接受过程中所形成的扬雄形象，实际上也经历了地域上的"迁徙"，不同时期，人们对于"入朝"和"乡居"在接受上各有侧重，对于扬雄朝臣和隐士的两种身份也因此各执一词，一时有一时之观点和评断。在汉代到宋代之间，人们对扬雄的看法逐渐从一个地方性的学者转变为朝中文人，"侍臣"是人们对扬雄身份的主要认知。这一阶段可以说是人们对扬雄接受的上升期，正如第一章的题目"从地方到中央"所形容的那样，随着朝中文人身份的广泛接受，扬雄的权威性也在不断地提高。在魏晋时期，扬雄以《太玄经》而被认为是绝对的权威，到了隋唐时期，扬雄更是被人们尊为圣人。正如前文所提到的，扬雄的接受史在宋代经历了转向，在朱熹、苏洵等人对扬雄进行批判抨击的影响下，扬雄的权威性逐渐被消解，人们对扬雄的崇拜也不再如往日一般。因此到了宋代以后，将扬雄视作地方性学者进行接受的做法逐渐成为主潮，人们关注的重点也从地位、德行等方面转移到了学术作品上。

由此我们可以发现，不同时代的人们对于扬雄所处地域的不同认知与扬雄在这一时期的权威性直接相关。为了说明这一点，作者在文中曾将扬雄和他的老师严遵二人进行对比。严遵研究《易经》《老子》并向扬雄等人讲学，扬雄撰写《方言》的许多材料也来自严君平，可见严君平的学识并不在扬雄之下，而影响力和权威性却远不及扬雄，这一方面是由于严君平个人对隐居的选择，另一方面则说明了地方学者与朝中文人在接受上的差距。作者由此发现，在主观的接受行为中，人们对地域的不同认知与权威形象的接受之间存在关联。反之，人们对权威认可程度的不同也影响着对地域的判断。

三、研究特点与评价

《中国汉代地域的体现：扬雄及其接受》是第一部通史型的扬雄接受史研究著作，具有一定的拓荒意义。这部作品以汉代到清代的扬雄接受情况为研究对象，梳理了扬雄各部作品在不同朝代的版本流传及接受情况。作者不仅着眼于扬雄在文学方面的接受，还涉及玄学、经学、语言学等学术方面以及人们一直以来争论不休的如怎样看待扬雄"仕莽"行为等有关道德评价方面的问题。为了更全面客观地反映出历史上扬雄真实的接受情况，除了人们对扬雄的直接评价之外，皮特纳还选取了多个侧面史料对扬雄的接受史进行勾勒，如其作品在不同朝代的版本情况、科举书目以及宗庙供奉情况等等。整部作品既有时间跨度大、涵盖内容广等特点，同时又存在着部分细节挖掘不深入、泛而不精等通史型作品的通病。

首先，皮特纳以扬雄及其早期接受者的师承关系为线索，厘清了扬雄接受的源流，此外又以历史上所记载的交游往来中所涉及的相关史料作为补充。其次，作者根据每一时期接受侧重点的不同，着重考察这一时期的学术思潮对人们接受行为的影响、有影响力的学者或学术团体对于扬雄的评价。最后，作者还将对社会影响较大的科举制度、宗庙仪式的发展变迁纳入研究的视野中，在接受研究中努力做到对具体历史环境的把握与建构。

　　这部接受史研究作品的另一个特点是，作者在对于一些接受现象进行叙述之外，还对产生这些现象的原因进行了追问和解释。首先，作者开头部分指出，后世文人学者对扬雄如此不同的看法与评价主要是源于扬雄自身的多重性（a-liminal life）。这在一方面表现为思想的二重性，扬雄在面对生活、写作以及各种学说时，采取较为开放的视野和态度，并不纯粹地遵循某一种价值观念和取向，而是儒道兼取、杂糅诸说，站在儒家与道家边界的交汇之处。"他既推崇老氏明哲保身思想，表示要'默然独守吾太玄'，但同时又流连仕途，置身于复杂政治变局之中，遂有符命之谀与投阁之祸。"① 正是由于内在这样的思想，最终产生了"仕莽""朝隐"等极具争议的行为表现，带来了扬雄充满争议的接受史。另一方面，扬雄的多重性还表现在其作品广阔的涵盖性和丰富的层次上。正是因为其作品丰富的层次性，才能在如此不同的文化语境下被讨论。从人性论到方言研究，从天文历法到儒家道统，多维度的讨论源自扬雄作品内容所涉的多重性。

　　其次，作者认为不同时代接受情况的变化不仅仅是由于不同朝代读者群体的变化所引起的，更深层的原因是时代思潮的演变。不同的读者群体只是时代思潮演变的表征之一，此外还有不同时期的价值观念的嬗变，如对于圣人的评价标准、道统观、忠节观等，这些都导致了对扬雄的不同评价以及对于其作品的不同解读。

　　此外，皮特纳指出，人们在接受行为中普遍持有的贵古贱今的观念也在一定时期影响着扬雄的接受，这一观念的影响存在消极与积极两个方面。前者主要体现在扬雄生时，人们并不像魏晋以后一样以《法言》《太玄经》等作品而尊其为圣人，而是在认可其汉赋作品的同时，对他的拟作、仕莽等行为进行批评。然而在扬雄逝世后，这一情况却随着时间的推移逐渐发生变化，人们出于无意识而持有的贵古贱今的观念使得扬雄具备了成为"圣人"的可能和潜在基础。

　　最后，作者还注意了其他文人学者的接受情况对扬雄接受的影响。比如桓谭作为早期扬雄的支持者，知识分子对其评价的下行也带来了对扬雄的部分批评。类似的还有郑玄，在扬雄之前，人们对经学的研究多从郑玄的学说，但随着荆州学派"反郑"思潮的兴起，人们逐渐开始关注其他人对于《易经》等作品的研究，因此也就促进了人们对于扬雄的关注和接受。关注他人接受情况对于扬雄接受的影响体现出作者视野的开阔，同时也为接受研究提供了新的思路

---

① 李军. 扬雄与玄学 [J]. 中华文化论坛，1997（1）：64-67，95.

与视野。

在对接受现象产生的原因进行思考的同时，作者还注意到在接受过程中对主体身份构建不同方法（rhetoric of identity construction），也即接受主体的形象是如何产生和塑造的。作者在思考这一问题时，重点强调了传记对扬雄形象的构建作用。首先，传记对历史人物起到了"定性"的作用，史传书写构成了接受形象和身份的基础，是影响后世对扬雄进行接受的重要材料。此外，他人传记中对扬雄的评价、讨论以及对其作品、思想进行研究的记载等内容也同样构成了扬雄形象的不同侧面并影响着人们的接受情况，同时也为我们的接受研究提供了较为可信的材料。此外，后世文人以扬雄自比以及创作上对他的模仿等行为，同样也是某种身份构建的修辞，这种主要对于自我身份塑造与指认的修辞中也包含着一定与接受情况相关的信息。

对于国内的研究来说，域外汉学最值得关注和研究的地方大多在于研究的视角与理论，西方文论在古典文学研究中的应用为我们的研究提供了新的思路。这部研究作品除了接受美学理论外，也不乏将文学地理学等视域融合其中，可以说是一次较为创新的尝试。地域视角的引入也暴露出了一些之前还没有为人们所关注的问题，如扬雄接受群体的地域分布以及地域与形象接受之间的关系等。作者指出，接受中的扬雄形象的地域性与实际上扬雄本人所经历的地域迁徙之间存在差异，这是由于接受是主观的，人们往往是有选择地去接受某一人物或作品，因此才会出现这种分化的现象。

尽管新的理论视野充实了研究的维度，但地域的概念在这里只是作为一种研究思路出现在这部研究作品当中，身体美学的理论也仅仅是在结论处一带而过。由于接受史的研究要求的是全面、客观，但随之而来的问题便是不够深刻。创造性地尝试之余，作者没有对之进行更加深入的理论探讨，接受理论与文学地理学理论在这部研究作品中都只是作为一种研究视角存在，理论指导的意义比较弱。这是这部作品的一大缺憾，也是中国古代文学接受史研究领域普遍存在的问题。

总的来看，除朝代顺序外，作者基本上是以具体人物串联起了扬雄的接受历程。这样做的确能够较为清晰地梳理出一条大致的发展脉络，但同样需要注意的是，这种研究方法也导致了对部分作品的忽略。作者只关注了时代思潮的变化对接受群体的影响，但是却忽视了历代文论观念的演变所带来的对扬雄作品的不同评价。除了对文论方面的史料关注不足以外，作者对文学作品中塑造的扬雄形象也没有足够的重视。后世文学创作中出现的扬雄、子云居等意象是文人对扬雄接受情况的诗意表达，作者疏于对其中塑造的扬雄形象进行考察，未将这一部分纳入研究之中。

同时，由于跨文化研究者对中国传统文化以及文体特征的不熟悉，也使得研究中出现了一些由此导致的判断上的错误。如作者认为扬雄的《太玄经》等作品在魏晋南北朝时期的接受中始终没有取得独立的地位，他判断的依据是刘勰在《文心雕龙》中常常将扬雄和《太玄经》与其他作家作品并提，因此认为在魏晋南北朝时期《太玄经》并没有取得独立的地位，往往作为《易经》的附庸而为人们所接受。这里实际上就是对文体特征的不熟悉导致的判断上的错误，《文心雕龙》是用骈文的形式写成的，对举和排偶是其基本的文体特征，用这种文体形式来作为判断一部作品独立性的依据恐怕不妥。除此之外，颜之推作为最早的"贬扬派"之一，在《颜氏家训》中对于扬雄及作品都表现出了批判的态度，而由于对《颜氏家训》文本的理解有误，作者在文中错误地将颜之推引作证明扬雄逐渐获得认可与权威的材料，有扭曲作直、强作征引之嫌。

对作为基础的文化背景、细小概念的陌生，往往会导致研究方向与结论的误判。这类疏漏是域外研究的短板，也显示出跨文化研究的困难。新的研究方法的引入使得古代文学研究领域注入新的活力，但新的视野对于传统文化在了解上的不全面也使得域外研究成果毁誉参半。这就要求我们在研究的过程中不要失去判断的警惕，理性地辨析，避免盲目地推崇，合理地吸取其中值得学习的部分，推动我们的研究进程。

四、结语

扬雄作为我国汉代的重要文人，对于他的接受史研究不仅有助于我们从多个维度对其经历与作品合理地做出评价，同时还能以此为线索对不同时期的学术、文学观念以及价值趋向进行钩沉和研究。历代有关扬雄的诸种讨论和争议，不论夸奖还是批判，实际上都可以看作是各个时代构建理想知识分子形象的表现。

《中国汉代地域的体现：扬雄及其接受》是一次大胆的尝试，这部作品一方面勾勒出扬雄接受的历史发展，另一方面将多种研究方法结合，发现了扬雄接受史中的另外一番值得研究的天地。尽管其部分内容还可以继续细化和深入，但这种尝试是十分有价值的，其中的缺憾也暴露了现有研究尚未触及的领域，如接受行为的地域性、地域与形象的关系等问题，为未来的研究提供了可能的方向。

儒 学 随 笔

儒释道山居闲笔

向以鲜（四川大学国际儒学研究院）

山居，顾名思义，最直接的解释就是依山而居，或居住在山中、山傍、山下，再退而求其次，至少要能够看得见山的影子，闻得到山的气息，听得到山的声音——亦如陶渊明所说的那样：采菊东篱下，悠然见南山。

在中国古代，山居的同义词就是隐居。隐居的人，被称为隐士，或隐逸之士。最早的隐士可追溯到传说中的尧舜时代，巢父和许由就是唐尧时的隐士。到了夏商周三代，充满叛逆与高蹈精神的隐士多了起来，著名的有卞随、务光和伊尹。早期的隐士并没有精致的建筑作为隐逸之所，即使有也很简陋，有的甚至就是山洞或树穴之类。他们的隐逸更多地是一种反叛的，超迈的行为，远离世俗纷争或政治风云，以此构成一种特立独行的人格风景。

山水之中，有固定居住场所且追求建筑品位和人文气质的隐士，当始于魏晋时期。此种情形的出现，与佛道的流行及儒家所倡导的达而兼济天下，穷则独善其身的行为准则密切相关。儒释道在很多方面是相互冲突的，但唯独于山居或隐居一义，却多有圆融之处。山居可以天人合一，可以涤荡尘虑，可以澡雪精神，光风霁月。

讲究营造的隐逸之居——别业的出现，对中国的山居建筑文化产生了深远影响。别业类似于现在通行的别墅，其语源当来自佛教，《楞严经》中有："阿难，如彼众生别业妄见。"佛教的别业是与共业或总业相对而言，别就是独特的，个性的，私人化的，或不可复制的。

中国古代的隐士所居，除别业之名外，常见者尚有：别室、别馆、别院、草堂、山庄、山居、山院、山房、渔隐、仙居、竹坞、倦圃、精舍及各种亭、阁、斋、庵、庐等。究其义，均与佛儒道尤其是佛道有着或明或暗的关联。

石崇的河阳别业，也就是大名鼎鼎的金谷园，是中国历史上真正具有农庄色彩的别业，据石崇自著的《金谷诗序》说："余有别庐在河南县界，金谷涧中。去城十里，或高或下。有清泉茂林，众果竹柏药草之属，田四十顷，羊二百口，鸡猪鹅鸭之类莫不毕备。又有水礁鱼池土窟，其为娱目欢心之物备矣。”这座极尽豪奢的别业，去城不远，不过十里，里面不仅有清泉茂林竹柏药草，还有良田和各种家畜动物，与其说山居，不如说更像是一座建在山涧的庄园农场。

早期的山居或别业，还有一个人不能不提及，就是前面已提到的东晋大诗人陶渊明。这个“少无适俗韵，性本爱丘山”的五柳先生，生性高洁，正如其《饮酒》所说：“结庐在人境，而无车马喧。问君何能尔？心远地自偏。”这是一种心灵的境界，要维持这种境界，不仅需要勇气，更需要内心的定力。陶潜与石崇不同，这位被后世尊为隐居之师的陶先生，其本人并没有一座真正意义上的别业或别馆，他只有一个去简朴的去处：一片荒芜的园田居。而就是这样一片由柴门和野径构成的山居，在时间的风蚀之中，却胜过了石崇堆金砌玉的金谷园——这个事实，向我们传递出山居文化的至为紧要的因素，决定一座山居是否经得起时间检验的，不仅仅来自建筑本身的坚固与否，更多的来自山居所蕴含和承载的文化含量和诗意气质。

最能打动陶渊明的那片峰峦，为何是南山而不是北山？

中国人对于方位的认识，自从五行观念产生之后，便拥有了某种特殊的内蕴力量：它们衍射至汉语的幽深处，转折变化无穷，织成一道道空间与时间交叉的奇妙风景。比如：在传统语境中，北山和南山，东山和西山，或者东窗与西窗，并不只是代表着不同的方位，沉淀其中的各自意趣，实在耐人寻味。作为一个地理概念的南山或北山，在辽阔的中国大地之上，常常是不确定的。南山也是如此，但真正发生本质变化，甚至被完全诗化，恰恰是在陶渊明这儿完成的。陶渊明在《饮酒》中写道：“结庐在人境，而无车马喧。问君何能尔？心远地自偏。采菊东篱下，悠然见南山。山气日夕佳，飞鸟相与还。此中有真意，欲辨已忘言。”诗人笔下的南山，就在诗人所居的南面，俯仰之间，即使微醉之后，亦可“悠然”相见。从此以降，南山便具有了隐士山居的色调，便成了中国士人心中一道挥不去的诗意山影。

我们还应该记得：南山住着一只豹子。《列女传》卷二《贤明传》中载有一故事：南山生活着一种黑色的豹子（玄豹），可以七天七夜隐藏于雨雾，不吃任何东西，目的在于韬光养成神秘的花纹，以躲避天敌的侵害。这只深明进退的南山玄豹，后来成了中国隐士的楷模。李白在《经乱后将避地剡中留赠崔宣城》中说：“我垂北溟翼，且学南山豹。”杜甫也在《戏寄崔评事表侄苏五表弟韦大少府诸侄》诗中写道：“隐豹深愁雨，潜龙故起云。”宋人梅尧臣于《文豹篇赠黄介夫》诗亦有：“壮哉南山豹，不畏白额虎。”因此，在我的书房，我的藏经阁，我的石不语，永远住着一位诗人和一只玄豹。这儿，既是诗性之地，也是神性和高蹈之地。

山不在高，山居亦不在壮丽。唐代诗人王维的辋川别业。在中国古代，就其规模大小而言，当然不能同石崇的金谷园或谢灵运的石壁精舍相比，甚至也不能和清代袁枚的随园相比，但是辋川别业对后世的影响非同寻常，显然，这是与王维为辋川别业所注入的诗意和禅意分不开的。

按照当今最杰出的人文地理学家段义孚先生的分析，爱好与惧怕是人类情感的基本内容，而被文化转化为种种形式。就人类对土地和大山的复杂情感，段义孚分别写下了传世经典：《恋地情结》（*Topophilia：a study of environmental perception，attitudes and values*）和《恐惧景观》（*Landscapes of Fear*）。

人类文明自形成之初，对于山便交织着热爱与敬畏之情，这或许是古往今来的人们喜欢山居的原始动力。在记载着众多神话传说的《山海经》中，凡是人们所梦想和敬仰的人或物，都可以在各种奇妙的山中寻找到。在高山之上，住着缥缈的神仙，生长着不死之药，开着永不凋谢的花朵。

历史上，山居者最风行的时代，往往是最为混乱的时代——山居很多时候，是志向高远的人们被迫的不得已的选择。因此，从某种意义上而言，山居是对乱世的一种委婉对抗和批判。最具象征意义的，莫过于南宋词人辛稼轩的带湖新居和瓢泉别业，那儿写满一个末路英雄的寂寞与悲壮。

现代也有山居者，其山居行为大多出自一种自觉自悟状态，其内心中仍然怀着对自然的向往，怀着对山水的依恋，在匆忙的生活中，也企望偶尔的闲云野鹤，也希望能够像古人那样，在山居中"行到水穷处，卧看云起时"，或者体会一下"明月松间照，清泉石上流"的意境，或者独坐山居的石阶上，"坐看苍苔色，欲上人衣来"。但是今天的山居者，除了上述审美的需求之外，可能还与追求精神独立与人格完善相关，与关怀生命本体价值的冲动相关。

山居者，在精心营造的建筑之中，寄予了他们的人生理想和艺术品位，假若要想了解一个人，而这个人恰恰又拥有一座或大或小的山居，那你径可通过山居去了解他，山居就是他的心灵独白。说到独白，我想起两个著名的山居者的话，一个是中国的，前面已提到的王维；一个美国的梭罗。从王维山居独白中逸出的空气真的可以穿透你的心扉："近腊月下，景气和畅，故山殊可过。足下方温经，猥不敢相烦。辄便往山中，憩感配寺，与山僧饭讫而去。北涉玄灞，清月映郭。夜登华子冈，辋水沦涟，与月上下。寒山远火，明灭林外。深巷寒犬，吠声如豹。村墟夜舂，复与疏钟相间。此时独坐，童仆静默，多思曩昔携手赋诗，步仄径，临清流也。当待春中，草木蔓发，春山可望，轻鲦出水，白

鸥矫翼，露湿青皋，麦垄朝雏：斯之不远，倘能从我游乎？非子天机清妙者，
岂能以此不急之务相邀？然是中有深趣矣！无忽。因驮黄檗人往，不一。山中
人王维白。"

　　山居者（也是湖居者）梭罗在《瓦尔登湖》中写道："这是一个愉快的傍
晚，全身只有一个感觉，每一个毛孔中都浸润着喜悦……像湖水一样，我的宁
静只有涟漪而没有激荡。和如镜的湖面一样，晚风吹起来的微波是谈不上什么
风暴的……等我回到家里，发现已有访客来过，他们还留下了名片呢，不是一
束花，便是一个常春树的花环，或用铅笔写在黄色的胡桃叶或者木片上的一个
名字……每一支小小松针都富于同情心地胀大起来，成了我的朋友。我明显地
感到这里存在着我的同类，虽然我是在一般所谓凄惨荒凉的处境中，然则那最
接近于我的血统，并最富于人性的却并不是一个人或一个村民，从今后再也不
会有什么地方会使我觉得陌生的了。

　　不合宜的哀动销蚀悲哀；

　　在生者的大地上，他们的日子很短，

　　托斯卡尔的美丽的女儿啊。"

　　山居不仅是山居者的心灵存在，也是他们的另一幅面孔，或许是他们最为
真实动人的面孔——在山居中，他们会释去所有的面具，以一种本真的、纯朴
的状态呈现出来，在山居之中，山居者可以无所忌惮，这儿是他们的心乡，是
他们作为自然之子而纵情驰骋之地。山居者不仅会拥有一颗干净的心，能感受
到别人感受不到的美或丑；还会拥有一双干净的眼睛，能看见别人看不见的风
景；一对干净的耳朵，能听到别人听不见的声音。我在旧作《耳朵》中曾引用
罗兰·巴特的名句"他的灵魂化成耳朵，恍若每个毛孔都在倾听"——

　　从前一位圣人，指着自己的右耳不语

　　这只耳朵有何特别之处

　　长在流水的上游，干净而透明

　　像枝峭壁上沉睡的仙灵芝

　　只有麒麟或孤凤的叫声

　　才能将它唤醒过来

　　这位圣人，大家都知道，他就是儒家文化中那位把唐尧大帝都不放在眼中
的许由。

百读不厌苏东坡

——写在《苏东坡全集》出版之际

舒大刚（四川大学国际儒学研究院）

"旧书不厌百回读，熟读深思子自知。"这是苏东坡劝人读书的名句，其实他本人的作品也是当得起这一待遇的。

东坡著作自北宋以来，一直广受读者喜爱，各种文集、选集改编本不知凡几。我们从《中国丛书综录》的著录可知，苏轼诗文集有 30 种收入 37 部丛书，这在宋人中无疑是最多的，如他的师友、一代文宗欧阳修只有 16 种集子收入 29 部丛书，司马光是 6 种收入 11 部丛书，王安石是 15 种收入 19 部丛书；晚一点的大诗人陆游有 9 种收入 21 部丛书，大理学家朱熹有 9 种收入 16 部丛书，等等。当然，还有没收入丛书的诗文集更不在少数，《巴蜀全书》子项目《苏轼著述考》（卿三祥等著），仅著录东坡各类作品的目录和序跋，就达 290 余万言。可见东坡作品受欢迎的程度，陆游所谓"苏文熟，吃羊肉"的时谚，并非浪得。

东坡作品如此大受青睐，是与其成就全面、作品精湛、人品高洁分不开的。时下媒体人赞誉东坡为"文艺全才"，一点不假：他是宋诗的代表性作家，与黄庭坚并称"苏黄"；开创了豪放词派，与辛弃疾并称"苏辛"；是北宋文坛领袖，与欧阳修并称"欧苏"，名列"唐宋八大家"；他在书法方面又是"宋四家"之一；在绘画方面，他提出写意的"士人画"（"文人画"）理论；在医药养生方面，后人将其作品与沈括的药方、文章合编为《苏沈良方》……当然，还有人们熟悉的东坡肉等美食，以及以东坡为题材的智慧幽默轶事，等等。因此他的作品内容丰富多彩，适应面宽，时至自媒体发达、快餐文化泛滥的当下，东坡作品仍然是人们持久喜爱的文化精品，现代标点整理重印的东坡诗文，依然是人们争相收藏的上佳读物。20 世纪 80 年代中华书局出版的《苏轼文集》《苏轼诗集》早已风行天下，而各种《苏东坡全集》《苏轼诗选》《苏轼文选》《东坡词集》等，也都持久热销。

四川大学作为坐落在东坡故乡的高等学府，一直是苏轼诗文研究和东坡文献整理的大本营，老一辈的中文系主任杨明照先生主持编有《苏轼资料汇编》5 册（中华书局，1994 年），集东坡各类纪事、评论资料之大成；张志烈、马德富、周裕锴等《苏轼全集校注》20 册（河北人民出版社，2010 年），又积千余年来"百家注苏"之大成。这些无疑对东坡的研究和普及，起到了空前推动作用。

　　然而这些都还局限在苏轼诗、文、词等领域，只是东坡成就的一个方面（文学艺术），历史上的苏轼成就及其精神远远不止于此。当年《宋史》就评价："（苏轼）器识之闳伟，议论之卓荦，文章之雄隽，政事之精明，四者皆能以特立之志为之主，而以迈往之气辅之。"看来"文章"只是与"器识""议论""政事"并列的四个要素之一；而成就其"四要素"得到最佳发挥和根本保证的还有"志"与"气"，因此史臣又说："故意之所向，言足以达其有猷，行足以遂其有为；至于祸患之来，节义足以固其有守，皆志与气所为也。"如果说东坡"文章"似花朵，"议论"似枝叶，"器识"如果实，"政事"如树干的话，那么东坡的"节义""志气"则是使东坡精神文化之树常青的根柢触须。那么，这些根柢触须又植于何种肥沃土壤呢？与东坡相倚相知的弟弟苏子由所作《东坡先生墓志铭》已为我们揭秘：东坡"初好贾谊、陆贽书，论古今治乱，不为空言；既而读《庄子》，喟然叹息曰：'吾昔有见于中，口未能言。今见《庄子》，得吾心矣。'"可见东坡的"议论""文章"皆得益于贾谊、陆贽等汉唐政论；而其"迈往之气"则得益于《庄子》等道家风骨以及著作。至于其"器识""政事""节义"与乎"特立之志"，也亦必有其来路。苏辙《东坡先生墓志铭》又载："先君晚岁读《易》，玩其爻象，得其刚柔、远近、喜怒、逆顺之情，以观其词，皆迎刃而解；作《易传》，未完疾革，命公述其志。公泣受命，卒以成书，然后千载之微言焕然可知也。复作《论语说》，时发孔氏之秘。最后居海南，作《书传》，推明上古之绝学，多先儒所未达。既成三书，抚之曰：'今世要未能信，后有君子，当知我矣。'至其遇事所为诗、骚、铭、记、书、檄、论、撰，率皆过人，有《东坡集》"云云。可知东坡在诗文词外，还著有《易传》《书传》《论语说》三部经学著作。《庄子》说："《诗》以道志，《书》以道事，《礼》以道行，《乐》以道和，《易》以道阴阳，《春秋》以道名分。""六经"是中华士人接受情感培育、政事启蒙、行为示范、艺术熏陶、哲学思考和秩序教育的教科书，是中国读书人奠定人生信仰和价值观、知识体系和基本技能、道德伦理和行为规范的必读之书。东坡兄弟对它们都有深入钻研和系统著述（苏辙著《诗集传》《春秋集解》《论语拾遗》《孟子说》），特别是《易经》，堪称中华讲求"阴阳"哲理的第一经典；《书经》堪称记载"二帝三王"政典的第一古史；《论语》堪称总领"六经"原理的第一语录。东坡以天纵之才、深邃之思来阐释它们，自然是精彩叠出、超越古贤，故苏辙将它们摆在苏轼诗文词等作品的前面，还特别赞叹三书具有能使"千载微言焕然可知""时发孔氏之秘"和"推明上古绝学"的功效，这无疑也彰显出东坡学术、节义和志气的根柢所在。

苏轼自己也曾多次向朋友表达对三部经学著作的自珍和自信。《答李端叔》说："所喜者，海南了得《易》《书》《论语》传数十卷。"又《题所作书易传论语说》："吾作《易》《书》传、《论语说》，亦粗备矣。"《答苏伯固》："抚视《易》《书》《论语》三书，即觉此生不虚过。"可见，东坡不仅有辞采飞扬的诗文词和笔札，而且还对中华文化的根本性"经典"《易》《书》《论语》进行过能使他自己觉得"此生不虚过"的得意阐释。

不过，由于元祐党禁的关系，这三部经学著作在当时并未得到很好传播。苏轼从海南辗转北归，至常州病危时，将三书托付好友钱济明，由于当时形势严峻，他慎重嘱咐："某前在海外，了得《易》《书》《论语》三书，今尽以付子。愿勿以示人，三十年后会有知者。"估计自己身后"三十年"会有人重视。

"金无久蔽，珠不暗投"。是金子总会发光，没有等到三十年，就在他去世后五年，因雷击崇德殿"元祐党人"碑，迫使当时皇帝宋徽宗放松了对苏轼等人的禁锢。一时之间从朝廷到民间，人们纷纷收集散落的苏轼手稿，达到片纸寸金的地步，此时《东坡易传》（易名《毗陵易传》）、《东坡书传》逐渐有刻本行世。到了"三十年后"的南宋初年，标榜宋室中兴的高宗皇帝亦喜读苏轼诗文，允许"元祐党人"子弟恢复原有"恩例"，曾经被明令禁止的苏轼诗文也大量刊刻行世，重视其经学著作的"知者"也越来越多，林之奇、朱熹、夏僎、蔡沈等对《书传》大加称引，其《易传》《论语说》也时时见引于南宋同类经注之中，不过人们对三书的刊刻却并不热心。

直到明朝后期，焦竑等才欲辑刻三苏经学著作，当他托人入蜀访书时，东坡经学三书只得到《易传》刻本一种，《书传》尚是抄本，《论语说》竟然失传了。于是东坡只有《易传》《书传》在万历年间与苏辙的《诗集传》《春秋集解》《老子解》《论语拾遗》《孟子说》等刻成《两苏经解》；入清又曾抄入《四库全书》，刻入《津逮秘书》《学津讨源》等丛书。可是在前述30余种苏轼文集的版本中，却直接忽略了经解的存在，无论晚清眉山刻《三苏大全集》，还是近时辑印的各种《苏东坡全集》，都没有其经学著作的踪影，以致于人们因不明东坡学术与精神的来源，而误将其归结为道家或佛家，数典忘祖，不无遗憾。

2001年，语文出版社曾出版曾枣庄、舒大刚主编的《三苏全书》20册，该书将三苏父子诗文词赋、经史子集，兼及假托疑似的文献，以至历代点评资料，都统统收录，堪称三苏父子成果及其研究资料的汇编，让人们在欣赏三苏父子文学成就的同时，也对其"经学"成果初有接触。继而在国家出版基金的资助下，四川大学出版社2018年出版了舒大刚、李文泽主编《三苏经解辑校》繁体字本二册，对苏洵、苏轼、苏辙父子的经论、经解进行系统收集和整理，初步满足了人们追寻苏氏父子学术根柢之需求。

在三苏父子中，成就最全面、思想最深邃、成果最丰富的，当然要数"千古一人"苏东坡了。人们在了解他的诗文、笔记的同时，当然也希望了解他其他方面的成就，特别是想探究造就其丰硕成果的根本原因，这就不得不对他的所有成果（尤其是经学成果）进行通盘梳理、系统溯源了。因此，将东坡的所有著述汇聚在一起，进行系统整理和编录，使之呈现出枝繁叶茂、花果飘香、干壮根深的状况，无疑更有利于对东坡现象、东坡精神的系统把握和整体认识。泛观目前市面上出版的多种《苏东坡全集》，其所涉领域却并不"全"，因为都只是诗词文的合集，还没有收入东坡其他方面的著述。

由中华书局出版的这套《苏东坡全集》正好弥补了这些缺陷。首先是"齐全"。其书共八册，前六册为东坡的诗集、词集、文集，第七册为经学著作（《苏氏易传》《东坡书传》《论语说》），第八册为笔记野史（《东坡志林》《仇池笔记》《东坡手泽》及作为附编的《苏沈良方》《艾子杂说》《杂纂二续》《渔樵闲话录》《调谑编》《问答录》等）。此外，我们还利用编纂《全宋文》和《巴蜀全书》的成果，继续对苏轼诗文进行辑佚，使其成为目前市面上收录东坡作品门类最全、作品最齐的读本。

其二是"方便"。苏轼的诗文词、笔记、经解，此前虽有整理，但多分散；此次集中在一起，而且按文学、经解、笔记、杂说的顺序排列，具有由花果而识其根干，再由根干而散及其他，层层扩展、引人入胜的效果。尤其是久已散佚的《论语说》，此次也从宋代以来各种文献引录中，点滴勾稽，积腋成裘，初步恢复其原貌，弥足珍贵；又如《东坡志林》的传世版本，有五卷本和十二卷本之别，本次整理除收录五卷本的内容之外，也附录了十二卷本多出的各条，内容更为全面丰富，读者使用也更为方便。

其三是主次分明、庄谐备至。第一至七册是正编，属于苏轼自撰诗文和著作，是庄严的苏轼学术；第八册的附编，则是谐趣的东坡文化。如《苏沈良方》汇集东坡、沈括有关药方、养生的文章，其中部分养生之法至今仍为人们所运用；《艾子杂说》《杂纂二续》等几种，多是托名东坡的作品，大体反映了苏东坡风趣幽默的文化风格（其中《艾子杂说》被认为确系东坡之作）；《调谑编》则是后人编集的苏东坡的趣闻轶事；《问答录》记录的则是东坡与佛印的许多故事，也许多不可靠，却流传甚广，很大程度上塑造了苏东坡在民间的文化形象。

拥有这样一套齐全方便、亦庄亦谐的《全集》，对于我们重构一个完整的东坡形象，特别是突显出文化的东坡、信仰的东坡、灵魂的东坡、鲜活的东坡，尤其是本来的东坡，无疑将获得完整的文献支撑。如果借由这些文献，再追溯东坡之"器识""议论""文章""政事"，与乎"特立之志""迈往之气"所植根的文化土壤和经典依据，从而将东坡研究推向一个新的境界，则是吾等《全集》编者虽劳犹荣、善莫大焉之结果也！